LE GÉNIE DES SUISSES

Du même auteur

La Suisse est-elle un modèle ? (dir.), Paris, L'Harmattan, 2018.
La Suisse, pays le plus heureux du monde, Paris, Tallandier, 2015.
Gaumont, Depuis que le cinéma existe, Paris, Gallimard, 2015.
Formation : l'autre miracle suisse, Lausanne, Presses polytechniques et universitaires romandes, 2014.
Le Dernier Verrou. En finir avec le Conseil national des universités, Paris, The Media Faculty, 2012.
Enquête sur la formation des élites, Paris, Perrin, 2011.
Le Modèle suisse, Paris, Perrin, « Tempus », 2011.
Enquête sur le cauchemar de Darwin, Paris, Flammarion, 2006.
La Distribution cinématographique en France, Paris, CNRS Éditions, 2006.
La Guerre du Pacifique, Paris, Casterman, 1997.
Gaumont, un siècle de cinéma, Paris, Gallimard, 1997.
De Blum à Pétain. Cinéma et société française (1936-1944), Paris, Éditions du Cerf, 1984.

François Garçon

LE GÉNIE DES SUISSES

Tallandier

Je souhaiterais remercier tout particulièrement
Ulrich Lehner pour sa relecture attentive.
Les propos exprimés n'engagent que l'auteur.

48, rue du Faubourg-Montmartre – 75009 Paris
www.tallandier.com

AVANT-PROPOS

Cet ouvrage pourra surprendre. Il y est toujours question de la Suisse et des Suisses mais, sur cette partition connue, j'ai joué des variations personnelles. Certains déploreront donc logiquement l'absence des grands personnages ayant marqué la mémoire nationale, l'omission d'événements ou de dates charnières de l'histoire helvétique et, symétriquement, ils s'étonneront peut-être de développements sur des sujets pouvant leur paraître secondaires, voire anecdotiques. Mon approche est subjective et je la revendique comme telle : les rubriques abordées relèvent de mon seul choix. Précision utile à ce stade : je n'ai pas de prétention savante. Considérant la densité d'historiens dont jouit la Suisse, jusque et y compris dans les plus petites communes, bien rares sont les sujets qui n'ont pas déjà fait l'objet de multiples vendanges. J'ai simplement passé en revue une vaste gamme de thèmes relatifs à la Suisse et ayant éveillé ma curiosité.

Il y sera question de mythes, de personnages historiques et contemporains, de gentils et de méchants Suisses, de paysages, de plats régionaux, de formation et d'innovation, de politique, de banques, de droits référendaires, de gens que j'ai trouvés intéressants… D'où l'étrangeté, peut-être, de beaucoup de mes choix. Cela appelle une explication. Si j'avais été un « vrai Suisse », je me serais peut-être appliqué à dresser un tableau exhaustif de mon pays du point de vue géographique, historique, politique, etc. Mais justement, je ne suis pas un de ces Suisses authentiques, adossés à un lignage remontant aux Waldstetten ou aux Helvètes, ceux-là que César décrit et écrase, comme il s'en trouve entre Bâle et Genève, entre Lugano et Neuchâtel.

Originaire de la commune de Carouge (Genève) par mon père et né en France d'une mère française, je suis ce que l'on range sous l'étiquette de « binational ». À la différence par exemple de l'Autriche, qui proscrit ce statut bâtard, nous sommes nombreux en Suisse dans ce cas (20 % de la population et, selon une statistique de l'Office fédéral de la statistique, l'OFS, un mariage sur deux célébrés en Suisse unirait aujourd'hui une personne suisse et une non suisse). Ayant très tôt voyagé et souvent seul, j'ai toujours possédé – dès l'âge de 10 ans, je crois – deux passeports : un premier à couverture bleu marine, un second de couleur rouge, marqué d'une croix blanche. Cette double appartenance n'a rien d'anodin. Ce d'autant moins quand, en France, dans votre propre famille, votre père (en son absence) est moqué pour être suisse. On n'insistera jamais assez sur la xénophobie de proximité, variante dégradée du « narcissisme des petites différences » étudié par Freud dans *Malaise dans la civilisation*, dont sont parfois atteints les Français du Bassin méditerranéen, que l'on imaginerait plutôt, pastis et Pagnol aidant, bienveillants et rigolards. C'est peut-être pourquoi je me suis toujours senti en porte-à-faux là où je vivais. Suis-je citoyen suisse ou bien français ? À quel moment et dans quelle situation le Suisse l'emporte-t-il sur le Français et inversement ? La seule chose certaine est que je suis un binational franco-suisse installé hors de Suisse.

Le doublement de nationalité se vit au quotidien. Fixé depuis près de quarante ans à Paris – et je ne m'en plains pas –, j'éprouve la curieuse impression de m'y sentir chaque jour qui passe un peu plus suisse. Par contraste avec un Parisien qu'indiffère son environnement pourvu qu'il puisse rapidement garer sa voiture, je trouve Paris sale et mal entretenu, les motards déments, leurs engins bruyants, les autos envahissantes, les Parisiens insensibles à leur qualité de vie sitôt franchie leur porte d'immeuble, les autorités municipales fabulatrices, fanfaronnes, pharaoniques. Au quotidien, je subis le foutoir parisien, comme doit probablement le vivre le touriste vaudois débarquant à la gare de Lyon, qui doit se frayer un passage entre les mendiants puis, debout dans la ligne 1 du métro qui relie le château de Vincennes à la Défense, est abreuvé d'annonces sur la présence de pickpockets dans la rame, crachées en quatre langues. Je ne m'étends pas sur le parcours que sont forcés d'emprunter les étrangers depuis l'aéroport de Roissy, brinquebalés dans l'inénarrable RER B, et qui découvrent un paysage périurbain quasi post-apocalyptique, inondé désormais de réfugiés que les autorités politiques ignorent faute de savoir gérer l'indescriptible chaos.

Régulièrement, pour des raisons familiales et professionnelles, je me rends en Suisse. Selon la porte d'entrée choisie, le passage de la frontière évoque un changement de continent. Que ceux que ce propos surprendrait tentent l'entrée par la douane routière de Moillesulaz. La départementale 205 menant du centre d'Annemasse, deuxième agglomération de Haute-Savoie, à Chêne-Bougeries, commune du canton de Genève, est, chaque fois, un grand moment d'hilarité. Le court trajet (deux kilomètres) illustre l'anarchie administrative française et donc, considérant le coût de fonctionnement de cet État tentaculaire, l'impéritie de ceux qui en tiennent les commandes. Si, en raison des innombrables nids-de-poule, la route française menant au poste frontière de Gaillard ressemble à une interminable fondrière, l'urbanisme que troue cette piste est, lui, un hommage au surréalisme : ici une boulangerie à côté d'une station-service, là un immeuble, plus loin un magasin de produits surgelés, un bout de champ en friche, là à nouveau un immeuble qui jouxte une maison isolée, etc. On en déduit que le POS (plan d'occupation des sols) a eu les Shadoks pour auteurs : rien n'est aligné ni ordonné, et, disséminés, les bâtiments, tous d'une criante laideur, semblent avoir été largués par avion par un équipage salement « empégué », comme on dit dans le Midi. Entre ces cages à lapins et ces villas décaties serpente un ruban d'asphalte le plus souvent défoncé qui s'achève au poste frontière. Si devait être un jour conservée une parcelle de l'Hexagone comme témoignage des infirmités urbanistiques dont souffrent les autorités françaises (maire, député, préfet, ministères parisiens, et bien d'autres), sans doute ce bout de route et ses entours mériteraient-ils de figurer dans le lot à préserver. Le délitement est ancien – étudiant à Genève dans les années 1970, je peux attester qu'on pouvait déjà le constater – et rien, visiblement, n'est jamais venu ni l'arrêter ni le contrarier. L'automobiliste passant par cette frontière est estomaqué : il vient de contempler l'un des paysages périurbains le plus savamment enlaidis légués par le XXe siècle. La liesse le gagne une fois franchi le poste frontière. Roulant en Suisse, il circule alors dans un espace manifestement sous contrôle. Ce qui ne signifie pas qu'il soit esthétiquement plus digeste : les immeubles sont massifs, probablement bien insonorisés, à coup sûr onéreux, plus onéreux que les cages à lapins « sur France », mais ils sont globalement aussi laids.

Au spectacle du laisser-aller côté français, le Franco-Suisse éprouve plein d'excellentes raisons de se sentir suisse. Suissitude en France, que fortifient l'arrogance des Français face à ce désastre et la tartufferie généralisée de la société française, affamée de discours d'inspiration étatiste et à la gloire de la fraternité, et capable, dans le même temps, des calculs individualistes les plus cyniques – comme l'est par exemple, particulièrement chez les bourgeois, la stratégie scolaire pour leurs rejetons, une stratégie darwinienne souvent vile (fausse domiciliation, piston politique), course de rats démarrée dès l'école maternelle. Où que l'on se tourne, la France me semble être une provocation face à la Suisse. Au contact des Français, donneurs de leçons, convaincus de leur mission quasi interstellaire, et qui s'avèrent individuellement être d'un égoïsme calculateur et grenouillard, le Suisse en moi bouillonne. Comment peut-on afficher un tel incivisme et, dans le même mouvement, plastronner en parangon de vertu dont tout Terrien travaillant à un monde meilleur est sommé de s'inspirer ? Voilà pourquoi, au vu de ce naufrage et en quelques ouvrages, j'ai tenté d'expliquer aux lecteurs français qu'il pourrait leur être profitable de s'intéresser aux autres, non pas à la mégapuissance nord-américaine qui, en creux, renvoie à l'indécrottable nostalgie impériale française, mais, plus humblement, à leurs voisins suisses, à mes autres compatriotes.

Sur la Suisse, les clichés ont évolué ces dernières années pour – nul ne s'en plaindra ! – s'adoucir. Il est désormais possible en France de citer élogieusement la Suisse sans risquer sinon le lynchage, du moins le ricanement. Ainsi, depuis peu, les Français ont-ils cessé de coller sur la Suisse l'étiquette de petit État parasitaire, charognard au cœur de l'Europe, où les nationaux banquettent avec les riches expatriés, ces déserteurs fiscaux pour qui, en France, certains réclament la déchéance de nationalité. Les poncifs suissophobes ont aujourd'hui du plomb dans l'aile – quoique à la première alerte dans les comptes publics français, les banquiers suisses soient encore mouchardés.

Ce rééquilibrage bienvenu a plusieurs causes : d'abord, au cours de ces vingt dernières années, l'expertise sur la Suisse s'est affinée. Le nombre grandissant de Français venus en Suisse pour y travailler – et non plus pour fuir les services fiscaux français – et celui, plus important encore, de frontaliers ont gommé les clichés décrépits. En France, là où ils habitent, les frontaliers sont en effet autant de surligneurs de l'eldorado suisse : face aux villas et aux grosses cylindrées de ces dizaines de milliers de Français travaillant en Suisse, la malveillance franchouillarde a dû reculer. La prospérité économique de la Suisse et son ruissellement aux frontières ont éreinté les clichés que d'ingénieux intellectuels roublards, le plus souvent de nationalité suisse, fourbissaient à la première demande aux magazines français pour leurs lecteurs panouilles. Surmontant leur désarroi à devoir admettre qu'un État puisse ne pas être « un et indivisible » mais multiple et multilingue, hétérogène, fédéral, décentralisé et privé d'un exécutif surpuissant, les Français ont dès lors montré pour la Suisse un intérêt qui ne s'est plus démenti. Le flux ininterrompu de Français s'installant en Suisse et se délocalisant non plus du pays de Gex mais de Bretagne et du Bordelais a aidé à la dédiabolisation. Le vaste trek des infirmières, des techniciens et ingénieurs français vers Lausanne, Genève ou La Chaux-de-Fonds a périmé le cliché des milliardaires lézardant sur l'arc lémanique et s'y vautrant dans leurs rentes. Autre roulement de tambour avec les hordes d'étudiants français, parfois les meilleurs de leur génération, choisissant désormais de se former dans les hautes écoles universitaires suisses, ainsi que les milliers de Français, professeurs, collaborateurs scientifiques et personnels administratifs (3 400 en 2016, sur un total de 28 000) qui, dans la sphère universitaire, invitent également au changement de focale sur la Suisse[1]. On en conclura que si la Suisse a attiré tant de talents étrangers, c'est que hors de Suisse – et notamment en France –, l'image du pays a changé. La Suisse ne rayonne plus au firmament des activités interlopes, avec ses banquiers flibustiers, mais irradie son excellence par ses universités, ses écoles hôtelières, ses centres de recherche internationaux, etc. La prolifération des palmarès, contemporaine de l'essor du *benchmarking* sur tous les sujets, a favorisé l'avènement dans les médias du monde entier d'une Suisse ouvertement enviée désormais.

En Suisse, le Franco-Suisse a aussi la bonne surprise de rencontrer des autochtones dénués d'arrogance, qui ne se gargarisent pas avec leurs diplômes et leurs « grandes écoles ». Leur modestie affichée en est presque exaspérante. Sur ce plan, le contraste reste cinglant entre la Suisse et la France. Si les Français en ont rabattu de leur morgue faute de parvenir à s'extirper d'une crise interminable, ils conservent sur les autres peuples des réserves semble-t-il inépuisables de superbe et de condescendance. En Suisse, j'apprécie le bonheur de lire des journaux exempts de prosélytisme manichéen, ouverts sur le monde et globalement factuels ; en Suisse, les journalistes font confiance aux savants à qui ils tendent souvent leur micro. Autre coup de chapeau aux bibliothèques publiques et universitaires, à la richesse de leurs fonds et à leur libre accès. Croisés à l'arrêt d'un bus ou sur un quai de gare, les hommes politiques suisses sont simples, presque ploucs d'un point de vue français ; tant de droite que de gauche, ils semblent insensibles aux déplacements en limousine, avec motards et gyrophare, comme s'en enivrent leurs homologues latins, soucieux de se démarquer des gens ordinaires.

En tant que Français, je suis conquis par les qualités de la Suisse, mon autre pays : il est petit, certes – comme l'objecte tout Français avec un réflexe pavlovien quand la Suisse est citée en exemple –, et pourtant si bien organisé, si efficace et si modeste aussi. Ces qualités me paraissent d'autant plus saillantes que j'ai été éduqué et que je réside dans un pays où, grandeur nostalgique oblige, tout exploit – sportif, scientifique, entrepreneurial – est célébré par toute la nation comme une énième marque d'élection divine. Rien de cela en Suisse. Le cocorico n'est pas un hourvari suisse. Il faut dire que la compétition entre les cantons remonte si loin dans le passé et que l'identité cantonale est à ce point exacerbée, qu'un exploit suisse, même remarquable, est aussitôt réduit à un seul canton et, ainsi rabougri, est ignoré des autres, pour qui ce canton est presque une nation étrangère. Il a fallu beaucoup d'années à Federer, et sa belle fluidité linguistique, pour qu'en Suisse, il cesse d'être un excellent tennisman bâlois et soit sacré icône sportive suisse.

Dès lors, pour trouver l'apaisement après tant d'années vécues dans la fosse française, la médication paraît simple : il me suffirait de m'éloigner de cette France qui a tout pour elle – « heureux comme Dieu en France », selon la maxime allemande – mais qui, malheureusement, saccage ce que la nature lui a légué. Venir en Suisse et m'y fixer me soulagerait de ce mal français que tant d'études décryptent et qui, selon certains, tendrait à empirer. S'établir en Suisse en tant que citoyen suisse pour y trouver enfin repos et sérénité ? C'est là que les choses se compliquent…

Revenons au trajet Annemasse-Genève. Une fois la frontière passée à Gaillard, me déplaçant maintenant sur une voie large et goudronnée, bref, entretenue, la volupté devrait m'envahir. Or, rapidement, une étrange sensation grandit en moi. L'apologiste de la Suisse a une petite mine. Quelques kilomètres suffisent pour que mes rêveries suissophiles m'abandonnent ! Certes, l'urbanisme est ici maîtrisé, tout comme sont propres et bien tenues les artères qui mènent au pont du Mont-Blanc. Là-dessus, les Suisses sont irréprochables. Mais voilà que sur la chaussée, le fléchage qu'il me faut respecter me semble incohérent. Pourquoi, alors que rien ne l'annonçait, passe-t-on soudainement de trois à deux voies ? Pourquoi, sauf à risquer un accident, ne puis-je me rabattre sur la gauche et me retrouvé-je forcé d'aller dans une direction qui n'est pas celle que je souhaite ? Maîtrisant tant bien que mal un stress grandissant, je réalise que je suis dans une souricière, piégé par une logique signalétique aberrante. Je suis devenu un lièvre, la nuit, sur une route de campagne, cible d'appels de phares punitifs d'automobilistes indigènes insensibles à ma plaque parisienne qui, d'évidence pour ceux qui me suivent et sont censés savoir déchiffrer une immatriculation, indique que je suis non pas un de ces frontaliers français qui assiègent le canton et que les Genevois adorent haïr, mais un touriste égaré, propulsé dans une direction inconnue ! En place de la liesse qui m'avait envahi après la douane, monte en moi une irritation qu'aggravent maintenant les coups de klaxon rageurs. À cette étape, soit à peine quelques kilomètres en terres helvétiques, j'éprouve la nostalgie de Paris et de sa place de l'Étoile où, tous les jours, les automobilistes piétinent les protocoles routiers et se serrent à ne plus pouvoir avancer tout en s'engueulant. Dans cette impayable confusion parisienne, miracle des grandes villes, le conducteur ne fait pas dans le détail, il est sans considération pour l'immatriculation des autres véhicules et pour le Code de la route : les automobilistes autour de lui sont *tous* ses ennemis. Mon vague à l'âme survient généralement dès Chêne-Bourg. Pour quelles raisons ? Un naturel râleur ? Une schizophrénie mal soignée ? Une plasticité cérébrale insuffisante ? Un peu de tout cela se mélange, mais là n'est pas l'essentiel. Au vrai, mon air renfrogné à peine le poste de douane passé et le sentiment de persécution qu'éveillent en moi les irascibles autochtones s'expliquent, je pense, par mon statut civil particulier, celui de double national.

Le mononational, comme l'indique la formulation, jouit d'une seule nationalité, celle que lui assigne son passeport et qui lui indique sans marge d'appréciation sa souche territoriale, là où s'enfoncent ses racines. Pour lui, les choses sont simples. Sitôt sorti de son écosystème, autrement dit au-delà du poste frontière, il sait que, sauf à chercher les embrouilles, il lui faudra s'accommoder de ce qui l'entoure. Visitant Quimper et s'il n'est pas trop benêt, un touriste suisse ne se plaindra pas de ne pas dénicher un restaurant à fondue. Il sait qu'il est en Bretagne, au pays des crêpes. La réciproque vaut logiquement pour le Français qui traverse Saint-Gall à dix-huit heures et ne trouve plus un seul magasin ouvert. Il déplore les horaires de poulailler des locaux mais il surmonte son abattement.

Or – et c'est là que le bât blesse –, le double national n'entre pas dans ce moule. Lui se distingue en effet par sa double appartenance, sa double loyauté, et un taux de susceptibilité doublé. Le cerveau du binational, notamment du binational « de contiguïté » géographique – franco-suisse, italiano-suisse, germano-suisse –, est plus plastique. Passer d'un pays dont l'intéressé possède la nationalité à l'autre dont il possède également la nationalité l'oblige à s'adapter à d'autres normes nationales. Ce n'est nullement évident. Pourquoi le binational devrait-il en effet se plier à ces différences puisque, de part et d'autre de la frontière, il est « chez lui » ? Tout ce qui s'écarte de sa zone de confort et qui, par là, l'incommode peut être légitiment contesté. Sur les deux territoires, le double national s'attend au meilleur de ce que ses deux passeports lui permettent d'exiger. Voilà pourquoi il est naturellement porté à batailler contre les usages nationaux qu'il considère comme inadaptés à ses goûts : rejetant ce qui lui est imposé, il s'estime en droit de les récuser. Constamment, il compare, fait le tri dans ce qu'il juge valable ou non, sans égard pour les mœurs et la culture du pays où il se trouve. À ses yeux, les deux territoires dont il détient les passeports ne font qu'un. Il s'est déplacé dans une seule aire géographique, celle dont il possède les deux nationalités et que coupe une frontière destinée aux autres. C'est pour ceux qui n'ont qu'un seul passeport, porteurs d'une seule identité, qu'est plantée cette ligne de démarcation. Eux, visiteurs ou résidents permanents, sont évidemment tenus de se plier aux lois, usages, règles et règlements de l'autre nation. Mais pas le binational, ce citoyen nomade, libre partout de critiquer ce qui ne lui convient pas – en l'occurrence un fléchage routier dont les Genevois s'accommodent, mais dont il décrétera qu'il est idiot.

C'est un sentiment étrange que de vivre dans un pays si différent de celui où l'on est né, où s'est façonnée son éducation, et d'y disposer rigoureusement des mêmes droits que les indigènes, les purs, les vrais, ceux nés et éduqués sur place. Venu pour étudier à l'université de Genève, j'eus pour premier logement une petite villa que je louais à Troinex. Un matin d'hiver, je reçus la visite de deux policiers genevois venus me demander mon autorisation de séjour. Ma 2CV Citroën immatriculée dans les Alpes-Maritimes et garée dans l'allée du jardin avait peut-être attiré l'attention d'un voisin soupçonneux. Et l'intéressé avait jugé bon de signaler l'intrusion sur le territoire suisse d'un Français qui, à ses yeux, s'éternisait dans sa commune. J'ai gardé le net souvenir de la figure piteuse des deux policiers quand, assez insolemment je crois, je lâchais que j'étais genevois et que, par conséquent, l'autorisation de séjour ne me concernait pas. Poliment, les deux hommes s'éclipsèrent, s'excusant du dérangement. Le binational est chez lui dans les deux pays. Il lui est donc pénible d'admettre qu'après la frontière invisible, les usages changent du tout au tout et qu'il convient de s'y conformer, surtout quand ces usages lui sont désagréables.

Les pages qui suivent ont pour auteur un Franco-Suisse, quelqu'un doté d'une double loyauté citoyenne. Quelqu'un qui, en parfaite subjectivité, revendique de pouvoir butiner ce qu'il juge le meilleur dans les deux territoires et qui, logiquement, pour son confort mental, cherche à l'imposer où il se trouve et quand il estime le combat à sa portée : il n'entrera certes pas en lutte contre un accord commercial bilatéral peut-être mal bâti mais ne se privera pas de pester contre la cuisine du buffet de la gare de Lausanne – peut-être des efforts ont-ils été faits dernièrement –, ou fera remarquer à des appariteurs sous la coupole fédérale leur manque d'égard pour le visiteur francophone. Sans doute un simple touriste, en ces lieux, refoulerait-il son mécontentement, réservant son dépit pour les réseaux sociaux.

Lors de l'été 2017, à l'occasion de la démission du conseiller fédéral Didier Burkhalter, la question de la binationalité a surgi dans les médias suisses avec une étonnante virulence. Parmi les prétendants à la succession du ministre, les candidats genevois et tessinois étaient en effet, l'un et l'autre, porteurs d'une seconde nationalité, française pour le premier, italienne pour le second. Du coup, le dilemme autour de la double loyauté a été soulevé, comme si possiblement, en cas de contentieux entre la Suisse et la France ou l'Italie, les intérêts nationaux de la Suisse eussent pu pâtir du tiraillement de fidélité dont les deux intéressés seraient forcément victimes. Par expérience, je pense que le conflit de loyauté pointé dans la polémique n'est pas un scénario plausible. Si Pierre Maudet et Ignazio Cassis vivent en Suisse, y travaillent et y ont fondé une famille, c'est qu'ils ont l'un et l'autre assimilé les valeurs suisses, que celles-ci les ont façonnés et ont, depuis longtemps, balayé leur âme française et italienne.

L'obligation d'intégration est à tel point impérieuse en Suisse que s'y fixent uniquement ceux qui ont pleinement adopté ses valeurs. Les autres, les réfractaires, trop à l'étroit dans un moule helvétique qu'ils jugent étriqué, émigrent – départ d'autant plus facile que les binationaux sont libres de s'établir dans leur autre pays. Les contestataires de l'ordre suisse savent que la partie est perdue par avance. Pour eux, la Suisse n'est plus qu'une destination touristique ou un prétexte à faire de bonnes affaires, à la façon de l'essayiste Nicolas Meienberg installé à Paris et qui ne revenait en Suisse que pour y acheter une moto à moindre coût qu'en France. Les valeurs structurant l'organisation sociopolitique suisse sont d'une teneur telle, et la population y adhère avec tant de conviction, qu'elles déprécient d'emblée celles auxquelles elles pourraient être comparées et qui, à en croire les censeurs de la binationalité, nourriraient de dangereux conflits intérieurs. C'est pourquoi, lorsqu'il touche à la Suisse, le scénario de la déloyauté nationale est improbable. Le binational installé en Suisse, sans égard pour l'autre nationalité, a choisi son camp. Consciemment, il a fait un choix définitif et s'y tient. Il a opté pour le meilleur. Et si – cas peu probable – sa lucidité le trahissait, son environnement le ramènerait rapidement à la raison. La vie en Suisse n'offre aucune prise aux agents d'une éventuelle cinquième colonne étrangère. En Suisse, le binational ne le reste que sur le papier. Au quotidien, il n'est plus que suisse.

Au lien citoyen avec la France et la Suisse, celui qu'atteste la détention des deux passeports, vient s'ajouter un second, émotionnel celui-là. Ou « devrait s'ajouter », car à ce second niveau, les choses sont plus compliquées. La double loyauté non plus citoyenne mais affective présente l'inconvénient de ne pouvoir se commander. Elle se déclenche – ou pas. Les facteurs inhibiteurs se nichent parfois dans les détails. Le Franco-Suisse né et élevé sur les bords de la Méditerranée ne tarde guère à découvrir que si les Suisses, ses congénères, sont simples et modestes, pragmatiques et gros travailleurs, cultivés et exigeants, parcimonieux en mots et économes dans leurs marques d'affection, ils ont aussi de nombreuses carences. Non pas certes en orthodoxie routière ni en froideur naturelle (leur réserve ennuyeuse les persuade qu'ils sont indéchiffrables, comme s'ils souhaitaient dissimuler leurs affects qui, apparemment, leur sont source de tracas, et chacun des 26 cantons possède son contingent bien fourni de Fritz Zorn). Carencés, les Suisses le sont en fantaisie, trait de caractère qui, en France, et notamment dans le Sud, est prétexte à beaucoup d'excès tolérés. En Suisse, dans le monde des adultes, seuls les clowns et les petits enfants ont droit aux excentricités, monopole qu'ils partagent désormais avec les histrions des plateaux de télévision. Risquez-vous à la fantaisie en terres calvinistes (celles que je connais le mieux) – et, surtout dans les hautes couches de la société, une force invisible vous rangera parmi les dingues, ou bien, variante moins glorieuse, parmi les victimes d'une éducation défectueuse. En Suisse, on ne doit pas laisser paraître des émotions que les convenances bourgeoises somment de maîtriser, et même la plaisanterie doit être bâchée. Il suffit d'observer la jeunesse suisse pour mesurer combien chez les adultes, leurs parents, se grippent puis se dégradent avec l'âge les démonstrations d'affects. Le phénomène accuse même une tournure caricaturale à mesure que l'on s'aventure en milieu bourgeois.

Dans ce pays doté d'une si parfaite organisation, si efficace et si discrète – cette dernière qualité, appréciable, permettant de toujours donner le change quand l'organisation n'est ni parfaite ni efficace –, ma loyauté affective a parfois été prise en défaut. Car – et qui s'en étonnera ? – même si la Suisse est le modèle terrestre de la perfection, des dysfonctionnements y sont décelables, source de désenchantement. À Genève, dans l'espace public, le luxe et l'argent occupent aujourd'hui une place que Calvin n'aurait guère appréciée. Moins snobs que leurs homologues français, s'interdisant par exemple de larder les conversations de noms de leur connaissance, les bourgeois suisses sont plus amidonnés. Moins pontifiants car d'un naturel plus prudent, les Suisses bien nés sont souvent raides. Là où le Français possède une aisance rapidement agressive, le Suisse préférera une posture guindée, voire solennelle, volontiers feutrée. Il en ressort l'impression d'une certaine fadeur généralisée, à l'image des linéaires de la Coop ou de la Migros, avec leurs produits globalement inesthétiques, normés et calibrés. Les Suisses me paraissent plus apprêtés, et, plus on gravit l'échelle sociale, plus le naturel, assimilé à une négligence de mauvais goût, est mal vu. Sans doute, sévère et volontiers moralisateur, le protestantisme s'accommode-t-il douloureusement de l'intrus, du perturbateur. En Suisse, « dès qu'une tête dépasse, c'est le syndrome du champignon : on la coupe », fait observer le Tessinois Ignazio Cassis[2]. Doit-on cela à la longue fréquentation des austères pasteurs, au sacerdoce universel, à l'éducation ? Les héritiers spirituels d'Ella Maillart et de Nicolas Bouvier qu'il m'a été donné de croiser ne résidaient généralement pas en Suisse, ou bien y séjournaient pendant les seuls mois d'été.

Dans les pages qui suivent, j'ai eu à cœur de mettre en valeur des entreprises, des faits historiques, des scientifiques, des événements, des monuments, des paysages, des mythes, des héros ordinaires, des personnages qui m'ont marqué, quelques escrocs aussi, qui témoignent de la diversité de ce pays, et de ses limites. Je me suis amusé à revoir certaines briques de la mémoire helvétique, mes souvenirs se mélangeant parfois aux faits vécus. Empilant sans hiérarchie faits majeurs, souvenirs et anecdotes accessoires, j'ai voulu varier les points de vue en saisissant des objets de prime abord insignifiants (un référendum à Zermatt, la fosse aux ours à Berne, la Bahnhofstrasse de Zurich, les abris antiatomiques, les chambres à lessive, le tintinnabulement, le boguet) et d'autres qui ne le sont pas (l'association pour le droit à mourir dans la dignité Exit, le rapport Bergier, les minarets, les hautes écoles, la Société du Mont-Pèlerin, le Forum de Davos, Guillaume Tell, Christoph Blocher, l'armée, les droits populaires). Ces brefs portraits, récits et monographies ne cultivent ni la prudence ni l'indulgence. Bien intentionné ou volontairement caustique, subjectif, toujours sincère, parfois déconcertant, mon regard est celui d'un citoyen-spectateur admiratif de la Suisse, ce jardin à la française dont les citoyens-utilisateurs assurent eux-mêmes l'entretien. Personnellement impliqués, les Suisses sont en effet les jardiniers de leur politique, et chacun sait le prix qu'il lui en coûte. Parmi les diasporas turques installées en Europe, celle de Suisse a le plus massivement rejeté le référendum tyrannique du président Erdogan en 2017 : cela prouve la vigueur de la vie démocratique en Suisse, exemplaire dans les détails, qui intègre ses populations y compris les plus réfractaires *a priori*. À l'inverse, en Allemagne, les Turcs expatriés ont plébiscité ce même projet de réforme constitutionnelle, illustrant la faillite du modèle d'intégration allemand.

L'objectif de ce livre est de montrer l'exceptionnelle vitalité et variété de la Suisse, que d'aucuns jugeraient à tort endormie et empotée au simple motif que sa politique serait trop effacée – comme Nicolas Sarkozy qui, invité au Swiss Economic Forum à Interlaken en juin 2014, s'était publiquement et fort goujatement gaussé du système politique suisse qui lui semblait inintelligible. La Suisse et ses habitants valent mieux que ces badinages, ce qui n'interdit, selon les circonstances, ni l'humour ni la distance. Et surtout pas les partis pris.

I

LA TÊTE, LES JAMBES ET AUSSI, NE L'OUBLIONS PAS, L'ESTOMAC

Dans le domaine des arts, la Suisse s'enorgueillit d'avoir sur son sol les musées parmi les plus richement dotés au monde et d'accueillir chaque année ce qui se fait de meilleur sur les cinq continents en matière d'événements artistiques. Parmi d'authentiques bijoux historiques, classés au patrimoine de l'humanité et qui, selon la formule connue, méritent le voyage, se glissent des entreprises marchandes qui ne sont pas sans intérêt, notamment pour les ethnologues. Puisqu'il est question d'art, le cinéma trouve ici sa place. Le cinéma suisse, notamment romand, a laissé une belle trace sur les écrans européens. Il semble aujourd'hui renaître de ses cendres, dans un autre genre, plus grave. Et puis, il y a Locarno…

Les Suisses, dit-on, n'apprécient guère les têtes qui dépassent. C'est lors de son passage en Suisse que le président chinois Xi Jinping en 2017 leur a appris l'existence d'un certain Carl Spitteler, leur unique prix Nobel de littérature – quand, pieusement, les Français révèrent leurs quinze auteurs qu'a couronnés l'Académie suédoise. Dès lors, si les Suisses se révèlent ainsi d'impitoyables niveleurs, ne feignons pas la surprise d'en trouver tant qui voyagent dans les coins plus reculés du monde, profitant d'un climat moins sage et moins rigoriste, en quête d'un élixir à leur mal-être. Peut-être est-ce moins la dureté des conditions de vie en Suisse qu'une certaine sécheresse des relations humaines qui pousse les Suisses aux voyages lointains. Plaignons ceux qui n'ont pas trouvé l'énergie pour s'extirper de leur mélasse familiale. Sur ce malheur de faible intensité mais destructeur, certains Suisses ont laissé des œuvres littéraires d'une grande force, et leur vie avec.

La personnalité de Suisses (et Suissesses) grands voyageurs, et notamment les femmes, permet par ailleurs d'apprécier l'incroyable liberté que la bourgeoisie suisse accorda à ses filles et, rétrospectivement, l'atrophie présente. Autant que la littérature suisse, les arts graphiques portent la marque d'une suissitude caractérisée par la réserve et la retenue. Est-ce un hasard si l'un des artistes suisses parmi les plus créatifs du siècle dernier a conçu une œuvre à base de matériaux de récupération et recyclés, bref aux antipodes du bon goût bourgeois ?

La Suisse aime aussi le sport. Depuis la consécration planétaire de Roger Federer, les superlatifs explosent. Son record sera-t-il jamais battu ? Une chose lui est acquise : le tennisman suisse est indéboulonnable au moins pendant les prochaines décennies.

Enfin, invités à commenter la cuisine suisse, certains auteurs, se croyant malins, ont détourné la question en insistant sur le fait que, si les Suisses n'excellaient en rien sur le plan culinaire, c'est qu'ils cherchaient d'abord à satisfaire le palais de leurs visiteurs étrangers. Voilà pourquoi la Suisse aurait longtemps proposé une cuisine internationale qui contente tous ses hôtes. Même si la Suisse compte un nombre exceptionnel de grands chefs multi-étoilés au regard de sa population et, de très loin, les meilleures écoles hôtelières du monde, on y mange globalement une nourriture toujours coûteuse (îlot de cherté et forts salaires obligent), et pas toujours goûteuse. À la fondue, à la raclette ou encore à la viande séchée des Grisons, on peut ajouter des mets typiquement suisses, aux noms parfois pittoresques et qui, pour en découvrir la signification, appellent l'aide d'un dictionnaire…

Les arts et leur commerce

La bibliothèque de Saint-Gall

Mettez des chaussons, SVP !

Il n'est pas tant de bibliothèques où, pour la visite, l'on doive porter des chaussons. C'est pourtant l'accoutrement imposé lors de la visite de la bibliothèque de l'abbaye de Saint-Gall, située dans une des ailes du grand monastère carolingien dont la construction remonte au VIIIe siècle. Les chaussons sont requis pour fouler un parquet en point de Hongrie, fragile car très ancien. La bibliothèque, qui date du XVIe siècle, est l'un des plus beaux spécimens d'architecture rococo en Suisse. Elle recèle de nombreuses cartes et globes, le tout placé au milieu de décorations en stuc et de fresques de Joseph Wannenmacher. La salle de lecture est riche de 30 000 ouvrages, mais le visiteur note qu'il y a peu de lecteurs. Tant de merveilles invitent plutôt à la rêverie. Les manuscrits les plus précieux sont à l'abri des regards, et les réserves semblent très surveillées. La bibliothèque renfermerait notamment « le plus ancien dessin d'architecture sur parchemin connu ». S'y trouvent aussi des écrits irlandais des VIIe et VIIIe siècles, ainsi que les manuscrits enluminés de l'école de Saint-Gall du IXe au XIe siècle. Gageons que les moines bénédictins ont trouvé dans cet écrin le calme propice à la réflexion. Mais, englouti sous un tel amoncellement de stucs, le chercheur profane du XXIe siècle peut-il encore se concentrer sur son travail d'écriture ? En 1983, l'abbaye et sa bibliothèque ont été classées parmi les premiers sites du patrimoine mondial de l'Unesco comme « exemple parfait de grand monastère carolingien ».

Le pays aux 1 111 musées

Qui dit mieux ?

En Suisse, les musées sont partout. Selon l'Office fédéral de la statistique, il y en aurait 1 111[1]. Ils sont publics ou très souvent privés, toujours ouverts aux visiteurs. En 2015, le nombre d'entrées passait la barre des 12 millions, dont 3,3 millions dans les 171 musées d'art. Avec 100 000 habitants, une ville comme Winterthur compte pas moins de 10 musées. Visitant l'un d'eux, je me suis retrouvé seul sur un plateau de plusieurs centaines de mètres carrés, avec l'impression d'être là en infraction. Si les musées sont nombreux, ils sont aussi variés : un tiers (367) sont des établissements locaux ou régionaux, 15 % sont des musées d'art. Cent quarante musées techniques et 126 musées d'histoire complètent le panorama, avec aussi des musées d'ethnographie, d'archéologie, de sciences naturelles, etc. Toujours selon l'OFS, « en Suisse, la visite des musées est une activité culturelle plus répandue qu'aller au cinéma ».

Art Basel

Par ailleurs, l'art est d'abord un commerce

Pour les artistes, il faut s'en réjouir : avec l'émergence d'une nouvelle clientèle, ils peuvent désormais vivre de leurs productions, sans dépendre d'un monopole public ou d'un mécène capricieux. Dans ce commerce, la Suisse occupe une place enviable. Ici, les marchands d'art ont compris que leur zone de chalandise n'était plus un quarteron de collectionneurs chevrotants et d'héritiers dissipés, mais touchait un large public. Le formidable enrichissement de nos sociétés ces trente dernières années a vu l'apparition d'une classe moyenne, jeune et avide de cette consommation ostentatoire que décrivait Thorstein Veblen en 1899 dans sa *Théorie de la classe de loisir* : « La possession des richesses confère l'honneur : c'est une distinction provocante. »

Parmi les nouveaux produits concernés par cette frénésie d'achat de biens dits superflus se trouve l'art. Si, dans les années 1990, les compagnies d'assurances et les magnats du pétrole ont fait flamber les enchères chez Sotheby's – on se souvient d'un Van Gogh parti à 152 millions de dollars –, aujourd'hui c'est au tour des petits acheteurs d'entrer en scène. Leurs moyens financiers sont moindres certes, mais ils négocient des règlements échelonnés, sont adeptes du prêt payant, de l'échange de toiles, etc. Ils sont le fonds de commerce d'une myriade de galeries qui vivent des extravagances que s'autorise à crédit cette nouvelle petite bourgeoisie en quête de distinction. Si, faute d'argent, les parents punaisaient sur le mur de leur studio un poster de Marlon Brando, généralement affalé sur le réservoir de sa Norton dans *L'Équipée sauvage*, leurs enfants hantent les galeries d'art à la recherche d'une œuvre qui les distinguera dans la foule des passionnés d'art. Voilà à quoi sert Art Basel : la foire permet en un temps record d'acheter une œuvre à un prix qui se discute, et de se faire une meilleure opinion de la valeur de ce que l'on a déjà clouté au mur de son salon.

L'événement est lancé en 1970. Dès la première édition, le succès est au rendez-vous : 16 000 visiteurs, 90 galeries et 30 éditeurs d'art venus de 10 pays. Cinq ans plus tard, le nombre d'exposants s'élève à 300, et celui des visiteurs a doublé. En 2002, Art Basel ouvre une succursale à Miami, et en 2013, ce sera l'inauguration d'un autre événement, à Hong Kong cette fois. Chaque année, le nombre de candidats exposants s'élargit au point qu'a été instauré un *numerus clausus*. Il ne suffit plus de payer pour tenir un stand, encore faut-il que le club vous accepte. À Miami, la foire Art Basel Miami Beach a, selon le journal *Le Monde*, « participé à la métamorphose d'une agglomération jusque-là synonyme de crime et de pauvreté[2] ». Rien que ça ! La marque Art Basel est forte au point que sont désormais concédées, sous condition d'aménagements et embellissements urbains, des franchises à des villes souhaitant accueillir l'événement. Le groupe MCH, propriétaire de la foire, génère un chiffre d'affaires annuel de 540 millions d'euros, *via* 90 salons.

Assurément, dans une foire Art Basel, le badaud en a pour son argent. À Bâle, sur une surface aux dimensions d'un tarmac, le spectateur sillonne à loisir la production artistique contemporaine. C'est justement ce qui vaut le déplacement. Car, nonobstant une sélection que les organisateurs déclarent sévère, est exposé un des plus fabuleux amoncellement de croûtes capables d'enivrer les plus blasés parmi les snobs. Autre avantage de la balade, le badaud se fait une idée du prix des objets installés, accrochés, suspendus, posés, entreposés, coulés, collés, et donc de l'arnaque pour gogos riches et moyennement riches. Quand bien même des œuvres surprennent et résisteront à l'usure de la mode, beaucoup ont pour l'instant échappé à la benne par la magie d'un galeriste malin, et s'y entasseront dans un avenir proche. L'artiste et son galeriste auront alors toute latitude pour maudire ces radins et ces philistins, aveugles devant tant de transgressions lumineuses.

Ceux qui sont venus à Bâle et ont survécu aux bousculades du parc des expositions et à l'insignifiance de beaucoup d'objets exposés peuvent utilement prendre le tram pour Riehen. Ils s'y reposeront dans les jardins de la Fondation Beyeler où, jouxtant le musée qu'a construit Renzo Piano, une cafétéria en plein air les attend. Le musée offre de surcroît de belles expositions. On se souvient notamment de Gauguin en 2015, Peter Doig la même année ou encore Dubuffet en 2016. C'est à tort que l'on quittera Bâle sans avoir aussi visité le Kunstmuseum. La collection permanente présente notamment une magnifique série d'Arnold Böcklin, de Ferdinand Hodler et de Hans Holbein. Par un effet de vases communicants, tout le public qu'aspire Art Basel constitue autant de visiteurs qui ne se bousculent pas dans le spacieux musée public. Une raison supplémentaire pour courir à Bâle durant l'Art Basel.

Le cinéma romand
Une étoile filante

Le cinéma mondial a eu son moment suisse ou, plus exactement, suisse romand. Un moment bref, à peine une décennie, de 1969 à 1979, avec *Charles mort ou vif* (Alain Tanner) en amorce, et *Les Petites Fugues* (Yves Yersin) en épilogue. Dans le lot, on peut citer des titres qui résonnent comme autant d'excellentes soirées dans les salles de Lausanne ou de Genève, mais également de Lyon et de Paris : *La Salamandre* d'Alain Tanner (1971), *Les Arpenteurs* de Michel Soutter (1972), *L'Invitation* de Claude Goretta (1973), *Le Milieu du monde* et *Jonas qui aura vingt-cinq ans en l'an 2000*, deux films d'Alain Tanner (1974 et 1976), *Le Grand Soir* de Francis Reusser (1976), *La Dentellière* de Claude Goretta (1977). Avec plus de 420 000 entrées en Suisse et un accueil critique très favorable, notamment en France, *Les Petites Fugues* est le film emblématique de cette liste.

Au tournant des années 1980, ce cinéma suisse romand a disparu aussi rapidement qu'il avait jailli des ténèbres où il végétait jusqu'alors, incapable de trouver des producteurs qui, sans doute à juste titre, hésitaient à investir sur des films s'adressant à un public suisse trop étriqué.

Pour revenir à la décennie enchantée du cinéma romand, plusieurs raisons expliquent ce parcours de météorite : une fois la surprise passée, les critiques (parisiens) se lassèrent de ces films sympathiques mais sans panache à leurs yeux. Insuffisamment expérimentaux quant au style, pas assez transgressifs pour ce qui est de la sexualité alors en pleine explosion sur les écrans français tout juste libérés de la censure, interprétés par des comédiens qui restaient des provinciaux et persistaient à résider en Suisse, ils faisaient découvrir une terre francophone dont les Français ne soupçonnaient souvent pas l'existence. Ils étaient condamnés à l'effacement. La faute en revient aussi aux réalisateurs, mal à l'aise avec la rhétorique convenue des plateaux de télévision qui, à l'époque déjà, sont la rampe de lancement obligée de tous les films privés d'investissements marketing.

Lassés, les critiques cinématographiques français, qui donnent le ton dans le microcosme filmique francophone, notamment par leurs jugements sectaires, se tournèrent vers l'ouest, vers un autre cinéma exotique lui aussi, mais dont on n'avait jusqu'alors que peu parlé : les films du Canada francophone. Ce fut le grand moment québécois. Comme en témoigne la petite demi-douzaine de films canadiens encore à l'affiche des salles de cinéma chaque année, le moment canadien, lui, a perduré. La résilience de ce cinéma tiendrait-elle à la personnalité des réalisateurs et des producteurs canadiens, capables de mieux vendre sur les marchés cinématographiques et sur les plateaux de télévision leurs parlers désuets et leurs millions de kilomètres carrés désertiques ? L'explication n'est pas totalement fausse, mais partielle. La résistance du cinéma canadien a une explication plus triviale : elle tient en réalité aux aides financières que les producteurs canadiens sont parvenus à faire avaler à leur administration fiscale. Les producteurs français tournent ainsi beaucoup et souvent au Canada, non pour la beauté des décors naturels, mais parce qu'un tournage au Canada, *via* les *tax-shelters* et autres crédits d'impôt, permet d'économiser beaucoup d'argent. C'est la première explication. Maintenant, la deuxième : à supposer qu'à Berne les producteurs suisses soient parvenus à décrocher les mêmes sucettes fiscales auprès du département fédéral des Finances, voire du département fédéral de l'Intérieur (Office fédéral de la culture), ce qui ne va jamais de soi, il manquait aux Suisses romands l'argument imparable que les Canadiens ne se sont jamais privés d'invoquer : le double combat contre Hollywood et l'impérialisme de la langue anglaise. Hantées par la submersion anglophone, les autorités du Québec ont massivement encouragé leur cinématographie francophone, que cimentent de nombreux accords de coproduction avec la France. Politique incitative, qui fausse la « loi naturelle du marché » et qui, hormis pour ce qui touche à la protection de l'agriculture helvétique, répugne aux autorités suisses.

Voilà à quoi tiennent, d'une part, l'assèchement des productions franco-suisses et, d'autre part, l'arrivage régulier de films franco-canadiens. Contemporains et survivants de ce moment suisse, une poignée de producteurs romands ont migré à Paris il y a longtemps, au moment où s'épuisait le marché lémanique. Ces producteurs se sont installés dans la capitale française et les plus chanceux ont produit Alain Resnais, Yves Boisset, Jean-Louis Bertuccelli, Jacques Deray, et bien d'autres.

Aujourd'hui, le cinéma suisse rayonne dans le documentaire, un genre doublement à la peine car en surchauffe du point de vue du nombre de films mis chaque année sur le marché, et globalement mal exporté parce que ciblant des publics très étroits. En ce domaine, les cinéastes suisses se taillent pourtant de beaux succès. Il n'est que de penser aux films de Jean-Stéphane Bron ou encore de Christian Frei et Franz Rickenbach.

Locarno, son cinéma d'auteur
On s'y ennuie ferme aussi parfois

En 1480, le moine Bartolomeo d'Ivrea jura avoir vu la Madone. On le crut sur parole. Voilà pourquoi, surplombant Locarno, les touristes visitent le sanctuaire de la Vierge du Rocher. Chaque année, des milliers de touristes grimpent en transpirant la Via Crucis. On leur recommandera de faire cette rude marche début septembre. Sinon, en août, au retour, les jambes en compote, ils pourront s'installer sur la Piazza Grande où, depuis 1971, dans la première quinzaine du mois, se déroulent en plein air les projections du Festival, l'un des plus anciens festivals de cinéma, aux côtés de Cannes et Venise. Par choix revendiqué, Locarno entend boxer dans la catégorie « cinéma d'auteur », expression forgée par les critiques de la Nouvelle Vague qui, par déduction, sous-entend qu'il existerait donc un cinéma sans auteur. En son temps, Jean-François Revel avait ironisé sur cette appellation non contrôlée qui transpirait l'arrogance et un certain manque de lucidité de la part de ceux qui s'en réclamaient. Au fait, qui décide que le film visionné relève du « cinéma d'auteur » et que tel autre relève du « cinéma sans auteur » ? Se pourrait-il que l'on ait assisté à un film d'ouvreuse ou de charpentier ? Remarquons que la littérature ignore cet étrange apartheid où les cinéastes s'autoproclamant « auteurs » professent un souverain mépris pour les autres, ceux qui justement « ne sont pas auteurs ». Cette appellation incontrôlable est née dans les années 1960, sous la plume de critiques cinématographiques français. Tous, une fois devenus cinéastes, ont évidemment proclamé qu'ils faisaient du « cinéma d'auteur ».

À destination de ceux qui ignoreraient le sens de cette formule, en voici une brève explication : à en croire les tenants de cette théorie, quelques cinéastes, une minorité surdouée, exercent leur métier d'une manière particulière. Leur génie créatif, parce que complexe et volumineux, ne saurait tenir dans un seul film. Le génie de ces auteurs s'élabore et s'affine sur la durée, film après film. Impossible d'apprécier le génie d'un Rohmer, d'un Astruc ou d'un Hitchcock en ne visionnant qu'un seul de leurs films, même un bon. Pour accéder à la profondeur de l'œuvre, il faut la voir dans son intégralité et, conséquemment, ne jamais interrompre la chaîne de fabrication. Qui refuse par exemple de financer le énième projet d'un réalisateur maudit, ou bien décide de ne pas sélectionner une nouvelle fois lors d'un festival le même réalisateur – qui se targue généralement d'être victime des forces de l'argent et qui les combat, du moins oralement –, prend la responsabilité d'avorter un Mozart du cinéma. Personne ne semble voir l'aberration de certaines consécrations, comme celle couronnant l'œuvre d'un Jean-Claude Brisseau, justement à Locarno en 2012. C'est à cela que sert la théorie dite du « cinéma d'auteur » : à maintenir à flot des cinéastes sans beaucoup de public, et à en faire des rentiers. Rentiers sans public, ces « auteurs sans spectateurs » vivent de subventions, quelque forme qu'elles puissent prendre, et des honneurs qu'ils reçoivent. Convaincus d'être des génies maudits, ils font avec leurs films le tour des festivals, où, il faut bien l'admettre, les projections de leurs œuvres suscitent un endormissement poli. Surtout à Locarno, chez des spectateurs qui ont dans les jambes des heures d'épuisantes excursions. À quoi s'ajoute pour beaucoup le coup de rouge, soit en apéritif, soit en fortifiant.

Au vrai, le Festival de Locarno joue sur un registre confortable : ses responsables revendiquent la défense du jeune cinéma, la mise en valeur des talents de demain et des cinématographies émergentes. Ça ne mange pas de pain. Personne ne s'avisera de faire un jour l'inventaire de ces « talents de demain » sortis du néant et retombés aussitôt dans l'oubli. Il convient de couver ces génies qui, peut-être, se révéleront les Van Gogh de leur génération. En fait, la comparaison avec la peinture n'a guère de sens. Si, comme il le revendique, le cinéma est un art populaire et non une installation muséale, il doit être jugé à son impact sur le public des salles de cinéma, et non pas sur celui, lilliputien, des galeries d'art. Dans le cinéma, la jauge se chiffre en millions. Quand il est pronostiqué qu'« aucun autre titre de la compétition officielle ne devrait sortir en salle », et que « le Festival est un havre de la cinéphilie : pour voir les films présentés à Locarno, il faut se rendre à Locarno[3] », on ne peut s'empêcher d'avoir une pensée émue pour les « cinéphiles » de la Piazza Grande. Je parie que si les snobs sincères versent des larmes en abondance sur ce qui défile sur le grand écran en plein air, les profanes qui luttent contre la torpeur doivent souvent (et discrètement) regarder leur montre. Comme de juste, le prix du public UBS, depuis les dix ans qu'il existe, plébiscite des films comme *La Vie des autres* ou *Joue-la comme Beckham*, qui ne sont pas des films pour « cinéphiles » au sens où l'entendent probablement les organisateurs du Festival. La particularité du prix du public UBS est de se caler sur les goûts des spectateurs, et non sur celui des organisateurs. Le public, lui, ne fait pas la fine bouche, vu la myriade de récompenses distribuées à l'issue d'une compétition qui n'a que peu d'impact économique. On saura un jour si l'Industry Office, manifestation destinée à mettre en relation les distributeurs et producteurs venus à Locarno pour le Festival, démontre son utilité. Faisons confiance aux Suisses pour ne pas pérenniser une structure non rentable. À propos de rentabilité, on peut rappeler le budget du Festival : 13,5 millions de francs (11 millions d'euros environ) en 2017, dont 40 % de subventions publiques, 30 % de subsides privés, le solde étant constitué de fonds propres. Budget loin d'être ridicule lorsqu'on le compare à celui de Cannes (20 millions d'euros). Pour se faire une meilleure idée du poids du Festival cannois, il se traiterait, lors du marché du film qui se tient parallèlement à la compétition, pour près d'un milliard d'euros de contrats.

Il est aujourd'hui devenu difficile de se repérer parmi les centaines de festivals consacrés au cinéma qui pullulent en Europe, chaque bourgade ayant inventé son événement pour faire parler d'elle dans les médias et sur les réseaux sociaux. À Locarno, pour ceux que le Festival lasse, indiffère ou exaspère, reste le cadre, somptueux.

Le Montreux Jazz Festival
Claude Nobs, un grand magicien

Il était une fois un drôle de bonhomme, enfant du pays qui, en juin 1967, lança un festival sur les bords du Léman[4]. À cette époque, la musique, notamment le rock, se joue surtout dans les boîtes de nuit. Les riverains font la loi, l'ordre et le silence règnent. Et s'il s'est trouvé des concerts en plein air, comme à Windsor en Angleterre en août 1967, ça reste de bon goût, savamment jardiné : à Windsor, l'assistance était installée sur des chaises de jardin, et aucune ne servit de missile pendant les deux jours de concerts. L'autre musique de l'époque, plus distinguée car s'adressant à un public plus adulte, plus bourgeois, c'est le jazz. En Europe, il est surtout joué à Paris et sur la Côte d'Azur, à Nice et dans la pinède de Juan-les-Pins. Les musiciens noirs américains, comme Sidney Bechet ou Miles Davis, apprécient la France. Ici, le racisme est d'abord social : les Noirs et les Arabes sont discriminés seulement s'ils sont pauvres ou sans notoriété. Ce que ne sont pas les musiciens de jazz.

C'est à cette époque que Claude Nobs a senti que la planète changeait d'axe. Que dans une Suisse un rien compassée, la génération d'après-guerre aspirait à autre chose qu'à s'entasser dans un *carnotzet* (petite cave) autour d'une bouteille de blanc et d'un accordéon. Les étrangers qui visitent la côte vaudoise en repartent émerveillés, jurent de revenir : c'est justement ce que retient Claude Nobs.

Le Montreux Jazz Festival est son œuvre. Essayez donc de mettre un nom sur le propriétaire ou sur le responsable de la programmation du Marquee Club à Londres, ou du Festival de Juan-les-Pins. Vous n'y arriverez pas. Tel n'est pas le cas à Montreux. Le Montreux Jazz Festival, c'est Claude Nobs. Nobs est une personnalité hors norme : si la Suisse est propre en ordre, elle sait aussi faire une (petite) place aux vrais excentriques. Après un apprentissage de cuisinier (de son père boulanger, il avait retenu que, si l'on ne voulait pas se lever tous les jours à quatre heures du matin, mieux valait choisir une orientation professionnelle différente), il part à Zurich, aux cuisines du centre des Congrès, puis revient à

Lausanne, où il poursuit sa formation à l'école hôtelière. Sa biographie dit aussi qu'il participa à la création de la section locale des scouts, avant que le directeur de l'office de tourisme de Montreux lui propose de le rejoindre. À cette époque, Montreux n'a pas le lustre qu'on lui connaît aujourd'hui. Le tourisme, si vivant avant la Première Guerre mondiale, ne s'est jamais reconstruit pleinement. Les hôtels ont été transformés en appartements. La ville se languit.

En 1964, Nobs rejoint l'équipe du directeur de la télévision suisse Marcel Bezençon, au demeurant peu étoffée. Nobs a découvert les paillettes. Il s'y roulera avec rires et délices jusqu'à son dernier souffle. En juin 1967 est lancé un petit festival sur les bords du Léman. Aux côtés de Nobs, on trouve le pianiste et animateur Géo Voumard et le journaliste René Langel. L'événement se déroule sur deux semaines, dans la grande salle du casino de Montreux. La première édition souligne la justesse de goût des organisateurs, et de Nobs en particulier : Keith Jarrett et Charles Lloyd ! Le parti pris initial du Festival de Montreux est moins rock que jazz et blues. Sans doute était-ce aussi une astuce vis-à-vis des autorités locales, la programmation rock commençant à se charger de bière et de drogues dures. Non pas qu'on n'en trouva point chez les amateurs de jazz et de blues mais, dans cette niche musicale, les artistes en avaient la consommation exclusive.

Le rock débarque à Montreux en 1969, même s'il faut attendre 1976 pour que le Festival soit rebaptisé Montreux International Festival, appellation plus conforme à la diversité des musiciens qui se produisent sur les différentes scènes. En 1969, le public peut ainsi assister à deux performances que peu de choses relient : Ella Fitzgerald et les Ten Years After, que leur passage à Woodstock la même année a transformé en stars planétaires. Montreux est dorénavant une étape incontournable pour tout artiste américain venu se produire en

Europe. Le 6 décembre 1971, Frank Zappa et les Mothers of Invention peinent, à ce qui a été rapporté, à chauffer le public qui somnole. Il est seize heures vingt quand Zappa pose sa guitare et, flegmatique, lance : « Il y a le feu, mecs ! Sortez sans vous affoler ! » Tranquillement, car nous sommes en Suisse, sans se presser, le public se dirigea vers la sortie et, tout aussi sereinement, contempla un spectacle qui survient assez rarement : le casino de Montreux en flammes. L'incident inspira leur célèbre *Smoke on the Water* au groupe Deep Purple. Aux dires des contemporains présents lors de l'incendie, il fut spectaculaire, quasi hollywoodien. Inauguré en 1881, le *kursaal* avait été rebaptisé casino en 1962. Quant à Zappa et les Mothers of Invention, ils durent louer du matériel pour la suite de leur tournée européenne. Amplis, guitare, batterie, tout avait brûlé.

La liste des stars passées à Montreux ne tiendrait pas dans un volume de la Pléiade. Citons tout de même Leonard Cohen, Nina Simone, Al Jarreau, Marvin Gaye, David Bowie, Peter Tosh, Stevie Wonder, Prince, Massive Attack. En 1998, en bonne forme physique, Santana improvise un concert de trois heures. Les artistes viennent et reviennent à Montreux, comme Miles Davis, venu dix fois. Il y a les cachets élevés, réglés en francs suisses, mais, avant tout, la personnalité de Nobs. Le bonhomme est simple, serviable, attentif, généreux, et on voit immédiatement qu'il aime recevoir, faire plaisir, qu'il ne calcule jamais. Chez lui, pas de snobisme, il est resté fils de boulanger, n'a pas pris la grosse tête. Il est une icône. La figure probablement la plus juste du peuple suisse, incapable de courbettes, simple et spontané en toutes circonstances.

Le Festival, en raison de sa notoriété, a fait des petits. Après avoir progressivement glissé dans les rues et sur les quais de Montreux, où sont proposés des concerts gratuits, en 1980 est créé le Montreux-Detroit Jazz Festival et, en 1998, une autre antenne naît au Japon. Il est question de futurs développements à Singapour ou encore à Rio de Janeiro, sur la plage de Copacabana. En 2013, à Paris, sous le restaurant *Le Train bleu*, était inauguré le *Montreux Jazz Café* de la gare de Lyon. Premier du genre en France et dans une gare, il avait été précédé par des bars similaires dans les aéroports de Genève, Zurich et chez Harrods à Londres. Claude Nobs aurait probablement bien ri de voir les déclinaisons commerciales d'un événement purement festif, tel qu'il l'avait conçu.

Claude Nobs est décédé à 76 ans sur une piste de ski, comme Sonny Bono, lui aussi mort les skis au pied quelques années plus tôt. Depuis 2013, Mathieu Jaton est le directeur du Montreux Jazz Festival. Il aime à rappeler la devise de Claude Nobs : « *Nothing is impossible !* »

Écrivains, artistes et bâtisseurs

Carl Spitteler

Premier et seul prix Nobel suisse de littérature, 1919

Le 15 janvier 2017, les médias suisses recevaient un texte bien curieux : en route vers le Forum de Davos, le président chinois Xi Jinping rendait hommage à un certain Carl Spitteler, un écrivain totalement inconnu des non-spécialistes. Soupçonnant que les destinataires de son courrier le prendraient à la légère et convaincu de leur ignorance, le président chinois jugeait utile de préciser que le dénommé Spitteler avait été prix Nobel de littérature. Première découverte, donc. La seconde était plus surprenante encore : rangé sous l'étiquette « grand poète », Spitteler était de nationalité suisse. La suite est facile à imaginer : dans un bel ensemble, les destinataires du message de Xi Jinping se précipitèrent sur leurs écrans pour découvrir qui, au juste, était ce prix Nobel suisse. Au gré de leurs tribulations numériques, ils apprirent que le prix lui avait effectivement été décerné en 1919 et, ultime surprise, qu'il était l'unique Nobel de littérature qu'eut jamais reçu la littérature suisse.

Qui est Carl Spitteler ? L'écrivain est né en 1845 à Liestal, petite commune bâloise alors de 3 000 habitants. En 1861, après des études de droit et de théologie, l'homme part en

Russie où il s'installe comme précepteur à Saint-Pétersbourg. Au cours de ces années, Spitteler écrit beaucoup, mais, contactés, les éditeurs le snobent. Essentiellement des poèmes, ses premiers écrits furent édités à compte d'auteur pour tomber aussitôt dans l'oubli. Faute de vivre de sa plume, Spitteler enseigna. L'indépendance financière vint plus tard. Spitteler ne la doit ni à ses facultés pédagogiques, ni à sa plume, mais à un mariage d'un bon rendement. Ce qui n'ôte rien à son talent. En 1906, à un âge très avancé à l'époque – il a 61 ans –, avec son roman *Imago*, il trouve enfin la notoriété. L'ouvrage connaît un double succès public et d'estime : il enchante Carl Jung et Sigmund Freud au point qu'en 1912, Freud appellera sa revue de psychanalyse, qu'il lance alors, du nom du roman de Spitteler.

La Première Guerre mondiale consacre l'autorité intellectuelle de Spitteler. Le 14 décembre 1914, alors que des personnalités suisses plaident pour que la Confédération sorte de sa neutralité, Spitteler, devant la Nouvelle Société helvétique (association), définit le « point de vue suisse » face à la guerre européenne. La Suisse, proclame-t-il, est un spectateur neutre et doit le rester. Aux Suisses divisés face à une guerre déjà enlisée et qui semble devoir durer, Spitteler rappelle qu'ils ne forment « qu'un seul corps ». L'antagonisme entre Romands, favorables à la France, et Alémaniques, qui voudraient rallier Berlin, n'a pas échappé au romancier. Spitteler s'appuie sur la distinction entre « voisins » et « frères ». Avec les voisins, y compris avec ceux proches sur le plan linguistique et culturel, un conflit n'est jamais exclu. Entre frères, un tel scénario est inenvisageable, argumentation curieuse sous la plume d'un romancier féru de littérature classique, où les affrontements fratricides sont légion et ont suscité des œuvres majeures. La Suisse, dit Spitteler, n'est pas un assemblage de voisins cohabitant par le jeu du hasard, mais compose une famille, un « peuple de frères ». Même si elle ressortit du cliché déjà croisé sous la plume de Schiller quand, dans son *Guillaume Tell*, le poète se réfère au serment du Grütli, la formule fait mouche. Quant à ceux qui renâclent à l'idée que les Suisses puissent être « frères » et qui seraient tentés par la notion de « voisins », Spitteler les invite à regarder l'abomination qui se déroule aux frontières.

Spitteler agit et parle en pacifiste. Selon l'universitaire Peter Utz, le discours de 1914 a probablement joué dans l'attribution du Nobel qu'il reçoit cinq ans plus tard. Le romancier a ouvertement défendu une voie pacifiste, démarche courageuse dans un moment où, dans les pays belligérants, les pacifistes peuplent les prisons quand ils n'ont pas été assassinés. Cette prise de position contraire à l'air du temps – nous sommes en 1914 – expliquerait l'effacement dont Spitteler fut rapidement victime. Ne serait-ce pas aussi parce que son style s'est rapidement démodé, comme ses intrigues ?

Finalement, ce sont les autorités de Liestal qui soulignent avec le plus d'éclat l'oubli où est tombé le prix Nobel de littérature suisse. Sur son site, la ville met en évidence les cinq personnalités emblématiques de la commune. La liste s'ouvre avec David et Philipp Degen, footballeurs. Puis un dessinateur de BD, nommé Marini, ainsi qu'un certain Schuldhess, peintre graphiste de son état. Ils ont chacun leur notice biographique : la ville permet ainsi aux curieux d'explorer les multiples facettes de la vie des quatre personnages. Le dernier de la liste est Carl Spitteler. Le Nobel de littérature est mentionné, mais sans notice, comme s'il s'agissait d'un personnage accessoire, en tout cas n'offrant pas le même intérêt que les jumeaux Degen qui, croit-on comprendre, firent les beaux jours du FC Bâle.

Ella Maillart

La liberté des filles de la bourgeoisie protestante

Genevoise, née d'un père négociant en fourrures et d'une mère danoise, Ella Maillart sera une sportive de haut niveau avant de devenir exploratrice. En 1929, elle part dans le Caucase. Elle en revient avec son premier livre, *Parmi la jeunesse russe*. Trois ans plus tard, Ella s'embarque pour le Turkestan, puis ce sera la Mandchourie, où l'envoie *Le Petit Parisien*. Elle voyage à la dure, en troisième classe, dans un train blindé, d'où elle sortira miraculeusement vivante d'un lynchage par une meute de soldats japonais. Avec le journaliste du *Times* Peter Fleming, rencontré sur place, elle traversera le Sin-kiang, chacun avec une petite valise, sa machine à écrire et quelques excédents de bagages : lui, un fusil, elle, un colt, qu'elle raconte avoir rapidement égaré. Les voyages s'enchaînent. Elle s'en explique : « [...] Je n'étais plus la même personne qu'à mon départ. Je n'étais plus uniquement suissesse ou européenne ; je me sentais liée au monde dans son ensemble et j'avais l'impression que je ne serais plus jamais tout à fait chez moi à Genève[5]. » Parmi ses périples, il faut citer celui en Afghanistan, où elle part en 1939 avec l'écrivaine zurichoise Annemarie Schwarzenbach.

Ella a un sacré caractère ! À 16 ans, elle fonde à Genève le premier club de hockey sur terre féminin de Suisse, le Champel Hockey Club. L'expérience est formatrice : « Au total, la direction de ce club me donna la conviction que l'on arrive à réaliser ce que l'on poursuit avec assez de force et de persévérance. » Les pratiques sportives s'enchaînent. En 1924, elle est « choisie pour représenter la Suisse aux Jeux olympiques de Paris ». Cette fois-ci, elle court sur un bateau. Elle a découvert la voile à l'âge de 10 ans lors de vacances familiales passées au Creux de Genthod sur le lac de Genève. Elle atteindra les demi-finales et sera éliminée pour avoir touché une bouée. Ella se signale encore sur des planches, aux championnats du monde de ski alpin, sport qu'elle rend responsable de son insatiable soif de découvertes. « Si je n'ai jusqu'ici, dans ma vie, jamais rien fait d'une façon suivie, je crois bien qu'il faut en accuser le ski. » Sitôt l'hiver venu, Ella cessait ses activités : « [...] Et je filais vers les hauteurs. » Pour la petite histoire, à l'époque, le ski était un sport de lève-tôt : « Tous les dimanches, je me levais à quatre heures du matin pour attraper le train spécial, réservé aux skieurs. »

Le voyage en Afghanistan avec Annemarie Schwarzenbach est aussi celui où, constatant son impuissance à sortir son amie de la drogue, Ella prend conscience de « la vie intérieure [qui] colore et conditionne la vie extérieure ; elle est plus proche de nous et d'une réalité plus essentielle ». Descendue en Inde, elle y découvre les ashrams, la sagesse, le brahmanisme, la recherche « en nous-même d'une plénitude d'une réalité mystérieuse ». Revenue en Europe, installée à Chandolin, dans le Valais, « au sommet d'une épaule de montagne encadrée de mélèzes » qui lui rappelle le Tibet, la cinquantaine venue, Ella se consacrera aux conférences sur ses voyages.

À lire ces Suissesses aventurières, le lecteur contemporain est sidéré par la liberté que leur consentent alors leurs familles. Certes, ces jeunes filles se rangent parmi les milieux aisés, ouverts sur la planète. Leurs parents sont souvent des commerçants, des banquiers ou de riches bourgeois, disposant de correspondants dans tous les pays ; le réseau consulaire suisse fonctionne comme un mouvement d'horlogerie, y compris dans des territoires où se déroulent des guerres d'une terrible sauvagerie, comme celle menée par les Japonais en Mandchourie où se trouve Ella Maillart. Mais ces adolescentes négligent puis abandonnent leurs études, quittent la

Suisse sans beaucoup d'argent, font route vers des régions insoumises, parfois inexplorées, climatiquement insalubres. Sur ce qu'elles ont vécu, elles rapportent mille détails où il est question de la sordidité de leurs expériences, de l'extrême misère au quotidien. Et les parents laissent faire ! Est-il besoin d'ajouter au tableau que les réseaux de communication sont d'une grande lenteur lorsqu'ils existent, et qu'il n'y a nulle aide à attendre d'un Europ Assistance ? Ce qui nous séduit dans cette génération féminine qui fête ses 20 ans au sortir de la Première Guerre mondiale, c'est la confiance des géniteurs. À moins que ce que nous nommons confiance ne soit qu'un anachronisme, notre regard déformé sur un passé où, pendant des millénaires, enfants et adolescents ont été laissés à eux-mêmes, Dieu reconnaissant (et sauvant) les siens. Ce qui frappe surtout, c'est à quel point ces femmes ont vu loin, grand : dans un monde gouverné par les valeurs masculines, elles ont tracé leur route. Mais le caractère exceptionnel de ces destins ne serait-il pas inversement proportionnel à la rareté des femmes qui ont vécu à ce niveau d'intensité ? Autre explication : si ces jeunes femmes ont pu bénéficier d'un tel espace de liberté, ne serait-ce pas aussi parce que, pour leurs familles, elles étaient valeur négligeable, l'actif familial à protéger étant les frères, les hommes, les héritiers ? L'explication tient aussi. À notre époque où les familles alarment policiers et gendarmes si leur adolescent accuse un retard d'un quart d'heure après la sortie de l'école, les extravagances de ces Suissesses au long des années 1920 et 1930 témoignent de la formidable régression qu'a connue la liberté d'éducation des enfants, et notamment des filles, sur fond d'émancipation féminine. Ce n'est pas le moindre des paradoxes offerts par la vie de ces aventurières.

Nicolas Bouvier
Alors, on pouvait aller partout

Attachés à leur paroisse, qu'elle soit temple ou église, les Suisses ont donc été de grands voyageurs, et le restent encore. Mal à l'aise sur un territoire exigu, poussés au départ lointain par une mentalité austère, industrieuse et culpabilisante, tels semblent être les ressorts de ces aventures solitaires, où la curiosité pour les terres reculées ne se résume pas à un divertissement pour riches désœuvrés. Avide de rire tous les jours, comme il le répétera souvent, Nicolas Bouvier y serait-il parvenu en restant à Genève ? Pour notre bonheur, ces voyageurs sont pour certains d'extraordinaires conteurs et ont marqué la littérature.

Les voyages de Nicolas Bouvier, en vérité des expéditions, soulignent en contrepoint l'unification de la planète, le boom démographique, l'enrichissement prodigieux des peuples. La plupart des régions qu'a parcourues l'écrivain au volant de sa Fiat Topolino figurent aujourd'hui au menu des agences de voyages pour touristes exigeants. Par fournées, venus des quatre coins du globe, nos contemporains font aujourd'hui des selfies. Et les routes désolées où, un demi-siècle auparavant, le chameau était roi, sont désormais encombrées de lourds 4 × 4. Les voyages d'Ella Maillart, accomplis seule ou bien avec Annemarie Schwarzenbach dans des contrées excentrées, loin de tout, au contact direct de populations, sont devenus impensables. La combinaison du rançonnage et du sectarisme religieux interdit tout déplacement sans escorte militaire. Ce qui fait perdre aux récits de voyage actuels beaucoup de leur poésie. Sur ce plan, la planète a changé pour le pire. Les nomades à la mode ancienne, misanthropes curieux des mondes et des peuples inconnus, n'existent plus. Les flux touristiques ont tout submergé. Aujourd'hui, le comble du voyage consiste à arpenter son canton.

Fritz Zorn
Le désespoir (muet) suisse

Sauf à être un geignard aboulique prêt à sombrer dans la mélancolie à la vue d'une déjection canine, il n'est pas évident de disserter sur le « malheur suisse », et plus difficile encore d'en définir les contours. C'est quoi, le malheur d'un Suisse, en Suisse ? Le diagnostic est d'autant plus complexe que les malheureux affichent en Suisse une discrétion certaine. Les guenilleux sont rares dans les rues de Bâle et Lugano, tout comme les bidonvilles semblables à ceux qui poussent aujourd'hui sur des kilomètres au nord de Paris. D'une manière générale, le contexte suisse se prête mal aux lamentations qui risqueraient de passer pour obscènes au spectacle des tragédies qui frappent des millions de nos contemporains sur la planète Terre.

Pour nous rafraîchir la mémoire, dressons un rapide inventaire de tout ce à quoi les Suisses et la Suisse ont réchappé depuis cent soixante-dix ans : ni aventures coloniales, ni impérialisme territorial, ni invasions étrangères, ni guerres mondiales non plus, avec leur cortège de destructions, de morts et de gueules cassées ; pas davantage de cataclysmes naturels (pas de tremblements de terre, le dernier connu est survenu à Sierre, en 1946, causant la mort de quatre personnes), ni de catastrophes nucléaires ; pas plus de violences politiques, ni de guerres civiles (Espagne, Italie, France à la Libération), ni de révolution sociale (les deux seuls grands événements qui tournent en boucle sont la grève de 1918 et les 13 morts lors des émeutes de 1932, à Genève).

En Suisse, l'environnement est si plat sur le plan social, politique, géographique ou géopolitique que n'importe quel scénariste l'écarterait faute de crédibilité suffisante. À qui diable voulez-vous faire croire à un tel éden ! Et comme si tout cela n'y suffisait pas sont venus s'ajouter le plein-emploi, les salaires les plus élevés au monde, une intense vie associative, un double consensus social et politique qu'expriment la « paix du travail » et la « formule magique », un activisme écologique dépourvu d'hystérie, un niveau de formation très élevé, une cohabitation harmonieuse avec une population étrangère d'une taille inconnue en Europe. N'en jetez plus ! Et pourtant, aux marges de ce nirvana, des Suisses malheureux ont surgi.

Dans le lot figurent d'abord les Suisses ayant choisi de s'expatrier ou devant s'y résoudre, poussés par la misère. Leur rejet de la Suisse, voire leur aversion, certains l'ont formulé sans grande précaution oratoire : « Poussé pour des raisons économiques à rentrer en Suisse en avril dernier, entre autres à Saint-Gall où j'ai grandi, une moto y coûte en effet un tiers moins cher qu'en France parce que la TVA n'existe pas, et venu vraiment dans le seul but d'acheter cette machine et de filer ensuite sur Paris le plus vite possible[6]. » Cruel, Nicolas Meienberg résume ainsi la nausée que lui inspire son pays natal. Le pays du « propre en ordre » ne convient pas à ceux qui l'ont fui par choix, pour ne pas subir sa discipline stricte et sèche. Pour Meienberg, observons que c'est un luxe de fuir la Suisse pour s'installer en France, pays secoué par les inégalités sociales, les « coups d'État permanents », le chaos des grèves sauvages, tout ce que les proches de l'essayiste saint-gallois devenu parisien peuvent observer quand ils regardent vers la France.

Parmi d'autres Helvètes qui n'éprouvaient plus guère le bonheur dans cette Suisse si bien ordonnée, il faut encore nommer ceux qui, nomades, ne cessèrent de courir le monde, assoiffés de dépaysement mais surtout de rencontres avec une humanité qu'ils ne trouvaient plus aux côtés de ces Suisses si parfaits. On retiendra que ces Suisses ambulants, avides d'inconnu autant qu'insatisfaits de leur sort, choisirent pourtant de finir leurs jours en Suisse. La plupart vinrent y mourir – et non dans ces pays exotiques célébrés, souvent avec un immense talent, pour la joie de vivre, la générosité, l'hospitalité, la spontanéité de leurs habitants, toutes qualités dont les Suisses seraient dépourvus et qui seraient le ressort de leurs inlassables errances.

Enfin, parmi les malheureux, il y a encore ceux qui ne sont jamais partis et qui, leur vie durant, bardés de douleurs, ont survécu en Suisse. Souffrances fabriquées par l'éducation, la famille, par les valeurs transmises, les émotions indicibles, la retenue imposée. À l'étage « détresse maximale » trône Fritz Zorn. Dans *Mars*, ouvrage posthume, le jeune romancier zurichois, qui mourra d'un cancer à 32 ans, dissèque son éducation, ses parents, son milieu social, la Suisse. Le départ s'annonçait pourtant bien : « Dans ma jeunesse, presque tous les petits malheurs et, principalement, tous les problèmes m'ont été épargnés. Il faut que j'exprime cela encore plus précisément : je n'avais jamais de problèmes, je n'avais absolument aucun problème. » Décrivant sa famille, il décrit l'impératif non négociable qui la structure : « Tout devait être harmonieux. » Ici, ni scène de ménage (« Mes parents ne savaient pas comment on se dispute »), ni jugement, ni opinion personnelle : « Je perdis toute aptitude à la spontanéité dans le domaine des sentiments et des préférences. » L'harmonie est requise, car « là où il y a harmonie, tout va bien ». En réalité, ce credo est un décor Potemkine qui masque la réalité quand elle dérange. « Je ne devais pas m'apercevoir de ce que le monde n'était pas parfait. » Chez les Zorn, pour éviter le ridicule, en toutes circonstances, il convient d'afficher une parfaite maîtrise de soi : « J'étais surtout terriblement sage et j'ai sans doute été, bien davantage, terriblement ennuyeux. » Sans ami, sans amour, toujours propre sur lui, « [il remplissait] toutes les conditions pour devenir quelqu'un de très malheureux. Sitôt dit, sitôt fait : [il tomba] malade ». S'autodiagnostiquant « inapte à la vie », Zorn, quelques mois avant de mourir, écrira qu'il s'était senti « mort dès [sa] naissance ». Vaincu par un cancer, qu'il attribue à la mélasse de son existence, Zorn, dans un ultime souffle, répertoriera ses « ennemis ». La liste est longue : « C'est difficile à dire, bien que les mots ne manquent pas : mes parents, ma famille, le milieu où j'ai grandi, la société bourgeoise, la Suisse, le système. » Si Zorn dit en vouloir à ses parents, à qui il se reproche d'être resté asservi, l'auteur pointe aussi, en arrière-plan, l'environnement helvétique qui l'a tué. La névrose des Zorn n'a pas prospéré sur un territoire neutre, mais à Zurich, sur la Goldküste (côte nord du lac de Zurich, bien ensoleillée). À Berlin, Naples, Tel Aviv ou Paris, son « entourage générateur de névrose » aurait-il pu lui nuire à ce niveau d'intensité, au point de le tuer ? Si l'on en juge par les commentaires des romanciers et des artistes suisses volontairement exilés, on est porté à penser qu'il existe une toxicité locale infectant les sujets les plus réceptifs. Peut-être les lecteurs persuadés être immunisés contre le cancer de la bienséance hausseront-ils les épaules ; vivant en harmonie avec le milieu que décrit Zorn, n'éprouvant aucune de ses souffrances d'agonisant et indifférents aux « gémissements d'un individu issu de la bourgeoisie zurichoise, éduqué à en mourir », ils repousseront le constat de l'écrivain moribond. Pour eux, Zorn livre un témoignage non dénué d'intérêt sur la névrose d'un jeune bourgeois mal dans sa peau certes, mais de là à en tirer une loi générale, n'exagérons rien ! Ce qui n'enlève rien aux souffrances de Zorn et à sa lucidité sur les ressorts de sa pathologie.

Mix & Remix
La gentillesse au premier regard

Pour la couverture d'un ouvrage paru en 2015 et intitulé *La Suisse, pays le plus heureux du monde*, mon éditeur, sans me consulter, avait pris l'initiative de solliciter Philippe Becquelin. Il ne le connaissait pas personnellement mais, tout comme moi, appréciait ses courtes bandes qui, en France, paraissaient dans le supplément week-end du journal *Les Échos*. Philippe Becquelin avait réagi aussitôt, proposant un dessin qui illustrerait l'ouvrage mis en librairie en septembre 2015. Par courriel, je remerciai le dessinateur, sans jamais l'avoir jamais vu, sans même connaître son visage. Philippe Becquelin accusa réception de mes remerciements par un simple : « Mais c'est tout à fait normal. Amitiés. » J'ignorais alors qu'il avait refusé d'être rémunéré pour son travail.

À l'occasion d'une conférence en novembre 2015 au théâtre de Vidy à Lausanne à l'initiative de Payot, et alors que je dédicaçais mon ouvrage, un homme au visage très jeune se présenta devant moi, me tendit son exemplaire et me demanda une dédicace. « À quel nom ? – Mix & Remix. » Je levai la tête et vis devant moi un homme plein de retenue, qui dégageait une immense douceur. Il était un génie, applaudi silencieusement par des dizaines de milliers de lecteurs chaque semaine, et il se tenait devant moi, en retrait, timide et réservé. Il a assisté à la conférence, est venu me saluer quand il est parti, puis a disparu. L'occasion m'a été donnée de croiser certains de ses confrères français notamment, souvent si contents d'eux et exhibant sans vergogne leur prêt-à-porter intellectuel, convaincus de la radicalité de leur anticonformisme. Dans un courriel, le remerciant encore, je lui dis que j'appréciais son travail et qu'en revanche, je n'aimais guère Plantu, paresseux et bien-pensant. Dans sa réponse, me remerciant de mes remerciements, il me dit partager mon avis sur le dessinateur français.

Philippe Becquelin était un grand monsieur. Je ne l'ai pas connu, je l'ai simplement croisé, mais tout en lui témoignait d'une grande humilité, et d'une générosité sincère et spontanée. J'ai noté avec plaisir les magnifiques hommages que lui ont rendus ses confrères lors de son décès.

Zep

Rire de tout avec le sourire

Un post-soixante-huitard qui se déclare fan de Led Zeppelin ne saurait être un mauvais garçon. En même temps, et sans nier le génie de Zep, on peine à trouver, dans ses dessins fripons, l'équivalent des riffs de Jimmy Page ou la puissance rauque de Robert Plant. Zep, adepte du heavy metal ? À voir les dessins du Genevois, on a du mal à le croire. De Led Zeppelin, Zep a aujourd'hui la notoriété et, au rythme de ses publications, atteindra peut-être bientôt les niveaux de vente des albums du groupe anglais (il est question de 350 millions de disques et CD). Pour l'heure, Zep écoule moins de bandes dessinées que ses mentors musicaux d'albums mais les surpasse en humour, et de loin. Si beaucoup de mystiques végétariens paraissent souvent glauques, tel Bob Dylan (autre source d'inspiration que Zep revendique), ce n'est pas le cas du Genevois dont l'œuvre prolifique prouve, Dieu en soit loué, qu'il ne se prend jamais au sérieux. Pour preuve, certains contemporains affirment l'avoir entendu chanter des tubes tels que *Les Couilles à tonton*, *Légalisez le Cenovis*, *Moi, je suce des Sugus*, *Dieu m'a changé en Suisse allemand*, etc. À notre connaissance, les versions anglaises de ces morceaux d'anthologie sont au point mort. Ceux qui croisent Zep dans les parages des Grottes à Genève sont frappés par sa gentillesse et sa simplicité. À Genève, Zep, grand amateur de chocolat aux noisettes, s'épanouit dans un biotope propice à la bande dessinée. On ne se risquera pas à dresser l'inventaire des dizaines d'auteurs talentueux qui, depuis Rodolphe Töpffer jusqu'au Genevois Poussin, ont régulièrement fertilisé le terreau local.

Mal endémique, l'académisation devait bien un jour contaminer la BD. C'est chose faite depuis novembre 2017 avec l'ouverture à Genève d'une école de bande dessinée. « Dans les pas de Titeuf » titrait alors un quotidien du soir français[7]. À l'École supérieure de bande dessinée et d'illustration (ESBD), où l'on accède avec un CFC (Certificat fédéral de capacité, variante suisse et beaucoup plus pointue du brevet professionnel), les 18 étudiants de la première promotion sont invités par Titeuf « à viser le ciel ». Ils apprendront surtout à se constituer un réseau professionnel leur permettant de vivre de leur coup de crayon, ce qui, ma foi, est un bon début.

Henri Dès
Que du bonheur !

On peut rêver au retour d'un monde où enfants et adolescents écouteraient *Les Bêtises* de Henri Dès : « C'est à l'école / Tagadagada / Qu'on apprend des bêtises (*bis*) / Le grand Dédé / Poils poils au nez / Devant toute la classe / Monte au tableau / Poils poils au dos / Pour faire des grimaces »… Plutôt que de se gaver des vociférations des rappeurs dont l'horizon mental se borne, à les entendre, à tuer des « keufs » et se taper des « meufs », les enfants grandiraient plus forts, plus équilibrés, plus heureux, avec Henri Dès. Ceux qui ricanent ou ironisent à l'écoute de ses couplets n'ont probablement pas eu d'enfants, sinon ils vénéreraient le compositeur suisse qui a su déclencher chez ces innocents tant de fous rires espiègles. Sans doute le chant patriotique suisse serait-il aussi plus facilement appris et mémorisé si l'on avait retenu le couplet proposé par le toujours fringant Vaudois. Sont-ils si nombreux les artistes suisses à avoir rempli une centaine de fois l'Olympia à Paris, une salle de mille places ? Respect, Henri !

Michel Simon

L'accent genevois à Paris. Quel talent !

Michel Simon naît à Genève en 1895, année où, pour la première fois, dans une salle du boulevard des Capucines à Paris, les frères Lumière projettent *L'Arroseur arrosé* et *L'Arrivée d'un train en gare de La Ciotat*. Domicilié au 27, Grand-Rue à Genève, le jeune Michel fait des études chaotiques au collège Calvin. À 16 ans, le voilà installé seul à Paris, vivant dans la bohème, s'exerçant aux métiers de clown, danseur, prestidigitateur, etc. Revenu en Suisse au moment de la mobilisation de 1914, il assiste lors d'une permission à un spectacle de Georges Pitoëff. La paix rétablie, il intègre sa troupe en 1920, enchaînant les rôles secondaires. À l'époque, Michel Simon pratique aussi la photographie à haute dose. Plus tard, le comédien prétendra même être à l'origine du fameux Leica. Michel Simon retourne à Paris dans les bagages de la troupe de Pitoëff, où Marcel Achard le repère. C'est Achard qui le recommandera à Louis Jouvet pour *Jean de la Lune*, où il interprète Cloclo, un jean-foutre insupportable, goujat et parasite. Voilà Simon sur orbite. Les spectateurs n'ont d'yeux que pour ce personnage au physique massif, légèrement voûté, prématurément vieilli, qu'anime une voix traînante au timbre étrangement musical sitôt que Michel se souvient qu'il est genevois. Justement, c'est ce timbre si particulier, capable des aigus les plus féminins émanant d'un physique de bûcheron sans âge, qui fait de Michel Simon l'un des comédiens majeurs du cinéma français. S'il passe du théâtre des Mathurins à la Michodière, *via* le théâtre Pigalle et les Variétés, Michel Simon reste en effet un comédien de cinéma. Sa filmographie au cours des années 1930 enquille parmi les chefs-d'œuvre immortels du septième art français. Oublions *On purge bébé*, que Renoir finance sur ses fonds propres et qui n'est qu'un succès commercial – ce qui n'est déjà pas si mal. Évoquons dans la foulée des pépites comme *La Chienne* du même Renoir, *Jean de la Lune* de Jean Choux, *Boudu sauvé des eaux*, à nouveau avec Renoir. Faut-il d'autres titres ? Citons *L'Atalante*, dernier film de Jean Vigo, *Sous les yeux d'Occident* de Marc Allégret, le très peu connu *Choc en retour* de Georges Monca (1937), satire provocatrice et antisyndicale des occupations d'usines de 1936, *Drôle de drame* de Marcel Carné en 1937 (« Vous avez dit bizarre, cher cousin »), *Quai des brumes* du même Carné l'année suivante ou encore *Le Dernier Tournant* de Pierre Chenal en 1939, film peu vu mais qui engendra pas moins de trois adaptations, notamment *Ossessione* (*Les Amants diaboliques*) que signe Luchino Visconti en 1943. En dix ans, entre 1930 et 1939, Michel Simon a figuré au générique de 44 films ! Pratiquement tous sont entrés dans la légende, des films où Michel Simon tient sinon le rôle principal ou bien donne la réplique à Jean Gabin ou Fernandel. Installé à Rome fin 1940, Michel Simon revient à Paris en 1942. Retenons son personnage de Baudu dans le deuxième film d'André Cayatte, *Au Bonheur des Dames*, authentique film pétainiste inspiré moins de Zola que de la Charte du Travail. À la Libération, la carrière du comédien se poursuit. Si, avec environ trois films par an, le rythme de ses tournages a diminué, le comédien endosse des rôles qui entreront dans l'histoire du cinéma. Faust, dans *La Beauté du diable* de René Clair, ou encore le fabuleux Paul Louis Victor Braconnier dans le diamant brut qu'est *La Poison* de Sacha Guitry. Filmés en légère plongée, assis l'un face à l'autre et cadrés de profil, c'est ainsi que Michel Simon et Sacha Guitry apparaissent au générique du film. S'adressant au comédien, le réalisateur lit un épais recueil qu'il tient sur ses genoux : « Jamais encore je ne vous avais eu pour interprète. Eh bien, vous êtes exceptionnel, je dirais même unique, car entre le moment où vous cessez d'être vous-même et où vous jouez votre rôle, il est impossible de voir la soudure. Et il en va de même lorsque, cessant de jouer, vous redevenez vous-même. Si bien qu'en principe, il n'y a aucune raison d'interrompre les prises de vues. Je vous situe parmi les plus grands comédiens : Frédéric Lemaître, Sarah Bernhardt, mon père, Chaliapine. Comme eux, vous êtes seul, isolé volontaire. Comme eux, vous possédez cette vertu précieuse et qui ne s'acquiert pas et qui n'est pas transmissible : le sens du théâtre. C'est-à-dire la faculté de faire partager aux autres des sentiments que vous n'éprouvez pas. Ah, vous n'êtes pas de ces acteurs qui réunissent autour d'eux des troupes, non, vous n'êtes pas de ces acteurs qui donnent des leçons, car ce que vous avez d'admirable en vous, ça ne peut pas s'apprendre, et cela ne peut surtout pas s'enseigner ! » Embarrassé par les compliments de Guitry, Michel ne dit rien, sourit.

En 1966, Michel Simon est Pépé dans *Le Vieil Homme et l'Enfant* de Claude Berri. En 1973, probablement en hommage à sa passion pour l'érotisme, Jérôme Savary lui confie le rôle de l'érotologue dans *Le Boucher, la Star et l'Orpheline*, film alimentaire aussitôt tombé dans l'oubli. Sa dernière apparition sur les écrans est dans *L'Ibis rouge* de Jean-Pierre Mocky en

1975, où il interprète le rôle de Zizi. Au final, Michel Simon aura joué dans 116 films, avec des pointes annuelles à 8 films en 1938, 10 films en 1939.

Dans la dernière partie de sa vie, Michel Simon s'est tourné vers les animaux. Hébergeant une basse-cour aussi étendue qu'inattendue, il se passionna notamment pour une guenon nommée Zaza. Dans un entretien radiophonique datant de 1956, il raconte qu'elle lui écrivait des lettres qu'elle glissait ensuite dans une enveloppe. La guenon venait lui remettre le courrier en main propre et attendait que Michel la lui lise. Alors, toujours selon le comédien, Zaza retournait à son secrétaire et lui barbouillait une nouvelle déclaration d'amour. Michel Simon est mort en 1975. Conformément à ses dernières volontés, il est enterré auprès de ses parents au cimetière du Grand-Lancy, à Genève.

Tinguely

Vraiment trop génial pour les Fribourgeois ?

Pour honorer leurs célébrités, les Suisses, curieusement, semblent parfois attendre qu'elles aient disparues. Question d'éviter à l'intéressé de trop gamberger sur son génie et, par là, prenant de l'assurance, de dériver vers l'arrogance. L'esprit de milice, où chacun tient humblement sa place, n'a pas toujours que des vertus. Jean Tinguely illustre cette pression normative sur les personnalités inclassables, trop atypiques, poussées soit à se fondre dans l'ordinaire, le groupe, soit à s'éclipser. On ne reviendra pas sur l'œuvre de l'artiste fribourgeois, tôt parti avec ses parents à Bâle et qui, avec ses constructions métalliques, atteint à la notoriété planétaire. En 1991, l'artiste disparaissait. Un quart de siècle plus tard, en 2016, les colloques, expositions et autres événements lui rendant hommage se sont empilés en Suisse. Un peu comme si le quart de siècle était la bonne mesure pour vérifier que la vinification tenait la durée. Le défoliant répandu en Suisse sur le possible culte de la personnalité est à diffusion lente, mais efficace.

On sait que Fribourg a résisté à une fontaine fabriquée par Tinguely et dédiée à Jo Siffert, ami de l'artiste. Alors que le monde entier fêtait depuis longtemps déjà l'œuvre du sculpteur, Fribourg mégota. Dans le canton, hormis les enfants, personne ne devait trouver esthétiques les soudures et autres ferronneries de Tinguely. Ses bricolages faisaient désordre, rappelaient les apprentissages scolaires – et pour les poutzer (astiquer), que de difficultés en perspective ! En outre, Tinguely ne se prenait pas au sérieux. « La dérision est la matière première la plus précieuse que je puisse avoir », a un jour confié l'artiste au collectionneur Pierre Nahon. Or, si l'artiste iconoclaste ne se prend pas lui-même au sérieux, comme le faisait Picasso par exemple, n'est-il pas aventureux de le considérer avec sérieux ? Qui était ce Tinguely ? Un primitif ? Pire, un ferrailleur ? « Je n'ai pas de critères ! Surtout pas de goût ! » aimait-il répéter. Bref, du vivant de l'artiste, la ville et le canton de Fribourg ont été aveugles devant l'œuvre géniale. Et, contrairement à la légende, Tinguely ne fut pas marginalisé à cause du caractère subversif, voire révolutionnaire, de ses sculptures. Tinguely, comme l'attestent ses travaux, avait simplement de l'humour à revendre, ne singeait pas le créateur maudit comme il sied à l'artiste qui met sur le marché un produit superflu.

Acheter une œuvre d'art, quelle que soit sa destination, est typiquement un achat ostentatoire. Si Fribourg avait eu du nez et si les édiles avaient sollicité Tinguely, très certainement l'artiste, généreux comme en témoignent ceux qui l'ont côtoyé, aurait fait don de plusieurs de ses œuvres – à la pièce, elles se négocient autour du million d'euros aujourd'hui…

Ces œuvres, les autorités fribourgeoises auraient pu en céder certaines et, avec le produit de ces ventes, répondre au souhait clairement formulé par Tinguely de voir transformé en musée son atelier installé dans l'usine désaffectée de La Verrerie, aujourd'hui abandonnée.

Les autorités fribourgeoises semblent avoir plus d'appétit pour la Bénichon (fête populaire) que pour l'art. Le mal est profond. Pour aider au lancement de jeunes artistes, Jean Tinguely avait fait don de 500 000 francs aux autorités cantonales. En 2016, il a été révélé que ce crédit dormait sur un compte bancaire, autrement dit n'avait servi à rien. Dans cette affaire, il est certainement trop facile de mettre au passif des seules autorités leur inertie. Se pourrait-il que, veillant au pied du magot, elles suivent fidèlement les consignes attentistes des électeurs du canton ?

Un pays d'architectes
Mais à quoi tient donc leur notoriété ?

Comment expliquer que tant d'architectes mondialement célébrés soient suisses ? Rapporté à la population du pays, le nombre d'architectes suisses de renommée internationale est en effet spectaculaire. Pour s'en tenir au XXe siècle, il n'est que de citer Le Corbusier, Mario Botta, Bernard Tschumi, Philippe Rahm, Peter Zumthor. Ils ont construit sur l'ensemble du globe, collectionnent les honneurs, comme les prix Pritzker, et leurs réalisations vont du parc de la Villette à Paris en passant par le musée de l'Acropole à Athènes, la Tate Gallery de Londres ou la Philharmonie de l'Elbe à Hambourg, signée par le cabinet bâlois Herzog et de Meuron.

Que révèle le génome de cette impressionnante liste de talents suisses ? L'explication d'un tel rayonnement est complexe. Tout d'abord, un lien pourrait-il exister entre la qualité des architectes suisses et l'étroitesse du marché helvétique ? En raison de l'exiguïté géographique du pays, les talents suisses bénéficieraient d'un effet d'optique : c'est parce que le pays est minuscule que ses architectes gagneraient en visibilité. L'explication ne tient pas. Tant du point de vue géographique que démographique, les marchés autrichiens, danois, suédois ou portugais sont comparables à l'espace helvétique ; pourtant, aucun de ces terroirs n'a donné autant d'architectes d'un tel renom. Il faut donc prospecter ailleurs pour expliquer le phénomène.

Un facteur a dû jouer et continue d'avoir un impact sur la manière de travailler des intéressés : tous, lorsqu'ils commencent un chantier en Suisse, savent qu'ils vont être confrontés à un marché domestique bridé, miné par une multitude d'armes légales pour freiner les imaginations par trop originales. Qui, ici, prétend s'affranchir des contraintes environnementales ou ignorer les sensibilités locales en matière de construction sait qu'il va se heurter à une opposition citoyenne que les exécutifs cantonaux ne peuvent pas négliger, et ne songent pas non plus à écraser. L'architecte ou le promoteur qui, par leurs constructions, se risquent à braver l'opinion publique sont vite rattrapés par une pétition initiée par des opposants qui jugent que le projet est pharaonique ou défigure le paysage. L'initiative cantonale ou communale est en Suisse une épée de Damoclès avec laquelle tout constructeur doit composer. Les « victimes » de la Lex Weber (pas plus de 20 % de résidences secondaires par communes depuis 2012) en témoignent. Voilà une contrainte qu'ignore l'architecte à Londres ou à Paris. Dans la capitale anglaise, les constructions sont volontairement anarchiques et magnifiées justement parce qu'elles transgressent les normes les plus délirantes : depuis le suppositoire de Norman Foster pour la Swiss Re jusqu'à l'usine pétrochimique où, également au cœur de la City, les Lloyds ont installé leur siège social, l'énumération est interminable des réalisations architecturales londoniennes décoiffantes. À Paris, le contexte est différent. L'architecture est sous contrôle et reste bourgeoise : si Haussmann est la référence, ici le souverain, dans son palais de l'Élysée, dicte ses goûts et ses couleurs, et la population mécontente en est réduite à grommeler. Il suffit de se souvenir des colères parisiennes lorsque, à la fin des années 1960, les Halles furent démolies pour y planter le centre Georges-Pompidou. En France, les citoyens n'ont que leurs yeux pour pleurer. Ce qui confère une grande liberté aux architectes, si tant est que le donneur d'ordres ait du panache, comme en avait le président Pompidou en matière architecturale. Rien de tel en Suisse où, pour décrocher l'autorisation d'élever une tour, il faut en tout premier lieu ne pas heurter le peuple souverain. Compte tenu du nombre de tours qui, toutes hauteurs confondues, se comptent sur les doigts de la main, on en conclura que les Suisses ne les apprécient guère, préférant, semble-t-il, le mitage interminable de leur territoire. En matière de tours, les Vaudois ont pourtant fait montre d'ouverture lorsque, par référendum local le 9 février 2014, les Chavannois ont voté à 60 % pour une construction d'un immeuble de 117 mètres.

La renommée internationale des architectes helvétiques s'explique, selon nous, par la pression populaire qui les a corsetés en Suisse. Nulle part ailleurs, les architectes ne sont tenus de composer avec des contraintes de même nature qu'en Suisse. Naturellement passéistes et méfiants à l'encontre des utopies bétonnées, les citoyens ont obligé les architectes suisses à faire preuve de plus d'imagination pour combiner création architecturale et consensus esthétique. Consensus qui semble avoir été surtout trouvé sur la hauteur des bâtiments, tous relativement bas, hormis la Prime Tower à Zurich et la Roche Tower de Bâle, hautes respectivement de 126 et 178 mètres. Qu'à Lausanne, la seule tour soit celle de Bel-Air, sans grâce, sorte de parpaing ajouré posé en 1931 et haut de seulement seize étages, prouve que si audace architecturale il y a en Suisse, elle se manifestera non à la verticale, mais dans les formes et les matériaux utilisés. En conséquence, pour des créatifs ambitieux, soucieux de créer dans un cadre moins contraint, le marché architectural international s'est imposé naturellement.

Un autre facteur au départ du rayonnement des architectes suisses tient au biotope qui leur fournit leurs bases théoriques. Beaucoup sont issus des deux écoles polytechniques fédérales de Zurich et Lausanne, qui misent massivement sur la technologie, comme l'illustre le laboratoire de fabrication robotique de l'Arch-Tec-Lab de l'ETHZ (acronyme allemand de l'École polytechnique fédérale de Zurich, aussi nommée EPFZ). Dans la discipline architecturale, ces écoles privilégient aussi un enseignement prodigué surtout par des praticiens là où, dans de nombreuses écoles européennes, la formation des architectes est assurée par des professeurs ayant peu construit, voire pas du tout. Quand bien même la pédagogie suisse est peu propice à l'arrogance conceptuelle, l'enseignement par la pratique s'avère plus enrichissant. Au cours de leurs études, ces générations d'architectes ont souvent eu pour formateurs des architectes venus du monde entier. Avoir bénéficié de professeurs japonais, allemands, anglais, français, portugais ou italiens est un stimulant intellectuel comme peu d'étudiants ailleurs en ont profité. Apprendre l'architecture entre 20 et 25 ans au contact de praticiens aux profils si différents et dotés d'expériences si diverses est une invitation à regarder vers le marché international. Ces contacts préparent au dépaysement et, en matière de création, sont un encouragement à l'audace. C'est aussi une des raisons pour lesquelles les grands cabinets suisses sont composés d'équipes plus cosmopolites qu'ailleurs. Le brassage des nationalités aide à une meilleure compréhension des attentes des passeurs d'ordres, que ceux-ci résident en Asie ou aux États-Unis. Fréquenter au quotidien une telle diversité culturelle et intégrer tant de différences facilite l'écoute des attentes, d'où qu'elles viennent.

Enfin, dernière clé pour comprendre la réputation internationale des architectes suisses, il faut évoquer le *Swiss made* qui, en architecture comme ailleurs, sous-entend une finition sans reproches. Qualité qui contraste avec la réputation de certaines stars de l'architecture internationale, au goût immodéré pour le gaspillage. Qui passe contrat avec un cabinet d'architecture suisse sait que le chantier sera livré en temps voulu et conformément au cahier des charges – même si le dépassement budgétaire de la Philharmonique de l'Elbe figure déjà dans le *Guinness des records*, avec un coût final de 789 millions d'euros.

On déplorera enfin que, si les architectes suisses font montre d'une inventivité célébrée sur la surface du globe – où leurs constructions témoignent d'un réel génie helvétique, au point que l'on considère l'architecture suisse comme une marque en soi –, les constructions en Suisse se révèlent, elles, tristement banales, quand elles ne sont pas carrément hideuses. Là est aussi l'un des ressorts du rayonnement international de cette élite suisse : elle s'est tournée vers l'étranger faute d'avoir pu donner la mesure de son talent en Suisse. Au passage, n'hésitons pas à incriminer les urbanistes suisses, étriqués et conformistes, qui n'ont pas facilité la tâche des architectes. Ah, si seulement, objectera-t-on, les urbanistes avaient les mains libres ! Leur vision rétrécie du bâti urbain tient, là aussi, à ce qu'à tout moment la population est capable de lancer une pétition contre un projet jugé esthétiquement agressif, socialement attentatoire à l'harmonie du quartier, dévastateur d'équilibres écologiques, etc. Le coup de force qui, sans consultation, rase un quartier pour en construire un autre à la place est le propre des régimes politiques autoritaires. Le paysage suisse, rural et urbain, est la photographie fidèle de l'état mental de la population résidente : paisible, reposant, morne, bourgeois.

Le Corbusier
Suisse fascisant mais génial Français

L'architecte neuchâtelois est malaisément classable. Il semble ainsi avoir eu en alternance deux nationalités. Pour les Français, sitôt qu'il est question de l'architecte visionnaire, initiateur d'une révolution dans le paysage construit du XXe siècle, du créateur d'œuvres majeures classées au patrimoine mondial de l'Unesco, comme la Cité radieuse à Marseille ou la ville de Chandigarh en Inde, ce Le Corbusier-là, génial, est français. Du reste, français, Le Corbusier l'est devenu par naturalisation, en 1930. Au mieux, dans cette version hagiographique, les thuriféraires de Le Corbusier se contentent de signaler qu'il est « d'origine suisse », ce qui ne signifie pas grand-chose.

Mais s'il est rappelé que Le Corbusier a travaillé pour des gouvernements autoritaires, qu'il a pu exprimer des sympathies pour les politiques fascistes et, comme le prétend l'architecte et critique d'architecture François Chaslin, se serait même déclaré antisémite et sympathisant des systèmes totalitaires, les Français, dans ce second portrait moins flatteur, soulignent alors que le natif de La Chaux-de-Fonds était de nationalité suisse.

Apparemment accessoires, ces questions de passeport ne le sont pas dans l'architecture, un secteur d'activité où les commanditaires, dans un contexte de nationalisme chauvin aigu qui dégénérera en guerre mondiale, encourageaient le reproche de donner du travail à des étrangers. Pour écarter l'objection, Le Corbusier acquit la nationalité française. Et conserva la nationalité suisse.

Sports et pratiques sportives suisses

Les sportifs de base

Se muscler en salle

Lu dans le magazine *Bilan* : à Zurich, un citoyen sur quatre âgé de 15 à 74 ans serait abonné à un club de fitness. Ils ne seraient « que » un sur six pour l'ensemble de la Suisse. Il nous est encore dit que de nombreuses personnes travailleraient volontairement à 80 % du temps, pour pouvoir se livrer pleinement à leurs abdominaux.

Ces chiffres, dont la sincérité n'est pas douteuse, sont hallucinants. Comment les expliquer ? Première hypothèse : les abonnements aux clubs de fitness sont jumelés avec un abonnement téléphonique, des Miles Ryanair, que sais-je encore ? Ou bien les caisses maladie en distribuent-elles à leurs sociétaires en surpoids, tablant qu'en transpirant sur des vélos d'appartement et des tapis roulants, leurs cotisants recouvreront une meilleure santé ? Ou bien – et c'est semble-t-il l'explication la plus probable – cette population vit dans la hantise permanente de la prise de poids, de son taux de cholestérol, etc. Seuls les EMS (établissements médico-spécialisés) grimacent : ces Suisses si musclés ne courent-ils pas le risque d'une existence abrégée, avec tous les stéroïdes ingérés qui, chez beaucoup, accompagnent la quête d'une musculature sculpturale ? Beaucoup mourront probablement trop jeunes, et très musclés.

Le bobsleigh
Les maîtres du monde

Lors de l'édition 1994 du Festival du film d'humour à Chamrousse, le public ne se trompa pas en récompensant *Cool Runnings* de Jon Turteltaub. Distribué en Europe sous le titre *Rasta Rockett*, le film fut un triomphe à la fois critique et commercial (155 millions de dollars de recettes au *box-office* pour un coût estimé de 15 millions de dollars). Dans la plupart des pays où la société Walt Disney distribua le film, les spectateurs remarquèrent des comédiens jamaïcains inconnus et, au-delà de cette aimable bande de bras cassés, découvrirent un drôle de sport : le bobsleigh.

Considéré comme une discipline olympique, le bobsleigh oblige à se glisser dans un suppositoire en acier, puis enfiler un raidillon de glace très pentu à une vitesse supersonique. Cette curieuse activité, qui est donc un sport, se nomme le bobsleigh ! Combinaison du verbe anglais *bob*, qui signifie « osciller » et *sleigh*, soit « luge » ou « traîneau », le bobsleigh est une invention anglaise. Plus exactement, une invention de ces touristes anglais en vacances à Saint-Moritz à la fin du XIXe siècle qui fuyaient les règles strictes du puritanisme victorien, de l'effort et de l'épargne. Place aux jeux, place au plaisir ! Ils furent les premiers adeptes d'une luge où l'on descendait les pistes à deux, à la plus grande vitesse possible, cramponnés à un traîneau que pilotait l'homme de queue. La sécurité devint un enjeu d'autant plus crucial que les premières descentes s'effectuaient dans les rues de Saint-Moritz, au grand dam des touristes et des hôteliers, alarmés des possibles accidents. En 1871, la première piste était tracée, nommée Cresta Run. Il fallut patienter jusqu'en 1902 pour que soit creusé dans la glace le premier corridor de glace hors de la ville. Longtemps utilisée pour le bobsleigh, cette piste ne l'est plus aujourd'hui.

Introduit comme discipline olympique aux Jeux d'hiver de Chamonix en 1924, le bobsleigh se pratique à deux, quatre et cinq pour les séries masculines, à deux pour la série féminine. Dans le tableau des médailles olympiques, le palmarès de 1924 à 2014 fait ressortir la domination mondiale des Suisses, avec 32 médailles collectées, devant l'Allemagne (27) et les États-Unis (24). Si l'on s'en tient aux seules médailles d'or, l'Allemagne vire en tête (11 médailles), juste devant la Suisse (9). La France et la Roumanie sont dans la voiture-balai, avec chacune une seule médaille, en bronze. C'est donc grâce aux Anglais, à ces chers touristes épris de montagnes, que la Suisse a développé, chez elle, un sport où ses athlètes excellent. Quant aux Anglais, faute de pistes à domicile, ils n'ont engrangé que 4 médailles, dont une seule en or. Pour ce qui est des Jamaïcains, exclus des podiums de bobsleigh, ils se sont rattrapés largement aux Jeux olympiques d'été avec un athlète hors norme, Usain Bolt, aujourd'hui retraité.

La lutte suisse

Les gros baraqués ont la cote

En Suisse, dans ce pays où l'on s'associe librement, organisé autour d'une aristocratie urbaine et d'indomptables paysans, par ailleurs cruels guerriers, il semble qu'ait manqué ce dont les Français se sont débarrassés (du moins en sont-ils persuadés) en 1793, les Italiens en 1946, mais qu'ont ménagé les Britanniques, les Belges, les Espagnols, les Danois, et bien d'autres peuples : un roi (ou une reine). Un roi en Suisse ? Difficile ici d'en sacrer un, qui devrait être capable de fédérer plaines et plateaux, villes et campagnes, Romands et Alémaniques, Bernois et Jurassiens, habitants de la vallée du Hasli et de l'Entlebuch, tant les Suisses ont célébré à l'envi leur culte de la différence et leur aversion pour le joug politique. En 1762, seul un Genevois pouvait ainsi écrire : « L'homme est né libre et partout il est dans les fers. » Leur hypothétique désir de roi, les Suisses ont su le réprimer pendant des siècles. À un moment de leur longue histoire, la bride s'est pourtant cassée, et la demande de roi semble avoir triomphé chez ce peuple républicain allergique à toute autorité non déléguée.

Car il existe bel et bien un roi en Suisse ! Un roi suisse. Un vrai. Pas le propriétaire du cirque Knie, qui s'en donne les apparences, mais qui ne serait qu'un talentueux usurpateur. Ce roi suisse est un *König*, plus précisément un *Schwingerkönig*. Est roi en Helvétie le vainqueur de la fête fédérale de lutte suisse. Le titre de roi est officiel, quand celui de Roger Federer, « roi » s'il en est dans le tennis, n'est que d'emprunt, un substantif prosaïque que lui collent les journalistes à court de superlatifs.

On ne s'étendra pas sur la lutte suisse qui, pour le profane, a l'apparence d'un combat de bœufs bipèdes en culotte de toile dotés de bras et de doigts. On notera seulement qu'il s'agit de l'événement sportif qui bénéficie de la plus grosse affluence nationale. Serait-ce parce que la compétition majeure, la fête fédérale de lutte et de jeux alpestres, ne se déroule que tous les trois ans, voire tous les six ans pour ce qui est de la Kilchberger Schwinget ? La popularité de ce sport tiendrait-elle aux décors où se déroulent les épreuves, comme par exemple Estavayer-le-Lac, dans le canton de Fribourg, où, selon la *Revue suisse*, 52 000 personnes assistent aux passes du « sport national suisse » ? Ou bien, ce succès serait-il un hommage à la tradition rurale, rustique, rustaude qui, finalement, est l'arrière-plan mental de tant de Suisses, eux qui, il y a seulement un demi-siècle, peuplaient majoritairement les plaines et les plateaux avant de migrer vers les villes ? L'énigme reste entière si l'on songe que c'est à un avocat nommé Emil Huber que l'on doit la création de la Kilchberger Schwinget, dont la première édition remonte à 1927. Cette dernière compétition, organisée dans la région de Zurich, fait s'affronter uniquement de « vrais méchants » (« *die ganz Bösen* »), et les 12 000 spectateurs n'assistent aux joutes qu'à la condition d'y être invités.

La lutte suisse serait une survivance des bagarres entre bergers d'alpage, jeunes et costauds, à très hauts taux de testostérone. La coutume alpestre, relatée par les gravures dès le XVIIe siècle, s'est toujours bien portée, pour ensuite se répandre en plaine. L'histoire officielle de ce sport signale que son renouveau a eu lieu lors de l'occupation française : c'est en 1805 que la première fête d'Unspunnen à Interlaken fut organisée. La lutte suisse a ainsi participé au développement de la conscience nationale, d'autant que ce sport de collision n'a guère inspiré les étrangers qui se sont gardés de l'importer. Se rassembler autour de ces lutteurs en culotte de toile de jute, qui, les pieds dans un tas de sciure, s'empoignent par leur ceinturon et collent leur menton sur l'épaule de leur adversaire, n'a suscité en effet ni intérêt ni enthousiasme dans les pays voisins.

Au terme de joutes lourdes mais jamais brutales, les Suisses, bravant leur aversion pour les maîtres non élus et non révocables, sacrent donc un roi. Et quel roi !... Parmi les derniers en date, citons le Grison Armon Orlik, âgé d'à peine 21 ans. Il a pour père un policier cantonal, entraîneur de judo et lui-même ancien couronné de la lutte. Ce n'est pas tout. Selon le rédacteur sportif de la *Basler Zeitung*, « sa mère Helena

[est] sacristaine du village. Armon Orlik a grandi dans la plus ancienne maison de Landquart, chauffée au bois ; longtemps, il n'y avait pas de téléviseur, raison pour laquelle les frères Orlik ont passé la majeure partie de leur temps libre à l'extérieur[8] ». Rien dans ces détails sur l'intimité familiale de ce roi suisse n'est à jeter. Le solide gaillard est un gendre parfait, un Suisse comme l'envient tous les Suisses : sain de corps et d'esprit, parfait produit d'une nature immaculée.

Et des rois, les Suisses ont fait en sorte d'en posséder une large brassée : les vainqueurs conservent leur titre royal, même après la victoire d'un autre champion, victoire qui entraîne l'avènement d'un nouveau roi, et ainsi de suite. La lutte suisse est le domaine où cohabite probablement le plus grand nombre de monarques sur la planète.

Le tir fédéral

Bien viser et surtout tirer souvent

Il est d'usage de brocarder (quand on ne les condamne pas) les ploucs américains, ces gens *deplorables* selon Hillary Clinton, si fiers de leurs rejetons, souvent d'adorables bambins, à qui ils ont mis un fusil d'assaut entre les mains. C'est la preuve que cette grande nation est malade, que la violence a contaminé les pères au point qu'ils initient leurs enfants aux armes, enfants qui feraient mieux de plancher sur leurs versions latines. À cette variété de contempteurs, on conseillera d'assister à un tir fédéral. Il s'agit là non seulement de la plus grande manifestation sportive de Suisse, mais également de la plus grande fête de tir au monde. À cette occasion, le visiteur aura tout loisir d'apprécier les criblages de cibles à 100 mètres que réalisent, certains jours, de jeunes garçons à peine pubères. Leurs parents sont suisses, possèdent une arme de guerre à leur domicile et, parfois, les munitions qui vont avec. Concernant l'entraînement au tir, le *Bréviaire* du soldat suisse est bien laxiste, qui dit explicitement : « Vous pouvez, pour une courte durée, laisser des effets d'équipement en dépôt chez des tiers. Vous pouvez, pour des tirs hors du service, prêter votre arme personnelle à des membres de sociétés de tir reconnues et à des jeunes tireurs pour la durée d'un cours. » La réserve apposée pour ce genre de dépôt ou de prêt est légère : « Celui qui prête son arme doit veiller, d'une part, à ce que celui qui la reçoit en prêt la conserve soigneusement et, d'autre part, à ce qu'il en dispose à nouveau pour entrer au service[9]. » À lire le mode d'emploi, on s'attend au pire. Et pourtant, si l'on en juge par les statistiques sur les crimes de sang associés à la détention d'armes de guerre, la Suisse n'est ni le Venezuela, ni les Philippines. Et, selon toute apparence, la probabilité paraît mince qu'elle le devienne un jour prochain. Mais à quoi tient en Suisse cette passion collective pour le tir sur cible ?

Jusqu'à la fin du XVIIIe siècle, la Suisse ou plus exactement les cantons qui la composent n'ont eu pour seules forces armées que des milices cantonales. En 1714, Abraham Rochat note qu'avec l'apparition de la poudre, les armes mutèrent : « Il a fallu quitter l'usage de la pique (parce que la nouvelle méthode de guerre l'a voulu ainsi) et se borner au fusil et à la baïonnette, et apprendre à tirer droit et avec ordre. C'est pourquoi les peuples s'exercent partout à cela : et pour les y encourager, les magistrats proposent des prix à ceux qui tirent le mieux[10]. » Pour ce qui est de l'adresse au tir et pour s'en tenir aux armes à feu, Rochat rappelle que les Suisses ne mégotaient déjà guère sur les cartouches : « Et il y a même des sociétés de tireurs, qu'on nomme abbayes, rentées par une contribution volontaire des premiers associés, et dont les rentes sont employées par les tireurs à acheter des prix, pour lesquels ils tirent à l'envi. » Tout au long du XVIIIe siècle, les Suisses (mâles et citoyens) tirent beaucoup.

La machinerie milicienne fonctionne d'autant mieux qu'elle n'est jamais vraiment confrontée au réel. C'est chose faite en 1798 quand les milices cantonales, ossature du système suisse de défense, s'effondrent face à l'invasion française. La défaite militaire va imposer un nouveau mode d'organisation, plus large, groupant tous les cantons, et placé sous commandement unique. Est-il besoin de préciser que le chemin fut long vers l'armée fédérale, fruit de multiples compromis et du renoncement des cantons à des prérogatives militaires auxquelles ils étaient historiquement attachés. Napoléon vaincu, les cantons conclurent le pacte fédéral. Nous sommes alors en 1815. La Diète, pour ne pas revivre l'expérience de 1798, lança le chantier d'une armée fédérale à laquelle chaque canton apporterait son contingent de soldats. L'armée ainsi constituée resterait cependant une armée de milice, avec une élite de 33 000 hommes (2 appelés pour 100 habitants), pourcentage qui, en 1848, grimpa à 3 appelés pour 100 habitants, que musclait une réserve calculée sur la base de 4 % de la population. Un règlement commun touchait aux uniformes, à l'équipement et à l'armement. Dans le sillage direct de cette armée confédérale en formation naquirent des associations (sociétés) dédiées à une spécialité militaire. En 1824 était fondée la Société suisse des carabiniers. Brique par brique, l'organisation militaire s'est ainsi mise en place. En 1819, rapporte le général de l'armée suisse Hans Senn, était encore fondée l'école militaire de Thoune, que Napoléon III aurait fréquentée, devenue rapidement un passage obligatoire pour le génie et l'artillerie.

C'est en 1850 qu'est organisé à l'échelon du pays un concours de tir de précision, chaque canton ayant tout pouvoir pour décider des modalités pratiques. Dans la perspective du vaste mouvement de réforme de l'armée, l'objectif était d'évaluer la qualité du fantassin suisse. La Suisse eût-elle été un État centralisé, avec un ministère de la Défense, les aménagements de la machine militaire auraient été d'une grande simplicité : après examen de la situation, les modalités de réorganisation de l'armée nationale seraient tombées du haut vers le bas et auraient été appliquées, partout, de manière identique. Mais la Suisse n'est pas un État centralisé et, à l'époque, l'était encore moins qu'elle ne l'est depuis devenue. Le fantassin suisse reste un milicien, et son instruction militaire relève de l'autorité de son canton, qui fournit l'équipement personnel de la troupe. Selon le site Swiss Shooting, le premier tir de précision à l'échelle du pays fut, partout, simplement lamentable. Sur la distance de 300 mètres, 85 % des cibles furent manquées. Les balles hachèrent le bois ou les bottes de foin placées autour des mannequins qui, de l'exercice, sortirent indemnes d'impacts. En cas d'invasion du territoire, et dans la perspective d'une guerre prévue pour être une bataille d'embuscades, les résultats s'annonçaient alarmants. C'est ce qui entraîna l'introduction dans l'organisation militaire de 1874 de la pratique du tir en dehors du service obligatoire. Un tir qui, de surcroît, s'orchestrerait désormais dans un espace *ad hoc*. Cette dernière précision n'est pas sans intérêt, considérant qu'on tirait à l'époque certes beaucoup mais, surtout, un peu partout. Dans sa première conférence *Sur l'avenir de nos établissements d'enseignement*, Nietzsche raconte avoir fait des cartons au pistolet sur un pentagramme gravé sur une souche de chêne, tirs hasardeux qui lui valurent les insultes d'un passant. Comme quoi, l'époque était laxiste en matière de tir. Sitôt entré dans un espace boisé, mieux valait se garder des balles perdues.

En 1879, les premiers tirs cantonaux en campagne se déroulent dans les cantons de Berne et Soleure et, progressivement, les tirs se multiplient pour, enfin, devenir le tir fédéral en campagne. En 1887, profitant du concours de la Société suisse des carabiniers, la manifestation est organisée dans le canton de Berne. Selon la Fédération suisse de tir, l'événement rassembla 114 sections et 2 258 tireurs y prirent part.

Le tir fédéral en campagne est donc devenu l'occasion de grands rassemblements annuels dans toute la Suisse. S'y mélangent néophytes et « amateurs de gâchette », tous venus célébrer une pratique que plébiscite une large partie de la population. Les sociétés de tir sont du reste un des plus solides piliers de la société helvétique. En 1954 par exemple, la Fédération suisse de tir comptait 446 000 membres, à comparer avec les 137 000 membres de l'Association suisse de football et d'athlétisme, les 43 000 membres de la Fédération suisse de ski, ou encore avec les 4 700 membres de l'Union suisse de patinage. Le succès du tir ne s'est jamais démenti. « Avec plus de 130 000 participantes et participants en 2012, le tir fédéral en campagne est la plus importante manifestation sportive de Suisse. Il représente par ailleurs la plus grande fête de tir organisée sur la surface du globe. Pratique purement militaire née pendant la deuxième partie du XIXe siècle – sous l'impulsion du développement de l'armée suisse et des exercices fédéraux –, le tir fédéral en campagne a en effet su se transformer en un loisir sportif on ne peut plus suisse, dans lequel les générations plus âgées prennent soin d'apprendre aux nouvelles à manier pacifiquement une arme à feu[11]. » L'année 1996 faillit être fatale aux sociétés de tir : le Conseil fédéral abolit l'affiliation obligatoire des militaires à une société de tir, mesure qui provoqua une saignée dans les effectifs de la Fédération sportive suisse de tir[12]. Pour avoir survécu à cette péripétie, les sociétés de tir ont de beaux jours devant elles. Elles ont essaimé à l'étranger. Quand ils sont autorisés à le faire, comme au Canada, les expatriés suisses créent des sociétés de tir locales.

Au final, statistiques en mains, il apparaît que l'apprentissage précoce du tir au fusil sur cible, obligatoire « jusqu'à la fin de l'année qui précède la libération des obligations militaires, mais au plus tard jusqu'à la fin de l'année où [les Suisses] ont atteint l'âge de 34 ans », qui est aussi une occasion pour communiquer la passion pour les armes, n'a pas provoqué en Suisse les hécatombes qui, aux États-Unis, figurent à la rubrique « crimes de masse ». Et pourtant, on a recensé pas moins de 3,4 millions d'armes à feu dans les foyers suisses, soit quatre armes pour dix habitants. Comme quoi, tout est question de mesure, de bon sens et d'éducation. Pour mémoire, il est interdit en Suisse « d'emporter à la maison des munitions ». Tout comme il est encore dit qu'au domicile, « l'équipement militaire personnel doit être conservé sous clé » et que « la culasse sera entreposée séparément du fusil d'assaut ». Il est vrai aussi que ne trônent pas dans la salle à manger des citoyens suisses bazookas, fusils mitrailleurs et lance-roquettes, équipements létaux qu'on peut acheter sans trop de difficultés dans nombre d'États américains et, pour certains, se faire livrer à domicile par Amazon.

La baignade
Barboter partout sans tomber malade

Il existe peu de grandes villes sur la planète où les habitants se risquent à se baigner dans les fleuves qui les traversent. Avez-vous jamais vu un seul Londonien plonger dans la Tamise, un Romain nager dans le Tibre à un autre moment que le 1er janvier ou, sauf pour s'y suicider, un Parisien sauter dans la Seine ? Si le fait est avéré, la santé mentale de ces téméraires mériterait un examen. Allez maintenant à Berne, Bâle, Genève ou Zurich, pour ne citer que ces villes, et vous verrez des bains publics à même les eaux fluviales, fréquentés par des autochtones qui, dès l'été venu, barbotent dans un liquide qui ne charrie pas (ou très peu) d'emballages plastique, pour s'en tenir à la pollution visible. Moins visibles sont le mercure, le cadmium et le plomb, détectés dans le Léman récemment. Passons, mais attention ! En aval, pour les riverains du Rhin ou du Rhône, les choses se gâtent. Sans doute les autorités sanitaires sont-elles moins vigilantes, et les pollueurs, intouchables. Gare aux maladies de peau et aux intoxications gastriques pour ceux qui seraient tentés par une trempette : le mercure, les métaux lourds et les polychlorobiphényles ne pardonnent pas !

Le ski

Eh bien, non, ce sport n'est pas suisse

Qu'on se le dise : le ski n'est pas une invention suisse. Les marais et tourbières de Sibérie, de Scandinavie et des pays baltes ont livré des restes de planches que les archéologues datent du néolithique : les indigènes, pour se nourrir, étaient contraints de chasser et de se déplacer sur de vastes espaces, déplacements que les lames de bois rendaient possibles à moindre effort. Le ski n'est pas né en Suisse, ni non plus les produits et ustensiles nécessaires à sa pratique, tels le fart et les bâtons. Quitte à honorer un pays inventeur du ski, on optera plutôt pour la Norvège. Lors de tests en vue d'obtenir le passeport suisse et pour convaincre la commission de naturalisation, mieux vaut indiquer la lutte comme sport suisse, surtout pas le ski. La jeune candidate au passeport suisse Funda Yilmaz en sait quelque chose !

Mais c'est en Suisse que, pour la première fois, le ski a pris une tournure commerciale. À Saint-Moritz, en 1864, Johannes Badrutt propose des paires de planches aux clients de son hôtel pour les divertir. Il n'est pas encore question de « saison » d'hiver mais du souci de conserver une clientèle fréquentant alors la station pendant la période chaude puis retournant sur ses terres anglaises dès les frimas. Grâce au double carburant d'une classe moyenne suisse enrichie depuis 1945 et du tourisme alpin amorcé au début du XIXe siècle, les innombrables sommets suisses se sont métamorphosés en un gigantesque domaine skiable et, pour le reste, en eldorado des alpinistes. Des familles qui vivotaient avec les produits d'alpage depuis des siècles sur une terre « pleine de souffrance et de terreurs, toute en lutte avec la nature », comme l'écrit Michelet dans son *Journal* en 1838, se sont converties au fétichisme des Mercedes. C'en était donc fini de la misère, de la honte, des goitres. Hélas, tout a une fin, y compris les contes de fées. Avec une fréquentation des stations en baisse de 20 % sur les deux dernières décennies, beaucoup de sites ont basculé de la prospérité vers l'inquiétude. Alors que les stations avaient autofinancé la mécanisation de leur domaine skiable, beaucoup ne survivent aujourd'hui que biberonnées à la subvention.

Plusieurs facteurs contrarient aujourd'hui la pratique du ski. En premier lieu, on trouve le dérèglement climatique. La saison d'hiver entièrement sous la neige a vécu. Au rythme où se réchauffent les hivers, le père Noël troquera bientôt ses bottes pour des tongs. En montagne, la neige, lorsqu'il s'en trouve en décembre, est affectée aux pistes qu'épaississent les canons à flocons blancs. Les images des skieurs évoluant sur une bande d'eau artificiellement congelée et qui semble comme déroulée au milieu d'un pré à vaches sont dissuasives : qui peut trouver du plaisir à skier dans un cadre à ce point artificiel ? Un malheur ne venant jamais seul, les démêlés fréquents et très médiatisés entre les autorités, les promoteurs et les défenseurs de la nature défrayent l'actualité et nuisent à l'image du ski.

Pour conserver leur attractivité, les stations ont réagi, modernisant par exemple leurs équipements, comme les téléphériques. Mais ces infrastructures sont coûteuses et, pour s'amortir, exigent un public massif et régulier. Pour mémoire, le ski n'est pratiqué en moyenne que dix jours par an, contre vingt jours par an pour la natation et la randonnée, et quarante-cinq jours pour le cyclisme[13].

Mais c'était sans compter avec la guerre des environnementalistes contre la spéculation immobilière et ses constructions anarchiques. Si chacun convient que le vieux modèle touristique respectait l'équilibre environnemental, personne ne conteste qu'il n'aurait jamais permis l'essor du tourisme de masse. Hormis la poignée de nostalgiques de la peau de phoque, les skieurs exigent aujourd'hui une infrastructure moderne, rapide, forcément coûteuse. L'industrie du ski se débat dans une contradiction qui ressortit de ce que l'on nomme, dans les villes, la gentrification : les skieurs aisés et vieillissants, propriétaires de biens immobiliers dans les stations, apprécient les infrastructures installées, mais préféreraient en être les utilisateurs exclusifs. Ce faisant, ils tuent un sport devenu sport de masse.

Depuis une dizaine d'années, la météo touristique a changé. En outre, libellés en francs, les prix suisses sont devenus prohibitifs dans un univers marchand rythmé par les comparateurs de prix : pourquoi aller si loin, alors que mon écran m'invite à découvrir une station plus accessible ? En matière de ski, le *Swiss made* reste moins vendeur que pour Rolex ! Et au motif que les marges se sont effondrées, il est inconcevable de pouvoir conserver une clientèle très exigeante en rabotant sur le confort auquel elle s'était habituée. D'autant que la clientèle du ski vieillit, se déplace moins.

Quel avenir pour le ski ? Les responsables des stations suisses se sont démenés et, nonobstant des inerties séculaires, les montagnards semblent avoir mobilisé ce qui pouvait assurer leur survie. Ainsi les vieux skieurs (généralement aisés et souvent psychorigides, mais pas tous) se sont-ils vu imposer la cohabitation avec les snowboardeurs, généralement sans-gêne et bruyants (presque tous) ; ils ont aussi vu leurs stations se métamorphoser en parcs d'attractions, généralement de mauvais goût (pas partout). Les politiques de tarifs forfaitaires, qui permettent d'emprunter un plus grand nombre de pistes sur un domaine skiable plus étendu, témoignent de la gravité de la situation et des initiatives prises pour s'en sortir collectivement. Mille cinq cents remontées mécaniques pour à peine dix jours de glisse ! On mesure sans peine la fragilité du modèle économique alpin suisse. Si, lors de la saison d'été, les randonnées pédestres, les VTT et les descentes en trottinette ont partiellement comblé les pertes des stations, cela ne génère cependant pas de revenus comparables à ceux de la fréquentation des sommets enneigés. Un trop grand nombre de stations, et trop d'entre elles qui ressemblent à des périphéries de villes de plaine. Autant aller aux Caraïbes, ce que font toujours plus de gens.

Le jass
Toujours d'actualité

J'avais une douzaine d'années et je revois mon grand-père genevois partir toute la journée sur un des paquebots qui sillonnaient le lac. Le temps d'un tour du Léman, il enquillait les parties de jass. Il revenait souvent de mauvaise humeur, rudoyait verbalement ma grand-mère, très probablement parce qu'il n'avait pas eu de jeu. À Bali, chaque année, me rapporte mon ami Georges Bréguet, le consulat honoraire héberge un tournoi de jass, gagné ces dernières années par une Balinaise qui se trouve être la femme du consul.

Un *Swiss made* aux goûts parfois bien curieux

La Bénichon

Sacré Dieu, kézako ?

Nous voilà en terres fribourgeoises et aux prises avec deux mots indéchiffrables pour ceux qui ne sont pas originaires du cru. Demandez donc à un Napolitain ou à Bruxellois ce qui se cache derrière le mot « Bénichon ». N'espérez guère de définition précise. À la limite, un Breton pariera sur une variante de coiffe bigoudène portée par les paysannes suisses ; un autre osera qu'il peut s'agir d'une oie sauvage à larges pattes et bec noir. Ils sont dans l'erreur et excusés : le mot ne figure en effet ni dans le *Littré*, ni dans le *Robert*. Croyant venir en aide à votre interlocuteur déjà sonné, vous lui livrez une clé pour le mettre sur la piste : la Bénichon accompagne généralement la dégustation de la cuchaule, du patois fribourgeois *kûchola*. Le problème est que tout comme la Bénichon, la cuchaule est absente des dictionnaires de la langue française. À ce stade, logiquement lassé, vous exigez des éclaircissements. Qu'est-ce que la Bénichon ? Même question pour la cuchaule.

Les deux mots sont originaires du canton de Fribourg. Fabriquée avec de la farine blanche, du lait tiède, du beurre, du sel, de la levure et du jaune d'œuf, la cuchaule est une brioche de couleur jaune, couleur qui lui vient du safran en poudre rajouté à la composition. La cuchaule est d'autant meilleure, selon les fines gueules, qu'elle se mange accompagnée de Bénichon, variété de moutarde locale.

Pour la liste des « traditions vivantes en Suisse » (en ligne), la Bénichon « évoque d'abord un formidable gueuleton, un repas pantagruélique où défilent sur la table familiale toutes les viandes de la ferme : le bœuf, le cochon, le mouton, en plusieurs apprêts, qui s'y voient précédés d'un bouillon ou d'une soupe aux choux, escortés de force légumes et suivis d'une kyrielle de desserts. La Bénichon est ensuite associée aux flonflons du bal et à la réjouissance populaire : lorsque les greniers sont pleins et les troupeaux rentrés, c'est la fête au village ». Un qui ne doit pas forcément être à la fête, c'est le foie de ces Pantagruel fribourgeois…

Le birchermüesli

Ou comment bourrer son estomac de bon matin

Heureusement que l'on peut désormais l'acheter prêt à la consommation. Sinon, il vous faudra un placard pour stocker les ingrédients entrant dans sa composition. Vous êtes néanmoins décidé ? Apprêtez-vous dès lors à empiler un paquet de flocons d'avoine, de la cannelle, du miel, des abricots et des fraises, des noisettes moulues, du lait, du yaourt, voire du fromage blanc ou de la crème fouettée. Ce n'est pas tout. Certains fruits sont des incontournables, comme la pomme et le citron qui, nous assène une végétarienne anonyme, « sont d'excellents alcalinisants pour notre équilibre acido-basique, et les fruits en général sont des tampons pour nos organismes contre l'acidose métabolique latente ! » Des alchimistes remplacent le sucre par du sirop d'érable, certains rajoutent des graines de tournesol et de courge, d'autres poussent le vice en cuisine jusqu'à griller les noisettes et les noix. À vue de nez, comptez trente minutes de préparation. Le birchermüesli n'est donc pas seulement une religion, mais également un Lego : à la recette primitive, l'utilisateur ajoutera ce que bon lui semble. Le nombre des variantes donne le tournis. Là, des fétichistes ont remplacé le yaourt par du lait de chèvre, voire par du lait d'amande aromatisé à la vanille ; d'autres ajoutent des baies de goji, des graines de lin ou de chia, des bananes. Il en est même qui préparent leur mixture la veille. Avec le birchermüesli, le consommateur pénètre dans un drôle de monde, peuplé d'inventeurs autobombardés prosélytes de recettes bricolées au saut du lit, sur un coin de la table de la cuisine. Avec le birchermüesli, vous croyez remplir votre estomac avant d'aller au travail. Grossière erreur : vous pénétrez dans un ashram ! Autour de vous, le temps s'est arrêté, seules comptent la pureté du produit fabriqué et son adéquation aux besoins de votre organisme. Quant aux pressés et aux paresseux, qu'ils passent leur chemin ! Que ces godiches se rabattent sur la tartine beurrée ou le biscuit allégé…

Le birchermüesli tient son nom d'un dénommé Maximilian Oskar Bircher-Benner, médecin et diététicien suisse, né en 1867 à Aarau, capitale du canton d'Argovie, et décédé en 1939 à Zurich. Alors qu'il se baladait en montagne, Oskar Bircher-Benner aurait un jour goûté à une « petite purée » (müesli) qu'un berger lui tendait. La vigueur du brave homme, pourtant âgé, avait étonné Oskar Bircher-Benner. Interrogé sur les ressorts d'une telle vigueur, le berger l'aurait attribuée à cette « petite purée » composée de blé, de lait, de morceaux de pomme et sucrée avec du miel, que l'homme avait sortie de sa besace. Aussitôt le müesli dégusté, aussitôt l'homme conquis ! Peu de temps après, Maximilian Oskar Bircher-Benner proposait ce mets aux patients de sa clinique zurichoise, un sanatorium où le médecin encourageait la diminution des portions, le remplacement de la viande et du pain par les fruits et les légumes.

Le birchermüesli s'est propagé en trois étapes : dans un premier temps, le müesli est, on l'a vu, un aliment de base en alpage. Se trouve sur place à peu près tout ce qui entre dans la recette, depuis le lait en passant par les noisettes et le miel, ingrédients naturels, plus faciles à cuisiner que des œufs brouillés. Ensuite le müesli a fait son entrée dans les restaurants himalayens. Le consomment les trekkers occidentaux qui s'en gavent avant leur course : avec le müesli, la force est en eux. La troisième étape, qui annonce son triomphe actuel, passe par le mouvement hippie, phénomène culturel qui, dans les années 1960, voue un culte sans compromis aux produits naturels. Les hippies fument beaucoup, inhalent les substances chimiques les plus destructrices qui grippent cerveau et poumons mais, curieusement, surveillent de près leur appareil digestif : tiennent-ils le birchermüesli pour le contrepoison miraculeux qui les sauvera ? Nul ne peut le dire, mais les hippies ont vieilli, et leurs idées ont essaimé.

Les changements des modes de vie survenus vers la fin des années 1960 ont propulsé le birchermüesli comme aliment incontournable dans l'ensemble du monde occidental. Les parents se lèvent tôt le matin pour préparer la précieuse bouillie qu'épaissiront parfois petits-suisses et crème de marron (expérience vécue). Censé garantir une satiété de six heures trente jusqu'à treize heures trente, le large bol de flocons d'avoine assortis d'un tas d'autres aliments est imposé aux enfants en bas âge. Il est la première épreuve de leur longue journée, tant il est nutritif et bourré de calories. L'épais combustible semble garantir les bonnes notes à l'école. Jusqu'au jour où, gavés et saturés, les enfants vomissent leur petit déjeuner sur le siège arrière de la voiture familiale roulant vers la maternelle (expérience vécue). C'est que contrairement à l'idée reçue, le birchermüesli n'est pas de digestion facile : sinon, pourquoi accompagner certaines recettes de « conseils pour une bonne digestion » ? Que ceux que ce propos indigne s'interrogent : ont-ils jamais vu une recette de ratatouille, voire de cassoulet accompagnée de tels « conseils » ?

Vient aujourd'hui l'ultime étape, celle du triomphe du birchermüesli, contemporain de la diététique de masse. La prolifération des magasins bio dans nos centres-villes en est le signe le plus visible. Hantise diététique paradoxalement contemporain d'une obésité de masse, qui n'épargne désormais aucun coin de la planète.

Qui aurait pu en douter : le birchermüesli n'a pas échappé à l'impérialisme gastronomique de Betty Bossi. À l'en croire, dans les années 1950, le birchermüesli était régulièrement au menu des couvents, des casernes et des prisons. Il a longtemps figuré à la carte de restaurants végétariens zurichois comme le *Gleich* et le *Hiltl*.

Le Cenovis

Un mythe auquel certains n'adhèrent pas

En décembre 2016, à Lausanne, une centaine de banquiers et responsables de fonds de pension du Crédit suisse, réunis à l'occasion de la présentation annuelle des comptes et prévisions, ont été invités, *via* leur smartphone, à un jeu particulier : piocher dans une vaste liste de noms et de mots ce qui, à leurs yeux, incarnait le mieux la Suisse et ses valeurs. Inévitablement, Roger Federer a figuré en bonne place dans les préférences des participants. Mais la star planétaire n'a pas recueilli le plus grand nombre de suffrages. Une majorité parmi les Suisses présents dans la grande salle de l'hôtel

Beau-Rivage a en effet placé en tête de gondole un produit visiblement consensuel : le Cenovis.

Pour ceux qu'intéresse la composition de cette pâte à tartiner, en voici le détail chimique : de la levure de bière, de l'eau, des extraits de légumes, du sel de cuisine et de la vitamine B1. Pas de quoi se pâmer, au moins à la lecture de la notice. Si l'on apprend que les protéines entrent donc pour un tiers dans la recette, les glucides pour 20 % et le sucre pour 8, les détails de la fabrication qui vous permettraient de cuisiner votre propre pâte à tartiner (notamment si vous êtes au chômage ou affecté de surfébrilité) ne sont pas dévoilés, secret industriel oblige.

L'état civil du Cenovis remonte à 1931. La version qui fit la fortune de ses créateurs a été inventée à Rheinfelden, dans le canton d'Argovie, par un maître brasseur, Alex Villinger, qui, selon la belle histoire, aurait eu l'idée de transformer les levures issues de la fabrication de la bière pour créer « un produit à tartiner et ainsi combler les carences en protéines, oligoéléments et vitamines de la population d'après-guerre[14] ». Si l'on gratte l'arbre généalogique du Cenovis, on passe la frontière et on tombe sur un brasseur allemand qui, dans les années 1920, parvint à supprimer l'amertume des levures de bière. La méthode ne nécessite pas un gros appareillage industriel, puisqu'il suffit de lessiver plusieurs fois les levures en question avec de l'eau de source, pour ainsi obtenir la pureté la plus grande possible. Avec des ajouts de sel et d'extraits de légumes, la pâte devint ce qui sera nommé Cenovis.

Au fil du temps, le Cenovis conquiert l'imaginaire suisse. En 1955, les soldats dans les écoles de recrues et pendant leurs entraînements reçoivent un tube de Cenovis dans leur ration de secours, au motif qu'ils « manquent de protéines et de vitamines ». Fusil d'assaut, couteau suisse, Cenovis, tel est désormais le kit de survie du milicien suisse. En 1978, la Migros le référence dans ses magasins sous le nom de Fitovit.

L'histoire du Cenovis est lisse jusqu'en 1999. Un banquier suisse d'origine irakienne, Michel Yagchi, rachète alors la marque et, avec différents concours, relance le produit. L'identité visuelle est changée, avec de criardes couleurs vertes qui connotent la saine nature. Un produit culte est ressuscité ! Le nouveau tube de Cenovis est blanc cassé, le nom s'inscrivant en lettres blanches sur fond rouge. En 2008, Sonaris rachète la marque. Le Cenovis est aujourd'hui fabriqué à Arisdorf, petite agglomération de 1 500 habitants dans le canton de Bâle-Campagne. Cenovis est le prototype de ces PME suisses champignonnant en pleine campagne, constitutives du tissu entrepreneurial suisse et source d'émerveillement pour les observateurs étrangers.

Le Cenovis est l'un des rares produits suisses alémaniques que les Suisses romands consomment sans barguigner. La crème à tartiner a aboli le *Röstigraben* ! Il faut dire que sur le plan commercial, Cenovis n'y va pas de main morte, affirmant par exemple qu'en raison de « sa haute teneur en vitamine B1 et en sels minéraux, le Cenovis a un effet bénéfique sur la peau et peut améliorer la dureté des ongles et renforcer la structure des cheveux ». On ignore si cet argumentaire tombe ou non sous le coup de la publicité mensongère. En revanche, ce qui est certain, c'est que si depuis des décennies les Suisses, chauves compris, consomment du Cenovis à haute dose, c'est qu'ils y trouvent un plaisir gustatif outrepassant ses supposées vertus médicinales.

Le Cenovis est un emblème national suisse, plus populaire que Roger Federer. Si les Suisses ne sont pas tous fans de tennis, sport trop peu rugueux à leurs yeux, la plupart le sont de cette pâte liquide qui n'épargne aucun sandwich. Le Cenovis est probablement « très sain », comme le célèbre la publicité, mais il est aussi particulièrement envahissant dans le palais, notamment en raison du sel qu'il contient. Certains, mauvaises langues, comparent même le Cenovis au Viandox. Dans les sandwicheries des gares des CFF (Chemins de fer suisses), les Suisses se donnent l'illusion d'acheter un sandwich quand, en réalité, ils achètent du Cenovis dans du pain et, pour donner le change, tolèrent qu'à la fameuse pâte à tartiner soit ajoutée une tranche de saucisson ou un bout d'Etivaz. L'essentiel, c'est de pouvoir enfourner du Cenovis, d'avoir en bouche un goût de bouillon Kub, sans avoir besoin d'un bol et d'une cuillère à soupe. Cette pommade salée a un bel avenir devant elle.

Prétendre que le goût de tout aliment barbouillé de Cenovis s'en trouve altéré vous range parmi les hérétiques bons pour le bûcher. Suggérer qu'un sandwich simplement beurré permet de mieux apprécier la saveur de la viande des Grisons ou le goût fleuri de la tête de moine vous oblige à prouver que vous êtes de nationalité suisse et donc non expulsable pour crime de lèse-majesté. Bref, je n'aime pas le Cenovis. Serais-je le seul dans ce cas ? Tentons de nous racheter : sitôt entré en Suisse, par Genève ou Vallorbe, je me jette sur les ramequins au fromage, toujours introuvables en France, où l'on glisse des lardons dans un produit voisin nommé quiche, saturé de crème liquide, qui, en bonne logique, s'obstine à maculer les pantalons.

Le cervelas

La mondialisation, le drame du boyau brésilien

Comment cerner au mieux un patrimoine culinaire national ? Les pistes sont nombreuses qui vous orientent vers des spécialités prétendument nationales, mais qui, après vérifications, ne sont que locales, inconnues dans la région voisine. D'autres spécialités culinaires s'avèrent de simples rejets, leurs racines plongeant par exemple de l'autre côté de la frontière. En quête de ce qui, dans une assiette, pourrait le mieux représenter la Suisse, je me suis rendu sur le site de la RTS (Radio télévision suisse, c'est-à-dire l'audiovisuel public suisse romand), rubrique « Culture ». Au 17 mars 2017, la page intitulée « Le patrimoine culinaire suisse inventorié » et qui annonçait le recensement de 404 produits « offrant un véritable voyage à travers les 26 cantons et l'Histoire » s'ouvrait sur la photographie d'une centaine de petites saucisses jaunâtres suspendues à des barres métalliques d'une couleur sombre. La légende, sobre, annonçait : « Le cervelas figure notamment dans cet inventaire culinaire. » Dont acte, le cervelas se range parmi les leaders dans cet inventaire qui, comme le précise la RTS, « profite à tout le monde » : « Il est bénéfique à l'agriculture, au secteur alimentaire et en fin de compte aussi aux consommateurs », propos recueillis auprès du directeur de l'Office fédéral de l'agriculture. Bigre ! Qu'en est-il donc de ce « classique national », qui a relégué le *Gangfisch*, un poisson du lac de Constance fumé avec ses œufs, ou encore le *formaggio della paglia* tessinois ?

Le cervelas remonte loin dans le temps. Voilà comment Rabelais, dans le *Quart Livre* (« La guerre contre les andouilles »), évoque la fameuse saucisse : « Quoi qu'il en soit, à ce mot un gros Cervelas sauvage et dodu qui conduisait la première ligne de leur bataillon fit le geste de vouloir le saisir à la gorge. "Par Dieu (dit Gymnaste) tu n'y entreras que si je te coupe en tranches : car tu es fichtrement trop gras pour y entrer en un seul morceau." Alors il tire son épée Baise-mon-cul (c'est comme cela qu'il l'appelait) à deux mains, et tranche le Cervelas en deux morceaux. Crédieu qu'il était gras ! Il me rappelle le gros taureau de Berne qui a été tué à Marignan lors de la défaite des Suisses. Croyez-moi, il n'avait pas loin de quatre doigts de lard sur le ventre. Après qu'il a tué ce Cervelas écervelé, les Andouilles attaquent Gymnaste et le terrassent méchamment, mais Pantagruel et ses hommes courent à son secours. Alors commence le combat martial pêle-mêle. Raflandouille érafle les Andouilles, Tailleboudin taille les Boudins, Pantagruel brise les Andouilles aux genoux. » Bref, on comprend qu'avant d'être un fier combattant, pour Rabelais, Cervelas est d'abord très gras. Très gras, mais pas idiot. N'a-t-il pas survécu jusqu'à nous, au point de figurer aujourd'hui au panthéon des mets les plus appréciés des Suisses ? Au vu d'une telle résilience, qui aurait imaginé que le XXe siècle puisse lui être fatal ?

Fabriqué à destination d'un public qui ne pouvait s'offrir de la vraie viande, le cervelas a d'abord résisté à la montée en puissance du bifteck, que la population suisse découvre dans les années 1950. La viande qui entre alors dans le quotidien alimentaire des Helvètes est l'un des indicateurs les plus fidèles du processus d'enrichissement généralisé que connaît la Suisse. Dans ce contexte de diversification alimentaire, le cervelas maintient cependant ses positions, ne cédant rien à la viande rouge. Il s'imaginait dès lors avoir triomphé de son rival. À tort ! Au lecteur attentif n'aura pas échappé que le mot « cervelas » en évoque d'autres, de la même famille, comme « cerveau » ou « cervelle ». De fait, le cervelas contient de la cervelle de bœuf ; elle sera son talon d'Achille. Si le cervelas a résisté à l'expansion territoriale de la viande entre 1950 à 1980, il succombe à l'épidémie d'encéphalopathie spongiforme des années 1990. Même si l'épidémie touchera finalement peu de gens, elle a déclenché la panique chez les autorités sanitaires et les politiques. En est-ce dès lors fini avec le cervelas ? Non, car pour barrer la route à l'épidémie et au prix d'une altération du goût de la saucisse nationale suisse, l'Office fédéral de la santé publique interdira l'adjonction de cervelle de bœuf à la pâte de cervelas. La cervelle de bœuf ne réintégrera le fameux cervelas qu'une fois le mal enrayé. La phobie de masse privera cependant le cervelas d'un grand nombre d'aficionados, jamais revenus.

Tout juste rescapé de ce deuxième séisme, le pauvre cervelas devait encore être frappé par un troisième dans les années 2000. Il n'est alors plus question d'encéphalopathie spongiforme mais de la maladie de Creutzfeldt-Jakob. Le coupable est la peau du boyau, plus exactement le boyau de zébu brésilien, interdit d'importation dans l'UE en avril 2006. Une nouvelle fois, le tocsin sonne dans les métiers associés à la fabrication du cervelas. Voilà comment, le 11 décembre 2007, le parlementaire Rolf Büttiker, du parti radical-démocratique suisse, interpellait le Conseil fédéral : « Avenir du cervelas. Le salut vient du Brésil. – Les saucisses sont de plus en plus appréciées, notamment parce que les consommateurs sont friands de produits naturels. Elles sont le plus souvent contenues dans des boyaux naturels provenant de différentes espèces animales. La chair du cervelas par exemple, saucisse nationale par excellence, est suisse, mais sa peau brésilienne, parce que les attentes du consommateur suisse ne peuvent être satisfaites que par des boyaux de cette provenance. L'interdiction d'importer les boyaux de bœuf du Brésil menace la production suisse, en particulier celle du cervelas, qui représente 25 000 tonnes, soit 30 % de la production de saucisses. Cela pourrait devenir un problème de politique agricole si le recul des ventes et de la production redouté par la branche se produisait. » Le parlementaire posait ensuite six questions dont la première résumait l'enjeu : « Le Conseil fédéral n'est-il pas d'avis que le problème est sérieux et qu'il faut tout mettre en œuvre pour éviter une baisse de la consommation de saucisses et, par là, de viande suisse ? »

Fondée sur le principe de précaution, la décision de l'UE n'a guère aidé à la popularité de la bureaucratie bruxelloise chez les Helvètes. Mais c'était oublier que la Suisse est aussi un pays exportateur de denrées agricoles, et que 70 % de ce qu'elle vend à l'étranger lui sont achetés par ses voisins européens. Dans sa réponse datée du 20 février 2008, le Conseil fédéral affirmait que « la recherche de solutions alternatives [au boyau brésilien] bat son plein », mais que les boyaux du Brésil continuaient d'être « considérés comme du matériel à risque ». Quelques mois plus tard, le cervelas sauvait une nouvelle fois sa peau, en l'occurrence son boyau. Ne serait-ce que pour avoir survécu à ces misères, à cet enchaînement de maladies aux noms sinistres, le cervelas suisse a bien mérité de la nation.

Le chocolat
La Suisse premier producteur mondial de chocolat

Les capitales européennes ont toutes été converties au chocolat. Les centres-villes se truffent de boutiques où le chocolat est exposé dans des vitrines subtilement réfrigérées, à l'abri de la lumière, exhibé sur des présentoirs à la manière d'un bien rare, élégant, coûteux. On y entre comme dans une bijouterie de luxe, sas de sécurité en moins. Devant un assortiment de pièces chocolatières, généralement miniaturisées, et sous la conduite d'une vendeuse que l'on devine qualifiée, l'amateur de chocolat peut se croire dans une boutique Hermès. Le chocolat, c'est chic ! La faute en revient à la télévision où, depuis vingt ans, n'ont plus cessé de s'empiler les émissions culinaires. Des recettes sur les plats de résistance, on a logiquement glissé vers la pâtisserie, puis, à force de resserrer la focale, le tour de la chocolaterie est venu. Aujourd'hui, les chocolatiers ont rejoint l'aristocratie des chefs en cuisine.

En matière de chocolat, c'est peu dire que la Suisse a surpris tout le monde. Rien en effet ne prédisposait ce pays enclavé entre les monts du Jura et les massifs alpins à devenir la Rome du chocolat. Une brève archéologie du chocolat nous ramène en Amérique du Sud et centrale où, depuis des millénaires (au moins trois, dit-on), pousse une plante nommée cacaoyer, qui produit les fèves de cacao. Mayas et Aztèques n'ont pas simplement coupé leurs ennemis en morceaux pour les offrir à leurs dieux cruels. Ils ont aussi développé le chocolat, sous forme de boisson, l'associant à la fertilité. Vinrent ensuite les invasions hispaniques de la fin du XVe siècle, et en 1528, le chocolat débarque en Espagne, puis progressivement remonte vers le nord de l'Europe. À la cour du Roi-Soleil, le chocolat est un privilège royal. Louis XIV s'en attribue la consommation exclusive. À Londres, la première chocolaterie ouvre en 1657 et – comble de chance pour le chocolat –, en 1662, l'Église romaine déclare le chocolat maigre. Sa consommation sera autorisée pendant le carême.

Dans cette conquête chocolatière de l'Europe chrétienne, que se passe-t-il en Suisse ? Reportons-nous aux travaux d'historiens, notamment à ceux d'Alain Bougard.

En Suisse, François-Louis Cailler est le pionnier du chocolat. Son histoire résume les vertus de l'apprentissage, du voyage d'études et l'apport de l'étranger. Alors qu'il est apprenti chez un épicier de Vevey, le jeune Vaudois part en Italie du nord. Sur une foire, il découvre les chocolatiers turinois. En Italie, François-Louis Cailler reste quatre ans, quatre années où il perce les secrets de la fabrication du chocolat. En 1818, Cailler est de retour à Vevey et, bricoleur, conçoit des machines qui équiperont bientôt la maison Chocolat Cailler, première fabrique moderne de chocolat en Suisse.

Pour élargir sa clientèle, François-Louis Cailler s'attaque au prix de vente. L'époque est aux innovations, et rares sont les jours où un nouveau procédé ne révolutionne pas un secteur économique. Pour le chocolat, Cailler, le premier, se lance dans l'automatisation de la fabrication, avec des résultats probants. À son décès, en 1852, son petit-fils Alexandre-Louis Cailler reprend l'entreprise. Peinant à fournir une clientèle qui semble ne manger et ne boire que du chocolat, Alexandre-Louis agrandira l'usine.

Les innovations qui s'enchaînent ne portent pas sur les seules machines. En 1875, le Vaudois Daniel Peter lance le chocolat au lait et, l'année suivante, dans sa fabrique de Vevey, il crée du chocolat au lait avec, cette fois, du lait en poudre. En 1879, Peter s'associait avec Henri Nestlé (inventeur du lait concentré). La firme Nestlé était lancée. 1879 est encore une année faste pour un certain Johann Rudolf Lindt qui met au point le conchage, procédé rendant la pâte de cacao plus onctueuse. En 1899, Jean Tobler lance la barre triangulaire Toblerone, et la même année, l'entreprise zurichoise Lindt & Sprüngli rachète la chocolaterie de Johann Rudolf Lindt.

Retour à Vevey. En 1898, Alexandre-Louis Cailler est à l'étroit. Il lui faut s'agrandir sans se couper de sa clientèle de la côte. C'est à Broc, en Gruyère, qu'il part s'installer. L'emplacement est triplement idéal : la région dispose d'une large main-d'œuvre agricole qui trouve à s'employer dans l'usine où elle est mieux payée ; à cela s'ajoute une ligne ferroviaire, ainsi qu'une force motrice à bon marché. En outre, selon la légende, le lait des vaches des environs était excellent. Un an plus tard, en 1899, la fabrique de Broc était inaugurée. Dans ses nouveaux murs, Alexandre-Louis s'attaque à la composition du chocolat ; il va utiliser le lait en abondance dans les environs de sa manufacture, et non plus de l'eau, qui était alors mélangée avec de la poudre de cacao, inventée par le chimiste hollandais Johannes van Houten. En 1911, la société s'appelle Peter, Cailler, Kohler, Chocolats Suisses SA. En 1929, Nestlé rachètera la compagnie de Peter pour fonder les Chocolats Peter, Cailler, Kohler, Nestlé. C'est désormais Nestlé que l'on trouve derrière un grand nombre de marques chocolatières. Dans les années 1930 et pour utiliser les surplus de beurre de cacao (issue de la pression des fèves de cacao), Nestlé se lance dans la fabrication du chocolat blanc, considéré comme l'une des dernières grandes innovations dans l'univers du chocolat.

Si, pendant la première moitié du XXe siècle, la Suisse a conservé son leadership dans la fabrication industrielle du chocolat, la deuxième moitié consacre les géants américains, nommés Mars et Hershey's. Le packaging est sommaire et les portionnements adaptés à une clientèle goulue qui se goinfre dans les salles de cinéma. L'essor économique, contemporain du retour à la paix mondiale en 1945, enclenche un marché de masse sans précédent dans l'histoire humaine. Le chocolat, sous toutes ses formes, accompagne cette euphorie et en profite. Reste qu'il est plus fréquent de découvrir au pied du sapin de Noël une boîte de Lindt ou de Frigor qu'un sachet plastique rempli de Milky Way, de Mars ou de Bounty.

Pour ne fâcher personne, et surtout pas les dizaines d'artisans chocolatiers qui excellent dans un environnement très concurrentiel, on précisera que, dans sa version industrielle, le meilleur chocolat reste, et de loin, le chocolat suisse. Les chocolats belges, trop gras, et anglais, franchement farfelus, ne pouvant soutenir la comparaison.

Un ami proche, authentique Suisse et fin connaisseur de la France, me fait observer que pour ce qui est du chocolat noir, « les Français et tout particulièrement les Parisiens sont très forts ». Dont acte.

L'Etivaz
Se pourrait-il qu'il soit le meilleur des fromages ?

Il s'arroge le titre glorieux de « roi des Préalpes vaudoises » ! De fait, ce fromage est sacrément bon. Le meilleur d'entre tous ? Ce qui est certain, c'est qu'il est tout en haut du podium pour son prix de vente. À Paris, dans le quartier chic du Marais, son poids au kilo dépasse les 50 euros ! Il est donc aussi cher que les grands champagnes. Il est tellement demandé que, m'ont affirmé certains fromagers français, ils payent la marchandise non à la réception, mais à la commande. L'ennoblissement du fromage date de 1999, année où, après le vin de Lavaux, l'Etivaz est le premier produit alimentaire suisse à décrocher l'appellation AOC (Appellation d'origine contrôlée), devenue AOP en 2013. Lors de la mise sous presse du fromage, chaque producteur imprime sa marque en caséine sur la meule, permettant ainsi d'en identifier la provenance. Depuis le 1er octobre 2005, les meules sont marquées au feu, pour garantir l'authenticité de l'Etivaz AOP.

Édicté par l'Office fédéral de l'agriculture, le cahier des charges de l'Etivaz précise au millimètre la provenance du fromage : « L'aire géographique de l'Etivaz comprend les exploitations d'estivage dont les chalets de fabrication se situent entre 1 000 et 2 000 mètres d'altitude dans les communes de Château-d'Œx, Rougemont, Rossinière, Ollon, Villeneuve, Ormont-Dessus, Ormont-Dessous, Corbeyrier, Leysin et Bex. La zone d'affinage est le district du Pays-d'Enhaut. »

Situées à des altitudes entre 1 500 à 1 800 mètres, entre le glacier des Diablerets et les vignobles des coteaux du Léman, les exploitations sont petites, parfois même minuscules. Petites, les exploitations sont aussi dispersées. L'Etivaz compte 17 chalets, Rougemont 14, Château-d'Œx 21. Les plus grandes revendiquent 50 vaches, les plus petites moins de 20. Chaque année, début octobre, c'est la « désalpe ». Les vaches quittent leurs pâturages où elles sont installées début mai pour redescendre à l'étable. Certaines exploitations prennent des vaches en pension, ou bien en achètent pour la saison d'estivage. Le producteur doit alors « faire signer une décharge au fournisseur de ce bétail [qui doit] mentionner que le bétail concerné n'est plus alimenté avec des fourrages fermentés depuis trois semaines ou plus avant la date de son arrivée dans l'exploitation ».

Les troupeaux se nourrissent des herbages naturels de l'alpage exclusivement, avec, en cas de conditions climatiques exceptionnelles, l'autorisation d'user de fourrages conservés. Mais – et le cahier des charges de l'Etivaz est intraitable – « dans tous les cas, ces fourrages doivent provenir du domaine de l'exploitation, le cas échéant de la région, et doivent être de qualité irréprochable ».

La traite du soir et du matin se fait encore parfois à la main. Le lait est conservé au maximum pendant dix-huit heures. Après écrémage, il est versé dans un chaudron en cuivre où il est chauffé à 32 °C. Le chauffage se fait au feu de bois direct. Dans le récipient est ajoutée la présure, « enzymes naturelles extraites exclusivement de la caillette de jeunes veaux [...] Le lait ensuite se coagule et l'artisan découpe alors la masse en grains plus fins à l'aide d'un tranche-caillé ». Brassé continuellement, le mélange de caillé et de petit-lait va être chauffé à 57 °C, « puis la soupière est retirée du feu ». À l'aide d'une toile glissée sous les grains, le fromage est alors sorti du chaudron, moulé et pressé. « La meule ainsi formée doit être retournée à plusieurs reprises. Le producteur va y placer la marque en caséine "L'Etivaz AOP", ainsi que ses initiales, afin de pouvoir garantir la traçabilité. Les pièces resteront sous presse jusqu'au lendemain matin. » La fabrication de l'Etivaz est autorisée entre le 10 mai et le 10 octobre.

Retour au cahier des charges du fromage. Il doit se présenter sous la forme d'une meule « bien proportionnée, d'un poids de 10 à 38 kg, d'un diamètre de 30 à 65 cm et d'une hauteur de 8 à 11 cm. Le talon est légèrement convexe. La morge [la croûte] est légèrement humide et de couleur uniformément brunâtre. Sa surface est légèrement grenée ». Négligeons les particularités de poids ou de couleurs de l'Etivaz à rebibes – copeaux de bois qui entourent le fromage –, dont la croûte est lisse et sèche. Les meules sont frottées au sel de fromagerie et conservées à l'alpage au maximum durant sept jours. Chaque producteur achemine ses fromages deux à trois fois par semaine aux caves de la coopérative, à L'Etivaz. Les fromages sont plongés dans un bain de sel ayant une densité de 22 degrés Baumé de sel pendant vingt-quatre heures. La cave du bain de sel est à température constante (de 13 °C à 15 °C), et saturée d'humidité (entre 90 à 95 %). « Les fromages sont retournés et frottés au sel tous les jours pendant une semaine. » Le but est la bonne formation de la croûte. Les meules passent ensuite dans la cave chaude, où la température est de 15 °C à 17 °C. « Les fromages sont retournés et frottés à l'eau légèrement salée trois fois par semaine durant quinze jours. » Ce faisant, il s'agit d'aider à la formation de la morge, cette « fine pellicule orangée à la surface du fromage, composée de nombreux micro-organismes. La morge contribue au développement de l'arôme du fromage ». Puis vient la cave d'affinage où la température est maintenue entre 12 °C et 14 °C. « Les fromages sont soignés à l'eau légèrement salée tous les cinq jours environ pendant toute la période d'affinage qui dure un minimum de cent trente-cinq jours, jusqu'à vingt-quatre mois. Durant cette période, les meules sont déposées sur des tablards en épicéa non raboté. La pâte acquiert sa finesse, sa souplesse et sa couleur jaune ivoire, caractéristique du fromage d'alpage l'Etivaz AOP. » Pour les amateurs redoutant d'avoir affaire à une contrefaçon, il faut encore préciser que la présence de trous est rare, que la pâte est « fine, souple, légèrement ferme, de teinte jaune ivoirine », et que le goût est spécifié comme étant « franc et aromatique, fruité, légère saveur de noisette, léger goût de fumée ».

Grossièrement résumées, voilà les étapes de la fabrication du roi des fromages des Préalpes vaudoises. Au vrai, si l'on en juge par le volume de production, c'est un roi de taille très modeste. Par an, environ 430 tonnes d'Etivaz sont ainsi recensées. C'est peu, par comparaison avec les 6 300 tonnes de tomme de Savoie ou encore avec les 120 000 tonnes de camembert. Et c'est infinitésimal face aux 140 000 tonnes de *parmigiano reggiano* ou aux 460 000 tonnes d'emmental générique fabriquées en Europe.

La meringue
Une origine douteuse

Linguistes et généalogistes se disputent quant à savoir si cette pâtisserie serait d'origine polonaise, allemande ou néerlandaise. Par opportunisme, nous retiendrons le scénario suisse, qui veut que la meringue soit originaire de Meiringen, une petite commune de la vallée de l'Aar, en amont du lac de Brienz. Meiringen doit moins sa célébrité à l'exode massif de sa population rurale vers les États-Unis au début du XIXe siècle, ou encore à la mort présumée de Sherlock Holmes, tombé dans les chutes voisines du Reichenbach après un combat contre le professeur Moriarty, qu'à un confiseur italien nommé Gasparini. Au XVIIe siècle et suite à une négligence, Gasparini fabriqua par hasard un dessert qu'il nomma Meiringen. Il se trouvait que Gasparini exerçait alors à Meiringen. Qu'importe la véracité de l'anecdote qui voudrait qu'ayant laissé du blanc d'œuf et du sucre dans un coin de son four, Gasparini ait retrouvé, la nuit passée, une bouchée croustillante à l'extérieur, moelleuse à l'intérieur. Il ne restait plus à Gasparini qu'à répéter l'opération, puis à la raffiner. À Meiringen, la pâtisserie venait de faire un immense bond en avant. Authentique ou farfelue, l'anecdote est plaisante, et nous la conservons donc.

J'ai pour ma part un souvenir précis de meringue. Mon grand-père maternel était hôtelier restaurateur. Alors qu'il était encore mobilisé à Verdun (dans les cantines), son épouse avait fait construire à Cannes, en 1918, un hôtel nommé le *Walsdorff Victoria* (mon grand-père s'appelait Pierre Walsdorff, et les Anglais fréquentaient alors la Côte d'Azur, avant qu'émirs et Russes ne les remplacent). Le *Walsdorff Victoria* allait être rapidement connu pour la qualité de sa table, et sa réputation n'était pas usurpée : dans les années 1930, 1940 et 1950, le *Walsdorff Victoria* décrocha en effet jusqu'à deux étoiles dans le *Michelin*. Pour mieux apprécier ces honneurs gastronomiques, il faut savoir qu'aucun autre restaurant dans Cannes n'eut, au cours de la période, deux étoiles dans le fameux guide rouge. La séquence qui suit se situe vers la fin des années 1950. J'étais « minot », comme on dit dans le patois local, et avec mon cousin à peine plus âgé – il devait avoir 8 ans et moi 7 –, nous hantions les sous-sols de l'hôtel l'après-midi. Sitôt sortis de l'école, nous nous activions souvent à l'affût d'une bêtise. Un jour, vers dix-sept heures, alors que les cuisines de l'hôtel étaient encore à l'arrêt, nous en avions poussé la grosse porte et nous nous étions mis à errer entre les réfrigérateurs et les batteries de fourneaux puis, toujours sans but précis, nous étions entrés dans la zone réservée à la pâtisserie. Le chef pâtissier avait préparé son dessert du soir : des meringues en forme de cygne dans lesquelles, probablement, il poserait des boules de glaces nappées de sirop, etc. J'ignore qui des deux cousins ouvrit les hostilités, mais soudain, un cygne vola dans l'air pour s'écraser sur la tête de l'autre. Suite au tir, le cousin agressé répondit ; un nouveau jet de meringue traversa la pièce. En moins de dix minutes, tous les plateaux de meringues étaient liquidés. Faute de munitions, nous abandonnâmes alors la pâtisserie, piétinant les dernières meringues réduites à l'état de purée qui jonchaient le sol. Chaque soir, à dix-neuf heures précises, nous passions tous à table, le grand-père Walsdorff exigeant de goûter les plats servis à la clientèle de l'hôtel. La table familiale était grande, et nous étions généralement une dizaine autour du patriarche. C'est vers dix-neuf heures dix qu'avec sa majestueuse cornette, le « pâteux » a déboulé dans notre salle à manger. Colérique, il était redouté par tous. Colérique mais également perspicace, le pâteux avait lestement bouclé son enquête pour conclure que seuls les petits-enfants du propriétaire avaient pu s'introduire dans son local et tout y saccager. Nous avions détruit ses plateaux de meringues, le dessert qui figurait à la carte du soir, et il considérait que sa réputation était mise en jeu. L'homme était déchaîné et exigeait un châtiment exemplaire. Mon grand-père nous engueula devant lui. Toujours en grommelant, le pâtissier quitta la salle à manger. Un silence lourd suivit. Avec ses gros sourcils broussailleux qui faisaient un peu peur, le grand-père Walsdorff nous dévisagea sans rien dire, mon cousin et moi, puis, alors que nous piquions du nez dans nos assiettes, le vieil homme partit d'un gigantesque éclat de rire. Je crois qu'il aurait bien aimé, comme nous, avoir 7 ans, et nous prêter main-forte dans nos sottises.

Le ristretto
À ne pas confondre avec un café

Les Suisses ont adopté le mot italien qui désigne un petit café fort. Commandez un ristretto à Bâle ou à Berne, et vous sera servi un café serré, fait à la vapeur filtrée par un percolateur. Particularité du café en Suisse : ici, et depuis longtemps, il est excellent. Maintenant, tentez l'expérience à Paris. Commandez un ristretto dans un bistrot : derrière son comptoir, le garçon écarquillera les yeux. La traduction française du ristretto se nomme « expresso ». C'est un ristretto à la française. Nonobstant la marge bénéficiaire considérable faite sur une tasse de café (on évoque un multiplicateur de dix entre le prix de revient à l'achat chez le torréfacteur et l'addition dans la soucoupe), l'expresso français a longtemps été exécrable. Poussant leurs marges au-delà du raisonnable, les bistroquiers français privilégiaient la variété dite robusta, bon marché, quand, déjà, les bons arabicas inondaient le marché suisse. L'écart de qualité entre la Suisse et la France s'est, depuis, réduit. L'expresso français reste cependant rarement aussi serré que le ristretto suisse – pour ne rien dire du ristretto en Italie. Lorsqu'il est vous est servi pour la première fois, vous soupçonnez immédiatement le patron du bistrot italien de vous avoir escroqué, persuadé qu'avec une si petite quantité de café, vous commanderiez aussitôt une seconde tasse. Ce que vous faites immanquablement. Gare à la tachycardie ! Rares sont encore ceux qui usent du pluriel italien pour commander plusieurs tasses. L'erreur grammaticale qui consiste à dire non « trois ristretti » mais « trois ristrettos » ne fait jamais l'objet d'une rectification. Consommateurs et bistroquiers se comprennent.

Les rösti

Des patates et un néologisme typiquement suisse

Gloire soit rendue aux Alémaniques, et particulièrement aux Bernois : la Suisse leur doit une galette de pommes de terre, équivalent helvétique des spaghettis pour les Italiens ou du plum-pudding pour les Anglais. Recette : après avoir été pelées, les patates sont râpées, recomposées sous forme de galettes, puis revenues dans la poêle. Le beurre a aujourd'hui remplacé le saindoux. Les paresseux – et les plus pressés – peuvent se rabattre sur les rösti sous vide, prêts à l'emploi, généralement fades. Ils peuvent ainsi garnir le sac de voyage du grand voyageur lointain qui, roué, pourra surprendre ses invités lors d'un dîner « comme en Suisse ». Pour ce qui est des rösti servis au petit déjeuner, comme ce fut la règle pendant si longtemps, on peine aujourd'hui à trouver, à ce qu'il paraît, des mères ou des pères de famille capables de supporter dès six heures du matin les odeurs de graillon et d'oignon. Du coup, le pain beurré, la confiture et le birchermüesli ont pris le relais. Vite fait, vite consommé, vite remballé. Autant de temps gratté pour une ultime flânerie au lit.

Nonobstant leur consommation sur l'ensemble du territoire helvétique, les rösti ont forgé un néologisme utilisé le soir de chaque votation, notamment quand, en bloc, les Romands ont perdu la partie. Le *Röstigraben*, littéralement « fossé des rösti », est la frontière imaginaire qui sépare les parties alémanique et romande de la Suisse. Le néologisme signifie qu'entre les Helvètes existe un différend épousant sans nuances les zones géographiques où sont parlées les deux principales langues du pays. La coupure entre les deux Suisses et son nom de code apparurent notamment lors de la Première Guerre mondiale.

Le *Röstigraben* a encore été brandi lors du refus de l'entrée de la Suisse dans l'Espace économique européen (EEE) en 1992. Il a alors été ouvertement question d'une scission de la Suisse, la partie francophone envisageant carrément la sécession. Le scénario catastrophe resta à l'état d'ébauche, et l'enragement de la population romande le soir du résultat s'apaisa rapidement. Par à-coups, l'aigreur de cette défaite ressurgit, ou du moins a eu tendance à le faire jusqu'à ce que l'UE se mette à cafouiller et perde beaucoup de ses attraits.

Le Sugus
Totalement addictif, le bonheur des dentistes

On en mange un, puis le paquet y passe. La mastication est fonction de la dureté de la gomme. Le Sugus se laisse fondre sur la langue ou peut encore se mâcher tel un chewing-gum. Évoquant un minuscule parpaing, le Sugus a une forme parallélépipédique : un centimètre de large, deux centimètres de long, un demi-centimètre de hauteur. Les couleurs sont gaies, le papier d'emballage suffisamment plastifié pour éviter tout bruit inconvenant. À la différence du pop-corn, le Sugus peut se manger dans les salles de cinéma sans qu'on gêne son voisin de siège. Vendus dans les kiosques dans des petits paquets carrés de cinq Sugus, ces bonbons, nous dit le Patrimoine culinaire suisse (site Internet), « font depuis longtemps partie des premiers achats que les enfants font avec leur propre argent, sur le chemin de l'école ». Ces petites friandises font aussi le bonheur des dentistes : le sucre dont elles sont saturées ne pardonne pas.

Selon le Patrimoine culinaire suisse, l'origine du terme est incertaine. « Il aurait été inventé dans le but de donner à ce bonbon un nom ludique, facilement prononçable dans toutes les langues européennes, lisible de droite à gauche aussi bien que de gauche à droite. La première syllabe, "su", le rapproche également de l'entreprise qui, en 1931, a lancé le produit en Suisse : Suchard. » Soient les ingrédients tels qu'ils sont fournis au consommateur : « Sucre, sirop de glucose, matière grasse végétale hydrogénée, gélatine, gluten, acidifiant acide citrique, jus de fruits concentré 0,5 % (fraise, ananas, orange, citron), arômes, émulsifiant lécithine, colorants (E162, E160a, E160e, E163). Peut contenir des traces de lait et de fruits à coque. » Le tout dans 4 grammes…

Le Sugus est une belle illustration de l'innovation suisse. Nous sommes alors en 1931. Frappée par la récession économique démarrée deux ans plus tôt, l'industrie chocolatière est affectée d'un deuxième mal, lui, chronique : l'été venu, les ventes fléchissent. D'où l'idée, transgressive dans le secteur chocolatier, de lancer un produit de substitution sans lien avec le cacao : un bonbon aux fruits. Le Sugus est mis sur le marché au prix fort : 2,5 fois plus cher que le caramel, la friandise concurrente déjà bien installée. « Le succès est pourtant immédiat, il s'explique en partie par la promotion publicitaire massive mise en place dès le début. » La recette fait l'objet d'aménagements réguliers, comme en 1934 avec le lancement du Sugus à la menthe. Le Sugus traverse encore victorieusement la Seconde Guerre mondiale, ses restrictions et ses pénuries alimentaires. Après la guerre, « Suchard lance des filiales et leur accorde des licences pour la fabrication en Argentine, en Belgique, en Italie, en Afrique du Sud, en France, en Espagne, au Portugal, au Mexique, en Allemagne, en Thaïlande, en Autriche, en Indonésie et au Brésil ». En 1980, est proposé un Sugus au cassis. Puis, comme il fallait s'y attendre, c'est au tour du Sugus sans sucre en 1988. En 1993, la framboise est abandonnée au profit de la fraise.

Mille neuf cent nonante trois est une année charnière dans la saga Sugus : l'entreprise fusionne avec Kraft Foods, et le site de production est déplacé de Serrières (Neuchâtel) à Reims. Surtout, la recette est modifiée ! Pour plaire aux enfants, les Sugus seront désormais plus mous. En 2005, la marque était vendue à Wrigley Jr. Company, et en 2007, des Sugus à la pomme, poire, cerise et pêche étaient mis sur le marché. Que nous réserve l'avenir ? Des Sugus à la vodka de quinoa, à la tequila, au whisky single malt ?

Le Swiss Roll

Même pas suisse ! Et pourtant…

Voilà de nombreuses années, avant qu'en Angleterre ne débarquent brownies, muffins et autres cookies venus des États-Unis, le premier dessert offert sur des kilomètres de linéaires des Marks & Spencer et Sainsbury's d'outre-Manche s'appelait le Swiss Roll. Il est probablement aujourd'hui la première pâtisserie dont s'empiffrent les collégiens, sitôt descendus de l'Eurostar.

Je devais avoir 10 ans et, passant mes premières vacances estivales dans une famille anglaise, je me souviens d'avoir découvert avec émerveillement ces curieux gâteaux roulés sur des lignes de chocolat ou de vanille. Je me souviens de m'être gavé de cette pâte spongieuse et saturée de sucre, garnie de chocolat de qualité douteuse. Fort heureusement pour la réputation de la Suisse, ce dessert, destiné à une population gloutonne et peu regardante sur la qualité, n'a de suisse que le nom. Une rumeur insistante veut que cette pâtisserie soit anciennement originaire d'Europe centrale – d'Autriche plus précisément –, et que, vers 1870, un manuel culinaire ait localisé en Suisse l'origine de la recette. Dès lors, le mal était fait, rendant toute rectification impossible. Considérant la débilité des autorités fédérales à l'époque, on voit mal en effet les conseillers d'État radicaux protester contre cette paternité abusive et porter l'affaire devant l'opinion publique mondiale. Voilà pourquoi le Swiss Roll est resté suisse. Les linéaires de la Migros et de la Coop lui rendent toujours un hommage spectaculaire. Dans leurs officines, les dentistes se frottent les mains, tout comme les nutritionnistes.

Le Toblerone
Chocolat ou défense antichar ?

Alerte sur le front du chocolat ! En novembre 2016, Mondelez International, le fabricant de la barre en chocolat, annonçait la réduction de 400 à 360 grammes de la grosse, et de 170 à 150 grammes de la plus petite. Raison invoquée ? Le Brexit qui en torpillant la livre sterling rendrait moins compétitives – lisez moins rentables –, ses barres triangulaires. Pire – mais est-ce seulement possible ? –, l'espace entre les triangles était élargi, décision iconoclaste qui revient à défigurer la barre historique, si bien proportionnée, en tout cas proportionnée sans égard pour le cours de la livre sterling.

L'aventure du Toblerone remonte à 1867, année où Jean Tobler, après un apprentissage de pâtissier chocolatier à Saint-Gall, à Dresde puis à Paris, ouvre son premier magasin à Berne, où il s'établit. C'est plus tard cependant et à l'instigation de son fils Theodor et surtout d'Emil Baumann (chef de fabrication) qu'est inventé le Toblerone, la première barre chocolatée. La seule liste des ingrédients fait saliver : le chocolat est mélangé avec du *torrone*, spécialité italienne combinant nougat au miel et amandes, ou encore avec du touron, une confiserie espagnole, celle-là, qui, pour le touron dur, réclame une mastication plus ardue. La recette, qui ne concerne alors que la barre triangulaire au chocolat au lait, est brevetée le 29 mars 1909.

L'addiction au Toblerone se mesure à plusieurs aunes. On négligera les conséquences sur la santé dentaire et la surcharge pondérale. Après tout, il revient à chacun d'assumer sa gourmandise ou sa gloutonnerie – c'est selon –, et de se montrer intraitable sur son hygiène dentaire. Pour ce qui est des conséquences de l'addiction proprement dite au Toblerone, on peut évoquer le destin tragique de Mona Sahlin qui, avant de présider le parti social-démocrate suédois de 2007 à 2011, s'était portée candidate à la tête du parti une première fois en 1994. Candidate malheureuse, car fuita dans la presse qu'en 1990 et 1991 – elle était alors ministre du Travail –, elle avait fait chauffer sa carte professionnelle pour des dépenses privées. Elle s'était notamment offert sur des fonds ne lui appartenant pas deux barres Toblerone. Même si une foule d'autres dépenses prouvaient le détournement de bien social, ce furent les deux Toblerone qui poussèrent la politicienne hors de l'arène. En Suède, on ne plaisante ni avec le chocolat ni avec la moralité publique.

Plus prosaïquement, en Suisse, dans les années 1930, l'armée tapissa certains paysages avec des défenses antichars en « dents de dragon », soit des alignements de blocs en béton en forme de petites pyramides, justement nommés Toblerone. Nul tank ennemi n'éprouva jamais l'efficacité de ces fortifications. À la différence des barres chocolatées, la péremption de ces Toblerone bétonnés se chiffre en milliers d'années. Pour en revenir à l'actualité, à savoir la défiguration du Toblerone, quel destin attend maintenant la fameuse barre ? Commercialement, et selon les détracteurs du nouveau concept allégé, le nouveau Toblerone semble aujourd'hui destiné aux consommateurs pauvres, voire aux très pauvres, aux « sans-dents ».

II

QUELQUES BRIQUES DU BONHEUR SUISSE

Il n'a fallu aux Suisses que quelques décennies pour devenir riches, opulents pour ainsi dire. Avec la Suisse, Thomas Piketty serait cependant à la peine pour illustrer ses thèses sur le creusement des inégalités de revenus. Pour la Suisse, le coefficient de Gini (0 représentant l'égalité parfaite, et 1, l'inégalité parfaite) est bas (0,31 en 2012), plus bas qu'en France pourtant biberonnée à l'égalitarisme (0,33), nettement plus bas qu'en Italie (0,35) où les inégalités prospèrent. À ceux que le concept d'opulence appliqué à une population fait bondir, on signalera que 400 000 personnes en Suisse sont millionnaires. « La Suisse est plus riche que jamais », déclare Daniel Lampart, économiste en chef de l'Union syndicale suisse, dans une interview donnée au magazine *La Vie économique*, en avril 2017. Mais les grognons – il s'en trouve toujours – vous objecteront que millionnaires, 7,6 millions de Suisses ne le sont pas, comme si cette richesse ne ruisselait pas jusqu'aux bourgades les plus périphériques, y compris aux frontières du pays. En août 2017, on apprenait que Douvaine était la ville de France où les nounous percevaient les plus hautes rémunérations, « en cause, selon *Le Figaro*, la proximité de la frontière suisse[1] ». Quand ces pourcentages sont atteints, on est en droit de s'émerveiller de la santé financière des Helvètes. Au reste, une simple balade dans le pays révèle une opulence que seuls les aveugles (qui n'en peuvent mais) et les sectaires s'obstinent à ne pas voir.

Qu'ils sachent donc, ces grognards suisses, qu'à l'étranger, leurs tourments laissent de marbre, de même qu'indisposent leurs pleurnicheries : gémir que dans dix ans les caisses suisses de retraite seront en déficit ne laisse pas d'interloquer ceux qui vivent dans des pays où ces caisses n'existent pas, ou bien sont d'ores et déjà en faillite… Puisqu'il faut bien remplir l'autre plateau de la balance, on retiendra l'îlot de cherté qu'est la Suisse, ou encore les *working poors*, vrai scandale et juste motif de lutte. Le manque de concurrence et l'immixtion des cartels dans la vie économique sont également des tumeurs malines que les Suisses, semble-t-il, surveillent mais traquent peu. En la matière, le pays dispose de belles marges de progression. Ces défaillances identifiées, pour l'immense majorité des Suisses, la situation est enviable. Évidemment, il se trouvera toujours des nigauds pour évoquer les « gnomes de Zurich », éternels comploteurs contre l'ordre démocratique mondial. Sans doute serait-il plus intelligent de regarder comment fonctionnent les PME suisses ou encore le Code du travail, qui ne les entrave ni ne les tétanise. Autre source d'admiration : l'acceptation de ce cadre social par l'ensemble de la population. En Suisse, pas de grèves (ou si peu), la pharmacie et l'horlogerie suisses rayonnent sur la planète (pourvu que ça dure), et – réel motif de réconfort pour le futur – les Suisses ne cessent de répéter qu'en matière de croyances, le culte du père Noël leur est étranger.

Où il est toujours et forcément question d'argent

Les gnomes de Zurich

Qui en voit partout ?

Ne voit-on pas des gnomes partout ? Nietzsche dans *Le Gai Savoir* parle du « gnome d'Athènes » à propos de Socrate. En novembre 1956, alors qu'il s'exprimait devant la Chambre des communes, Harold Wilson évoqua, lui, les « gnomes de Zurich » pour en dénoncer l'action nocive. L'environnement politique éclaire mieux l'enragement du leader travailliste : l'année précédente, son parti avait perdu une nouvelle fois l'élection et s'apprêtait à perdre la suivante, celle de 1959. Il devra patienter jusqu'en 1964 pour revenir aux affaires. En attendant, le déficit commercial s'aggraverait, et la convulsion monétaire obligerait à une énième dévaluation de la livre sterling. Tel est le contexte où, nous dit la légende, auront été, pour la première fois, dénoncés les « gnomes de Zurich ». Zurich, parce que c'est là qu'étaient installées – ou plus exactement se terraient – les forces financières responsables de la crise de la livre sterling. Voilà à quoi tient la promotion des ludions zurichois, qui tripatouillent la monnaie anglaise pour précipiter sa chute. « Les gnomes de Zurich sont à nouveau à l'œuvre », bramera encore le travailliste George Brown, formule qui fit la une des tabloïds, à l'affût de têtes de Turc, suisses en l'occurrence. Au vrai, on attache sans doute trop d'importance à la sortie de Brown, plus connu pour s'être fait boxer par le comédien Eli Wallach et pour son alcoolisme chronique. À sa décharge, à cette époque, l'Angleterre était en dépôt de bilan, le FMI prêt à débarquer.

Après les Anglais, ce fut au tour des Français de s'en prendre aux gnomes zurichois. Jurant que la politique française ne se décidait pas à la corbeille (lisez : la Bourse), le général de Gaulle dénonça plusieurs fois les forces du mal zurichoises, organisatrices de l'évasion fiscale vers les coffres forts helvétiques.

Chez les hommes politiques français, la gnomomanie s'est transmise de génération en génération, quitte à innover dans la théorie du complot. En octobre 1995, c'est ainsi Alain Juppé, Premier ministre du président Jacques Chirac qui s'en prend aux gnomes. Mais, surprise, les voilà devenus londoniens ! Il désigna les « gnomes de Londres », c'est-à-dire les spéculateurs contre la monnaie française, supposément installés à Londres alors que, de source sûre, ils s'activaient au palais Brongniart, place la Bourse, à Paris.

Sur la longue durée, la vigueur des ludions zurichois semble n'avoir jamais faibli. En janvier 2015, alors que la BNS (Banque nationale suisse) laissait flotter la monnaie suisse, on entendit encore, ici et là, des cris d'orfraie contre les « gnomes de Zurich », sans toutefois bien comprendre leur responsabilité dans une décision préjudiciable à l'ensemble de l'économie suisse, y compris aux gnomes logés dans les sous-sols des banques helvétiques.

Pour la bonne bouche, et comme le rappelle le journaliste Renaud Lecadre, le premier à avoir pourfendu les gnomes fut le Français Henry Coston, fervent admirateur d'Édouard Drumont, antisémite notoire ayant eu son quart d'heure de notoriété sous l'Occupation allemande. Il basculera ensuite dans l'antigaullisme, l'antimaçonnisme militant et les théories du complot les plus fumeuses. Comme quoi, à trop fréquenter les gnomes, zurichois, parisiens ou londoniens, on ne sort ni grandi ni indemne. Avec leur cerveau limaillé par le conspirationnisme, les complotistes sont toujours de mauvais conseil.

Le blanchiment d'argent

Un sujet en perte d'actualité

La criminalité financière a toujours su faire preuve d'imagination. Le blanchiment d'argent, qui en est une des facettes, trouverait son appellation dans une activité mafieuse américaine pratiquée à Chicago dans les années 1930 : les blanchisseries servaient de façade à la mafia pour recycler ses extorsions. Étrangement, la légende urbaine a survécu à la généralisation des machines à laver à domicile. Pour ce qui est de la Suisse, et à cause de la mutualisation des lave-linge dans les immeubles, le blanchiment d'argent a utilisé d'autres méthodes et n'a pas la mafia pour instigatrice. Les intermédiaires financiers, qu'il s'agisse de banques, de sociétés d'investissement ou de sociétés fiduciaires, ont déployé des trésors d'imagination pour éviter à leurs clients, généralement des fortunes étrangères, la tonte fiscale dans leur pays. Évidemment, cette activité est illicite, et sa traque est régie par la « loi fédérale concernant la lutte contre le blanchiment d'argent et le financement du terrorisme dans le secteur financier » (loi sur le blanchiment d'argent ou LBA) du 10 octobre 1997. La loi suisse fournit la liste des personnes « politiquement exposées ». Ainsi sont réputés l'être « les chefs d'État ou de gouvernement, les politiciens de haut rang au niveau national, les hauts fonctionnaires de l'administration, de la justice, de l'armée ou des partis au niveau national, les organes suprêmes d'entreprises étatiques d'importance nationale », sans négliger non plus les indigènes, à savoir « les personnes qui sont ou ont été chargées de fonctions publiques dirigeantes au niveau national en Suisse dans la politique, l'administration, l'armée ou la justice, ainsi que les membres du conseil d'administration ou de direction d'entreprises étatiques d'importance nationale ». Ciblant encore les personnes ayant des fonctions dirigeantes dans « les organisations intergouvernementales ou au sein des fédérations sportives internationales », l'inventaire paraît exhaustif de ceux qui pourraient pratiquer le blanchiment d'argent ou être tentés de s'y adonner. On imagine mal en effet la caissière d'une Migros ou un instituteur soleurois blanchir des fortunes étrangères mal acquises.

Le blanchiment d'argent n'est cependant plus ce qu'il a été, ne serait-ce que parce que les espèces tendent à disparaître, remplacées par la monnaie électronique de traçabilité facile. À l'heure du paiement par téléphone portable et bientôt par simple toucher, le blanchiment devra trouver d'autres canaux pour perdurer. Quand les banques ne savent plus quoi faire des liquidités qui leur sont confiées, les lardant d'intérêts négatifs, et quand les transactions en liquide sont plafonnées à des niveaux dérisoires, le blanchiment peut se faire du mouron.

L'échange d'informations
La banque suisse y survivra

Un long fleuve tranquille, telle est l'image qui pourrait résumer l'histoire des banques suisses. La stabilité de l'organisation politique ainsi qu'un patriciat protestant, ladre et austère ont su rassurer les déposants. « Les Genevois sont les premiers *hommes à argent* [souligné dans le texte] du Continent ; ils ont dans ce métier la première des vertus, celle de manger chaque jour moins qu'ils ne gagnent [...] Même quand ils font des imprudences et se livrent au plaisir, ils choisissent des plaisirs champêtres et peu coûteux », relève Stendhal. Quant à leurs débiteurs indélicats, ils savaient que les établissements suisses ne se coucheraient pas sur leurs créances et s'appliqueraient à ternir leur réputation indéfiniment. La banque suisse doit encore beaucoup à l'intolérance religieuse continentale, et notamment française, des XVIe et XVIIe siècles. Elle poussa à l'émigration des milliers de huguenots qui trouvèrent en Suisse une terre accueillante, propice à l'épanouissement de leurs talents, notamment bancaires. Ainsi, pendant des siècles, la banque suisse a navigué paisiblement, évitant avec doigté récifs et hauts-fonds. Et si, dans les années 1960, l'affaire des fonds juifs en déshérence a pu faire craindre une durable mise à l'index, il n'en a rien été : la redoutée exécration publique a fait long feu. Personne n'en parle plus, et les capitaux n'ont jamais cessé d'affluer vers les banques helvétiques.

Le problème de ces fonds tient à leur provenance. L'essentiel de ce qui est déposé dans les coffres suisses a quitté clandestinement son pays d'origine. Clandestinement, pour n'avoir pas à le déclarer aux autorités fiscales des États où cette richesse a été générée. Bref, les banques suisses ont été accusées de recel par des États assoiffés de ressources pour leurs comptes publics en déliquescence.

Le 1er janvier 2017 est une borne dans l'histoire des banques suisses. Une borne que personne n'aurait pu imaginer dix ans plus tôt. Depuis cette date, la loi fédérale sur l'échange international automatique de renseignements en matière fiscale est entrée en vigueur. La Confédération fournira désormais les informations bancaires des clients étrangers de 37 États, dont les 27 pays de l'Union européenne. Pour l'heure, seul le premier chapitre est ouvert, celui de la collecte d'informations.

Le deuxième chapitre s'ouvrira à l'été 2018, avec la transmission de ce qui aura été collecté : les soldes des comptes, les intérêts et dividendes perçus par les clients étrangers seront dans une première étape fournis à l'administration fédérale des contributions, qui fera suivre. Si le mode d'emploi de cet échange inédit est déjà compliqué, que dire d'un transfert de données qui passe par tant d'étapes ? Dans cette chasse ouverte contre les comptes dormants, que faire ? Filer vers d'autres paradis fiscaux, moins coopératifs, au moins pour l'instant ? Certains l'ont fait. Le problème majeur dans ce déménagement de comptes est que l'on sait ce que l'on perd (des banquiers suisses taiseux et globalement honnêtes), mais quasiment rien de là où l'on redépose ses billets. Une autre solution consiste à se délester de ses avoirs et à acheter un bien immobilier. Les promoteurs n'ont guère eu de mal, ces derniers temps, à placer villas et appartements qui, contrairement aux comptes bancaires, n'ont pas l'obligation d'être déclarés.

L'usine à gaz destinée à éradiquer les paradis fiscaux conduit aujourd'hui certains étrangers résidant en Suisse à renoncer à leur nationalité et à demander le passeport suisse. Il ne devrait pas leur être trop difficile de l'obtenir. Pour les binationaux, notamment français, les procédures d'abandon sont éloquentes. Appréciant peu la démarche, les autorités françaises ne peuvent accepter le renoncement et décrètent unilatéralement la déchéance de nationalité pour les intéressés.

La Suisse qui gagne

Les entreprises

Un pays de PME

La Suisse abrite sur son sol parmi les plus grosses sociétés de la planète. Il n'est que de citer Nestlé, Novartis, Roche pour celles de souche suisse, ou encore les Glencore et autres sociétés étrangères venues s'installer dans la Confédération. L'observateur est frappé par la discrétion de ces mastodontes dans les médias et dans l'espace politique suisses. Discrétion qui tient au profil des patrons de ces sociétés, méfiants à l'égard d'une publicité qu'ils ne contrôlent pas, mais aussi moins narcissiques que leurs homologues italiens ou français.

Il faut encore rendre hommage aux médias suisses, plus portés à s'intéresser à l'activité des PME que ne le sont les médias des pays voisins. Le régionalisme de la presse et de la télévision suisses renforce leur proximité avec les PME. Et puis, autre explication, il y a l'idéologie méritocratique. En Suisse comme en Allemagne, le héros national est moins le cadre supérieur, bombardé à la tête d'une mégaentreprise où il ne restera qu'un temps, que l'entrepreneur s'étant forgé son propre destin dans un projet porté à bout de bras et qu'il aura fait triompher. Voilà pourquoi, en Suisse, les PME concentrent l'attention des médias. Ce sont leurs patrons qui, souvent, siègent sur les bancs des Grands Conseils ou sous la coupole du Palais fédéral. Il est en effet plus facile d'assumer sa responsabilité de milicien lorsqu'on est à la tête de sa propre société, que lorsque l'on n'est qu'un pion, même haut placé, dans une multinationale. Là, les places sont convoitées et les statuts branlants. Du coup, observez un plateau de télévision en Italie ou en France : devant les journalistes s'exprimera la plupart du temps un représentant de la Confindustria ou du Medef. L'intéressé sera passé par la Bocconi ou par HEC, s'exprimera sans fautes, parlera comme un livre, même si son *track record* est une constellation d'échecs et de faillites. En Suisse, les journalistes interrogent plutôt un patricien, avocat de l'économie locale. Les patrons bavards (il ne s'en trouve guère) dirigent une PME, en sont même très souvent propriétaires. Pour être plongés au quotidien dans leur entreprise, ils connaissent ce dont ils parlent.

L'écosystème entrepreneurial suisse est luxuriant. De 577 000 en 2013, le nombre des entreprises est passé à 593 000 en 2014, nous dit la dernière statistique de l'OFS. Que donne la ventilation de ce demi-million d'entreprises ? 99 % des entreprises sont des PME, c'est-à-dire des petites et moyennes entreprises, affichant des effectifs inférieurs à 250 employés. Un tel pourcentage n'a rien d'atypique dans les pays à économie libéralisée. Seules les économies étatisées, comme ont pu l'être celles de feu le bloc communiste avec ses gigantesques combinats, présentaient une pyramide entrepreneuriale différente. On sait aujourd'hui quel a été leur destin.

Si les PME suisses considèrent les conditions cadres réglementaires comme pesantes, il est d'autres facteurs exerçant une influence positive et déterminante sur la bonne marche économique. Et d'abord la disponibilité de collaborateurs armés d'un bon niveau de qualification. La spécificité de la formation dispensée en Suisse dans les cursus d'ingénieurs, soit un enseignement moins tourné vers l'abstraction que vers l'application pratique, est le ressort de ce satisfecit. Même si une pénurie de main-d'œuvre spécialisée affecte certains secteurs, d'une manière générale, les entreprises recrutent encore sans guère de difficultés. Les effets de la votation du 9 février 2014 « Contre l'immigration de masse » ne se sont pas encore fait sentir, et des dispositifs ont été aménagés pour que la loi soit la moins indigeste possible. C'est sur la durée que son impact devra être apprécié.

Louanges identiques pour la qualité des infrastructures suisses. De fait, routes et liaisons ferroviaires désenclavent les régions les plus malaisées d'accès et facilitent une activité commerciale débordant largement les frontières cantonales. Que deux PME sur trois agissent hors de Suisse montre à la fois leur capacité d'exportation et la qualité des infrastructures garantes de ces courants d'affaires. L'intensité exportatrice de PME comme Victorinox ou Pilatus Aircraft témoigne combien ces entreprises se projettent au-delà des frontières de la Suisse. Selon une étude du Crédit suisse, 69 % des PME suisses et 87 % des PME industrielles exercent au moins une activité transfrontalière. Les flux d'exportations illustrent leur dynamisme. Vers la Chine par exemple, les ventes suisses ont progressé de 15 % par an entre 2000 et 2013. À titre de comparaison, au cours de la période, les exportations vers la France progressaient d'à peine 2 %. Depuis plusieurs années maintenant, les PME suisses ont donc pivoté vers les marchés lointains, dits émergents. Elles ont su profiter des accords bilatéraux I et II, qui complètent les accords de libre-échange signés en 1972 avec l'UE et qui ne couvraient pas les marchés lointains.

Puisqu'il est question des PME, il faut encore évoquer le cas des *hidden champions*, ces firmes actives sur des secteurs de niche. Mal connues du public, du moins de ceux qui ne sont pas plongés dans les revues spécialisées, ces sociétés sont souvent des leaders mondiaux sur leur créneau. Les secteurs qui, en Suisse, sont les plus concernés sont les instruments de précision, l'horlogerie et l'industrie des machines. Dans le secteur industriel, 11 % des PME se considèrent comme des *hidden champions*. Elles s'adressent au marché international et y rayonnent. Elles y réalisent en moyenne 65 % de leur chiffre d'affaires, contre 32 % pour les PME industrielles traditionnelles.

L'industrie pharmaceutique
Le vrai visage de la puissance économique suisse

La pharmacie est probablement le joyau de l'économie suisse. Il n'est que de citer Roche ou Novartis pour entrevoir le poids de ce secteur qui a son avenir devant lui. Ne me démentiront ni le nombre grandissant de gens pouvant prétendre à des soins grâce aux bienfaits de la mondialisation, ni le grossissement inexorable des cohortes de personnes âgées et acharnées à se maintenir en forme. Le problème est que ce secteur est terriblement coûteux du point de vue de la recherche, notamment en raison du nombre de chercheurs qu'il emploie et des salaires qui y sont versés. Sur un effectif mondial de 120 000 personnes, Novartis compte pas moins de 6 000 chercheurs, dont 2 000 à Bâle. Pour se faire une idée plus précise des investissements nécessaires pour surfer sur l'innovation, le département R&D de Novartis consomme 10 milliards de dollars par an, absorbés dans huit centres, dont les principaux sont à Bâle, Boston et Cambridge. En 2015, la division pharmaceutique conduisait de front 140 programmes de recherche et un demi-millier d'essais cliniques. Ces chantiers sont ambitieux et peuvent couronner une médication miracle mais, dans l'immense majorité des cas, ils débouchent sur des échecs répétés : sur 10 000 molécules testées, une seule donne naissance à un médicament mis sur le marché. Si la recherche en ce domaine s'apparente à la loterie, ce n'est pas ainsi que la conçoivent ceux qui la font tourner.

Le renchérissement continu du franc suisse depuis janvier 2015 a aggravé une situation déjà assez détériorée, tout comme l'a compliquée la généralisation par endroits de génériques, commercialisés avec le concours de ministères publics avides d'économies. En Suisse, les entreprises ont su tirer parti d'un écosystème finalement assez favorable, du moins sur le plan fiscal, et grâce à la disponibilité de chercheurs venus des quatre coins de la planète, séduits par les rémunérations offertes et les conditions de travail. Les problèmes sont survenus récemment, avec la fermeture sur l'axe lémanique de firmes emblématiques comme Merck Serono, Shire et Alexion. En se délocalisant, ces firmes ont attiré dans leur sillage d'autres sociétés plus petites, mais dont la créativité est stimulée par leurs commandes.

L'horlogerie

Une industrie qui tousse

L'industrie horlogère résume à la fois les ressorts de la prospérité de la Suisse et la manière particulière dont se sont constitués des pans entiers de son industrie. Au départ, il est question de sectarisme religieux. Supprimez la révocation de l'édit de Nantes, qui força les protestants à s'installer en Suisse, l'industrie horlogère suisse ne serait pas celle que nous voyons aujourd'hui. Fuyant l'intolérance de l'époque, les artisans horlogers huguenots sont venus s'abriter en terres protestantes, où les attendait un climat propice à leurs activités et à leur spiritualité. Quelques centaines d'années plus tard, cette industrie pèse 21 milliards de francs. Entre autres particularités, l'horlogerie suisse est une industrie à très forte valeur ajoutée. Vous en doutez ? Quand bien même le volume de production suisse est négligeable (à peine 2,5 % des montres fabriquées dans le monde), la valeur ajoutée, telle qu'exprimée dans le prix de vente, prend une autre couleur. En 2013, selon la Fédération horlogère (FH) et l'étude *Vontobel Luxury Goods Shop*, le prix moyen d'une montre suisse était de 791 dollars, à comparer à celui d'une montre chinoise : 3 dollars ! Sur la planète horlogère, la Suisse fabrique 95 % des montres affichant un prix de vente supérieur à 1 000 francs. Bref, l'acquéreur s'approprie un produit de qualité mais, surtout, un objet de grande valeur, signalant l'appartenance à une couche de la population qui va se raréfiant à mesure que grimpe le prix de l'objet.

Depuis peu, l'horlogerie suisse tousse. La première alerte s'est produite avec l'apparition des montres connectées, produits des cerveaux des géants de la Silicon Valley. Face à ce concurrent inattendu voilà encore seulement dix ans, la montre suisse a plutôt mieux résisté que d'aucuns le redoutaient. Tout comme le marché suisse dans son ensemble a bien supporté la valorisation subite du franc suisse, de près de 20 % en un week-end, en janvier 2015. D'autres chocs sont survenus, d'une autre nature et probablement plus brutaux. Parce qu'elle est un signe extérieur de richesse ostentatoire, notamment chez les hommes, la montre suisse, dont le prix peut franchir la barre du million d'euros, a souffert du ralentissement des marchés touristiques lié aux actions terroristes en Europe, et de la vague d'austérité qui s'est abattue sur la planète. Sous de nombreux climats et sous peine de finir en prison pour corruption comme en Chine, mieux vaut ne plus arborer une Richard Mille. Pour la détection des objets coûteux au poignet des nantis, les réseaux sociaux sont d'infaillibles radars, quand ils ne sont pas de zélés délateurs ou d'appréciables auxiliaires de la police fiscale. C'est à cela que tient le récent recul du marché des montres suisses. La crise se ressent notamment dans la vallée de Joux, fragilisée par la chute des exportations horlogères. Les suppressions d'emplois se succèdent, et si, en raison de la petitesse des entreprises concernées, les licenciements sont discrets – au pire, il est question de 50 emplois supprimés, 40 ailleurs, comme chez Vacheron Constantin à l'hiver 2016 –, il reste un climat délétère. La crise actuelle se cale sur celle des années 2008-2010, que la profession espérait sans réplique. L'actuelle crise est d'autant plus durement ressentie dans la vallée de Joux que l'horlogerie y est devenue une monoculture, au point que la structure de la population présente un profil difforme : l'horlogerie emploie près de 8 000 personnes pour une population de 7 000 personnes ! Les frontaliers, largement majoritaires, ne sont pas les seuls concernés par la crispation de l'industrie horlogère. Les sous-traitants, comme les fabricants des mouvements et des boîtiers, redoutent évidemment une crise longue, structurelle. Pour l'heure, il s'agit de dégonfler les stocks, sans nuire à la valeur des montres et au réseau international de vente. À la faveur de cette crise, les néophytes ont aussi appris qu'en raison de la sophistication de ses composants, une montre, tout comme un produit alimentaire, était soumise à une date de péremption : si les mouvements ne tournaient pas, à brève échéance, la montre ne fonctionnait plus.

L'innovation

Le leader mondial, mais…

Selon le Global Innovation Index (GII) 2015 et pour la cinquième année consécutive, la Suisse squatte la première place mondiale comme terre d'innovation. Derrière elle, la Grande-Bretagne suit, talonnée, dans l'ordre, par la Suède, les Pays-Bas, les États-Unis, la Finlande, Singapour, l'Irlande, le Luxembourg et le Danemark. Le GII 2015 n'a pas pour auteurs des classificateurs farfelus. Il suffit de mentionner l'université Cornell aux États-Unis, l'INSEAD en France et l'Organisation mondiale de la propriété intellectuelle (OMPI). Examinant 141 économies sur la planète, les auteurs les ont passées au crible de 79 critères. Et, du chapeau, la Suisse est sortie première.

La Suisse est donc le pays le plus innovant au monde. C'est là qu'est déposé le plus grand nombre de brevets. La stabilité politique du pays, la collaboration entre l'industrie et les universités – et la qualité de ces dernières – expliquent le rang qu'occupe ce si petit pays.

À bien y regarder, la situation est pourtant moins rose qu'il y paraît. D'abord, les déposants sont en nombre réduit et se résument, pour l'essentiel, aux multinationales qui, pour l'instant et pour le bonheur des Suisses, ont leur siège en Suisse et affirment vouloir y rester. Leurs noms sont familiers à nos oreilles et aux pages saumon des quotidiens économiques : Novartis, Roche, Nestlé, ABB, Syngenta, OC Œrlikon, Clariant, Tetra Laval. Pour conserver leur place de leaders mondiaux dans leur domaine, ces sociétés misent sur la R&D. La radiographie de ces investissements livre une information qui, cependant, refroidit l'euphorie initiale : la moitié des dépôts de brevets se concentre sur moins de dix sociétés !

D'autres décomptes sont plus restrictifs encore, attribuant la moitié des innovations suisses aux seuls Roche et Novartis, et aux entreprises tournant dans leur galaxie. Ces données renseignent aussi sur l'intensité de la recherche helvétique, concentrée essentiellement dans la pharmacie et la chimie, ainsi que dans l'agroalimentaire.

Par contraste, la concentration des investissements dans la pharmacie éclaire le faible niveau d'investissement des PME. Ce déséquilibre est malsain à plusieurs titres. L'écosystème suisse peut en effet subir à tout moment une délocalisation des centres de recherches de ces multinationales, aspirés par une fiscalité plus attractive, ou sur décision d'une équipe dirigeante voulant se rapprocher des marchés porteurs, comme le sont aujourd'hui les États-Unis ou, demain, l'Asie. Le sous-investissement des PME dans la R&D rappelle que les autorités peinent à en comprendre les enjeux économiques, industriels et sociaux. Les incitations fiscales auraient meilleur intérêt à cibler et soutenir ce type d'activités au sein des entreprises, en s'inspirant, par exemple, de ce que font les Israéliens ou l'État de Californie pour aimanter les talents prometteurs. Il est vrai que la R&D recouvre un autre problème que la Suisse ne gère guère mieux : la mise à la disposition des start-up de financements pour l'industrialisation des prototypes conçus. Il faudra un jour que les autorités comprennent que les fonds d'amorçage sont certes nécessaires, mais qu'il s'agit là du minimum pour que germe l'innovation. Et que l'enjeu majeur, celui dont le pays tire le plus grand bénéfice, est la transformation de l'innovation, son passage au stade industriel. La considérable épargne suisse, aujourd'hui plombée par les taux négatifs, trouverait à mieux s'investir dans l'innovation, plutôt que de fondre dans les coffres bancaires.

À propos de ce qui mériterait encore d'être revu pour muscler cette place de leader dans l'innovation, enviée et attaquée, il faut relever la position médiocre de la Suisse pour ce qui concerne la facilité de création des entreprise (59e rang), la protection défaillante des investisseurs (72e rang), ainsi que le faible nombre de diplômés en sciences et en ingénierie. La Suisse, qui se flatte à juste titre d'être leader mondial dans l'innovation, devrait se faire du souci pour le futur. On la cherchera en effet en vain dans le Global Startup Ecosystem Ranking 2015. Là, la lutte au coude à coude oppose la Silicon Valley, New York, Los Angeles, Boston et Tel Aviv.

Les exportations
À jet continu

En 1958, la trente-septième édition du *Guide bleu Suisse* en dressait un aperçu économique. On y lisait cette audacieuse construction : « Pays enclavé, la Suisse est pourtant à la tête d'une des économies les plus internationales du monde. Si nous divisons par le nombre d'habitants la valeur totale des importations et des exportations, nous constatons que la Suisse, en 1956, se plaçait au deuxième rang de tous les pays. Le commerce extérieur atteignait en effet près de 2 747 francs suisses par habitant, contre 2 400 francs pour l'Union belgo-luxembourgeoise (aux États-Unis, 650 francs par habitant). » L'auteur ajoutait : « Ces exportations intensives concernent non pas tant les produits de son sol que ceux de son travail, sous forme d'articles manufacturés. » Hormis les montants, rien n'a vraiment changé depuis soixante ans.

Petit État planté au milieu de l'Europe, sans accès à la mer et ceinturé de montagnes, la Suisse est le pays le plus ouvert sur le monde. « Le commerce extérieur impacte 70 % de l'activité économique de la Suisse », rapporte Jean-Pierre Roth, ancien président de la BNS, qui rappelle que les entreprises suisses emploient près de 2 millions de personnes hors Helvétie, chiffre à comparer avec les places de travail en Suisse, soit 4,2 millions en équivalents plein temps. Voilà longtemps que les entreprises suisses sont ainsi parties à la conquête des marchés lointains. L'Europe, qui « comptait pour les deux tiers du commerce extérieur suisse dans les années 2000, n'en représente plus aujourd'hui que 50 % ». Il s'agit là d'une répartition des risques et d'une adaptation très mobile à l'évolution de la demande mondiale.

Sans bruit, la Suisse s'avance vers deux décennies consécutives d'excédent commercial. Depuis 1999, les exportations sont même sur une pente ascendante. En 2014, les exportations atteignaient 208 milliards de francs, dégageant un excédent de 30 milliards de francs. Pour mieux faire parler ces chiffres éventuellement abstraits, osons la comparaison avec l'Allemagne, la puissance commerciale mondiale. Cette même année, les exportations allemandes s'élevaient à 1 134 milliards d'euros. Considérant que l'Allemagne est dix fois plus peuplée, la Suisse exporte 46 % de plus que son grand voisin et dégage un excédent commercial 11 % supérieur. De tels chiffres, mal connus, témoignent de la formidable agilité des entreprises suisses sur le marché planétaire.

Les grands clients de la Suisse restent les pays européens – bien qu'ils soient en chute régulière – et, surtout, le marché nord-américain et les marchés émergents en Asie. Alors que les économies de la zone euro – Allemagne et Pays-Bas mis à part – pataugent, les exportateurs suisses ont repositionné leurs escadres marchandes, lancées à la conquête de marchés certes lointains, mais à meilleur potentiel.

Le succès commercial suisse est d'autant plus remarquable que les entreprises ne bénéficient pas ici du support politique d'une diplomatie fédérale embarquant les entrepreneurs dans de tonitruantes tournées mondiales. Les patrons suisses parlent des langues étrangères, du moins n'hésitent pas à les baragouiner, voyagent, voient leurs clients, les convainquent et bouclent les contrats. La Suisse n'a pas de politique industrielle. La Suisse n'a pas non plus de politique commerciale, au sens où la Confédération n'a pas de bras armé spécialement dédié à la promotion de la marque Suisse. La Confédération se limite à financer un Switzerland Global Enterprise (autrefois Osec, Office suisse d'expansion commerciale), ou un Swissnex, réseau mondial suisse chargé de favoriser les liens dans les domaines de l'éducation, de la recherche et de l'innovation. Voilà à quoi se résume l'aide publique sur laquelle peuvent s'appuyer les entreprises suisses tournées vers le marché international.

L'excédent commercial suisse peut s'apprécier d'une dernière manière. Il est constitué de produits et services à très forte valeur ajoutée. Les milliards d'excédent commercial ne proviennent pas de la vente d'hydrocarbures dont le sous-sol suisse regorgerait, par exemple. Voilà donc une autre façon d'envisager le génie helvétique. À ce propos, il faut relever les changements ayant marqué l'évolution des exportations suisses. En 1980, par ordre d'importance, le premier secteur exportateur étaient les « machines industrielles » pour 17 milliards de francs. En 2013, ce secteur basculait à la troisième place, avec 19 milliards de francs, soit une progression d'à peine 11 % sur l'ensemble de la période. « À peine » car, dans le même temps, les « produits pharmaceutiques », eux, faisaient un bond de 8 à 66 milliards de francs, soit une progression de 825 %. Les trois autres secteurs frappés d'embellie sont l'horlogerie (21 milliards de francs, + 350 %), les instruments de précision (14 milliards de francs, + 350 %) et l'industrie électrique et électronique (11 milliards de francs, + 220 %).

Corsetés dans leur indécrottable réserve, les Suisses en viennent aujourd'hui à forger des formules qui auraient fait le bonheur des humoristes français ou italiens. Alors que le commerce extérieur suisse poursuivait « sa marche en avant » avec des exportations en croissance régulière, l'administration des douanes, en octobre 2017, signalait « un tassement à un haut niveau » (*sic*), soit un énième excédent mensuel, celui-ci à 2,4 milliards de francs.

Vivre et travailler en Suisse

Le père Noël
Personne n'y croit vraiment

Il est certain que les Suisses n'y croient pas. Y croiraient-ils qu'ils plébisciteraient les initiatives laissant accroire qu'au pied du sapin poussent des fruits qu'il suffit de ramasser. À ce jour et pour autant que l'on sache, aucune des initiatives populaires inspirées du socialisme keynésien français (sixième semaine de congés payés pour tous, revenu de base universel, etc.) n'a trouvé acquéreur chez les citoyens helvétiques.

La prospérité suisse
Mais comment font-ils pour être aussi riches ?

Longtemps, les Suisses ont été pauvres et même très pauvres, au point de se louer sur les champs de guerre européens. « N'ayant dans leurs foyers que l'indigence et les besoins, ils trouvent hors de chez eux l'honneur et l'abondance », note Daniel L'Ermite en 1604[2]. Gageons en effet que si leur pays avait débordé de richesses, si leurs alpages avaient nourri leurs hommes et les plaines regorgé de grains, les Suisses n'auraient pas couru au massacre pour quelques piastres et pistoles. Même si le mercenariat était une activité lucrative, le métier avait en effet la réputation justifiée d'être dangereux. Considérant la prospérité actuelle de la Suisse, il convient donc de se pencher sur les conditions du passage de l'indigence primitive à un État parmi les plus prospères du monde.

« La Suisse est un pays pauvre riche de ses habitants », nous dit Edgar Fasel. L'auteur poursuit en citant Alfred Sauvy, admirateur de la Suisse : « Supposons que l'on intervertisse les populations de la Suisse et du Pakistan ; trente ans plus tard, le territoire helvétique serait une terre de misère, tandis que les Suisses auraient reconstitué une île de prospérité en Asie[3]. » Le propos du démographe français est d'une brutalité telle qu'il lui vaudrait aujourd'hui un procès en diffamation d'une ligue de surveillance du langage. Sachant que la Suisse fut longtemps un pays pauvre, comme en témoigne l'exode de ses habitants qui abandonnèrent le Tessin ou le Valais pour des exils lointains et sans retour, comment s'est produite cette métamorphose ? Et à parler de prospérité, ne se fourvoie-t-on pas ? Nullement, comme en témoigne le PIB de la Suisse, soit 684 milliards de dollars en 2016, à comparer au PIB de l'Italie (1 895 milliards de dollars), de la France (2 570 milliards de dollars) ou encore de l'Allemagne (3 619 milliards de dollars).

À ce stade, l'auteur, pour avoir tant associé la Suisse à « prospère » et « prospérité », sait qu'il peut buter sur un mur d'objections. Incapable de nier la prospérité suisse, son contradicteur la pondérera en soulignant sa répartition inéquitable entre les citoyens. Les Suisses ne sont pas tous millionnaires, et la majorité reste pauvre. Pour répondre sur un mode apaisé, le mieux est de se tourner vers la statistique. Et de prier pour que l'argument porte.

Premier indicateur de cette prospérité helvétique : le salaire médian mensuel qui, en 2015, s'élevait à 6 189 francs, salaire brut médian que le magazine français *Challenges* estimait à 2,3 fois son équivalent français. Le lecteur grognon objectera encore que si les Suisses gagnent correctement leur vie, les inégalités sont ici insupportables. Là, une nouvelle fois, les faits sont têtus. Négligeons les écarts de fortune. Ils signalent simplement que le pays est hospitalier aux gros patrimoines ; en outre, le fait d'avoir pour voisin le propriétaire d'un Boeing 747 sur le tarmac de Cointrin ne me donne pas le sentiment d'être pauvre ou victime d'une injustice sociale. L'indicateur pertinent de prospérité sont les écarts de revenu : mon voisin, qui n'est pas un retraité suédois mais un actif de mon âge, dispose-t-il d'un revenu outrageusement différent du mien, tout en faisant à peu près la même chose ? Et dans l'affirmative, l'État intervient-il pour rééquilibrer ?

Les Suisses sont riches
Beaucoup plus que leurs voisins

Selon le quotidien français *Les Échos* (mars 2016), « le PIB par tête suisse était égal au PIB par tête français en 1973 ; il est le double aujourd'hui ». Sans doute faut-il relire plusieurs fois cette phrase pour mesurer les pertes de positions du voisin français, mais aussi pour apprécier le fabuleux enrichissement de la Suisse. En septembre 2016, le même quotidien établissait le palmarès planétaire de l'épargne financière[4]. Calculé en milliers d'euros, le montant d'épargne financière brute par habitant plaçait la Suisse sur la plus haute marche du podium, avec 260 000 euros. Les États-Unis suivaient (202 000 euros), puis venaient le Danemark (145 000 euros), la Grande-Bretagne (132 000 euros). La Suède occupait la sixième place avec 130 000 euros. Loin derrière, à la 17e place, arrivait la France avec 75 600 euros. On a bien lu, en matière d'épargne brute, les Suisses sont trois fois plus riches que les

Français. Calculés cette fois en épargne nette, les écarts se resserraient à la marge, mais sans bouleverser la hiérarchie : en tête, la Suisse (170 000 euros), suivie par les États-Unis (161 000 euros), la Grande-Bretagne (95 000 euros), la Suède (89 000 euros). Avec 53 000 euros, la France pointait à la 16e place.

Faut-il d'autres indicateurs de prospérité ? Soit le pourcentage de la population « qui ne voyage pas », autrement dit les personnes qui ne sortent jamais de chez elles. La fixité peut s'expliquer de deux façons : soit ces sédentaires vivent dans le plus beau pays du monde et tout dépaysement géographique leur est pénible. Soit – explication plus probable – ces sédentaires le sont par nécessité, incapables de financer sur leurs revenus un déplacement lointain, généralement de pur plaisir. C'est, semble-t-il, la deuxième explication qui est la bonne. Soixante-six pour cent des Italiens ne voyagent pas[5]. Le pourcentage descend à 40 % chez les Espagnols tout comme chez les Français. En Grande-Bretagne, les deux tiers des habitants sortent périodiquement de leur île, et presque 78 % des Allemands. Et les Suisses ? À peine 13,6 % des Suisses ne voyagent pas. Posé autrement, la statistique nous dit que 86 % des Suisses ont visité les aéroports pour sortir d'Helvétie. Sachant que la Suisse est l'un des pays les plus visités au monde, ce mouvement des Suisses, qui la quittent temporairement à la recherche de soleil et d'exotisme, souligne qu'ils disposent du pouvoir d'achat pour le faire. Et que dire lorsque, se fondant sur une enquête sur le budget des ménages, l'OFS, en novembre 2017, indiquait que pour les loisirs et la culture, les ménages suisses avaient dépensé en 2015 en moyenne 557 francs par mois, soit presque un demi-Smic français ?

La paix sociale

Elle vaut mieux que mille combats

À parler de prospérité suisse, on entend le rugissement de ceux qui disent qu'elle ne serait qu'un décor Potemkine. Ceux-là fustigent la répartition inéquitable des richesses, la fonte des rentes AVS (assurance vieillesse et survivants), la crise du deuxième pilier (celle de l'assurance complémentaire), etc. Ce sont peut-être ces Suisses-là que le montagnard Jean Troillet a dans sa mire lorsqu'il déplore : « Après, il s'agit de revenir à la réalité, et c'est dur. Surtout lorsque tu reviens du Népal ou du Tibet et que tu arrives en Suisse, pays de l'opulence, pour entendre des complaintes quotidiennes[6]. » Et comment lui donner tort ? En 1946, Henri Calet débarque d'une France en ruines et note : « Comment ne pas s'attacher à ce pays où l'on meurt en cueillant des edelweiss, romanesquement, où il existe encore des bêtes d'un autre âge, où les militaires jouent à saute-mouton, où les geôliers sont gais et affables[7]… »

Quant aux irréductibles qui doutent encore de la prospérité suisse, qu'ils méditent le constat amer d'un marxiste indigène qui, jusqu'à un âge très avancé, a prié pour que ce « pays merveilleux habité par un peuple splendide » s'adonne aux délices de la révolution et des prisons. Voilà quarante ans, notre régional de l'étape, adepte du Grand Soir, bêlait : « Mais la lutte des classes [en Suisse] est balbutiante, le débat politique quasi inexistant. Les militants révolutionnaires ont très souvent l'impression de flotter dans le vide social, pantins agités par leurs propres paroles, suspendus au-dessus d'un pays chloroformé par la paix du travail et la collaboration de classes. » Ces propos de 1976 sentent la naphtaline, mais à l'époque, l'auteur, Jean Ziegler, est au sommet de sa forme. Quel malheur, lit-on dans sa déploration, qu'à la guerre des classes, souvent sanglante et matrice de toutes les tyrannies, les prolétaires et le patronat suisse aient préféré discuter et s'accorder. Il y a quarante ans, certains, comme Ziegler, ont souhaité que la Suisse prenne une autre voie, politiquement plus spectaculaire, celle qui a conduit à la faillite tous les pays qui l'ont empruntée. Et ceux qui, parmi les révolutionnaires, indiquaient le chemin à suivre s'en sont toujours bien tirés, évitant le ravin où se précipitaient leurs ouailles. Les peuples, qu'ils prétendaient sauver, ont payé l'addition. Reste la question, tragique, des *working poors*, envisagée plus loin.

Le revenu de base inconditionnel
Pour le moment, il est enterré

En 2016, un peu partout, un concept a fait fureur : le revenu de base inconditionnel. Les débats, articles et ouvrages faisant la promotion du revenu de base inconditionnel (RBI) ont tant proliféré que l'on a cessé de les recenser. Première observation : cette idée obsède la vieille Europe bien davantage que les pays émergents. Deuxième observation : cette idée, qui a décollé dans les médias européens en 2016, était depuis longtemps débattue en Suisse, depuis le 11 avril 2012 très précisément, jour du début de la récolte des signatures d'une initiative populaire intitulée « Pour un revenu de base inconditionnel ». Dix-huit mois plus tard, le 4 octobre 2013, le comité référendaire alignait une pile de cartons contenant 126 701 signatures à l'appui de l'initiative populaire. Un mois plus tard, le 7 novembre 2013, et après validation de 126 408 signatures, la chancellerie fédérale suisse décidait la publication dans la *Feuille fédérale* de l'initiative populaire fédérale « Pour un revenu de base inconditionnel ».

Soient les arguments du comité d'initiative : « Un vieux rêve de l'humanité se réalise : les robots travaillent de plus en plus à notre place. À nous à présent de mettre à profit la révolution numérique pour concevoir une société dans laquelle chacun pourrait vivre dignement et mener davantage d'activités porteuses de sens et choisies librement. » Argumentaire globalisant que renforçait la spécificité helvétique : « La Suisse est riche, notre économie performante. Pourtant, beaucoup de nos citoyens ont peur de l'avenir. Or une meilleure qualité de vie serait possible avec un revenu de base inconditionnel, gage de sécurité et de liberté. En alliant économie de marché et dimension humaine, on réduirait la bureaucratie et stimulerait l'esprit d'entreprise. » Le fait à noter dans l'initiative est son marketing fondamentalement suisse, notamment pour ce qui touche au financement de ce revenu « supplémentaire ». Il n'est en effet pas tant question ici de ponctionner les possédants, comme l'ont imaginé les versions françaises et italiennes du RBI apparues plus tardivement. Selon Raphaël Liogier, théoricien français du revenu universel : « Il faut remplacer l'impôt sur le revenu par un impôt fortement progressif sur le capital, qui servira à la fois à financer le revenu d'existence et à créer une compétition entre les capitalistes, réduisant les déploiements de capitaux complètement spéculatifs auxquels on assiste aujourd'hui[8]. » En France, la médication pour tous les problèmes se nomme l'impôt. Pour les Suisses, mieux vaut faire confiance au marché et libérer ses énergies. Toujours selon les initiants suisses (c'est-à-dire ceux qui lancent l'initiative), les entreprises bénéficieraient « de coûts salariaux inférieurs », l'emprise bureaucratique serait réduite par l'extinction des guichets affectés à la gestion de l'État-providence et, au final, « l'esprit d'entreprise » serait stimulé dans le cadre « d'un avenir libéral ». En cas d'approbation de l'initiative populaire, la Constitution suisse serait modifiée comme suit : « Article 110a. – Revenu de base inconditionnel. 1. La Confédération veille à l'instauration d'un revenu de base inconditionnel. 2. Le revenu de base doit permettre à l'ensemble de la population de mener une existence digne et de participer à la vie publique. 3. La loi règle notamment le financement et le montant du revenu de base. »

Hostiles à l'initiative, le Conseil fédéral et le Parlement rejetaient le projet. Reconnaissant l'importance d'assurer à la population « une existence digne et une participation à la vie publique », les opposants pointaient ses dangers. D'une part, certaines activités de production et de service « risqueraient d'être délocalisées ». Ensuite « le travail au noir pourrait s'accroître ». Enfin, argument massue, le RBI « inciterait la population de nombreux pays étrangers, surtout les travailleurs à bas salaire, à immigrer en Suisse ». Et, par effet de domino, « comme le taux d'activité et la performance économique reculeraient, l'État aurait moins de recettes fiscales et donc moins de ressources à allouer, par exemple aux services sociaux, aux transports, à la formation, à l'armée, à l'agriculture ou à la protection de l'environnement ». En conclusion, « le Conseil fédéral se félicitait du débat mené autour de la valeur et de l'organisation du travail [qui] aborde activement les défis à relever comme le recours croissant à la technologie dans le monde du travail et l'évolution démographique », et recommandait le rejet de l'initiative.

L'initiative populaire pour un RBI est instructive à bien des égards. D'abord, l'ampleur du débat que l'initiative a soulevé en Suisse a beaucoup surpris. Appréciée à l'aune du temps d'antenne audiovisuel ou du volume de papier journal, l'initiative « Pour un revenu de base inconditionnel » terrasse les quatre autres initiatives fédérales proposées le 5 juin 2016 aux votants suisses. Ce même jour en effet, les Suisses eurent à se prononcer sur une initiative « En faveur du service public » (rejetée par 67,6 % des votants), puis « Pour un financement équitable des transports » (rejeté par 70,8 % des votants), pour une « Modification de la loi fédérale sur la procréation médicalement assistée (LPMA) » (acceptée par 62,4 % des votants) et, enfin, pour une « Modification de la loi sur l'asile » (acceptée par 66,8 % des votants). C'est dire si le panier de votations était rempli, et nombreuses les occasions de débats autour des différents objets. Et pourtant, l'enfièvrement s'est focalisé sur le RBI. Ses partisans ont eu accès à l'ensemble des médias, trop heureux de voir surgir un sujet aussi clivant. Au final, le 5 juin 2016, le RBI était littéralement balayé par 76,9 % des votants.

Un deuxième sujet d'étonnement est le caractère fondamentalement libertarien de l'initiative suisse. Comme déjà signalé, les initiants ont phosphoré sur un revenu universel qui ne serait pas financé par un nouvel impôt qui aurait tondu par exemple les plus fortunés parmi les Suisses. Scrupuleux, le Conseil fédéral ne brandit du reste pas cette menace mais évoque le risque que les entreprises (les « activités de production et de service ») se délocalisent vers des cieux fiscaux plus cléments. Dans la plupart des cantons, la gauche semble ne pas s'y être trompée qui a appelé à rejeter l'initiative, comme l'a déploré Ralph Kundig, président de Bien-CH, l'une des principales formations favorables au RBI.

Le troisième point à relever est l'ambition des initiants, d'aucuns diagnostiqueraient même un franc délire. Leur scénario tablait en effet sur un RBI mensuel de 2 500 francs pour les adultes, et de 625 francs pour les enfants, soit tout de même 6 250 francs pour une famille de quatre personnes, ou 5 400 euros au cours actuel. La *bottom line* indiquait un besoin à financer de plusieurs centaines de milliards de francs, de quoi dessoûler les utopistes les plus radicaux. Point n'est besoin d'être épicier en effet pour comprendre que l'équation était intenable et qu'elle serait rejetée, notamment parce qu'elle s'adressait à une population incrédule. Les opposants ont ainsi fait valoir : « Dans la compétition internationale, aucun pays ne peut se permettre d'encourager l'oisiveté, parce que les oisifs pèsent sur la compétitivité de ceux qui travaillent. La situation catastrophique de la France avec ses 35 heures et son RSA (sorte de revenu inconditionnel réservé aux gens sans emploi – en fait une véritable trappe à pauvreté et travail au noir) en témoigne[9]. »

Le quatrième point est qu'un projet impliquant quantité d'économistes et de politiques, surtout en Occident, a été porté sur le devant de la scène et, sans passion ni débordement, a été soldé par la population elle-même (46,77 % de participation). Les électeurs ont tranché, jugeant par leur vote l'idée chimérique. Il faut encore relever que les syndicats et les partis politiques dans leur immense majorité (à Genève, les socialistes et les Verts avaient appelé à voter oui) n'ont pas joué la carte de la démagogie, comme si, par expérience, ils savaient que les Suisses les condamneraient à jouer avec le feu.

Au final et grâce aux institutions dont ils se sont dotés, les Suisses ont permis l'émergence d'une problématique qui continue d'animer des dizaines de forums et des débats sans fin. Non seulement ils ont accordé à ce qui ressortit de l'utopie une surface médiatique maximale, mais ils lui ont encore fait profiter de tout l'appareil d'État helvétique, qui n'a pas mégoté sur ses ressources. Officiellement, personne n'a caricaturé l'initiative, même si, çà et là, des polémiques ont parfois accompagné la collecte des signatures puis certains débats dans la phase finale. Une fois les résultats connus, les matériels de campagne ont été remisés, et partisans du RBI ont sans doute bu une bière puis sont allés dormir. En Suisse, le dossier est clos pour un certain temps et, soyons-en certain, renaîtra dans quelques années. Mais au moins, les partisans du RBI savent qu'un long chemin les attend et que leur défaite n'a pas pour seule explication la disproportion des moyens financiers injectés dans le scrutin. Sur le RBI, comme sur les autres objets, les Suisses n'ont pas été sondés par des officines spécialisées dans des micro-trottoirs et appels téléphoniques. Ils ont voté. Le peuple souverain a parlé.

Le RBI et son rejet par les électeurs suisses éclairent encore un aspect de la réalité économique que d'aucuns s'obstinent à ne pas voir : jamais par le passé le travail n'a été proposé en aussi grandes quantités. Dès lors, pourquoi vouloir le portionner, voire en dispenser certains pour que d'autres en profitent pleinement ? En 1956, la Suisse comptait 2,6 millions d'actifs. Soixante ans plus tard, en 2016, les actifs se chiffraient à 4,9 millions. Ainsi, le travail ne s'est pas raréfié, ni n'a été capté par les machines. Il n'a jamais cessé de s'étendre, de remodeler son offre. En 1966, le taux d'activité était de 48,7 % ; il atteint 58,2 % en 2016.

Le droit du travail

Quelques pages et non un Bottin téléphonique

Le droit du travail suisse est mince. Non pas tant parce qu'il ne contient rien, mais parce que, hormis ce qui relève du droit public, l'essentiel du droit du travail est entre les mains des acteurs sociaux.

En matière de droit du travail, la Confédération marche sur des œufs. Même si les compétences fédérales se sont élargies, les cantons revendiquent leur souveraineté et, à bien des égards, celle qui est à leur disposition est large. La première grande loi du travail date de 1964. Avant, la Confédération ne s'était toutefois pas contentée de regarder passer les trains. Sur deux domaines, sa compétence est affirmée : le repos hebdomadaire et l'âge minimal au travail. Encore que, là aussi, la Confédération fasse preuve de prudence en excluant du champ d'application les personnels des établissements hospitaliers, éducatifs, les ouvriers agricoles, etc. Le juriste et parlementaire Jean-François Aubert note encore que la Confédération a prescrit des règles de sécurité et d'hygiène dans les fabriques. Mais, observe l'auteur, « cette énumération même est d'une précision trompeuse. Elle ne nous dit pas si les cantons peuvent adopter des règles plus favorables aux salariés, ou si de telles améliorations ne peuvent avoir qu'une base contractuelle ». Même si le lien direct n'est pas établi entre un droit du travail géré par les acteurs sociaux et une loi fédérale que restreignent les lois cantonales, les conventions collectives du travail se sont d'autant plus facilement imposées aux partenaires sociaux qu'au sommet, l'autorité, une fois les fondamentaux bâtis, ne voulait surtout pas plonger la main dans le sac de nœuds.

La notion de travail
Un peuple en sueur

On se souvient qu'Adam, pour avoir transgressé l'interdit divin et mangé le fruit de l'arbre de la connaissance, s'était vu condamné au travail. Alors qu'il parcourait « le jardin vers le soir », l'Éternel, Dieu, découvrant le forfait, avait ragé : « C'est avec peine que tu tireras ta nourriture tous les jours de ta vie [...] c'est à la sueur de ton visage que tu mangeras du pain. » Voilà pourquoi, alors que nous pourrions nous goberger dans le jardin d'Éden, nous travaillons. Gloire soit cependant rendue au progrès technique : à mesure qu'il s'installe dans nos vies, la sueur disparaît du visage des hommes qui, ainsi, s'épargnent tous les jours davantage les affres du châtiment divin. Dans les espaces géographiques qu'ont colonisés les machines, le temps consacré au travail diminue quand, symétriquement, croît le temps des loisirs. Ainsi, la malédiction proférée, Dieu, compatissant, se montre néanmoins miséricordieux. Mais si l'on en juge par le temps travaillé dans les différents pays, sa miséricorde, Dieu ne la distribue pas équitablement. Certains peuples bénéficient d'un traitement plus favorable, quand d'autres expient toujours durement le péché originel.

Feuilletant le dictionnaire du dialecte zurichois *Zürichdeutsches Wörterbuch* d'Albert Weber et Jacques M. Bächtold, l'écrivain Hugo Loetscher disait sa stupéfaction de découvrir à la lettre A, au mot « *arbeiten* », de pleines colonnes pour définir en allemand le mot « travail ». Il concluait : « Je ne m'étais à ce jour jamais rendu compte qu'on pouvait travailler de tant de manières différentes [...] Je me demande si d'autres peuples connaissent autant de façons de "travailler dur". » Selon les statistiques du Forum économique mondial, les Suisses travaillent en moyenne chaque année 1 900 heures quand, de l'autre côté du Jura, les Français ne transpirent que 1 600 heures. Soit un delta de 300 heures. Ou, à raison d'une semaine de travail légal de 35 heures en France, 8 semaines de congés de plus par an que les Suisses, ces damnés au travail ! Si Dieu continue de faire payer cher aux Suisses le péché d'Adam, il sait aussi jouer sur les compensations. Les Suisses ont ainsi un salaire quasiment triple de celui des Français, épargnés par le châtiment divin. Doublement épargnés si l'on peut dire, puisque les Français sont en outre presque trois fois plus nombreux que les Suisses à être sans emploi, donc à échapper à la malédiction du Créateur.

L'ode au travail, les Suisses l'entonnent régulièrement. Ainsi, lors des votations sur l'âge de la retraite, les électeurs s'acharnent à repousser la date fatidique où il leur faut quitter l'établi. La question du travail est pour les socialistes suisses leur calvaire démocratique : imbibés de culture judéo-chrétienne, ils tiennent le travail pour une punition, quand, obstinément, une majorité d'électeurs leur renvoie du travail une image très éloignée de la très punitive approche biblique.

Si personne ne nie le fait que, pour des centaines de milliers de salariés ou travailleurs indépendants, le travail soit un labeur pénible et astreignant, personne ne conteste non plus qu'il s'agisse là d'une Suisse minoritaire. Preuve en est la votation du 12 juin 1988 où, avec une participation de 42 %, 65 % des électeurs suisses refusaient l'initiative « Pour un abaissement de l'âge de la retraite ». Le 4 décembre de la même année, 66 % des électeurs rejetaient cette fois une initiative « Pour la réduction de la durée du travail ». La liste est interminable des initiatives populaires que les partis de gauche et les syndicats qui en sont proches lancent dans l'espoir de coller à la réduction du temps de travail telle qu'elle est observée en France ou en Italie. Par de confortables majorités, les Suisses renâclent devant la médication proposée. Voilà pourquoi les Suisses travaillent beaucoup. Ce qui est un hommage inattendu à leur héritage judéo-chrétien.

Les conventions collectives de travail
Vive le dialogue !

D'un côté campent les pays où le droit du travail est fixé dans la loi. Elle s'applique à tous, partout de la même manière, ne tolérant d'arrangements qu'à la marge. C'est aux risques et périls des parties si, par aventure, un des partenaires rue dans les brancards. Dans ces pays, l'État, ou plus exactement ses agents, glisse son nez partout. La négociation entre les partenaires sociaux se limite généralement au salaire. Tout le reste, y compris la durée du travail, relève de la loi. Dans cette configuration, les syndicats sont inexistants, tout comme leur utilité : que leur reste-t-il à négocier en effet ? Dans ce contexte figé par la loi, les relations de travail sont souvent conflictuelles, les salariés considérant leurs employeurs comme un adversaire qui, souvent, leur rend la pareille.

Sur l'autre rive, on trouve les pays où la négociation sur les salaires, les conditions de travail et de licenciement, les congés, le volume d'heures travaillées est laissée à la responsabilité des partenaires sociaux. C'est à cela que servent les conventions collectives de travail (CCT). En juillet 2015, selon *La Vie économique*, la Suisse en comportait 77. À en juger par l'état de la Suisse, le système a du bon. Disons-le tout net : il est le meilleur.

Le taux d'activité

Les « vieux » travaillent aussi

Les Suisses travaillent beaucoup. Mais, surtout, ils travaillent tous, et longtemps. On sait que la mise au rebut des quinquagénaires est l'un des grands fléaux de nos économies. Il faut donc se féliciter qu'en Suisse voisine, les « vieux » – puisque c'est bien de cela qu'il s'agit – ne soient pas victimes de cette discrimination fondée non sur l'utilité sociale ou la productivité, mais sur la date de naissance. Selon une dépêche de l'Agence télégraphique suisse (ATS) : « Le taux d'activité des personnes entre 55 et 64 ans s'est accru de 5,3 points en 2015 par rapport à 2010, à 75,8 %. L'an dernier, l'âge moyen de la population active atteignait 41,6 ans. La hausse du taux d'activité des femmes de 55 à 64 ans (+ 8,5 points, à 69,1 %) a été supérieure à celle des hommes (+ 2 points, à 82,5 %), a communiqué l'Office fédéral de la statistique. Chez les personnes ayant entre 65 et 74 ans, le taux d'activité s'est accru de 3,4 points, à 18,1 %. » Selon l'OFS, « au quatrième trimestre 2015, le taux d'activité de la population de 15 ans et plus atteignait 69,3 % en Suisse, soit l'un des taux les plus élevés en Europe. Seule l'Islande (81,9 %) affichait un taux d'activité supérieur. Les pays voisins de la Suisse enregistraient des taux sensiblement inférieurs (Autriche : 60,9 % ; Allemagne : 60,6 % ; France : 56,1 % ; Italie : 49,2 %). La moyenne de l'UE28 se situe à 57,6 %[10] ». Sans commentaire.

Le salaire minimum
À prendre avec des pincettes

Du fait de l'accroissement réel ou supposé des inégalités de revenus, le salaire minimum a fait l'objet d'innombrables débats publics, notamment dans les pays qui n'en sont pas pourvus. Et, comme on pouvait s'y attendre, en Suisse, la question du salaire minimum a emprunté la voie de la votation. En 2011, le salaire minimum a ainsi fait son entrée dans la Constitution neuchâteloise. Puis le peuple dans son entier a eu à se prononcer sur l'instauration d'un plancher salarial, imposé à tous, uniformément dans les 26 cantons. En 2014, une initiative populaire « Pour la protection de salaires équitables » réclamait l'instauration d'un tarif plancher horaire à 22 francs, soit un minimum mensuel de 4 000 francs. Le peuple et les cantons ont parlé : tous les cantons et 76,3 % des électeurs ont rejeté la proposition. Verdict sans appel qui n'a cependant pas tiédi l'ardeur de ceux favorables à une telle mesure. Dix jours après le vote fédéral rejetant le salaire minimum, dans le canton de Neuchâtel, le Grand Conseil l'adoptait, fixant un plancher horaire à 20 francs et un salaire mensuel de 3 640 francs, soit près de 3 100 euros[11]. Pour mémoire, les salaires minimaux sont en France de 1 466 euros, 1 379 euros au Royaume-Uni et de 1 035 euros aux États-Unis.

Ce que disent les rejets à répétition des initiatives proposant six semaines de vacances, un revenu de base inconditionnel ou un salaire minimum, c'est l'allergie des Suisses aux concoctions simples à comprendre, qui tombent d'en haut, applicables sans discussions ni négociations, consistant à taxer les « riches » (personnes physiques et morales). Comme si les Suisses doutaient de l'existence de vases communicants entre riches et pauvres, et soupçonnaient que la collectivité ne s'enrichissait pas en ponctionnant les créateurs de richesse. Comme si ce peuple, peu « éduqué », selon les analystes de l'OCDE, était capable d'effectuer un calcul que peinent cependant à faire les grands voisins européens. Puisqu'il est question de calcul, probablement n'est-ce pas un hasard si, dans les résultats du test planétaire Pisa, publié en décembre 2016, les jeunes Suisses occupent, en Europe, la première place dans le domaine des mathématiques…

La grève

Un gros mot, sauf à Genève

Elles ont globalement disparu sauf à Genève, notamment chez les fonctionnaires et plus particulièrement dans les TPG (Transports publics genevois). Le 19 novembre 2014, les TPG firent même une grève totale. Venus du monde entier, les médias ont couvert cette curieuse anomalie.

Ce qui fait problème

L'îlot de cherté

Des prix défiant l'entendement, à moins que…

Pâmez-vous devant le niveau général des salaires en Suisse et pas seulement celui des banquiers d'affaires, il vous sera rétorqué que la vie en Suisse est hors de prix. Les cimes salariales ne seraient-elles ici qu'un trompe-l'œil ? Tous comptes faits, poursuivra votre contradicteur, les salaires couvrent difficilement un loyer prohibitif (c'est souvent exact), des assurances obligatoires onéreuses (c'est également exact), des frais de transport particulièrement élevés (ce qui est, ma foi, exact), de la nourriture et des boissons plus coûteuses qu'aux frontières (ce qui est encore exact). Votre interlocuteur portera l'estocade en vous assénant un coup de Big Mac Index. Quand, en janvier 2017, un Maharaja Mac coûte 2,49 dollars en Inde, 3,26 dollars au Japon, 3,73 dollars en Grande-Bretagne, 5,06 dollars aux États-Unis, il faudra débourser 6,35 dollars en Suisse[12]. De fait, la vie en Suisse est chère. Ne parle-t-on pas, pour dénoncer cette situation, d'« îlot de cherté » ?

Au reste, cet îlot de cherté, personne ne le conteste. On rappellera néanmoins que les loyers dans les quartiers centraux de Londres, Milan, Paris, Turin, etc. ne sont pas moins élevés que ceux des quartiers résidentiels de Genève, Lausanne ou Zurich. On pourra encore évoquer le fait suivant : si, dans la plupart des pays européens, les salariés subissent des prélèvements moindres que ceux qui frappent leurs homologues suisses, ces salariés cotisent souvent peu, mais abondent des organismes qui, sur le papier, sont en faillite. Autrement dit, les salariés hors de Suisse vivent à crédit, crédit consenti aujourd'hui par les caisses de pensions américaines et les fonds de placement asiatiques. Nul ne peut raisonnablement garantir la soutenabilité d'un tel endettement qui souligne une gestion calamiteuse et inique, eu égard aux montagnes de dettes qui s'accumulent. En attendant un hypothétique remboursement du principal, les organismes et pays débiteurs s'acquittent du paiement d'intérêts se chiffrant parfois en milliards d'euros. D'un naturel prudent, les Suisses n'hypothèquent donc pas la santé de leurs organismes sociaux.

En ce qui concerne la nourriture ou encore la téléphonie, pourtant grevées par la TVA la plus basse d'Europe occidentale, les coûts pourraient aisément piquer du nez si on insufflait une concurrence entre les acteurs économiques. Étrangement, la Suisse, pays libéral s'il en est, vit encore dans certains secteurs à l'heure de l'économie de guerre, comme si, dans la perspective d'une crise à venir, il fallait protéger des champions nationaux ou maintenir une économie de subsistance, au cas où une famine s'abattrait sur l'Europe.

La concurrence
Beaucoup de progrès à faire encore

Il est des domaines où la Suisse présente un curieux profil. Ainsi son économie. Soit pour la célébrer, soit pour la dénoncer, les observateurs, hors de Suisse, tiennent l'économie suisse pour libérale. Certains enragés la rangent même parmi les économies néolibérales, dérégulées, ce qui, dans leur bouche, n'est pas un compliment. Selon d'autres, l'économie suisse serait entre les mains d'entreprises qui, se moquant de la réglementation, dicteraient leurs prix à des consommateurs réduits à la passivité. Il semblerait que cette dernière critique soit pour partie fondée. La Suisse est en effet loin d'être la jungle capitaliste où les entreprises se livrent une concurrence sanglante. Par certains aspects, le marché suisse donne plutôt l'impression d'être livré à des cartels qui imposent leurs tarifs, le plus souvent prohibitifs, notamment si on les compare avec ce que l'on peut trouver sitôt la frontière franchie et que confirment les comparateurs de prix, livre de chevet des consommateurs sur l'ensemble du globe. Ainsi toute personne venue de Suisse et souscrivant un abonnement téléphonique en Allemagne, en France ou en Italie peine-telle à comprendre le tarif annoncé, se demandant si l'agent commercial auteur de la proposition de prix s'est moqué d'elle. À cet instant précis, le consommateur suisse mesure à quel point il s'est fait pigeonner par les fournisseurs suisses.

La hauteur stratosphérique des tarifs suisses en matière de téléphonie se repère dans d'autres secteurs. En Suisse même, un grand nombre d'entreprises souffrent à l'évocation du simple mot « concurrence ». Leur idéal, que partagent tous les entrepreneurs sur la planète, est la situation oligopoliste, à défaut du confortable monopole. Et quand bien même le marché se décadenasse, ces acteurs économiques s'emploient à le fausser. En janvier 2017, la presse dévoilait la politique d'achat de la Confédération et l'ampleur de la « concurrençophobie » qui infecte jusqu'aux plus hautes sphères de l'État[13]. L'audit de l'attribution des marchés publics, donc financés par l'argent des contribuables, révélait le fort tropisme bernois dont souffrait l'administration fédérale pour ses achats. Selon la formule employée, les sociétés impliquées « bénéficiaient de la proximité géographique ». Bénéfice sans doute générateur d'ivresse quand on constatait qu'en 2015, 20 % des achats fédéraux avaient été faits sans appel d'offres, dans des conditions opaques et contraires à la loi. Le pire, si l'on peut dire, étant que ces achats de gré à gré, hors de tout contrôle public, n'avaient cessé de gonfler, triplant entre 2011 et 2015, pour des montants passés de 300 millions de francs au milliard de francs ! À ces hauteurs, la qualification qui convient est moins l'incurie administrative que le détournement massif. De tels agissements, qui relèvent du pillage des ressources publiques, signalent aussi une corruption des parties impliquées. Agissements d'autant plus inacceptables que le Parlement, censé surveiller ces flux d'argent – il s'agit d'impôts – semble n'avoir jamais rien relevé d'anormal au long de ces années, au moins jusqu'en 2014. L'idée de mettre en concurrence leurs fournisseurs n'avait manifestement pas effleuré les responsables des achats, qui, apprenait-on, les avaient de surcroît habilement saucissonnés, facilitant ainsi la digestion des montants facturés. Fait tout aussi grave, ces dérives n'ont guère alerté les organismes chargés de veiller à la régularité de ces opérations. Clairement, à Berne, la concurrence n'a pas joué, et l'on peut légitimement soupçonner des ententes. Quand de telles dérives atteignent jusqu'à la tête de l'État, ne peut-on peut craindre des métastases dans l'ensemble de l'économie suisse ?

Dans ce contexte, quelle est l'efficacité de la Comco (Commission de la concurrence), l'autorité fédérale indépendante chargée de « protéger la concurrence, ce qui signifie le jeu libre de l'offre et de la demande », et dont le siège se trouve justement à Berne ? Les tâches de la commission « sont la lutte contre les cartels nuisibles [*sic*], les comportements abusifs d'entreprises dominantes, le contrôle des fusions ainsi que la prévention d'entraves étatiques à la concurrence ». On s'interrogera sur cette notion de « cartels nuisibles », qui sous-entend qu'il existerait des cartels non nuisibles, oxymore qui ne nous avait pas été enseigné dans nos cours d'économie politique. Peut-être aussi les effectifs de la Comco, dont l'organigramme revendique 70 collaborateurs, sont-ils insuffisants.

Tout ceci serait scandaleux mais peu surprenant si, paradoxalement, la Suisse n'était pas un pays revendiquant son attachement au principe de concurrence. Le mot est même consubstantiel à l'idée de Confédération où, si chaque canton se garde de mettre le nez dans les affaires du canton voisin, chacun pratique un *benchmarking* à l'échelle du pays pour améliorer sa politique sociale, fiscale, scolaire, etc. Où que vous vous tourniez en Suisse, vous vous heurterez au mot « concurrence ». Même les universités et les écoles polytechniques fédérales sont invitées à vénérer ce totem. La loi fédérale du 8 octobre 1999 sur l'aide aux universités et qui définit la mission assignée aux hautes écoles ne souffre d'aucune ambiguïté : « Pour promouvoir la qualité de l'enseignement et de la recherche, [la Confédération] encourage : *a)* la création de réseaux et de centres de compétences dans le domaine des hautes écoles ; *b)* la compétition entre les hautes écoles universitaires. » On ne saurait être plus clair : dans l'enseignement supérieur, la concurrence n'est pas simplement une saine motivation, elle est requise ! Qui se joue de la concurrence ou la fausse commet donc une infraction : il enfreint la volonté du législateur, spolie le consommateur, nuit à l'intérêt général. « L'îlot de cherté » qu'est la Suisse coûte surtout aux consommateurs les moins aisés, qui préféreraient éviter le racket des cartels alimentaires, téléphoniques et autres, et disposer plus librement de leur pouvoir d'achat.

Il est une autre vertu de la concurrence. En témoigne l'efficacité des entreprises suisses, notamment hors des frontières helvétiques. Observons les performances de Nestlé, de Schindler, Novartis, mais aussi des Pilatus, Victorinox, etc. Plongées dans un bain mondial ultra-concurrentiel, luttant contre des entreprises nationales qui bénéficient du plein appui de leurs gouvernements, les sociétés suisses poursuivent leurs implantations et rivalisent avec les entreprises domestiques, quand elles ne leur dament pas le pion. Rompues à la concurrence, ces entreprises de toutes tailles prouvent combien leur est bénéfique la confrontation avec d'autres fournisseurs sur un marché ouvert. La concurrence illustre la théorie schumpétérienne. Face à d'autres fournisseurs, ces sociétés sont contraintes d'innover. Ne survivent que les entreprises qui se plient à la règle. Le continuel enrichissement des référencements que proposent les entreprises exportatrices à leurs clients démontre la vertu de la concurrence. Les consommateurs ne s'en plaignent pas.

Inversement, il faut observer les déboires des entreprises habituées au monopole. Ainsi, bénéficiant de sa rente duopoliste sur le marché suisse, Migros a renoncé à l'exportation de son concept de magasins. Quant à l'agriculture suisse, si bien défendue au Palais fédéral, il n'est pas certain que les consommateurs suisses apprécient ses coûts de production, liés aussi à sa faible productivité. Il n'est pas certain non plus que, si cette agriculture était soumise à plus vive concurrence, sa qualité en souffrirait. Et que dire encore des CFF, vent debout contre la libéralisation du marché de l'autocar qui, comprend-on, envisagerait de leur soustraire 0,04 % de leur clientèle…

La crise économique
Pour la trouver, se munir d'un microscope

Voilà bien un phénomène curieux : alors que tout leur sourit (plein-emploi, niveaux de salaires inégalés, stabilité politique, des champions à ne plus savoir qu'en faire, depuis Nestlé jusqu'à Federer), les Suisses ne cessent d'évoquer la crise qui frapperait leur pays ou bien, scénario plus anxiogène, qui se profilerait. Au contraire des pays voisins qui, pour apaiser leurs citoyens les plus excités et ne pas déprimer les sceptiques, claironnent la sortie imminente du tunnel de crise, la Suisse s'adonne à la geignardise permanente. Dans la plupart des médias flotte ainsi un vent de pessimisme. À les en croire, les banques, l'industrie horlogère, le tourisme ou encore la vie politique seraient au bord de la crise de nerfs. « Un vent de pessimisme souffle sur l'industrie horlogère suisse », peut-on ainsi lire dans un grand quotidien romand en septembre 2015. Certes, la fermeture de certains sites, comme l'usine Bulgari à La Chaux-de-Fonds en mai 2015, témoigne de l'encalminage de certains secteurs d'activité. En mars 2017, il était encore annoncé des suppressions d'emplois dans l'industrie horlogère neuchâteloise, mais il fallait aller au bas des articles et des déclarations politiques pour apprendre que des milliers d'emplois avaient été créés dans ce secteur au cours de la décennie passée, surchauffe qui, du coup, relativisait les suppressions du moment. Même stress autour des caisses de retraite qui, lit-on ici et là et si l'on n'y prend garde, seront en déficit dans… dix ans.

Les Suisses semblent ainsi trouver du plaisir à crier au loup. Pourtant, voilà des décennies qu'ils l'ont domestiqué, le fameux loup, et à chaque occasion, la population prouve qu'elle est capable de s'adapter sans grogner aux urgences de la situation, comme elle l'a encore montré lorsque, suite au renchérissement du franc, la durée du travail a été immédiatement rallongée dans certains secteurs. Rallonge hebdomadaire de plusieurs heures de travail non payées, obtenue sans cris ni fureur quand, nous disent les statistiques de l'IMD (International Institute for Management Development), les Suisses étaient déjà, en 2015, parmi les populations scotchées à la plus longue durée du travail au monde. Comme ils l'ont fait lors de la crise passagère de la fin des années 1990, les Suisses ont réagi avec souplesse et pragmatisme. Si un jour la Suisse doit connaître la crise économique que redoutent tant ses habitants, ses édiles et ses médias, sans doute réagira-t-elle comme par le passé.

Les taux négatifs

Une aberration et un vrai risque systémique

Le lundi 1er janvier 2015, une onde sismique secouait l'univers bancaire suisse, ressentie jusque dans les établissements aux moquettes les plus épaisses. Le week-end précédent, dans le plus grand secret (banque suisse oblige !), la Banque nationale suisse avait décidé d'abandonner le taux plancher protégeant le franc suisse. Pour enrayer le flux des dépôts étrangers, et donc le renchérissement de la monnaie suisse, la BNS instaurait des taux négatifs : qui déposait son argent dans une banque helvétique devrait désormais payer pour le faire !

Les taux négatifs sont la négation du métier de banquier, qui rémunère les dépôts que lui apportent les créanciers, dépôts ensuite réinjectés dans le circuit marchand par le biais d'emprunts souscrits par les acteurs économiques pour croître et se développer. Le risque, avec les intérêts négatifs, est que les déposants retirent leurs dépôts. À vrai dire, considérant les montants en jeu, le risque d'un assèchement des liquidités bancaires reste théorique, même si, çà et là, des retraits substantiels ont été enregistrés.

L'autre scénario est que, compte tenu de leur moindre rentabilité, les banques taillent dans leurs charges d'exploitation, et d'abord dans leurs effectifs. Nombre de banques ont déjà procédé à des licenciements. Les obligations d'État perdant tout attrait, les investisseurs se tourneront logiquement vers les obligations d'entreprises privées suisses. Sous cet angle, Novartis, Roche ou Nestlé présentent de bonnes perspectives de rentabilité. C'est probablement l'unique bonne nouvelle associée aux taux négatifs : les entreprises suisses vont pouvoir se bourrer de liquidités à bon compte et par conséquent, espérons-le, poursuivre et étendre leurs activités. Il est cependant peu probable que cette situation ubuesque dure longtemps encore. Gare à la chute ! Elle n'épargnera personne, pas même ceux qui sont indemnes d'endettement, ni ceux qui ne possèdent pas de dépôt bancaire.

Les frontaliers

Mal-aimés, mais parfois peu civiques

Les frontaliers font beaucoup parler d'eux. À Genève, un parti politique s'est même créé pour lutter contre l'invasion de ces voisins qui vivent en France et, tous les jours, viennent travailler en Suisse. Dans les bistrots ressurgissent de vieilles expressions stigmatisant les « Frouzes », ou les « piquemeurons » (plus rare). On aura compris que le frontalier est le plus souvent français et guère aimé. Les propos hostiles aux Français ne sont pas vraiment récents. En 1838, de passage à Genève, Stendhal observe que « dans la ville de Calvin, il n'y a pas de canaille », pour aussitôt préciser : « Si quelque spectateur parle trop haut et se conduit mal, il est français ou savoyard. »

Le frontalier est d'abord un non-résident en Suisse. Pour être autorisé à travailler en Suisse, il faut à la fois un contrat et un permis de travail, encore appelé permis de séjour. Pour les travailleurs de l'Union européenne habitant en France, en Allemagne, en Italie ou en Autriche, le permis G est requis. Sa délivrance est conditionnée à un contrat de travail ou à une promesse d'embauche. Si les frontaliers peuvent dormir et travailler sur le territoire suisse, ils ne peuvent y résider en permanence et ont l'obligation de retourner chez eux au minimum une fois par semaine. La clause permet à certains de travailler sur l'ensemble du territoire suisse et non pas seulement à l'intérieur d'un étroit ruban longeant la frontière helvétique. La plupart travaillent à Genève et à Bâle-Ville.

Le profil des frontaliers francophones a beaucoup évolué. Longtemps, ils sont venus de l'Ain, de la Haute-Savoie ou de la région de Mulhouse. Avec une économie française en berne depuis plus de vingt ans et une économie suisse dont la santé est resplendissante, la provenance des frontaliers s'est modifiée. D'une part, entre 2002 et 2016, le nombre de frontaliers français a doublé, passant de 82 000 à 172 900. D'autre part, leur zone de provenance a gagné en profondeur, l'attractivité du marché suisse de l'emploi irradiant sur tout l'Hexagone. À Genève, l'hôpital cantonal (deux salariés sur trois du personnel infirmier seraient français) compte des infirmières venues d'Aquitaine ou des Pays de la Loire. À Bâle, les Français sont originaires de Paris ou de Lille. Faute de posséder une autorisation de résidence permanente, tous s'installent aux portes de la Suisse. Ces mouvements de population impactent autant les cités-dortoirs françaises que les villes suisses où les frontaliers travaillent. Impact d'autant plus spectaculaire que les cohortes en question sont massives. Au troisième trimestre 2017 et toutes nationalités confondues, la Suisse comptait 317 000 frontaliers, en progression de 3,5 % par rapport au même trimestre de l'année précédente. Les plus grosses concentrations de frontaliers sont sur l'arc lémanique (116 878 personnes), la Suisse du nord-ouest (72 556) et le Tessin (62 246). Contrairement à l'idée reçue, les frontaliers sont peu présents dans le secteur primaire (moins de 2 000 personnes), mais se trouvent dans le secteur secondaire (108 226) et surtout tertiaire (203 952).

D'où viennent les frontaliers ? Massivement de France, on l'a vu (172 900). Le deuxième pays pourvoyeur est l'Italie (69 774). Suivent ensuite l'Allemagne (61 308) et l'Autriche (8 170). Rien qu'à Bâle, les frontaliers allemands seraient 17 227, 8 476 à Zurich. Et les Français ? À Genève, les Savoyards (Savoie et Haute-Savoie) sont 65 000, auxquels s'ajoutent aujourd'hui une vingtaine de milliers de frontaliers venus du reste de la France (84 292 au total), gigantesques cohortes qui soulignent la profondeur de l'attractivité genevoise. À titre de comparaison, ils ne seraient que 8 500 Suédois et Danois confondus, à effectuer quotidiennement des allers-retours sur le pont de l'Øresund (entre Malmö en Suède et Copenhague au Danemark) pour des motifs professionnels, selon le journal *Libération*[14]. La crise de l'emploi pousse sinon à l'exil, du moins à l'expatriation momentanée. Rien ne permet d'entrevoir une interruption de ce déplacement d'une population attirée par le plein-emploi, les salaires, les conditions générales de travail. Pour en finir avec la statistique, les frontaliers constituent 20 % de la population active étrangère en Suisse, avec de très importants contrastes cantonaux.

Le 9 février 2014, les électeurs suisses ont voté pour une limitation à la libre circulation des étrangers sur leur territoire. Les problèmes que soulève cette votation, à savoir la limitation du recours à la main-d'œuvre étrangère, notamment dans tous les postes que des résidents pourraient occuper, commencent à se poser au-delà du stade théorique.

Il y a enfin une autre espèce de frontaliers, plus discrète. Les intéressés n'encombrent pas moins les routes que les frontaliers français, italiens ou allemands, et les usent tout autant, polluent pareillement : j'ai nommé les Suisses qui travaillent en Suisse mais qui ont choisi de résider en France. Ils seraient 20 000 autour de Genève[15]. Qui leur en fera le reproche ? Affirmer que les logements sont rares à Genève et, parce que rares, très chers, n'est faire offense à personne. C'est qu'ils sont également rares les Suisses qui acceptent, par voie référendaire, la construction de tours, comme l'ont fait le 27 novembre 2016 les électeurs de Prilly (canton de Vaud). La construction immobilière en Suisse est globalement garrottée dans les zones en tension, et logiquement, le coût du logement est prohibitif lorsqu'il s'en trouve. Les loyers genevois étant ce qu'ils sont, et la construction immobilière dans le canton aussi protégée qu'hors de prix, des milliers de Genevois habitent donc de l'autre côté de la frontière et viennent tous les jours travailler dans leur propre pays. Circulation paradoxale, qui ajoute au malaise des indigènes, voire à leur fureur.

Les Suisses, et notamment les Romands, mèneraient la vie dure aux frontaliers et, plus généralement, aux Français résidant en Suisse ou ne venant qu'y travailler. Sans mettre en doute la douleur de ceux qui sont victimes de ces vexations, où le sarcasme le dispute à la bêtise, gageons que ces nuisances sont largement compensées par le cadre de travail suisse. Si tel n'était pas le cas, on constaterait des départs et des retours au pays. Mais, à ce que l'on croit comprendre, et à ce qu'on lit dans les chiffres que mouline l'OFS, tel n'est pas le scénario.

Les *working poors*
Le vrai motif de honte de la Suisse

Difficile d'admettre que dans le pays qui fut il n'y a pas si longtemps « le plus heureux du monde », qui reste celui où le salaire médian est le plus élevé des pays occidentaux et où règne le plein-emploi, il se trouve des gens pauvres et, qui plus est, des gens pauvres qui travaillent. Selon les statistiques officielles, la Suisse compterait 530 000 personnes sous le seuil de pauvreté, et surtout, 123 000 parmi celles-ci seraient des pauvres au travail, recensement porté à 140 000 début 2018. Voilà bien un motif de désespérance : peut-on imaginer situation pire que celle de la personne qui travaille, qui accomplit donc son devoir social et qui, au final, bataille simplement pour ne pas couler ? Même si un grand nombre de ces travailleurs pauvres bénéficient de l'aide sociale, de celle des Églises et des associations caritatives, cette population rappelle que le statut social est quelque chose de précaire : beaucoup de ces personnes, avant de basculer dans la pauvreté, avaient un travail, un logement, une famille. Au crédit de la Suisse, on dira simplement que ces personnes en grande difficulté sont ici moins mal loties qu'elles ne le sont dans les pays voisins. Quitte à être pauvre, mieux vaut l'être en Suisse. C'est du reste un message bien compris par ceux qui rêvent de s'établir en Suisse. Ça ne rend pas plus acceptable la situation des *working poors*. Ne nous quittons pas sur un fait social aussi déprimant. Ainsi est-on heureux d'apprendre que « la pauvreté est (en Suisse) généralement de courte durée ». Seul « 1 % peut être considéré comme “durablement pauvre” »[16] !

III

CLICHÉS, PONCIFS ET CARTES POSTALES

Jusqu'à ce que s'agrègent à l'Europe les micro-États baltiques et les confettis de l'ex-Yougoslavie, résultats des guerres balkaniques, la Suisse formait l'un des plus petits États de l'Europe. Les Français qui l'ignorent seront sans doute fiers d'apprendre qu'en superficie, la France est treize fois plus grande que la Suisse. Il faudrait encore sept Suisses pour remplir la Botte italienne, un peu plus de huit pour couvrir l'Allemagne. Petite, la Suisse n'en possède pas moins des paysages variés, bien entretenus, dont ne se lassent pas les millions de visiteurs qui, chaque année, débarquent à Zurich ou à Cointrin pour s'engouffrer ensuite dans les rames des CFF à destination des neiges perpétuelles. L'attraction touristique est ancienne. Elle amène ici des visiteurs plutôt dodus et anglo-saxons à l'origine, venus aujourd'hui de destinations très lointaines. Ceux-là, lors de leur passage dans les duty-free, font le plein de montres et de chocolats.

Nous épargnerons au lecteur la recopie des guides touristiques et nous nous en tiendrons à quelques panoramas et scènes urbaines qui nous paraissent curieux, pittoresques, parfois fascinants. Berne, ville fédérale, ne peut laisser insensible pour ses ursidés et ses drôleries aquatiques. À propos d'eau et parce que je suis genevois, le Léman et ses rives ont retenu mon attention. Les Neuchâtelois, persuadés, comme l'était le poète Philippe Godet, d'avoir le plus beau des lacs sous les yeux, me pardonneront. Et pour Genève, il y a bien entendu les bâtisses monumentales qui hébergent les organisations internationales, dont l'utilité de certaines n'a pu être démontrée. Et puis, il y a Zurich, que les Genevois envient parfois, détestent plus souvent encore, et le Tessin, qu'il n'est pas interdit d'aimer lorsque l'on est romand et tourmenté par l'ombre de la Suisse alémanique. Enfin, j'ai retenu Zermatt, sans intérêt pour celui qui, comme moi, n'y a jamais mis les pieds, mais où les habitants nous ont montré que les montagnards (et leurs épouses) étaient de fins politiques.

Clichés bernois

Berne
Sa gare, ses promenades

Il faut bien parler de Berne, car Berne appartient un peu à tous les Suisses. Le mieux est d'y venir en train. Spacieuse, la gare est d'usage très pratique. Comme toutes les gares du monde (sauf les nouvelles gares TGV en France, fixées à la grande périphérie des agglomérations), celle de Berne est centrale. Ses escaliers roulants débouchent sur les arcades de l'Aarbergergasse et de la Neuengasse, ce qui permet, même par mauvais temps, de flâner dans les zones marchandes sans parapluie, bien à l'abri. La centralité de la gare permet encore d'aller rapidement soit vers l'université et les jardins qui la bordent, soit, dans l'autre direction, vers le Palais fédéral. On n'entre pas si facilement dans le palais. Le personnel suisse alémanique mériterait d'être rappelé à l'ordre : si les caissières du Globus répondent volontiers en français aux clients qui s'adressent à elles dans cette langue, certains vigiles du Palais fédéral affichent une aversion sans retenue pour la langue de Molière. Impression assez désagréable, d'autant que tous sont des fonctionnaires fédéraux payés par la Confédération, donc pour partie par les taxes et impôts des cantons romands.

En contrebas du Palais fédéral se trouve une piscine olympique et trois bassins de barbotage entourés d'un espace gazonné. Par centaines, les premières chaleurs venues, les indigènes pique-niquent ici en couple, en bande ou en famille. L'ambiance est paisible, traversée par les cris des baigneurs qui filent dans l'Aar. Plus loin, quand la rivière butte sur des rapides, un restaurant construit au milieu du fleuve offre une vaste gamme de boissons et une carte sympathique. On peut aussi recommander une très jolie balade depuis la fosse aux ours en longeant la rivière. L'état sauvage de la végétation et l'absence de traces humaines (papier gras, mégots, sacs plastique) peuvent donner l'illusion de plonger dans le décor du *Pont de la rivière Kwaï* lorsque, sous le commandement de Jack Hawkins, le petit commando se fraye dans la jungle un chemin vers l'objectif qu'il dynamitera. Ici, le marcheur débouche sur un parking.

L'Aar
Se baigner sous le Palais fédéral

Qui, à Berne, a observé le manège des baigneurs, hilares, qui se laissent porter par l'Aar jusqu'au pied du Palais fédéral puis, sortant de l'eau au pont Dalmazi, repartent en courant quelques centaines de mètres en amont pour à nouveau plonger dans une eau à 14 °C provenant de la fonte des glaciers du Finsteraarhorn, est forcé de s'interroger : est-ce bien la même rivière que, vers sa source, le géographe François Robert décrit ainsi : « L'Aar, furieux, arrache et roule des roches qui se heurtent et qui, en se choquant, excitent une odeur de soufre […] Alors [l'Aar] heurte, il presse, il mugit, il écume, il s'élance entre les uns, il se précipite par-dessus les autres, il se gonfle, il ébranle, il renverse, il entraîne, il s'ouvre un passage ! Pendant un espace de sept à huit lieues, l'Aar ne coule point, il tombe de cataractes en cataractes. Partout, c'est des montagnes écroulées, entre les débris desquelles il force le passage[1] » ? Vérification faite, les baigneurs plongent bien dans la même eau. Des brochures complaisantes prétendent que la température atteint parfois les 20 °C. Le débit (350 mètres cubes par seconde à Brugg, en août) et le courant sont forts mais, au moins jusqu'aux rapides signalés au pied des restaurants *Terrasse* et *Casa* installés sous le Palais fédéral, le fleuve est régulier et son lit profond. Filant à toute allure sur leur toboggan aquatique, les baigneurs ont une imagination sans limites pour ce qui est des supports de nage. À en juger par ce qui flotte, certains ne sacrifient rien à leur confort. Parmi ces radeaux de conception artisanale, je me souviens d'un couple, chacun vautré dans une chambre à air de camion et se goinfrant de saucisses rôties sur un barbecue à charbon de bois calé sur un troisième gros boudin. Assemblés par des courroies, les trois pneumatiques passaient à toute vitesse, emportant la fumée des saucisses et les rires du couple. Accessoirement, l'Aar héberge sur ses rives les plus grandes centrales nucléaires du pays (et ses eaux les refroidissent), notamment Beznau 1 et 2, et Mühleberg.

La fosse aux ours

Voilà bien des animaux qui semblent malheureux !

En 2009, suite aux clameurs des écologistes bernois dénonçant les conditions d'enfermement des ours, les grosses bestioles se voyaient octroyer une surface gazonnée au pied du pont de Nydegg, face à l'Aar. Relocalisation qui non seulement leur offrait un point de vue imprenable sur la vieille ville de Berne et l'église de Nydegg mais, surtout, leur permettait enfin de courir sans se heurter à un mur d'enceinte, comme dans leur ancienne fosse. Avec ce parc à ciel ouvert, les ours ont-ils vraiment gagné au change ? À lui seul, l'intitulé des lieux, « la fosse aux ours », donne déjà des frissons. Et des frissons, les plantigrades ont d'autres raisons d'en avoir. En fait de surface gazonnée, les gros mammifères sont parqués sur un terrain en pente, versant à pic sur une pièce d'eau qui sert de frontière physique avec les humains. Prions pour que les ours ne souffrent pas de vertige, car la déclivité est brutale.

Je ne suis pas un fanatique de la cause animale et, pour avoir trouvé dans les zoos un grand plaisir étant enfant et pour avoir vu combien les miens s'y amusaient, je ne milite pas pour leur fermeture. Mais au moins, dans un zoo, le visiteur jouit du spectacle d'une large palette du monde animal, depuis les oiseaux en passant par les girafes, les éléphants, les rapaces, etc. Ces animaux sont en captivité, certes, mais sont aussi une leçon de choses, l'échantillon d'un univers animal prélevé aux quatre coins de la planète et dont les représentants sont rarement croisés dans notre local à poubelles. Mais à quoi rime cette fosse aux ours où, comme son nom l'indique, on ne trouve que des ours ? On vous objectera qu'il s'agit là d'une tradition datant de 1513 et qu'il convient par conséquent de la respecter. Et pourquoi donc ? À l'époque, on pratiquait le gibet, le supplice de la roue, et les soldats, non protégés par la Convention de Genève, étaient alors achevés sur le champ de bataille. Les temps ont changé. Les ours de la fosse de Berne – « ces pensionnaires inutiles et gloutons », note dès 1781 le philologue bernois Jean-Rodolphe Sinner – seraient probablement plus heureux s'ils étaient relâchés. À leur façon de déchiqueter les branches d'arbres qui leur sont servies pour leur souper, on devine qu'ils tentent de nous dire quelque chose, comme leur détresse ou leur colère de servir de spectacle au troupeau de visiteurs qui, en contrebas et derrière la vitre de protection, les mitraille avec leurs smartphones. Berne, par ailleurs, ne manque pas d'attractions animales, notamment dans le jardin zoologique qui, avec sa termitière, vaut le déplacement.

Le Zibelemärit

Entamer la journée avec une haleine très chargée

Chaque année, le quatrième lundi de novembre, le touriste traversant le centre de Berne pour attraper un train matinal peut se croire replongé dans un épisode des famines moyenâgeuses. Partout sur les trottoirs, des échoppes sont installées. Dans la pénombre et un silence impressionnant (au moins tôt le matin), des grappes de noctambules achètent sans barguigner un produit que l'on soupçonne rare tant l'assistance est compacte et les achats, frénétiques. Se rapprochant d'un premier stand, l'observateur étranger découvre avec surprise que l'objet de la convoitise sont des tresses d'oignons et encore des tresses d'oignons. Un peu comme si, pendant la nuit, le bruit avait couru d'un arrivage de ce légume longtemps attendu et victime d'une trop longue pénurie. Officiellement, le marché n'ouvre qu'à six heures du matin, mais dès trois heures, n'y tenant plus, des initiés font leurs premiers achats. D'autres stands, moins fréquentés semble-t-il mais plus bruyants, vendent du vin chaud et des légumes d'hiver. Le vrai roi du jour qui se lève est définitivement l'oignon. Ses déclinaisons défient l'imagination, depuis les tourtes à l'oignon jusqu'aux tartes à l'oignon et aux incontournables soupes à l'oignon, que l'on découvre assaisonnées à tous les piments digestibles. En route vers la gare et se frayant un chemin dans cette foule affairée, le touriste regarde avec respect la population déjà gavée de tartes à l'oignon et autres ramequins avant même le lever du soleil. Comme un songe se dissipant, avec le jour venu, le marché se désagrège, les stands plient bagage et cagette. Et le Bernois, l'haleine un peu chargée, file au bureau. On a alors une pensée émue pour les artistes qui, à leur domicile, avaient patiemment tressé ces oignons et légumes pour ce public où se mêlent gourmands et fétichistes. Et je m'interroge : ces tresses si joliment sculptées sont-elles toutes faites dans les familles des communes bernoises environnantes ou bien, pour partie, conçues lors de longues veillées, à vil prix, dans d'autres pays, puis importées ?

Sur les rives du Léman

Le lac Léman

La petite mer des Alpes

Sitôt passé la limite géographique du canton de Genève, le lac de Genève se nomme lac Léman[2]. Vaudois et Valaisans haussent rapidement le ton si l'on persiste à évoquer le lac « de Genève », dont les riverains revendiquent tous la copropriété. À dire vrai, les Français semblent s'en moquer. Pour eux, le lac est d'abord une belle étendue d'eau, un lac au bord duquel des villes françaises ont été construites, notamment Évian, Thonon, Yvoire. Côté français, le lac est cette « immense nappe d'eau » dont parle Stendhal et héberge surtout du tourisme thermal et des casinos. Rien à voir avec les vraies cités suisses sur l'autre rive, tournées vers l'industrie, les sciences, le commerce mondial, et hérissées de riches propriétés.

Le Léman est le plus grand lac de Suisse. Il se divise en Haut-Lac, Grand-Lac et Petit-Lac. Sans vouloir heurter les habitants du Jura, osons dire que la rive droite (la rive nord) du lac Léman offre un spectacle plus spectaculaire. Les Dents du Midi, le Grammont, au-dessus du village de Saint-Gingolph, les Cornettes de Bise et le mont Blanc ne jouent pas dans la même cour que les massifs aplatis du Jura. Depuis la rive suisse, la vue sur les Grandes Jorasses, les pointes des Drus, le mont Blanc coupe le souffle. Voilà pourquoi, pour jouir de la beauté du spectacle, mieux vaut habiter sur la rive droite du lac. C'est là que Ferdinand Hodler avait installé son chevalet pour ses huiles sur les Alpes savoyardes. On notera que, indifférent aux susceptibilités régionales – il était originaire du canton de Berne –, Hodler nomme l'une de ses toiles *Le Lac de Genève à Chamby*. À Genève, le musée d'Art et d'Histoire, lorsqu'il n'est pas fermé au public pour travaux ou inventaire, présente au premier étage une éblouissante série de toiles de Hodler sur les Alpes.

Abstraction faite du vacarme des avions en approche de l'aéroport de Cointrin à Genève, la rive droite du Léman est encore la seule qui autorise un déplacement rapide (et souvent saturé aussi) autour du lac. Si la rive droite offre un panorama grandiose, la rive gauche présente un caractère devenu rare dans la région : le bord du lac, au moins pour la partie française, ne souffre pas d'un saccage immobilier systématique. La frontière entre la Suisse et la France, entre le canton de Genève et la Haute-Savoie, se voit à l'œil nu, notamment si l'on se déplace en bateau : sitôt qu'on entre dans le Chablais français, les villas cessent de miter le paysage, les arbres prennent leurs racines dans le lac et remontent haut sur les flancs des Voirons.

Pour revenir à la guerre des appellations entre lac de Genève et lac Léman, l'ouverture à Nyon, en 1954, d'un musée du Léman priva les Genevois de toute légitimité pour prétendre donner un jour leur nom à cette vaste étendue d'eau, dont la source leur est invisible. En 2013, était encore créée la Fondation pour le musée du Léman, visant à une extension pouvant abriter 50 bateaux, cinq aquariums, etc. Ainsi, le plus grand lac d'Europe occidentale aura un édifice de près de 4 000 mètres carrés, à la mesure de sa taille gigantesque.

Le château de Chillon

Avec les touristes, on se sent moins seul

Selon le point de vue, de loin, la forteresse est un joyau de l'architecture posé sur un paysage de légende. Il est dit que la forteresse a été construite au XIIIe siècle. N'était sa saturation touristique, l'édifice, tant il est spectaculaire d'aspect et de situation, aurait pu servir de décor à un épisode de *Game of Thrones*, Sansa Stark fuyant par exemple sur l'eau pour échapper aux Lannister. Si, avec la même focale, vous observez la montagne derrière la forteresse, le changement d'époque est brutal. Vous devrez d'abord traverser l'une des voies de chemin de fer les plus fréquentées de Suisse, puis, ce premier obstacle franchi, il vous faudra en affronter un autre, autrement plus redoutable et qui est la route du lac reliant les cantons de Vaud et du Valais. Enfin, à quelques dizaines de mètres au-dessus de ce double axe de circulation, se trouve un obstacle, lui, vraiment infranchissable : l'autoroute qui double la route entre Lausanne et Sion. Dans ce paysage que l'on pourrait croire médiéval tant la forteresse est bien conservée, il se trouve aujourd'hui un élément perturbateur auquel les constructeurs du site n'avaient pas songé : le bruit.

Le bruit ! Voilà ce qui a le plus changé avec l'époque où, retenu six ans dans « un obscur caveau [...] construit plus bas que le niveau du lac », François Bonivard, prêtre genevois emprisonné à Chillon au XVIe siècle par le duc de Savoie, se plaignit d'avoir entendu « jour et nuit les flots battre la muraille au-dessus de nos têtes[3] ». Aujourd'hui, les oreilles de François Bonivard seraient soumises au roulement des camions et au sifflement des motrices des CFF. Le captif pourrait encore entendre les klaxons et coups de freins des cars et voitures particulières déchargeant les centaines de milliers de touristes (371 944 en 2015) venus chaque année assiéger l'édifice. Du lac, lui viendrait encore les sirènes des bateaux de la CGN annonçant l'accostage puis l'embarquement. Bref, l'homme enchaîné se sentirait moins seul, lui dont Byron dit qu'il ne put jamais croiser le regard de ses frères croupissant dans la même geôle.

Reste évidemment le château, son histoire, sa silhouette, ses oubliettes gothiques qui ont inspiré les écrivains, notamment les romantiques. Lord Byron y écrivit un poème en hommage à Bonivard, et avant lui, Rousseau avait célébré la beauté du lieu. Beauté qui n'échappa pas non plus aux peintres, parmi lesquels William Turner (*The Castle of Chillon and Villeneuve*, 1802), et Gustave Courbet. « Une chose remarquable, c'est que le château de Chillon, quoique entouré d'eau, est préservé de toute humidité, à tel point qu'on en laisse les fenêtres ouvertes hiver comme été. Au printemps, les petits oiseaux viennent faire leur nid dans la bouche des obusiers[4]. » L'auteur de ces annotations n'est ni un ornithologue ni un terrassier, mais Victor Hugo, qui écrivit ce texte en 1845.

Le Lavaux
Des vignes et beaucoup de sueur

Un ravissement. Au-dessus du lac Léman, depuis les faubourgs de Lausanne jusqu'au château de Chillon, s'étendent trente kilomètres de terrasses que l'homme a construites pour casser une pente versant dans le lac. La beauté du site lui vaut d'être classé au patrimoine mondial de l'humanité.

Les vignobles actuels remontent au IXe siècle. Ils étaient alors gérés par les monastères bénédictins et cisterciens qui contrôlaient la région. Ayons une pensée pour les viticulteurs qui, depuis mille ans, entretiennent ces terrasses, crapahutent sur des espaces malcommodes, où la mécanisation agricole n'est guère possible et qui, à la tâche, tournent le dos à l'un des plus beaux paysages du monde, celui des Alpes. Longtemps, l'usage de pesticides et autres insecticides répandus par voie aérienne a facilité le travail des vignerons. La sophistication croissante de la viticulture et les exigences en matière de culture biologique ont paradoxalement compliqué le métier.

Le jet d'eau
Gare au vent !

Avec le Salève, très identifiable, il est l'autre curiosité du site genevois. Le jet culmine à 140 mètres. Par vent fort, au rythme de 500 litres par seconde, il arrose parfois flâneurs et badauds sur le quai Gustave-Ador.

Le mur de la Réformation
Une curieuse microcéphalie sculpturale

Dans le parc des Bastions se dresse un long mur sculpté, dit mur des Réformateurs. Commencé en 1909, inauguré huit ans plus tard, l'ouvrage et ses nombreux bas-reliefs rappellent les grands événements de la Réforme protestante. Au centre, Calvin est flanqué de Guillaume Farel, Théodore de Bèze et John Knox, qui ont porté loin cette variante de la religion protestante. Le monument porte la devise : *Post tenebras lux*, devise de Genève.

Par sa monumentalité, la sculpture est impressionnante. Très réaliste, elle intrigue néanmoins le spectateur attentif : les proportions des quatre corps humains ne sont pas respectées. Les personnages présentent en effet une difformité physique visible : tous sont affectés de microcéphalie. Ce qui, considérant le parti pris réaliste de l'auteur, interpelle. Le sculpteur se serait-il trompé ? Aurait-il mal calculé les proportions ? Aurait-il été à court de gneiss, le matériau dans lequel sont taillés les quatre personnes illustres ? Nullement : en 1917, le sculpteur a livré une œuvre magistrale conforme au cahier des charges. Mais ce que le sculpteur ne maîtrisait pas, c'était la malveillance de ses contemporains, et notamment des collégiens et étudiants qui, se glissant par la rue de la Croix-Rouge sous les fourrés qui surplombent le rempart monumental, et avec une régularité métronomique ont déversé peinture et minium sur la tête des quatre chantres du protestantisme genevois. À force de nettoyages, la pierre de gneiss a subi une érosion accélérée. Les autorités genevoises ont durci les sanctions contre les garnements. Aujourd'hui, la sculpture grandiose est stabilisée : une protection interdit toute approche par la rue, et donc toute excrétion attentatoire à la majesté du monument.

Les organisations internationales
Genève, (l'autre) capitale du monde

À l'ouest du méridien de Greenwich, se trouve New York. À l'est, Genève. Si, avec son port, ses 8,4 millions d'habitants (soit la population suisse), New York a pleine légitimité à se prétendre le centre de la gouvernance internationale, la seconde, Genève, avec ses 400 000 habitants, ne singe-t-elle pas la grenouille face au bœuf ? Nullement, car avec 2 700 réunions et conférences internationales annuelles, elle devance la Grosse Pomme. Sur les bords du Léman se concentrent notamment le palais des Nations, l'Organisation mondiale de la santé, le Bureau international du travail, l'Union internationale des télécommunications, le Comité international de la Croix-Rouge, la Fédération internationale des Sociétés de la Croix-Rouge et du Croissant-Rouge. Genève a su tirer profit de la neutralité de la Suisse. Fin 2016, Genève hébergeait 175 missions permanentes.

Pour Genève, le futur s'annonce néanmoins incertain. Avec la montée sur scène de la Chine, inexistante politiquement pendant la glaciation communiste car nain économique replié sur lui-même, le monde change d'axe. L'Asie se rappelle aujourd'hui à l'attention du monde, et ses mégapoles réclament leur part du prestige attaché à la conduite diplomatique mondiale. Dans cette perspective, combien de temps Genève, enclavée géographiquement entre le Jura, le lac Léman et le Salève, et qu'agite une xénophobie mitraillant indistinctement diplomates et frontaliers, maintiendra-t-elle son rang ? Genève ne manque certes pas d'atouts, avec un confort de vie que la ville offre à l'armée d'expatriés pas fâchés ni honteux de prétendre à des salaires mirifiques exemptés d'impôts, gonflés de bonifications diverses au motif, justement, que sur les rives du Léman, tout est « vraiment hors de prix ». L'endettement des États, en particulier des plus gros contributeurs aux budgets des organisations internationales, annonce des temps difficiles. Après le temps des vaches grasses, voici venu celui des vaches maigres.

Les vaches maigres, pour l'heure, ce sont surtout les innombrables stagiaires dans ces institutions, notamment à l'ONU, qui s'en satisferaient. À intervalles réguliers, filtre l'information suivante : ils ne seraient ni payés ni même défrayés. Et si l'on comprend que la plupart d'entre eux sont issus de milieux dits privilégiés, rien n'excuse le traitement qu'ils subissent. Parions qu'ils sont nombreux parmi ces soutiers à ne guère se sentir solidaires de ces fonctionnaires internationaux pleurant sur leur attrition salariale.

La Société des Nations
L'internationalisme inefficace mais un trésor d'architecture

Les ruines de la Première Guerre mondiale fument encore quand, à Paris, le 25 janvier 1919, les participants à la conférence de paix, encore sonnés par les carnages de la première grande guerre moderne, s'accordent sur une idée : à l'avenir, plutôt que de se bombarder, les États négocieront. La Société des Nations (SDN) vient de naître. Trois semaines plus tard, le projet est scellé, et Genève est choisie pour abriter le siège de l'organisation. La ville est en terre neutre et jouit du prestige du Comité international de la Croix-Rouge. Dans l'attente d'un bâtiment capable d'accueillir les délégations, la SDN tient sa première réunion à Londres, en janvier 1920, où sera ratifié le traité de Versailles. Les réunions suivantes auront lieu au palais Wilson, à Genève.

En 1920, la SDN compte 56 États membres. Interrogés le 16 mai 1920, les électeurs suisses ratifient l'adhésion de la Confédération helvétique à la toute jeune organisation (416 870 « pour », 323 719 « contre »). En 1936, la SDN se transporte au palais des Nations, dont la construction, dans le parc de l'Ariana concédé par la ville, a démarré sept ans plus tôt. À l'écart de l'agitation urbaine, le lieu est propice aux longs débats, avec vue imprenable sur le mont Blanc pour qui se risque sur les pelouses du gigantesque bâtiment de facture néoclassique. Si le but de la SDN était la préservation de la paix, le déferlement de guerres régionales et impérialistes atteste pourtant rapidement de son échec. Dès 1920, les événements de Vilnius préfaçaient les guerres d'invasion observées sur l'ensemble du globe pendant les deux décennies suivantes, jusqu'à l'embrasement de 1940.

Dans l'odyssée de la SDN, définitivement terminée en 1946, quelques acteurs surent tirer leur épingle du jeu. D'abord la Suisse, dont la neutralité fut réaffirmée. Les entreprises de travaux publics genevoises ensuite, qui trouvèrent à s'employer dans la construction et l'aménagement du vaste chantier immobilier. Sans oublier non plus le pléthorique personnel diplomatique, venu d'une soixantaine de pays, qui, entre deux mondanités, s'essaya vainement au jeu de la paix. Lisons le portrait cruel qu'en livre Albert Cohen, un connaisseur des lieux voisins (le Bureau international du travail) : « Dans la salle des pas perdus, les ministres et les diplomates circulaient, gravement discutant, l'œil compétent, convaincus de l'importance de leur fugaces affaires de fourmilières tôt disparues, convaincus aussi de leur propre importance, avec profondeur échangeant d'inutiles vues, comiquement solennels et imposants, suivis de leurs hémorroïdes, soudain souriants et aimables. Gracieusetées commandées par des rapports de force, sourires postiches, cordialités et plis cruels aux commissures, ambitions enrobées de noblesse, calculs et manœuvres, flatteries et méfiances, complicités et trames de ces agonisants de demain[5]. » La SDN fut le théâtre de beaux discours, jugés aussi vains que creux par les peuples dont la souveraineté fut bafouée.

Quelques curiosités

La Bahnhofstrasse

1 400 mètres de luxe et beaucoup de vanités

Elle est très simple à trouver, cette « rue de la Gare ». Googlelisez « Bahnhofstrasse » et la première mention qui apparaît sur votre écran est celle de Zurich. Comme s'il n'y avait qu'une seule Bahnhofstrasse, qu'une seule « rue de la Gare » : celle-là. Est-ce dû à son statut envié de rue parmi les plus chères au monde ou bien aux incidents qui s'y produisent parfois ?

Sauf à être accro à la consommation, et aux produits de luxe plus particulièrement, cette rue mythique n'offre guère d'intérêt. Comparée à ses équivalents new-yorkais (5e Avenue), hongkongais (Causeway Bay), français (Champs-Élysées), milanais (Via Montenapoleone), la Bahnhofstrasse zurichoise est en effet globalement laide et, excepté les marchands de saucisses sur la Paradeplatz, dépourvue de charme. Dans un tout autre registre, la rue s'avère en revanche très pratique pour qui veut, d'une traite, acheter un iPhone chez Apple Store, un chronographe monopoussoir chez Blancpain, une Lange & Söhne chez Glashütte, un pardessus chez Burberry, une B.Zéro1 chez Bulgari, ou encore de quoi parader chez Cartier, Chanel, Dior, Ermenegildo Zegna, Franz Carl Weber,

Gucci, Hackett, Hermès, H&M, Jelmoli, Louis Vuitton, Montblanc, Prada, Ferragamo, Tiffany and Co., Tommy Hilfiger, etc. À court de liquidités, notre acheteur compulsif pourra se refaire aux guichets de l'UBS ou du Crédit suisse, qui y ont chacune leur direction générale. Lessivée et épuisée, la *fashion victim* soufflera un peu chez Sprüngli, puis, électrisée par un « Arpeggio » chez Nespresso, repartira à l'assaut d'autres vitrines. Et puis, après, pour ranger vos achats, vous retournerez au Crédit suisse solliciter un prêt pour prolonger votre penderie (pour les indigents), bâtir une annexe à votre chalet (pour les moyennement riches), vous acheter un immeuble (pour les plus aisés). Mais tous comptes faits, vous pouvez tout aussi bien visiter Zurich, dont la richesse architecturale comblera les plus grincheux.

Assez régulièrement, la Bahnhofstrasse est la cible de casseurs, des marginaux qu'épaulent des étudiants souvent issus de familles habituées à faire leurs emplettes sur cette avenue. Les compagnies d'assurances règlent les dégâts, les vitrines sont repeintes et rhabillées, et le commerce continue. Le capitalisme est indestructible, contrairement à ceux qui, depuis deux siècles, prédisent sa fin imminente. Pour les amateurs de saucisses, la Paradeplatz abrite quelques baraques d'une architecture atypique dans les abords immédiats.

Les chutes du Rhin

Beaucoup de bruit et d'eau

La plus grande chute d'eau en Europe est en Suisse. Se fracassant sur les roches, les eaux du Rhin, étalées là sur une largeur de 150 mètres et s'abattant d'une falaise de 21 mètres, dégagent une telle écume que le spectacle fait penser à l'affolante fuite d'eau d'un bain moussant. Un bain moussant très bruyant. Et, dans ce spectacle microniagaresque, impossible de ne pas souffrir pour ce roc planté au milieu du fleuve, que, depuis la nuit des temps, percutent ces eaux en furie. On le devine, elles n'aimeraient rien mieux que le briser pour couler plus librement. Tiens bon, rocher !

La Jungfrau

La haute montagne en tongs

« Empilez toutes les montagnes suisses, vous atteindrez la lune », aurait dit un touriste écossais découvrant les Alpes vers 1880. Et c'est vrai que, vu du ciel, le relief est saisissant : la Suisse ne semble que montagnes. Dans l'Oberland bernois, le Finsteraarhorn atteint 4 274 mètres ; dans le canton du Valais, la cime du Aletschhorn, qui domine le gigantesque glacier d'Aletsch, le plus long d'Europe, affiche 4 195 mètres, soit quelque 300 mètres de plus que l'aiguille d'Argentière (3 901 mètres), point culminant de la partie suisse du massif du Mont-Blanc, où l'on recense encore l'aiguille du Tour, 3 540 mètres de granit rose. Un peu plus loin à vol d'oiseau, les Grisons alignent le Piz Bernina, unique « 4 000 » des Alpes dites rhétiques. Une fois apaisées les susceptibilités cantonales, il faut bien admettre que le massif suisse le plus impressionnant se situe dans la région de l'Oberland. Y sont plantés pas moins de neuf sommets de plus de 4 000 mètres, muraille de glace et de roche séparant le Valais et le canton de Berne. Avec ses 4 158 mètres, la Jungfrau, autrement dit « la jeune fille » ou encore « la vierge », surplombe ses titanesques voisins. Chaque haut sommet a sa légende, faite d'un mélange d'anecdotes apocryphes et de récits d'expéditions téméraires. Généralement, la notoriété des sommets est proportionnelle au nombre d'alpinistes ayant échoué dans la conquête de leur cime et n'ayant pas survécu. Aussi longtemps que les alpinistes n'ont pas vaincu toutes les voies d'accès au sommet, notamment les plus difficiles, donc les plus dangereuses, le prestige de la montagne subsiste. À cette grande hauteur, les plus blasés parmi les voyageurs sont tétanisés : « [...] la lumière flottait, écliptique et froide, qui faisait frissonner Tartarin autant que la sensation de silence et de solitude de tout ce blanc désert aux replis mystérieux », écrit Alphonse Daudet dans *Tartarin sur les Alpes*.

Pour la Jungfrau, c'est en 1811 que les frères Meyer, d'Aarau, réussissent la première ascension. Elle fut longue pour l'époque : trois jours. Septante ans plus tard, en 1881, Charles et Lawrence Pilkington et Frederick Gardiner signaient la première ascension sans guide. Si l'Eiger voisin, notamment sa face nord et son abrupt de 1 800 mètres, est d'une difficulté autrement plus complexe (les alpinistes s'y sont tués par dizaines), la Jungfrau conserve une dangerosité qui la range parmi les sommets mythiques : en 2007, une avalanche emportait deux cordées de trois hommes de l'école de recrues, tous spécialistes de montagne de l'armée suisse.

Depuis le 1er août 1912, touristes en tongs et aventuriers bedonnants peuvent s'épargner sueur et poussées d'adrénaline : un chemin de fer à crémaillère, le plus haut d'Europe, les hisse jusqu'au col du Jungfraujoch, situé à 3 400 mètres d'altitude, entre le Mönch et la Jungfrau. Creusée pour partie dans la roche, la voie à crémaillère gravit une pente de 25 % par endroits. Une fois arrivés, les passagers circulent dans une sorte d'abri antiaérien au cœur de la roche. Pour ceux que l'alpinisme rebute (à partir de cette étape, le sommet de la Jungfrau n'est pourtant qu'à quatre heures de marche avec un guide, un équipement adapté et une bonne condition physique), boutiques de souvenirs, bureau de poste, bars et restaurants offrent des délassements d'autant bienvenus que le trajet aller, au cœur de la montagne, est d'un confort rustique, notamment quand on n'a pu trouver une place assise à bord du train. Pour les éperdus de vertige, un ascenseur permet encore d'accéder au palais de Glace, d'où la vue est éblouissante. Si votre selfie est correctement cadré, vous prouverez à vos followers que vous êtes alors tranquillement planté dans la neige éternelle, à 3 493 mètres d'altitude, simplement chaussé d'espadrilles de corde. À l'étage supérieur se trouve le Sphinx, terrasse où, sans crème protectrice, les bains de soleil prolongés ne pardonnent pas. Cette dernière et ultime station aménagée dans la Jungfrau, d'accès mécanisé comme il se doit, est partagée avec un observatoire météorologique de renommée mondiale.

Sils-Maria

Décors grandioses et visiteurs prestigieux

Nous sommes là aux frontières du Tyrol et de l'Italie, à 1 800 mètres d'altitude. « Sils-Maria est une des stations les plus favorables dans la première période des maladies de poitrine », note l'homme de lettres Victor Tissot en 1888. Y est passé tout ce que le XIXe siècle a pu compter comme intellectuels et romanciers. Friedrich Nietzsche y séjourna longuement : c'est à Sils-Maria que Zarathoustra vint à lui. La maison où vécut l'écrivain est devenue un musée à son nom : la Nietzsche Haus. D'autres contemporains, comme Rilke et Richard Strauss, firent aussi le voyage. Plus près de nous, on recense Hermann Hesse, André Gide, Thomas Mann, Primo Levi, Luchino Visconti, Marc Chagall. La combinaison d'un endroit où, selon la formule consacrée, le temps s'est arrêté, et que célébrèrent tant d'intellectuels naviguant entre l'engagement maudit et la transgression explique aussi l'attrait des lieux, notamment sur les snobs. Eux ne disent pas Sils-Maria mais simplement « Sils », un peu comme on dit « Saint-Trop' », et non Saint-Tropez. La beauté grandiose du lieu a encore suscité quelques longs-métrages assez médiocres, mais au moins, le temps du tournage, les équipes techniques ont-elles apprécié les paysages et – qui sait ? – pu déguster le cristal de poularde ou l'osso-buco de cerf dans la salle à manger du *Waldhaus*.

Géographie et politique

Zurich

La mégapole arrogante, l'autre Genève

En raison de sa démographie disproportionnée, de son poids économique, de sa position centrale, de son attractivité qui voit converger sur les rives de la Limmat les ressortissants allemands venus s'y installer par milliers, Zurich occupe en Suisse une place à part. Il est vrai qu'autour d'elle, rien ne lui résiste, tout paraît triste, voire vieillot. La ville de Zurich n'a pas pour voisine immédiate une agglomération comme Genève qui, avec ses multinationales et ses organisations internationales, lui ferait ombrage. Zurich est un poids lourd. Si, dans la sphère germanique, Zurich a longtemps fait preuve d'humilité vis-à-vis de l'Allemagne, ces temps sont révolus. D'abord, Zurich a compris qu'avec sa prestigieuse *Neue Zürcher Zeitung* ou son école polytechnique fédérale (ETHZ) qui confirme chaque année son rang mondial de meilleure école d'ingénieurs germanophone, elle était un pôle capable de rivaliser avec les métropoles germaniques. Le jeune Einstein ne s'y était pas trompé qui s'est acharné à être admis à l'ETHZ. Quand les médecins allemands, parmi les meilleurs d'Allemagne, et les professeurs les plus courtisés par les universités germaniques se disputent le privilège de s'installer à Zurich, le moment est venu pour Zurich de hausser le ton.

Le ton, les Zurichois l'ont depuis longtemps haussé dans la sphère politique suisse où, en raison du système proportionnel, ils siègent massivement au Conseil national. Ils n'ont pas craint non plus de donner de la voix dans le domaine des affaires où, malheureusement, ils ont souvent eu une mauvaise main. On aurait pu croire que le *grounding* de Swissair, la quasi-faillite de l'UBS ou du Crédit suisse, sociétés gouvernées par des Zurichois bien nés, auraient ramené ces derniers au principe de réalité : être démographiquement dominant ne garantit pas l'excellence. En certaines circonstances, l'arrogance des Zurichois a même été du plus haut comique, comme lorsqu'il s'est agi de rebaptiser l'aéroport de Zurich : « Unique ». Rien que ça ! L'idée était sortie du chapeau d'un conseil d'administration probablement éméché. Rapidement, on devait revenir à *Flughafen Zürich*, à la fois plus précis quant à l'objet social des lieux et dans une langue que tout le monde, sur place, comprendrait. Comique, cette arrogance a souvent cessé de l'être, comme lorsqu'en 2005, le Conseil d'État du canton de Zurich (c'est-à-dire le gouvernement cantonal) avait décidé unilatéralement de monopoliser les recherches en médecine de pointe effectuées sur l'ensemble du territoire alémanique. Berne avait alors protesté, et les choses en étaient restées là. On sent pourtant que le prurit « capitale de la Suisse » démange les Zurichois, qui semblent n'avoir toujours pas compris que la Suisse n'avait pas de capitale, n'en voulait pas, et que l'unique consentement des Helvètes se limitait à une ville fédérale nommée Berne. Pour l'heure, cette ville, où l'on parle de façon plus douce qu'à Zurich, suffit aux Confédérés. Heureusement pour l'équilibre interne du pays, les délires mégalomaniaques de Zurich sont régulièrement douchés par l'autre grande ville voisine. S'étant longtemps posée comme capitale improbable de la Suisse, Berne a logiquement développé une susceptibilité sourcilleuse chaque fois que Zurich prétend à la démesure.

En maintes occasions et sur des questions politiques, les élus zurichois et genevois ont montré qu'ils s'entendaient facilement. De là à soupçonner les Genevois d'être le pendant lémanique de l'arrogante Zurich, il n'y a qu'un pas que certains Vaudois, Valaisans, Neuchâtelois et Jurassiens n'hésitent pas à franchir.

Le Tessin et les Tessinois
Ils reviennent en grâce

Il leur faut se convaincre qu'ils sont suisses, suisses à part entière, comme le sont les Alémaniques et les Romands, puis se convaincre qu'ils sont aimés et respectés : telle est la douloureuse épreuve à laquelle sont soumis les Tessinois. À leur endroit en effet, les autres Confédérés témoignent de bien tièdes marques d'amour. Prenez la langue pratiquée par les Tessinois, l'italien. Certes, elle est une des quatre langues nationales du pays mais, sérieusement, qui osera soutenir qu'elle est mise sur un pied d'égalité avec le français et l'allemand ? Lorsqu'un poste s'ouvre dans une entreprise privée ou dans une administration, ne lit-on pas : « De langue maternelle française, vous parlez l'anglais, la maîtrise de l'allemand étant un plus » ? *Exit* l'italien. L'annonce ne prend plus même la peine de stipuler que l'italien, par exemple, serait « apprécié ». L'italien n'est pas plus valorisé que le romanche. Finalement, les derniers Mohicans à parler l'italien, à être tenus de le parler, sont les conseillers fédéraux.

Bref, le Tessin semble embarrasser tout le monde, jusque et y compris l'ancien Premier ministre français Manuel Valls dont la mère, mariée à un Catalan, est d'origine tessinoise. Lorsqu'il était questionné sur ses racines suisses, Valls éludait, changeait de sujet, se montrant en revanche très loquace, voire matamore, quand il célébrait la Catalogne paternelle. La Suisse, pour l'homme d'État français, se résumait à des randonnées alpestres. Dommage pour les Français, qui auraient beaucoup à gagner à prendre la Suisse pour exemple, plutôt que la Catalogne, une région qui, avec une démographie voisine de celle de la Suisse, affiche un chômage des jeunes cinq fois plus important. Cette unique statistique en dit long sur l'incapacité espagnole, madrilène et catalane, en matière de politique de l'emploi et de formation, de gestion des entreprises, d'investissements innovants, etc. Au reste, des milliers de Catalans travaillent en Suisse, mouvement qui s'est même accéléré depuis quelques années. Les Suisses, pour ce qui les concerne, se déversent surtout en Catalogne en juillet et août, pour y bronzer et y dépenser leur argent. La nuance est importante.

Dans leur relégation, les Tessinois ont néanmoins leur part de responsabilité. Affichant des convictions décadrées par rapport aux autres Suisses, les Tessinois n'aident guère leurs soutiens. Ainsi, lorsqu'ils applaudissent les frasques de la Lega, les Tessinois apparaissent comme des Latins immatures qui prétendent à la suissitude mais qui n'en démontrent aucune des qualités : ni retenue ni mesure ni maîtrise de soi, mais de l'outrance verbale et des gestes de mauvais goût. Quelle guêpe avait donc piqué Giuliano Bignasca lorsque, le soir de sa victoire aux élections cantonales de 2007, il se pavana au balcon du siège de son parti en brandissant une arme de guerre ? La posture de cet épais démagogue, fusil d'assaut en mains, renvoyait au cliché du tyran d'une république bananière d'Amérique centrale, à la façon de Duterte, le président des Philippines qui avait appelé ses séides à anéantir voyous, drogués et trafiquants.

Sur le plan matériel, les Suisses n'ont pourtant pas lésiné pour ramener le canton du Tessin dans le giron suisse. La plus récente preuve d'amour est la construction du tunnel de base du Saint-Gothard, ouvert au public le 11 décembre 2016. Le chantier, étiré sur dix-sept ans et d'un coût de 12,2 milliards de francs, relie désormais en deux heures Lugano à Zurich. Le gain de temps est apprécié par tous ceux qui se rêvent en futurs pendulaires (ceux qui font un trajet biquotidien), fonçant à 200 kilomètres/heure sous la roche. Le coûteux ouvrage sera prochainement prolongé par l'ouverture, en 2020, du tunnel du Monte Ceneri, qui diminuera le temps de parcours entre Lugano et la mégapole sur la Limmat.

Pour ce qui est de l'autre côté, c'est-à-dire l'accélération des liaisons avec Milan, c'est une autre histoire, bien peu suisse, celle-là. Est-ce être rabat-joie que pronostiquer sur ce tronçon des décalages entre les effets d'annonce et la finalisation du chantier ? En Italie, les constructions pharaoniques sont affectées de lenteurs incombant à la voyouterie de beaucoup des responsables politiques. Sur cet aspect particulier de la vie péninsulaire, il faut se reporter aux innombrables reportages, romans, films, produits, réalisés et interprétés par des Italiens qui parlent en connaisseurs.

À l'attention des Confédérés, les Tessinois n'ont jamais manqué de multiplier les appels à l'aide, mais qui n'ont pas été entendus. Le dernier – et sans doute le plus bruyant – fut le vote du 9 février 2014 « Contre l'immigration de masse », plébiscité par des Tessinois qui, a-t-on appris, bataillaient contre la concurrence salariale des immigrés et des pendulaires italiens. Lors de cette votation, dont les conséquences risquent d'être douloureuses pour certains cantons, les Tessinois ont dévoilé un aspect inattendu de leur personnalité collective : les résultats du vote les désignaient majoritairement comme égoïstes et xénophobes. Plutôt que de les lapider, il faudrait comprendre pourquoi ces Suisses, que rien ne porte vers l'extrémisme, ont néanmoins décidé de mettre un terme à l'immigration sur leur sol. Si l'on est en droit de s'interroger sur l'exaspération xénophobe des Appenzellois ou des Glaronais, qui n'ont guère vu d'étrangers ailleurs que dans leurs échoppes à touristes, l'hostilité des Tessinois à l'encontre des Italiens ressortit d'une autre raison, qu'il vaudrait mieux analyser que couvrir de ricanements. Peut-être l'élection tant attendue d'un conseiller fédéral tessinois en septembre 2017 apaisera-t-elle les tensions entre ce canton et le reste de la Suisse. À moins que le nouveau conseiller fédéral, ministre des Affaires étrangères, n'apparaisse rapidement plus ectoplasmique encore que son prédécesseur… Des doutes sont cependant permis.

La Société du Mont-Pèlerin

Le cénacle du libéralisme d'après-guerre

L'année 1947 n'est pas de tout repos. Le 1er janvier, les houillères anglaises sont nationalisées ; en février, lors de la signature des traités de paix, l'Italie du nord est en partie dépecée au profit de la Yougoslavie ; sous les crocs de l'URSS, la Finlande subit un sort voisin. En Grèce, la guerre civile démarre, et au spectacle de l'envahissant communisme, les États-Unis mettent en place la « doctrine Truman ». Rejetant leur diplomatie isolationniste, cette fois les États-Unis seront interventionnistes : la Grèce et la Turquie en seront les premiers bénéficiaires. Washington s'arroge le droit d'agir partout où ses intérêts ou sa sécurité sont menacés. Lors de la conférence des Quatre tenue à Moscou, les alliés se déchirent sur la partition de l'Allemagne : victorieuse, l'URSS pousse ses pions et son emprise territoriale. Où que l'on se tourne alors, l'idéologie étatiste enfante des monstres : le 1er avril, la Bulgarie adopte un plan économique de deux ans, prémices de la nationalisation de l'industrie privée, et en Yougoslavie, l'Assemblée nationale planche sur le premier plan quinquennal, voté le 29 avril. En France, les communistes, sous la direction de Maurice Thorez, montrent les dents, au point que le 4 mai, ils seront exclus du gouvernement.

Tel est le climat politique quand, le 1er avril 1947, s'ouvre en Suisse un curieux séminaire qui se déroulera sur dix jours. Curieux d'abord par le lieu choisi. Nous sommes au-dessus de Vevey, au Mont-Pèlerin. L'hôtel du Parc est alors un palace style Belle Époque construit en 1906, avec des jardins qui versent à pic vers le lac Léman, jardins que défigure malheureusement aujourd'hui une vilaine greffe immobilière. En rez-de-jardin, à l'abri des intempéries, une salle de billard. Les deux seules surfaces planes sont alors une piscine et, en contrebas, un terrain de tennis. Au-delà, à l'époque, le terrain se couvre de sapins.

C'est là, à l'initiative de l'économiste anglais Friedrich Hayek, auteur trois ans auparavant de *The Road to Serfdom* (*La Route de la servitude*), qu'en avril 1947 se réunissent 36 intellectuels venus de 10 pays. Lors de cette première édition seront abordés des sujets variés : « Concurrence et libre entreprise », « L'avenir de l'Allemagne », « Le problème et les chances d'une fédération européenne », « Libéralisme et christianisme », « Mesures contre-cycliques », « Plein-emploi et réforme monétaire », « Politique salariale et syndicats », « Impôts, pauvreté et distribution des revenus ».

La plupart de ceux venus au Mont-Pèlerin ont laissé une marque profonde dans leur siècle. Il suffit de citer Milton Friedman, Michael Polanyi, Karl Popper, Bertrand de Jouvenel, Salvador de Madariaga, Ludwig von Mises, Lionel Robbins, futur directeur du *Financial Times*, ou encore George Stigler et Maurice Allais, tous deux futurs Nobel d'économie. D'autres Nobel rejoindront plus tard la Société du Mont-Pèlerin, comme Gary Becker, Ronald Coase, James M. Buchanan. Si les économistes sont majoritaires sur la liste, les historiens ou encore les philosophes n'en sont pas exclus. Il est vrai que l'œuvre de Hayek, dont les démonstrations s'appuient sur un large spectre de sciences sociales, prend garde à ne pas négliger ces chercheurs.

D'emblée, les fondateurs ont écarté l'idée de créer un parti ou encore de forger une nouvelle orthodoxie, deux entreprises alors très en vogue. Le communisme, avec son organisation dictatoriale et son marxisme binaire, a valeur de repoussoir. Attaché à la liberté individuelle, ce club de penseurs libres milite pour l'économie de marché et le libre-échange, garants de la prospérité dont profitera le plus grand nombre. Mais, au vu du chantier de reconstruction d'après-guerre, tous redoutent que, face à des États renaissants et souvent contestés de l'intérieur par une opposition aux ordres de Moscou, l'économie de marché et la liberté individuelle soient à la peine. Le moment historique est en effet à la centralisation, au retour de la planification, à la collectivisation dans certains pays et aux nationalisations sur une large échelle dans beaucoup d'autres. Pour les partisans de la compétition économique, l'avenir paraît sombre.

La Société du Mont-Pèlerin, dont les membres se réunissent en septembre chaque année, puis tous les deux ans, fonctionnera à la façon d'un incubateur : ses membres agiront sur leur écosystème national, favorisant l'émergence de *think tanks* ouvertement libéraux. L'école autrichienne, sous la houlette de Friedrich Hayek, ou encore l'école de Chicago, avec Milton Friedman et George Stigler, émanent de cet aréopage de penseurs pour qui l'État peut faire le bien, tout comme il peut se muer en Léviathan dispendieux et incontrôlable.

Quant à mesurer l'influence des membres de la Société du Mont-Pèlerin, l'entreprise est compliquée. Les noms de ceux qui sont passés par cette institution en disent plus sur son poids symbolique que des références à des écrits précis. Il n'est quasiment pas un seul des grands dirigeants des puissances occidentales de ce dernier demi-siècle qui n'ait compté dans sa garde rapprochée un membre actif de la Société du Mont-Pèlerin. Parmi les plus connus, on peut citer Ludwig Erhard, le « père du miracle allemand », Luigi Einaudi, président de la République en Italie, Václav Klaus, président de la République tchèque. Parmi leurs conseillers, Margaret Thatcher et Ronald Reagan eurent aussi des membres du club libéral pour qui les aides publiques et les diverses prothèses conçues par l'État faussent la concurrence, qui reste la meilleure garante de la prospérité collective. Les réflexions conduites dans le cadre de ce club select sont rarement communiquées.

Selon Jacques Van Offelen, ancien Premier ministre belge et membre de la Société du Mont-Pèlerin, la société compterait aujourd'hui 500 membres. Ses bureaux ne sont pas en Suisse, mais à Alexandria, en Virginie, aux États-Unis. Au reste, les membres de la Société du Mont-Pèlerin ne remirent plus les pieds à l'hôtel du Parc. Lors de l'édition suivante, en juillet 1949, la réunion se tint à Seelisberg, dans le canton d'Uri, puis à Bloemendaal, aux Pays-Bas. Pour ce qui touche à la Suisse, les sociétaires revinrent à Seelisberg en septembre 1953, à Saint-Moritz en septembre 1957, puis une nouvelle fois à Montreux, en septembre 1972. Le Mont-Pèlerin offre toujours l'un des plus beaux points de vue sur le Léman, les Dents du Midi et les sommets du Haut-Chablais savoyard.

IV

UN MÉMORIAL SUISSE DÉLIBÉRÉMENT HÉTÉROCLITE ET FANTAISISTE

La Suisse a un long passé. Ses historiens abondent, et avec le fétichisme communal, les monographies régionales – parfois même d'une bourgade – bourrent les linéaires dans les bibliothèques. À quoi s'ajoutent les travaux d'étudiants, tels les mémoires de maîtrise, souvent d'excellente facture et qui sont un filon supplémentaire pour l'histoire suisse. Inutile donc de redire ici ce que d'autres, spécialistes de la discipline, ont pris la peine d'étudier. Du point de vue extérieur, de nombreux événements paraissent marquants. Le pacte fédéral, bien entendu, ainsi que certaines batailles d'où il ressort que les soldats suisses furent d'excellents guerriers fantassins, à la fois massacreurs et dévoués à leur employeur.

En paix avec ses voisins depuis mars 1815, la Suisse n'en avait pourtant pas fini avec l'Histoire. Si elle est une aubaine, la neutralité n'est pas de tout repos : pour être respectée, elle a meilleur intérêt à être armée, ce qui n'est pas pour déplaire aux Suisses. Privés de tueries sur les champs de bataille, ils peuvent ainsi très sérieusement jouer à repousser leurs hypothétiques envahisseurs. Dans l'histoire suisse, la grande flétrissure reste la Seconde Guerre mondiale et le restera probablement longtemps. À raison, car la réponse suisse aux exterminations nazies fut tiède ; à tort, car aucun pays n'adopta alors une politique ne serait-ce qu'approchante du cadre que se fixèrent les autorités suisses. Enfin, solitaire dans ce cas, la Suisse eut le courage de rouvrir son passé récent comme ne l'a fait aucun autre pays, en donnant toute liberté à des historiens pour établir la réalité des faits.

Les plus récentes décennies de l'histoire suisse sont remarquablement apaisées.

La longue histoire

Le pacte fédéral
« Au nom du Seigneur, amen »

Début août 1291, les représentants des cantons de Schwytz, Nidwald et Uri se réunirent pour conclure un pacte à caractère défensif. Perdu et longtemps oublié, un exemplaire du pacte est réapparu en 1724, lors d'un inventaire dans les archives de Schwytz. Assimilé au serment du Grütli, ce pacte est considéré comme l'acte fondateur de la Suisse. Que dit le serment, du moins ses passages les plus marquants, qui engage alors les trois cantons ?

« Au nom du Seigneur, amen. C'est accomplir une action honorable et profitable au bien public que de confirmer, selon les formes consacrées, les mesures prises en vue de la sécurité et de la paix. – Que chacun sache donc que, considérant la malice des temps et pour être mieux à même de défendre et maintenir dans leur intégrité leurs vies et leurs biens, les gens de la vallée d'Uri, la *Landsgemeinde* de la vallée de Schwytz et celle des gens de la vallée inférieure d'Unterwald se sont engagés, sous serment pris en toute bonne foi, à se prêter les uns aux autres n'importe quels secours, appui et assistance, de tout leur pouvoir et de tous leurs efforts, sans ménager ni leurs vies ni leurs biens, dans leurs vallées et au-dehors, contre celui et contre tous ceux qui, par n'importe quel acte hostile, attenteraient à leurs personnes ou à leurs biens (ou à un seul d'entre eux), les attaqueraient ou leur causeraient quelque dommage. Quoi qu'il arrive, chacune des communautés promet à l'autre d'accourir à son secours en cas de nécessité, à ses propres frais, et de l'aider autant qu'il le faudra pour résister à l'agression des méchants et imposer réparation du tort commis. »

Le propos est concis, précis, se borne à l'essentiel. Pauvre en style et en transcendance, il fait penser à une police d'assurance telle que la paraphent aujourd'hui les souscripteurs d'une couverture tous risques pour leur habitation ou leur automobile. En l'espèce, il s'agirait plutôt d'une assurance de type mutualiste : en cas de problème, notre voisin et désormais partenaire peut compter sur notre concours. Et réciproquement. Un règlement de copropriété en quelque sorte, qui oblige les parties, telle est l'essence du serment du Grütli.

Ensuite, le texte aborde une problématique qui résonne étrangement à nos oreilles : « De même, après commune délibération et d'un accord unanime, nous avons juré, statué et décidé que nous n'accepterions et ne reconnaîtrions en aucun cas dans lesdites vallées un juge qui aurait payé sa charge de quelque manière, soit en argent soit à quelque autre prix, ou qui ne serait pas de chez nous et membre de nos communautés. Si d'autre part un conflit surgit entre quelques-uns, les plus sages des Confédérés doivent intervenir en médiateurs pour apaiser le différend de la façon qui leur paraîtra efficace ; et les autres Confédérés doivent se tourner contre la partie qui repousserait leur sentence. » Voilà donc huit siècles, les Suisses revendiquaient leur souveraineté territoriale, excluant l'immixtion de juges étrangers dans leurs affaires. De même, dans le mode de résolution des conflits, ne lit-on pas les prémices de la subsidiarité, désignée ici sous l'appellation « médiateurs », chargés d'apaiser les conflits ? Déjà, le pragmatisme gouverne les Suisses. Ni effet de manche, ni effet de style : le maître mot, auquel le texte se réfère explicitement, est l'efficacité.

Parmi d'autres points du serment, on retiendra la priorité pour la solution négociée sur toute autre tentation brutale et coûteuse : « Et surgisse une querelle ou une discorde entre quelques Confédérés, si l'une des parties se refuse à tout arrangement par voie judiciaire ou par accommodement, les Confédérés sont tenus de prendre fait et cause pour l'autre partie. » Les auteurs du texte s'expriment dans un style simple, et leurs idées le sont pareillement : priorité au concret. Ni poètes, ni théologiens, les Suisses primitifs sont des gens économes de leur temps et de leur argent. Le bon sens devra gouverner les futurs arbitrages.

Rien ne permet de douter que ce texte se soit appuyé sur un large consensus parmi les populations des cantons concernés. Le pacte a été validé en *Landsgemeinde*, c'est-à-dire par approbation publique. Une fois retournés dans leur communauté, les participants en ont parlé, ont souligné l'enjeu du serment collectif. Comment écarter l'idée que ses partisans piaffaient d'en éprouver la solidité ? Ce sera chose faite le 15 novembre 1315, lorsque, à Morgarten, les trois cantons groupent pour la première fois leurs forces pour anéantir les troupes aguerries et plus nombreuses du duc Léopold Ier d'Autriche. Restée célèbre, la tuerie que perpétrèrent les communautés rurales a scellé l'alliance dans le sang et confirmé la solidité du pacte entre les trois cantons. Sans doute, en massacrant au-delà du raisonnable ceux qui foulaient leurs terres, les habitants des trois cantons ont-ils tenu à montrer leur attachement au serment prêté un quart de siècle plus tôt, et la valeur qu'ils portaient à ce contrat.

Morgarten

Les Suisses massacrent allégrement

Le 15 novembre 1315, emmenés par Léopold Ier d'Autriche, 2 000 chevaliers suivis d'un imposant corps d'infanterie pénètrent en terres schwytzoises. Ils viennent pour corriger des gueux qui renâclent devant la domination des Habsbourg. Peu portés sur l'histoire militaire, ignorants des conditions de la victoire des Vascons sur l'arrière-garde de Charlemagne à Roncevaux, inconscients du danger de s'engager dans un défilé quand les crêtes ne sont pas défendues et persuadés de pouvoir hacher menu des roturiers crottés, les chefs habsbourgeois accumulent les fautes tactiques. Leur condescendance va leur être coûteuse : avec le concours de quelques Uranais, les Schwytzois les attaquent dans un étroit couloir entre la montagne et le lac d'Ägeri. Alors qu'elle s'attendait à balayer en plaine des pouilleux inorganisés, la troupe tombe dans un guet-apens : rochers, tronc d'arbres s'abattent sur l'armée habsbourgeoise dont les bévues, rétrospectivement, ne laissent pas d'intriguer. Ni avant-garde précédant le gros des forces, ni reconnaissance sur les flancs, et notamment sur les hauteurs surplombant la trappe qu'emprunte l'armée en marche. À certains endroits, la montagne tombant à pic dans le lac, le passage confine au sentier. L'étroitesse du défilé privera ainsi la cavalerie de sa capacité de destruction. Sauf à pouvoir charger et ainsi profiter au mieux de leur vitesse, de leur poids et de la frayeur qu'inspirent leurs montures aux fantassins, les chevaliers ne sont d'aucune efficacité. Bondissant de leurs caches, les Schwytzois les embrochent sur leurs hallebardes après que les jets de pierres ont semé la panique parmi les chevaux ou brisé leurs pattes. Panique dans les troupes habsbourgeoises qui s'explique aussi par le corps à corps que recherchent les Suisses : les règles de la guerre sont d'invention récentes. À l'époque, l'un des rares usages sur les champs de bataille voulait qu'aux chevaliers à terre soit épargné le coup de grâce. Mansuétude dictée non par un humanisme sélectif mais par les rançons que versaient aux vainqueurs les proches des chevaliers faits prisonniers. Rien de cela à Morgarten ! Les Schwytzois sont des roturiers doublés de redoutables combattants. La préparation à la guerre était précoce et, déduction faite du rituel initiatique meurtrier, s'inspirait du modèle spartiate. Dès l'âge de 15 ans, les garçons étaient ainsi tenus à un service militaire. L'esprit de milice structurait cette force combattante de paysans bien entraînés, motivés pour défendre leurs terres et, nous disent les historiens, pouvant rassembler 1 500 hommes. À coups de vouge – une hache de bûcheron à long manche – et de hallebarde – qui était l'adaptation de la vouge sur un long pieu –, les Suisses massacrent les chevaliers habsbourgeois qui, leurs montures à terre, doivent se battre à pied. La lourdeur des armures fait des cavaliers une pâture rêvée pour les Suisses. Les combats au corps à corps expliquent aussi le carnage au sol commis sur ces chevaliers impropres au combat : l'odeur du sang a appelé la tuerie. C'était chose banale à l'époque.

En 1315, à Morgarten, une armée de gueux alémaniques a défait une armée autrichienne bien supérieure en nombre. La victoire sur les Habsbourg agit à la manière d'un catalyseur. Les cantons mesurent leur force et, pour capitaliser sur cet atout, décident de muscler la confédération naissante. Composée de bourgeois et de paysans, cette armée de milice a pris conscience de sa puissance face aux armées classiques de l'époque. Toutes proportions gardées, et si on la compare aux armées de chevaliers des États environnants de l'époque, la troupe victorieuse à Morgarten préfigure les soldats de l'an II de la Révolution française qui, également constitués de gens du peuple, écrasèrent après la bataille de Valmy les armées monarchiques et aristocratiques qu'ils affrontaient. Dans la foulée de Morgarten, les Suisses liquidèrent d'autres armées féodales à Laupen (1339), Sempach (1386) et Näfels (1388). Cette accumulation de victoires, assez inattendues dans le contexte de l'époque, solidifia le lien entre les cantons. Pareillement, ces succès « populaires » contribuèrent à discréditer, dans les cantons, les élites aristocratiques soucieuses de maintenir le lien avec les Habsbourg.

Marignan
Les Suisses sont massacrés

En 1515, l'histoire de la Suisse prend un cours nouveau. Au matin du 13 septembre 1515, les Suisses sont encore redoutés sur tous les champs de bataille où ils font métier de mercenaires. Au soir du 14 septembre, à Marignan, près de Milan, les mercenaires suisses ont perdu leur réputation jusqu'alors méritée d'invincibilité. Sur les 20 000 piquiers suisses engagés dans la bataille, 10 000 resteront au tapis.

Les combats commencèrent le 13 septembre vers quinze heures, « sous un soleil de plomb[1] ». Ceux qui réchappent au broyage des boulets que tirent les 70 canons de bronze des armées françaises vont ensuite tomber sous les traits des archers, pour finir embrochés par la cavalerie et par les lansquenets des « bandes noires allemandes », nous dit Voltaire[2], aux côtés desquelles ferraillait le roi François Ier. Le roi français aspirait à la monarchie universelle, et l'Italie devait servir au lancement de son ambitieuse entreprise. Pourtant, le 13 septembre 1515, François Ier est toujours à la peine. Sans uniformes flamboyants, sans casques et pieds nus pour beaucoup, les Suisses font un excellent travail. Avec entrain, piquiers et hallebardiers tuent en abondance. À tel point que moins de deux heures après l'engagement, la victoire des Confédérés semble acquise. Les corps à corps se poursuivront jusque vers minuit où, épuisement physique et obscurité totale aidant, les combats s'interrompent. Dès l'aube, les Confédérés repartent à l'assaut et, nous dit l'historien Didier Le Fur, reprennent l'avantage, provoquant la panique dans les rangs de l'armée royale, qui peut se croire alors perdue. C'est vers neuf heures du matin que survient le salut du roi français : les Vénitiens, avec leur cavalerie albanaise. Débute alors le massacre dans les rangs suisses. Moins de deux heures plus tard, à onze heures, « les cornes des cantons sonnèrent la retraite[3] ». Et, à quatorze heures, si l'on en croit François Ier, la bataille était terminée. Elle avait duré plus de vingt heures. À Marignan, le roi de France, victorieux, aura livré l'une de ses batailles les plus longues.

Pour les Suisses, Marignan n'est pas une défaite ordinaire. Elle scelle aussi le destin de leur pays, pourtant traité avec diplomatie. Diplomatie dictée par le fait que les Confédérés ne sont pas un État, ni même une force unie, et qu'il serait politiquement maladroit de les punir tous en vertu du droit des vainqueurs. Un an et six mois plus tard, le 29 novembre 1516, était signé le traité de Fribourg. Ladite « paix perpétuelle » – un système d'arbitrage complexe impliquant les signatures du pape, de Venise, Florence et Lucques, ainsi que de l'Empire, de l'Autriche, mais aussi de l'Espagne et de l'Angleterre – allait désormais gouverner les relations entre le royaume de France et les représentants des « ligues des hautes Allemagnes ». Entre autres clauses, les Français s'octroyaient l'exclusivité du mercenariat militaire suisse, clause qui, nonobstant la défaite des Suisses à Marignan, soulignait leur grande valeur d'usage comme guerriers.

Ce contrat ne ralentit toutefois pas la frénésie guerrière des Suisses dont, nous disent les historiens Gérard Miège et Alain-Jacques Tornare, deux millions de citoyens en total cumulé combattront dans les armées étrangères, dont un million en France. Pour la royauté française, le dividende du traité de Fribourg, qui suit la bataille de Marignan, est de faire savoir que les féroces Suisses luttent à ses côtés. Un mercenariat certes onéreux pour les finances de la France, mais d'un montant inférieur à l'entretien d'armées nationales régulières, qu'il faut nourrir à l'année. Supérieures à celles des troupes françaises, les soldes que perçoivent les troupes d'élite suisses sont enviées. Comme c'est alors l'usage, chaque communauté s'organise et vit en bloc compact, tant sur le champ de bataille qu'à la caserne. Voilà pourquoi les mercenaires suisses sont logés, vivent et boivent à part. De là viendrait, selon les auteurs cités plus haut, l'expression « boire en suisse », autrement dit à l'écart des autres.

Au final, la défaite des mercenaires suisses à Marignan n'aura qu'égratigné leur prestige guerrier. Il en est au moins un qui, dans les rangs suisses, aura mesuré les effets dévastateurs de la tragédie. Dans le contingent de Glaronais, l'aumônier Ulrich Zwingli interpréta le désastre comme le signe d'un châtiment divin, sanctionnant des reîtres mus par l'appât du gain. Déjà peu favorable à ces expéditions militaires, il s'en fit dès lors le procureur acharné. Tous les Suisses n'étaient pas zurichois, et tous les Zurichois ne se soumirent pas aux injonctions du réformateur. Les Suisses continuèrent à proposer leurs services à qui les payait. Combattants aussi cruels que disciplinés, ils seront plusieurs centaines, en 1789, à protéger le roi Louis XVI à Versailles ; et aux Tuileries, le 10 août 1792, une grande partie d'entre eux sera massacrée par les sans-culottes parisiens.

Le mercenaire suisse
Un combattant alors redouté

Puisqu'il est question de guerres et de batailles, tournons-nous vers le belligérant suisse. Les Suisses étaient, dit-on, d'excellents mercenaires. « Porter les armes, marcher au combat, tomber sur l'ennemi, courir au butin et vivre au milieu du bruit des tambours et des clairons, voilà leur passion favorite », observe Daniel L'Ermite vers 1604[4]. Les cours européennes, celles qui en avaient les moyens, se les arrachaient. Rustres, durs au combat, ils furent une variété de travailleurs émigrés permettant à leur famille, avec leur solde, de survivre dans un pays au climat rude, sur une terre pauvre et au relief hostile. On sait la manière de combattre des Suisses, tous fantassins, en phalange ou en coin. Selon le même observateur : « Leurs bataillons se forment par cantons, pour qu'on puisse juger plus aisément qui est digne de louange ou d'infamie ; car la gloire de chaque particulier fait la gloire de son canton. » Gloire qui descend jusqu'aux individus. « La grande force des unités suisses, au combat, est leur cohésion à toute épreuve, car qui aimerait passer pour un lâche devant des parents, des voisins ou des amis qu'on retrouvera au retour au foyer ? » note aussi l'historien Amable Sablon du Corail. Quant au pouvoir de ceux qui les commandaient, il était limité, « car il se borne au rang et au titre ; et l'on peut dire qu'ils sont chefs de leurs égaux, plus par l'exemple que par l'autorité[5] ».

Certains cantons se distinguent par l'importance des contingents de combattants et, surtout, par le choix exclusif de leurs clients. Ainsi Fribourg qui, si l'on excepte un petit contingent de troupes pour la ville-État de Gênes, alimenta la seule France. La grande amplitude de contingents de mercenaires selon les cantons trouve son explication dans le mode d'exploitation rurale : la culture du blé exige alors une main-d'œuvre considérable, beaucoup plus importante que pour la fabrication des fromages. Voilà pourquoi, désœuvrés, les bras des fromagers se louaient plus fréquemment aux rois de France.

Durs à la tâche, les mercenaires suisses n'eurent pas forcément très bonne réputation. Ainsi, au début du XVIe siècle, François Richardin, futur ambassadeur du pape, reprochait aux Suisses de ne sortir « de leur pays que pour trafiquer de leur sang [...] L'avidité du gain les a accoutumés à rançonner tyranniquement ceux qu'ils servent, et à se rendre insupportables par leur demandes excessives, et par des mutineries continuelles, lorsqu'ils ne sont pas contents ». Leur notoriété doit encore beaucoup à leur sauvagerie dans les combats au corps à corps, sauvagerie qui leur donnait un ascendant sur leurs adversaires avant même le choc frontal. Avec les Suisses, il n'y avait guère ou pas de prisonniers, et leurs atrocités étaient légendaires. L'abolition définitive du service mercenaire date de 1858. À cette date, de nombreux régiments de soldats suisses étaient au service du roi de Naples.

L'Escalade
Quand les Genevois exhibaient les têtes qu'ils coupaient

Tordons un peu l'Histoire, négligeons la milice bourgeoise, Isaac Mercier et François Bousezel, et songeons que, sans la mère Royaume, sa marmite et sa soupe, les Genevois seraient aujourd'hui savoyards. Les Genevois auraient-ils gagné au change ? Pas sûr ! Si fiers de leur Constitution, de leurs droits civiques, de leur capacité à intervenir directement dans la gestion de leur cité, les Genevois devraient aujourd'hui appliquer, avec une docilité contrainte, les ordonnances tombées de Paris, sous l'œil d'un préfet aux ordres.

L'Escalade est donc la grande victoire des Genevois sur le voisin savoyard – le duc de Savoie, et ses mercenaires napolitains. Une tentative d'annexion qui hésita entre le grotesque et la fourberie (une attaque de nuit, à l'époque des combats d'épée !), et qui s'acheva en capilotade. On pourrait encore évoquer les 67 têtes d'assaillants faits prisonniers exposées au bout de piques fixées en haut des remparts de la cité.

Depuis 1793, on ne sait plus guère si, le 12 décembre de chaque année, est fêtée la victoire de 1602 sur les Français, ou bien leur dérouillée. Le cortège qui traverse Genève est impressionnant. Une démonstration de force en quelque sorte, organisée par la Compagnie de 1602, fondée en 1926 et qui serait la plus grande société historique du pays. Elle revendique 2 500 membres, et s'y croisent les nationalités les plus exotiques. Évidemment, le défilé est longuement préparé. Les bénévoles sont en nombre, avec près de 800 personnes. À l'occasion, les Genevois mangent beaucoup de chocolat.

La Suisse moderne

L'Acte de médiation

Le Corse savait très bien se faire comprendre

Comme ailleurs, en Suisse, la Révolution française de 1789 a fait couler beaucoup d'encre. Beaucoup de sang aussi, avec le massacre, le 10 août 1792 et dans les semaines qui suivirent, des soldats et officiers suisses composant la garde du roi Louis XVI. Massacre de sang-froid qui plus est, les Suisses ayant rendu les armes sur ordre du monarque. Moment sanglant qui illustre aussi l'immanquable barbarie de l'exercice à chaud de la justice populaire. L'épisode des Tuileries endeuilla les familles au pays et frappa les esprits. On ne s'étendra pas sur l'offensive des monarchies européennes venues secourir la royauté française, les échecs militaires de cette aristocratie affrontant la furie française, où les généraux s'avérèrent d'autant plus zélés qu'ils rendaient des comptes à des commissaires aux armées prompts à réclamer la tête des procrastinateurs. Nombreux sont en Suisse ceux qui suivirent les événements français, et plus nombreux encore ceux qui s'y trouvèrent involontairement mêlés lorsqu'en 1798, les armées du Directoire entrèrent en Helvétie. Le 12 avril 1798, la République helvétique était proclamée.

Si la France a mis les cantons suisses sous tutelle, elle a aussi fait naître des espoirs chez ceux qui étaient enclins à croire qu'ils gagneraient quelque chose à briser le *statu quo*. Va s'ensuivre une période de désordres politiques comme la Suisse en avait rarement connu. Face aux fédéralistes à l'ancienne se dressent maintenant les unitaires qu'inspire le modèle français. Avec la montée des désordres, les libertés furent rognées peu à peu. Le 12 septembre 1800, une loi interdisait ainsi les associations politiques. Parvenu au pouvoir par le coup d'État du 18 brumaire, Bonaparte n'allait pas tarder à rétablir l'ordre, le sien en l'occurrence.

Le 30 septembre 1802, le Premier consul de la République française s'adressait aux 18 cantons de la République helvétique. Le Corse sait se faire comprendre : « Vous offrez depuis deux ans un spectacle affligeant ; des factions opposées se sont successivement emparées du pouvoir ; elles ont signalé leur empire passager par un système de partialité qui accusait leur faiblesse et leur inhabilité. Dans le courant de l'an X, votre gouvernement a désiré que l'on retirât le petit nombre de troupes françaises qui étaient en Helvétie : le gouvernement français a saisi volontiers cette occasion d'honorer votre indépendance ; mais bientôt après, vos différents partis se sont agités avec une nouvelle fureur ; le sang suisse a coulé par des mains suisses. » Puis le dictateur français change de ton. Le voilà tirant les oreilles des garnements suisses, aveugles devant les enjeux politiques et l'urgence des réformes qui leur sont imposées : « Vous vous êtes disputés trois ans sans vous entendre : si l'on vous abandonne plus longtemps à vous-mêmes, vous vous tuerez trois ans sans vous entendre davantage. » Paternaliste, le Corse rappelle aux Helvètes combien ils doivent à la France l'amélioration de leur sort : « Votre histoire prouve d'ailleurs que vos guerres intestines n'ont jamais pu se terminer que par l'intervention efficace de la France [...] Je ne puis ni ne dois rester insensible aux malheurs auxquels vous êtes en proie ; je reviens sur ma résolution : je serai le médiateur de vos différends, mais ma médiation sera efficace, telle qu'il convient aux grands peuples au nom desquels je parle. » Le verdict tombe. Il est lourd : Bonaparte dissout toutes les autorités constituées, dépêche les préfets « à leur poste », « dissipe » les rassemblements armés et exige de « tous les individus licenciés des armées belligérantes et qui sont aujourd'hui armés » qu'ils déposent leurs armes à la municipalité de leur commune de naissance. Le dictateur termine sur cet appel : « Habitants de l'Helvétie, revivez à l'espérance !!! Votre Patrie est sur le bord du précipice : elle en sera immédiatement tirée. Tous les hommes de bien seconderont ce généreux projet [...] Il n'est aucun homme sensé qui ne voie que la médiation dont je me charge est pour l'Helvétie un bienfait de cette Providence qui, au milieu de tant de bouleversements et de chocs, a toujours veillé à l'existence et à l'indépendance de votre nation, et que cette médiation est le seul moyen qui vous reste pour sauver l'un et l'autre [...] Signé, Bonaparte. »

Découvrant ce texte condescendant et saturé de menaces, les contemporains ont probablement transpiré. Le pire ne pouvait que venir de ce militaire épris de guerre, pathologie qu'accentuait son indiscutable talent dans les batailles que, d'Arcole à Rivoli, en passant par les Pyramides et Marengo, il s'acharnait alors à remporter. Que pouvaient donc espérer les cantons suisses face à ce voisin impérialiste qui avait pulvérisé tant d'adversaires redoutables et qui, dans l'Acte de médiation, invoquerait « l'ancienne affection de la nation française pour ce peuple recommandable qu'elle a récemment défendu par ses armes et fait reconnaître comme puissance par ses traités » ? Bonaparte ne se réfèrerait-il pas au « vœu du peuple helvétique tout entier » et à ce qu'il s'était « fait un devoir d'interposer [sa] médiation entre les partis qui le divisent » ?

Le résultat final dut en surprendre plus d'un, probablement « déçu en bien ». Signé le 19 février 1803, l'Acte de médiation comporte vingt chapitres, que complètent un préambule et des dispositions transitoires. Selon l'article premier, les 19 cantons de la Suisse, à savoir Appenzell, Argovie, Bâle, Berne, Fribourg, Glaris, Grisons, Lucerne, Saint-Gall, Schaffhouse, Schwytz, Soleure, Tessin, Thurgovie, Unterwald, Uri, Vaud, Zoug et Zurich, se « garantissaient réciproquement leur Constitution, leur territoire, leur liberté et leur indépendance, soit contre les puissances étrangères, soit contre l'usurpation d'un canton ou d'une faction particulière ». L'article 2 fixait les contingents de soldats (15 203 hommes au total) et d'argent (490 507 livres) que chaque canton devrait fournir. L'article 3 décidait qu'il n'y avait plus, en Suisse, « ni pays sujets ni privilèges de lieux, de naissance, de personnes ou de familles ». L'article 4 donnait toute liberté à chaque citoyen suisse de « transporter son domicile dans un autre canton » et d'y travailler librement. Il y acquérait « des droits politiques conformément à la loi du canton » où il s'établissait, perdant les droits du canton qu'il quittait. L'article 5 fixait « la libre circulation des denrées, bestiaux, marchandises » et supprimait les droits de douane à l'intérieur de la Suisse tout en maintenant certains droits de péage pour l'entretien des voies de circulation terrestre et fluviale. L'article 7 établissait encore une monnaie unique pour la Suisse. L'article 12 reconnaissait la subsidiarité : « Les cantons jouissent de tous les pouvoirs qui n'ont pas été expressément délégués à l'autorité fédérale. » Le titre III de l'Acte de médiation fixait les conditions de fonctionnement de la Diète. Chaque canton y envoyait un député, chacun muni d'instructions devant être respectées. La Diète comportait 25 députés, les cantons de Berne, Zurich,

Vaud, Saint-Gall, Argovie et des Grisons, en raison de leur population de plus de 100 000 habitants chacun, disposant de deux voix. Aux archives de la Diète était encore déposée la Constitution de chaque canton, « écrite sur parchemin et scellée du sceau du canton ».

Selon Jean-François Aubert, l'Acte de médiation « est l'aménagement juridique d'un protectorat français », que le juriste juge sévèrement : « Et comme le protecteur est exigeant, les protégés souffriront. À ce mangeur d'hommes, ils devront servir chaque année quatre régiments de 4 000 soldats. À cet affameur de populations, ils devront, dans le blocus continental, sacrifier leurs plus belles industries[6]. » En réalité, ce qui sortira de l'Acte de médiation est bien un État fédéral. Concept politique assez éloigné, on s'en doute, de ce qui structure mentalement Napoléon Bonaparte, militaire formé au commandement unique, vertical, où l'ordre central ne saurait être discuté. Par tous ses pores, la France contemporaine transpire ce mode de gouvernance.

Imposé par la force par celui qui n'est encore que consul à vie, l'Acte de médiation ne devait pas survivre à l'effondrement de celui qui était devenu empereur. Après la défaite à Leipzig (16-19 octobre 1813) suivie par l'invasion de la France, la Diète se réunissait le 27 décembre 1813 pour constater la caducité de l'Acte de médiation. Chez certains Suisses, la tentation fut alors grande de revenir à l'ordre ancien. Les patriciens étaient à l'aise dans les Conseils de leur canton, avec leurs particularismes, leurs intérêts microscopiques, leurs embrouilles. Dans cette Diète, ils ne disposaient en outre que de peu de ressources financières. Sur l'autre bord campaient ceux qui, du retour au passé, ne voulaient pas entendre parler.

Le protectorat français a profondément marqué la Suisse, notamment en supprimant les anciens baillages et les pays alliés, promus au titre de cantons : Argovie, Tessin, Thurgovie et Vaud pour les premiers, Grisons et Saint-Gall pour les seconds. La Suisse est devenue plus uniforme du point de vue territorial : le pays est désormais un assemblage moins disparate, élargi de 13 à 19 cantons, et, coloré par le Code civil français, un esprit nouveau souffle sur les élites gouvernantes. La commune est devenue la cellule de base, celle où les droits politiques trouvent le meilleur cadre pour s'exercer et prospérer. Tel est donc l'un des nombreux paradoxes de l'occupation française, la dernière occupation étrangère que la Suisse ait eu à subir : elle a renforcé un modèle d'organisation politique serti dans la plus petite entité administrative quand, en France, achevait de se construire un modèle hypercentralisé que, seule, et pour échouer, la IIIe République tenterait de contrecarrer.

1848

La grande guerre civile suisse dura… vingt-cinq jours

Les luttes confessionnelles, dites encore guerres entre religions, ont préparé la révolution de 1848 qui vit le double affrontement des catholiques et des protestants, et des cantons entre eux. C'est peu dire que tout était réuni pour que les antagonismes virent au bain de sang. Non seulement les Suisses étaient éruptifs sur ces questions, mais, peu économes en guerres civiles, les monarchies européennes soufflaient sur les braises. Au service des cantons catholiques, l'Autriche injecta argent, armes et munitions (heureusement saisis par les autorités tessinoises). La France ne fut pas en reste qui offrit des canons et des fusils, que confisquèrent les républicains neuchâtelois. Il est jusqu'à l'Angleterre qui mit son nez dans ces péripéties mais, hommage lui soit rendu, pour calmer le jeu.

Cette guerre, dite du Sonderbund, fut brève (à peine vingt-cinq jours) et peu gourmande en cadavres. Avec moins de 120 morts, assez équitablement répartis entre les belligérants catholiques et protestants, la révolution de 1848 témoigne d'abord du souci d'apaisement des responsables politiques suisses, dans tous les cantons. Si, durant des siècles, les Suisses avaient perpétré d'effroyables tueries sur les champs de guerre européens, ils évitèrent les carnages pour ce qui concerne leurs concitoyens. À peine les morts enterrés, les autorités s'attelèrent à l'écriture d'une Loi fondamentale fédérale. Les constituants s'appliquèrent à ne pas attenter à la souveraineté des cantons. La présence française avait marqué les esprits, et personne n'aspirait au retour d'une conception verticale du pouvoir. Et quand bien même une autorité supérieure paraissait nécessaire, les cantons conservaient le droit de s'autogouverner. À la toute jeune Confédération étaient concédés le droit de déclarer la guerre et négocier la paix et ce qui relevait de la diplomatie extérieure. L'architecture politique issue de la guerre civile est familière à nos contemporains car, pour l'essentiel, elle est restée inchangée depuis 1848. Les Suisses se sont alors dotés d'une Assemblée fédérale, où les lois sont discutées et votées dans les deux Chambres qui la composent, le Conseil national et le Conseil des États. Le premier, dont les membres sont élus pour trois ans directement à raison d'un député pour 20 000 habitants, représente les intérêts de la population suisse. Le second protège les intérêts des petits cantons, et chaque canton, sans égard pour sa taille démographique, y mandate deux députés. En 1848, 44 députés le constituent. Modèle du genre, ce système bicaméral ne subira que peu de retouches. Enfin, sept membres composent le Conseil fédéral : l'exécutif dirige les affaires fédérales et est doté d'un président qui, chaque année, cède son siège à l'un de ses collègues.

La Constitution de 1848 fixe le cadre de la Suisse contemporaine. La Suisse unifie son régime postal, réorganise son armée, rationalise son système de monnaie, de poids et de mesures. À Berne, un Palais fédéral sort rapidement de terre. La Constitution de 1848 présente un autre aspect, d'une grande signification pour l'avenir du pays : sortie du cerveau suisse, elle ne fut pas soumise à l'approbation des puissances européennes.

La Constitution de 1874 a étendu les attributions de la Confédération, notamment sur le plan militaire.

Guerre et histoire

La barque est pleine

Certes non, mais la Suisse encourt-elle tant de reproches ?

À compter de l'automne 1941, l'Allemagne nazie n'a plus seulement fustigé l'influence nuisible des juifs mais, selon une politique que Hitler formalisait dès 1924 dans *Mein Kampf*, les a parqués en vue de les massacrer. Les juifs n'ont alors eu d'autre choix que de fuir l'Allemagne, de s'exiler vers des pays où ils trouveraient la sécurité. Aux portes du Reich, la Suisse fut l'une de ces destinations.

En Allemagne, après le travail forcé imposé aux juifs à l'automne 1939, l'entreprise d'extermination, précédée par des déportations massives en 1940, commence au début 1941. En 1942, la destruction des juifs est connue de tous ceux qui souhaitent savoir. Le 4 août 1942, le gouvernement suisse fermait ses frontières aux réfugiés, mesure qui poursuivait une politique amorcée en octobre 1938, quand Berne avait imposé l'apposition d'un tampon « J » sur les passeports des Allemands de confession juive. La responsabilité des autorités suisses dans l'instauration de barrages à l'exil des juifs – et donc dans le sort qui leur était réservé – est indéniable. Il n'est peut-être pas inutile de rappeler qu'aucun pays n'a alors souscrit à l'impératif d'hospitalité pour cette population déjà persécutée et promise à la mort. En avril 1938, l'Italie, la Tchécoslovaquie, la Hongrie et la Yougoslavie avaient déjà bouclé leurs frontières aux réfugiés venus principalement d'Autriche, et juifs dans leur immense majorité. Fermant ses frontières, la Suisse a alors invoqué deux raisons. D'une part, la Confédération craignait de provoquer Berlin par une politique prenant le contrepied de l'antisémitisme officiel allemand. Proposer un asile massif aux populations que Berlin s'employait à parquer pour les liquider ne revenait-il pas à offrir aux autorités allemandes un droit de suite sur le territoire suisse ? À cette époque, pour Hitler, les notions de frontière et de souveraineté nationale sont des concepts flous, à tout le moins. Pour mémoire, à cette étape, Hitler avait déjà dévoré les deux tiers de la Pologne – le solde ayant été absorbé par l'URSS –, la Hollande, le Danemark, la Belgique, la moitié de la France, une partie de l'Europe centrale, et se préparait d'autres festins. La Suisse, quelque résistance qu'elle prétendait opposer à une invasion, n'était pas un obstacle militaire insurmontable pour la Wehrmacht, au moins dans l'esprit du Führer, qui venait de conquérir une grande partie du territoire soviétique. D'autre part, en Suisse, la population, qui vivait en état de guerre depuis la mobilisation de 1939, n'aurait peut-être pas vu non plus d'un bon œil l'arrivée massive de dizaines de milliers de réfugiés sur le sol helvétique. Rétrospectivement, rien, au moins jusqu'à la capitulation de Stalingrad en février 1943, ne permettait de douter que le IIIe Reich ne durerait pas mille ans. En outre, la population suisse était soumise à un régime de privations alimentaires, heureusement intelligemment géré dans le cadre d'une agriculture de subsistance sur un territoire hostile couvert de forêts et de plateaux difficiles à exploiter sur le plan agricole.

Les autorités suisses entendirent donc les ruminations de la population et, à la place d'une politique d'accueil, au motif que « la barque [suisse] était pleine », refoulèrent des juifs venus d'Allemagne. Pleine, la barque suisse ne le fut jamais, évidemment, et des milliers de réfugiés auraient pu être accueillis. Mais avant de jeter la pierre et pour éviter un anachronisme – le « péché des péchés » de l'historien selon Lucien Febvre –, observons la politique actuelle des États européens vis-à-vis des migrants rescapés de pays en guerre. Pour ne rien dire des Australiens, voire des Canadiens, qui, souvent cités en exemple, pratiquent une politique d'immigration choisie, autrement dit discriminent qui prétend s'installer sur leur sol. Pour en revenir à la politique de la Suisse vis-à-vis des persécutés du nazisme, lisons Claire Andrieu. Selon l'historienne française, « la Suisse est de loin le pays qui a accueilli le plus de réfugiés pendant la guerre ». Dont acte.

Reste le fait brut : au final, entre 24 000 et 30 000 personnes furent refoulées aux frontières de la Suisse, estimation contestée, que, pour la période 1939-1945, Serge Klarsfeld ramène à 3 000 et Ruth Fivaz-Silbermann à 3 300[7]. Le destin des refoulés fut aussi tragique qu'ignoble. Sur un total de 200 000 personnes à s'être vu accorder l'asile, 23 000 étaient des juifs. Au total, près de 300 000 réfugiés ont séjourné en Suisse entre 1940 et 1945.

Comment furent accueillis en Suisse ceux qui avaient franchi la frontière ? Les conditions d'hébergement furent sévères : les réfugiés civils furent parqués dans des camps, astreints au travail obligatoire et à une discipline militaire. Personne ne nie plus l'extrême rigueur des conditions d'accueil. Mais pourquoi ne pas rappeler qu'à l'époque, et à l'exception d'une classe de patriciens urbains richement dotés, les Suisses vivaient chichement, pour ne pas dire pauvrement. À comparer l'ordinaire des citoyens suisses avec celui des juifs dans les centres où ils étaient regroupés, on serait surpris par la similarité des situations, à l'époque, entre nationaux et réfugiés. Quant au travail obligatoire imposé aux réfugiés civils, il n'est pas inutile de rappeler qu'en raison de l'état de guerre, les Suisses âgés de 16 à 65 ans étaient alors tous astreints à des travaux d'utilité publique.

La découverte de l'holocauste après la guerre a rouvert les pages de cette histoire. A alors été fait le procès des coupables et de ceux qui, par leur passivité, avaient permis ou facilité la mise en place de la Shoah. Si les autorités françaises ont livré par milliers les juifs français et étrangers installés dans l'Hexagone, si les appareils d'État belge ou encore hollandais n'ont pas été en reste, pour ce qui est des Suisses, le réquisitoire s'est finalement centré sur la qualité de l'accueil fourni. On doit à Alfred A. Häsler, journaliste et écrivain bernois, d'avoir porté à la connaissance du grand public la politique restrictive de la Confédération au cours de cette période. Publié en 1967, son ouvrage *La barque est pleine* eut un fort retentissement. Häsler dénonçait l'inaction des autorités suisses dans un moment où il leur aurait fallu faire preuve d'humanité pour ces juifs promis, en Allemagne, à une mort certaine. En 1981, le cinéaste Markus Imhoof portait l'ouvrage à l'écran, film qui fut nominé aux Oscars à Hollywood.

Puisqu'il est question des obstacles à l'immigration de survie qu'élevèrent à leurs frontières les Suisses à partir de 1938, et contre lesquelles butèrent tant de juifs, évoquons quelles furent, à l'époque, les politiques d'autres États. Dûment informés du sort réservé aux juifs, les États-Unis adoptèrent une politique restrictive au motif que le Congrès était hostile à l'accueil de plus de réfugiés, sur quoi se greffait l'antisémitisme de l'administration Roosevelt, en particulier du Département d'État. Au total, tout au long de la guerre, les États-Unis accueillirent 21 000 réfugiés. Le Canada ne fut guère plus hospitalier. Et pourtant, compte tenu de leur éloignement de l'Allemagne et de l'immensité de leurs territoires, aucun de ces deux États n'avait à redouter l'installation de ces populations étrangères, ni les représailles de Berlin. Certes, la Suisse n'a pas eu une politique héroïque vis-à-vis du voisin pangermaniste, surarmé et impérialiste mais, au vu des politiques hostiles aux persécutés du nazisme adoptées par tous les États européens, à la seule exception de la Grande-Bretagne, doit-elle pour autant battre sa coulpe ?

Le général Guisan

Pour les Suisses, l'Allemagne est le seul danger

Le 30 août 1939, l'Assemblée fédérale élevait le colonel Guisan au rang de général de l'armée suisse. Le lendemain, et sans qu'il y ait de lien entre les deux événements, les armées allemandes envahissaient la Pologne. Le 3 septembre, la France et l'Angleterre déclaraient la guerre à l'Allemagne. Après une série d'agressions territoriales commises par l'Allemagne et n'ayant suscité auprès des gouvernements européens que lâcheté et abandon, la Seconde Guerre mondiale commençait. Installés à plus de 5 000 kilomètres du carnage, dès le 4 novembre 1939, les États-Unis promulguaient le Neutrality Act, qui abrogeait la clause interdisant les exportations aux belligérants. Le commerce avec les démocraties en guerre devenait légal, à charge pour le client de payer comptant et, pour le transport, d'utiliser ses propres navires. *Business as usual.*

Pendant cette « drôle de guerre » sur la frontière entre la France et l'Allemagne, le 25 avril 1940, la Suisse concluait une convention de blocus avec la France et la Grande-Bretagne, et le 10 mai, alors que la Luftwaffe bombardait Dunkerque,

Bruxelles, Lille, Nancy, Lyon, Colmar, Clermont-Ferrand, en Suisse était décrétée la mobilisation générale. De l'autre côté de la frontière, en moins de six semaines, la France s'effondrait : à pied le plus souvent, 10 millions de civils fuyaient vers le sud, alors indemne de présence allemande. Le 17 juin, sans consulter son allié britannique, la France rendait les armes. L'Hexagone était coupé en deux : les Allemands administreraient directement la zone occupée, le reste du territoire étant entre les mains d'un gouvernement fantoche installé à Vichy. Le 9 août, cernée sur la totalité de ses frontières par les forces de l'Axe – italiennes, allemandes et maintenant vichystes –, la Suisse signait un accord commercial avec l'Allemagne. Dans ce contexte d'anéantissement total des démocraties et des monarchies constitutionnelles européennes, une autre politique aurait-elle été possible ? On peine à imaginer laquelle. La Suisse conserva son armée, sa structure fédérale, et les cantons, leur souveraineté. Il faut croire que le climat de liberté qui persistait en Suisse déplaisait, puisque le 14 mai 1941, la vente des journaux suisses était interdite en zone non occupée française, mesure adoucie fin mai par le conditionnement de leur vente à une censure préalable.

On aurait pu supposer que, ceinturés par tant de périls, les électeurs suisses aient, au moins provisoirement, souhaité confier leur mandat de citoyen à un exécutif renforcé, doté d'une capacité d'action, et donc de défense, plus grande et plus rapide. Nullement : le 25 janvier 1942, dans la totalité des 19 cantons et des 6 demi-cantons, et par 529 000 voix contre 250 000, l'initiative socialiste sur l'élargissement du Conseil fédéral et son élection par le peuple était rejetée.

Il n'est pas inutile de rappeler certaines paroles prononcées au cours de ces années où le nazisme fit régner un ordre sanguinaire sur l'Europe, qui colorent différemment le tableau sombre d'une Suisse affalée aux pieds de l'Allemagne victorieuse. Le 16 avril 1942, von Steiger, chef du département de Justice et Police à Berne, déclare : « La Confédération helvétique entend maintenir son indépendance et régler elle-même ses affaires. Un peuple patriote préfère avoir faim et froid que sacrifier son honneur. » La faim, ici évoquée, n'est pas un souci anecdotique : un mois plus tôt, le 1er mars 1942, était entré en vigueur le rationnement de la viande, puis le 16 octobre, ce sera au tour du pain et du lait.

Jamais, au cours de cette période, la Suisse n'a démobilisé. Le 26 juillet 1942, à Appenzell, Karl Kobelt, chef du département militaire, déclare : « La paix extérieure ne nous est pas encore assurée. Personne ne peut dire si, dans cette guerre de surprises, une situation ne se présentera pas qui portera atteinte à notre neutralité. » Le 12 novembre, la Suisse signe un accord commercial avec l'Italie. Huit jours plus tard, le 20 novembre, Karl Kobelt annonce : « Nous ne savons pas comment évolueront les événements. Il faut être prêt à l'action et demain, peut-être, au sacrifice de la vie. » Le 25 février 1943, le nouveau président de la Confédération fait au Musée postal à Berne un discours guère ambigu : « La neutralité suisse n'est pas un don gratuit [...] La mobilisation helvétique est un devoir envers l'Europe [...] Quelle que soit la structure de l'Europe de demain, trois assises fondamentales doivent rester intangibles : le régime démocratique, le fédéralisme, l'existence des partis. » Rappelons pour les distraits qu'hormis en Grande-Bretagne, les partis politiques ont disparu de la carte européenne. La norme est au parti unique, à tendance conservatrice dans la variante souple, à tendance totalitaire dans la variante dure.

Le 12 mars 1943 était promulgué un arrêté fédéral sur le statut des réfugiés entrés en Suisse depuis le 20 août 1942. Pour mémoire, en France voisine, le 15 août 1942, 4 000 juifs apatrides avaient été arrêtés et remis aux autorités allemandes, arrestations massives suivies par d'autres vagues d'arrestations dans le midi de la France. Le 11 avril 1943, à Genève, devant le congrès du parti radical-démocratique, Marcel Pilet-Golaz, alors chef du département politique (Affaires étrangères), déclare : « La crise qui s'approche nous placera devant des responsabilités redoutables, économiques, sociales, politiques, peut-être militaires [...] Toutes les frontières sont sacrées : elles ne se discutent pas, elles se défendent. » Le 9 mai 1943, devant la Société des carabiniers, Karl Kobelt montre ses muscles : « Quiconque porte la guerre chez nous doit compter avec la guerre du peuple. La Suisse se défendra en tout temps contre tout agresseur [...] Notre ennemi sera celui qui nous attaquera. C'est contre lui que nous dirigerons nos fusils. » Deux semaines plus tard, le 23 mai, à la Société d'arquebuse et de navigation, le général Guisan ne dit rien d'autre : « Nous sommes obligés de défendre les voies de communication du Gothard, du Lötschberg et du Simplon, qui sont à nous et à nul autre. Quiconque essaiera de passer nos frontières sera notre ennemi, d'où qu'il vienne [...]. » Une semaine plus tard, le 30 mai, à Arbon, au congrès de l'Association des sous-officiers, Guisan martèle à nouveau : « Le combat peut se dérouler près de nos frontières. Celui qui pénétrera chez nous sera notre ennemi, d'où qu'il vienne [...] Notre neutralité vaut ce que vaut notre armée : c'est pourquoi une neutralité absolue et une armée forte sont inséparables. » Le 4 juillet, Enrico Celio, président de la Confédération, gronde : « Être neutre signifie n'être l'ennemi de personne. Mais si l'étranger, fût-il notre meilleur ami, nous attaquait, notre neutralité se transformerait aussitôt en belligérance dure, quelles que soient nos préférences idéologiques. » Trois jours plus tard, le 7 juillet, le Conseil fédéral décidait la dissolution de deux organisations nazies, le Rassemblement fédéral et la Nationale Gemeinschaft Schaffhausen. Le 1er août, à Saint-Gall, Karl

Kobelt déclarait : « Ni les flatteries, ni les menaces ne peuvent amener la Suisse à renoncer à sa neutralité inconditionnelle. » Le 9 septembre, les unités stationnées dans les zones frontières étaient mobilisées. Le 26 septembre, à Saint-Gall, lors du congrès de l'Union féminine suisse, Kobelt déclare : « Notre politique de neutralité reste immuable. Nous ne connaissons pas de neutralité symbolique ou conditionnelle, mais notre neutralité est réelle et absolue. » Le 17 octobre, Pilet-Golaz, à Berne, lors du congrès du parti radical : « Notre neutralité est sincère, loyale, stricte et absolue. Tous les belligérants le savent. Nous la défendrons envers et contre tous – ou plutôt envers et pour tous. » Le 21 novembre 1943, à Uster, von Steiger déclare : « Le peuple repoussera inflexiblement toute violation de sa neutralité, toute atteinte à son indépendance. Si, de l'étranger, on élevait certaines prétentions, ou même si l'on tentait certaines pressions, la seule réponse serait une défense courageuse du pays. » Le 15 décembre 1943, Ernst Nobs, socialiste, faisait son entrée au Conseil fédéral au poste de ministre des Finances, en remplacement de Ernst Wetter, démissionnaire. Le 23 décembre 1943, à Sempach, Guisan proclame : « Nous sommes décidés à résister à tout agresseur, quel qu'il soit. » Le 7 mai 1944, à Zoug, Philipp Etter, chef du département de l'Intérieur, déclare lors du congrès du parti conservateur : « Notre volonté de défendre notre neutralité doit rester inflexible. » Le 18 mai 1944, Karl Kobelt, à Lausanne : « Même après les hostilités, la Suisse entend sauvegarder son indépendance et sa neutralité complète. Celle-ci restera une neutralité armée. Nous garderons nos armes, même si une organisation mondiale promet la paix perpétuelle. » Le 16 juin 1944, Guisan à l'armée : « La guerre se rapproche de nos frontières. J'ai été obligé de faire appel à de nouveaux contingents. Mieux vaut se trouver en place trop tôt que trop tard [...] Je sais que vous ferez votre devoir de soldat. » Le 12 juillet, le Conseil fédéral adoptait de nouvelles mesures relatives au refoulement des réfugiés. Le 1er août, Guisan à l'armée : « Nous devons être prêts à toute éventualité et rester sur le qui-vive. L'heure d'un nouvel appel aux armes peut sonner d'un moment à l'autre. »

Pour apprécier cette litanie patriotique, où il n'est question que de l'intangibilité des frontières et de la ferme volonté de les défendre, il faut se pencher sur ce que déclarent à la même époque les responsables de pays bénéficiant d'un statut voisin de celui de la Suisse. On cherchera en vain pareils propos dans la bouche des responsables politiques de la Suède, autre pays neutre. Le 7 novembre 1942, Günther, ministre des Affaires étrangères, devant les deux Chambres du Riksdag, annonce : « La Suède est résolue à ne se rattacher à aucun groupe de belligérants. Nous ne prendrons les armes pour défendre notre neutralité que si nous sommes contraints de le faire. » Le propos du Suédois est défensif. S'il faut prendre les armes, « contraints », alors les Suédois le feront. En attendant, les armées du Reich disposent en Suède de nombreuses facilités pour transiter vers la Norvège, facilités qui ne seront retirées que le 16 mai 1944. À cette époque, Berlin multiplie les reculs stratégiques, autrement dit accumule les défaites.

Qui cherche des propos moins conciliants à l'égard de l'envahissante puissance allemande doit se pencher très au sud, vers le très périphérique Portugal. À notre connaissance, hormis Winston Churchill, dont la nation est officiellement en guerre contre le Reich depuis septembre 1939, seul le général Salazar a dit sans ambiguïté la préférence de son pays dans la guerre mondiale en cours. Le 27 avril 1943, pour le quinzième anniversaire de son entrée dans le gouvernement, Salazar déclarait : « La neutralité du Portugal est liée à certaines conditions et reste subordonnée aux intérêts permanents du pays. Il ne faut pas oublier que le Portugal est allié de la Grande-Bretagne et qu'il n'a pas l'intention de renier son alliance. » Le propos du dictateur portugais est limpide quant à ses préférences géopolitiques. Sur la Suisse, le Portugal bénéficie cependant d'un incontestable avantage comparatif : ses ports garantissent à sa population qu'elle ne sera jamais exposée à la famine ; d'autre part, sur son unique frontière, à l'est, se trouvait une Espagne exténuée par sa guerre civile, et Franco, lors de la rencontre à Hendaye le 23 octobre 1940, avait fait savoir à Hitler qu'aucune troupe allemande ne serait la bienvenue au-delà des Pyrénées.

Au final, la mobilisation – la fameuse « mob » – fut donc massive et régulièrement justifiée par tous les responsables politiques suisses, au niveau cantonal et fédéral. Aucune césure n'a coupé la Suisse en deux, comme certains l'espéraient, comme d'autres le redoutaient. Contrairement à ce qui s'était passé lors de la Première Guerre mondiale, où Romands et Alémaniques avaient chacun, au début du conflit, choisi leur champion, le divorce ne se répéta pas lorsque éclata la Seconde Guerre mondiale. Il est vrai qu'entre l'Allemagne prussienne de 1914 et l'Allemagne nazie de 1939, le pangermanisme avait changé de visage. En 1914, Berlin entrait en guerre pour rebattre les cartes de l'impérialisme mondial tel qu'il avait été façonné au XIXe siècle, quand, en 1939, Berlin visait à absorber le plus grand nombre de territoires en Europe avec, comme zone prioritaire, l'espace germanique. On comprend qu'un tel scénario n'ait guère enthousiasmé les Suisses alémaniques : passer de peuple souverain à vassal de l'hitlérisme avait de quoi dessoûler les plus soiffards parmi les sympathisants de l'Allemagne.

Le rapport Bergier

Quel autre pays a fait son sale inventaire ?

Qui se souvient des années 1970 ? Née après la guerre, ma génération, élevée dans un luxe matériel sans précédent, a alors vingt ans. Au sortir de la guerre, nos parents ont travaillé dur. Sans égard pour le milieu social, l'univers domestique porte la trace de cette mutation. Voilà les appartements disposant de toilettes privatives, d'eau courante – chaude notamment –, d'un four. La machine à laver remplacera bientôt la lessiveuse, et le poste de télévision encombre déjà le salon. La voiture symbolise le mieux la grande transformation en cours. Tout cela coûte cher mais, grâce au plein-emploi, à la croissance, au crédit à la consommation et à une inflation à deux chiffres, ces outils libérateurs entrent au domicile de millions de cadres et bientôt d'ouvriers. Et puis, il y a nous, les enfants. Nous sommes nombreux, conçus dans le climat d'euphorie qui, dans la sphère occidentale, accompagne la reconstruction d'après 1945. Le futur s'annonce radieux, nul ne peut sincèrement en douter : bientôt, les voitures voleront, et l'homme pressé circulera dans les airs. Concept inconnu, la pollution n'existe pas. Oubliés, le passé, la guerre mondiale, les destructions, les souffrances. L'avenir très matérialiste occupe les esprits.

C'est là-dessus qu'a déboulé Mai 68. Si l'épicentre de cette révolte est en France, à Paris plus précisément, des surgeons sont repérés dans toutes les métropoles occidentales : Berlin, San Francisco, Milan, Prague, etc. Jusqu'au Japon, partout les jeunes nés après la Seconde Guerre mondiale ruent dans les brancards. Ils s'insurgent contre la société que célèbrent leurs parents et qui se résume à l'accumulation de biens de consommation. Révoltée, la jeunesse carbure à d'autres exigences. Ainsi entend-elle d'abord se défaire du modèle éducatif vertical : l'école, le collège, l'université doivent changer. Et à leurs parents, qui se posaient en exemples jusqu'alors, les enfants demandent des comptes. C'est à la faveur de cet inventaire qu'est découverte une étrange boîte noire rangée sur une étagère : comment les adultes, ces vertueux modèles à imiter, s'étaient-ils comportés pendant la Seconde Guerre mondiale où, à les entendre, tous avaient été des héros ? Ceux qui exigeaient le respect dû à leur statut d'adulte s'étaient-ils montrés aussi valeureux dans les années noires qu'ils le prétendaient ? Qu'avaient donc fait ces adultes pendant le nazisme et le fascisme ? Et, faute de réponses satisfaisantes, étaient-ils habilités à sermonner leurs enfants ? Las. L'ouverture des cartons d'archives et la parole soudainement libérée allaient dévoiler une réalité tout autre, une réalité où, pour l'immense majorité, la compromission l'avait disputé à la lâcheté, où les petits arrangements étaient légion, et introuvables les faits d'armes. Acculés par leurs enfants qui les pressaient de s'expliquer, les parents ont fourni des réponses sur un passé que beaucoup avaient oublié, certains volontairement enterré. En Suisse, la question était : dans quelle mesure, derrière la neutralité affichée du pays, avez-vous aidé à la chute du nazisme, effondrement que vous commémorez discrètement certes mais que rappellent les manuels scolaires ?

Histoires et faits divers sordides sont alors sortis de la boîte de Pandore. Dans les années 1990, une offensive d'une tout autre portée, visant particulièrement la Suisse, s'est greffée sur la critique de la passivité des adultes face à l'extermination des juifs d'Europe. Lancée depuis les États-Unis, il était là question de l'attitude de la Suisse pendant le nazisme, du soutien apporté à Hitler et des spoliations dont les juifs furent victimes. Quels avaient été le rôle exact et la responsabilité de la Suisse dans la Shoah ?

En prévision du tsunami, les autorités suisses ont alors pris une initiative unique en son genre : le Conseil fédéral a nommé une commission indépendante d'experts (CIE), présidée par l'historien suisse Jean-François Bergier. Composée en décembre 1996, la CIE s'est appliquée à mettre au jour les liens de la Suisse avec le IIIe Reich, la politique à l'égard des réfugiés fuyant les persécutions ainsi que la destination des fonds qu'ils avaient déposés dans les coffres des banques helvétiques. La commission Bergier fut dotée d'un confortable budget de 22 millions de francs. En mai 1998, un premier rapport intermédiaire était présenté, intitulé *La Suisse et les transactions sur l'or pendant la Seconde Guerre mondiale*, suivi d'un second rapport rendu en décembre 1999 sur la politique des réfugiés.

Le rapport final fut remis le 22 mars 2002, soit à peine six ans après l'ouverture du chantier. Temps record, considérant l'ampleur des sources à consulter et des vérifications requises. Jean-François Bergier déplora que le volumineux rapport, soit tout de même 27 volumes publiés, ne rencontre pas davantage l'intérêt des médias et de ceux qui l'avaient commandité, ni non plus de ceux qui, à New York, avaient montré les crocs. Il est vrai que la conclusion d'un accord global pour un montant de 1,8 milliard de francs entre les banques suisses et les plaignants juifs avait apaisé jusqu'aux plus belliqueux. En Suisse, dans le public, les débats furent parfois vifs. Une exposition itinérante présenta l'essentiel des travaux.

Rétrospectivement, la commission Bergier est une fidèle illustration du fonctionnement des autorités suisses : confrontées au principe de réalité, en l'occurrence une offensive juridique américaine menée avec des canons de très gros calibre, elles n'ont pas tenté d'esquiver la responsabilité historique du pays mais ont confié l'affaire à des spécialistes reconnus, scientifiquement irréprochables et les ont dotés de moyens financiers considérables pour mener leur mission. Le passé exhumé fut assumé avec calme. En mars 2002, une fois son rapport remis, la commission était dissoute et, considérant ce que révélaient les travaux, le débat prévu fut jugé superflu. La mise en parallèle de l'attitude des Suisses, visant à faire la lumière sur un épisode équivoque de leur histoire, et du déni répété des Japonais des carnages de masse que perpétrèrent leurs armées en Chine et dans l'ensemble du Bassin pacifique lors de leurs guerres impérialistes, commencées en 1931 avec l'invasion de la Mandchourie, illustre la vigueur morale des premiers, l'ignominie des seconds.

Jean-Claude Favez, mon professeur d'histoire
Le cinéma dans l'amphithéâtre

À l'automne 1968, muni d'un baccalauréat français qui ne valait pas le prix du papier sur lequel mon diplôme était imprimé, je me suis inscrit à l'université de Genève pour y faire des études d'histoire. J'ai toujours aimé l'histoire, d'abord apprise par les images que nous collions sur nos cahiers d'écoliers, puis au travers des *Belles Histoires de l'oncle Paul*, scénarisées par Jean-Michel Charlier et que publiait l'hebdomadaire *Spirou*. On ne dira jamais assez combien d'historiens doivent leur vocation non à lecture de Paul Veyne, mais au fait d'avoir dévoré des bandes dessinées.

La première semaine de cours à l'université de Genève fut un choc, par contraste avec l'ambiance de caserne de ma boîte à bachot pour cancres, où à l'époque – nous sommes en France en 1968 – le directeur débarbouillait *manu militari* les filles qui s'étaient risquées à un timide fond de teint. Si, d'entrée, beaucoup de cours m'avaient paru sans intérêt, il en est un qui m'a marqué à vie. L'intitulé était succinct : « La

République de Weimar ». Assis dans une salle à gradins située au premier étage du bâtiment des Bastions, nous attendions le professeur. Un homme sec et assez grand, qui paraissait notre âge, est entré et a refermé la porte derrière lui. C'était Jean-Claude Favez. Personne n'avait entendu parler de lui. C'est lui qui dispensait le cours d'histoire contemporaine. L'intéressé posa sur le grand bureau le paquet de dossiers et feuillets qu'il tenait sous le bras puis, murmurant un bonjour, démarra en trombe. Il arpentait l'auditorium de long en large, sans regarder le public. Il paraissait maraboutéé : « Il est quatre heures quinze du matin, le 10 janvier 1919. Dans la Hinterstrasse, dans les faubourgs nord de Berlin, la température est de – 7 °C. Noske passe en revue les corps francs. Dans leurs godillots, la plupart ont les pieds gelés. Chaque homme a reçu un fusil, une baïonnette et deux boîtes de cartouches. Ils se préparent à l'assaut des positions tenues par les spartakistes. Quatre années de guerre pour se battre à nouveau ! Pour se battre cette fois-ci sur le sol allemand, contre d'autres Allemands ! Beaucoup vont mourir. "Distribuez du schnaps !" ordonne Noske à l'officier qui l'accompagne. La bataille de rues sera difficile. Noske sait qu'il doit frapper vite et fort : à chaque heure qui passe, les bolcheviques gagnent du terrain. En cette aube du 10 janvier 1919, les sociaux-démocrates allemands s'apprêtent à liquider le mouvement communiste allemand. » Tout le reste fut à l'avenant. Avec Favez, les étudiants étaient au cinéma, le film était en Scope, et nous, collés au siège. Minute par minute, la salle suivait la progression des corps francs, l'arrestation de Rosa Luxemburg, l'exécution de Karl Liebknecht. J'ai compris ce jour-là que je serais historien – je ne le suis devenu que beaucoup plus tard, à l'âge de 50 ans.

Une fois terminée ma maîtrise, j'ai entrepris à Paris la rédaction d'un doctorat d'histoire, sous la direction d'un autre historien, Marc Ferro. Anne-Marie Piuz, qui dirigeait à l'université de Genève le département d'histoire économique, et Jean-Claude Favez m'aidèrent à décrocher une bourse du FNS (Fonds national suisse) me permettant d'aller à Paris. J'y soutins ma thèse en 1981, et me retrouvai au chômage dans la foulée. Je découvris par la suite la corruption du système universitaire français. Bien des années après, m'étant professionnellement réorienté par nécessité, et alors que je m'occupais du financement des fictions audiovisuelles à TF1 récemment privatisée, Jean-Claude Favez, devenu entre-temps recteur de l'université de Genève, m'invita à donner une série de conférences sur les rapports entre cinéma et histoire. Je suis ainsi venu une dizaine de fois en 1988, par avion de Paris, donner un cours de quatre heures, le vendredi après-midi. Mon employeur, à Paris, m'imaginait alors naviguant entre la cafétéria et la direction internationale. Pour brouiller les pistes, je laissais ma veste sur le dossier de mon siège et, furtivement, passais la récupérer le samedi matin. À la faveur de mon cycle d'enseignement genevois, Jean-Claude Favez m'invita à dîner chez lui. Il habitait une tour sans âme dans un grand appartement bourré de livres. Il me laissa entendre ce soir-là que, si j'étais intéressé, il trouverait le moyen de créer un poste de professeur sur la thématique « histoire et cinéma », court-circuitant ainsi l'université de Lausanne qui planchait, je crois, sur cet axe à la même époque. Je ne donnais pas suite à la proposition très élégamment formulée. L'eussé-je acceptée, je serais aujourd'hui un vrai Genevois, installé.

Pour en revenir à Jean-Claude Favez, je souhaite à tous les jeunes d'avoir la chance et le bonheur de croiser, un jour, un être de raison porté par la grâce, irradiant avec tant de conviction et une telle générosité l'amour de la connaissance.

Les abris antiatomiques

En attendant, ils font d'excellentes caves à vin

Il est loin le temps où, au coin de la rue, grondait la Troisième Guerre mondiale. Qui se souvient qu'entre 1950 et 1953, lors de la guerre de Corée, le champignon nucléaire faillit lever ? Le général MacArthur avait alors envisagé d'atomiser préventivement la Chine communiste avant qu'elle ne se dote de l'arme fatale. Même avec le limogeage de MacArthur, la peur nucléaire ne faiblit pas. En 1957, Nevil Shute publiait *On the Beach*, que Stanley Baker porterait à l'écran deux ans plus tard : avec leurs bombes nucléaires, les hommes avaient anéanti la planète, et sur un coin perdu d'Australie, les survivants guettaient l'arrivée inexorable du nuage radioactif.

Au tournant des années 1960, les événements s'emballèrent à nouveau. À la construction du mur de Berlin, en 1961, se greffait, quelques mois plus tard, l'affaire des missiles de Cuba : entre le 14 et le 28 octobre 1962, heure par heure, la planète avait suivi la progression des cargos soviétiques apportant à l'île castriste les ogives nucléaires. Qu'allait-il se passer lorsque la flotte descendue de la Baltique forcerait le blocus maritime ? À Cannes, où j'étais alors collégien au lycée Jules-Ferry, les professeurs nous entraînaient à nous glisser rapidement sous nos pupitres. Telle était la parade pour nous protéger du nuage radioactif au moment où il toucherait la ville. C'est dire l'efficacité du dispositif qu'avait alors prévu le ministère français de l'Éducation nationale. En 1964, Stanley Kubrick signait *Docteur Folamour, ou Comment j'ai appris à ne plus m'en faire et à aimer la bombe*, qui se terminait sur l'apocalypse nucléaire. La télévision n'était pas en reste. En 1965, Peter Watkins tournait un documentaire-fiction, *The War Game* : après une frappe atomique russe sur le Kent, en Angleterre, les populations étaient confrontées à l'impéritie d'autorités incapables de gérer la terreur de masse, les désordres et la détresse. Redoutant un vent de panique parmi les téléspectateurs qui auraient pris le téléfilm en cours de diffusion, la BBC refusa de le programmer. Bref, partout en ces années 1960, le scénario d'un holocauste nucléaire fut pris au sérieux – ce même sérieux que nul ne contestera aux Suisses. Considérant la probabilité d'une atomisation plausible de la planète, les autorités suisses adoptèrent des mesures qui annonçaient le fameux principe de précaution.

À l'époque (1958), la Suisse compte 5 millions d'habitants. Il faudra donc concevoir des abris résistants au souffle de l'explosion atomique puis au feu radioactif, et capables d'accueillir 5 millions de survivants. Voilà pourquoi, à partir des années 1960, les immeubles construits en Suisse le sont sur une cave aménagée en abri antiatomique, avec porte d'accès dotée d'un verrouillage de sous-marin. Seule différence : ces portes sont en béton armé et non en acier. Les experts de l'époque avaient aussi phosphoré sur le scénario de survie : les rescapés devaient pouvoir tenir 200 heures sans mettre le nez hors de l'abri, soit une grosse semaine. D'où les réserves de guerre que chaque Suisse devait avoir sous le coude et qu'il lui arrive encore de ranger sur une étagère : deux litres d'eau potable par personne et par jour, deux semaines de vivres déshydratés. Des sacs plastique, type sac-poubelle avec adhésif, étaient aussi préconisés, pour y jeter les déjections humaines et, si nécessaire, y emballer les personnes décédées dans l'abri. Selon le journaliste Daniele Mariani, « en 2006, la Suisse comptait 300 000 abris dans des habitations, institutions et hôpitaux, et 5 100 abris de protection civile publics[8] ». Les autorités avaient vu grand : la Suisse, dont la population était de 7,5 millions d'habitants en 2006, pouvait recevoir 8,6 millions de personnes dans ses abris antiatomiques. « C'est-à-dire un degré de couverture de 114 %. » Après vérifications techniques, il faut louer le destin que jamais ne soit survenu le feu nucléaire tant certaines installations, comme celle de Sonnenberg, près de Lucerne, ont révélé de malfaçons.

Imaginons maintenant le scénario post-apocalyptique où, suite à un embrasement nucléaire total, la Terre ne serait peuplée que de Suisses, les autres peuples s'étant volatilisé faute d'autorités prévoyantes. Une Terre peuplée de Suisses uniquement, avec un clone de Schneider-Ammann s'adressant à ses concitoyens pour dire : « Rire, c'est bon pour la santé. » Le rire risque pourtant de ne pas suffire quand on apprend qu'en 2015, un tiers de la population russe a été astreinte à des exercices de simulation d'attaque nucléaire…

Aujourd'hui, la Suisse compterait 360 000 abris antiatomiques. Chez Andair, dans le canton de Zurich, on a suivi de près les élucubrations du sociopathe qui tyrannise la Corée du Nord. À chaque tir de missile, les commandes de filtres à air et de portes d'abris antiatomiques affluent du Japon où, par expérience, les habitants redoutent un nouveau feu nucléaire. En Suisse, depuis 2012 et dans les régions à forte densité de refuges, il n'est plus obligatoire de construire ces protections contre le gaz et les radiations. Considérant la surcapacité des places d'accueil dans les espaces aménagés, les autorités fédérales ont imaginé une solution de bon sens : les personnes dépourvues de protection s'acquittent d'une « contribution de remplacement » (entre 400 et 800 francs par place) payable aux cantons, aujourd'hui assis sur un tas d'or. Les abris antiatomiques sont aussi l'occasion de rencontres pour les personnes seules : de temps à autres, elles voient débarquer des spécialistes des conduits d'évacuation venus vérifier le bon état des manivelles, des grilles d'écoulement et des systèmes de ventilation. C'est pour elles l'occasion de boire un verre dans l'abri transformé, souvent, en cave à vin.

Quelques péripéties récentes

La création du vingt-sixième canton du Jura
L'obstination paye

La Suisse est une association volontaire de communes rurales et de villes-États, nommées cantons, ayant consenti de se grouper sous une bannière confédérale. À partir de 1848, on a pu parier que les frontières de la Suisse n'évolueraient plus, sauf dévorage impérialiste perpétré par un État voisin. Et si, en Suisse, des frictions intercommunales peuvent surgir, en particulier entre les villes et les campagnes, les cantons ont fixé leurs frontières. C'était sans compter avec la sensibilité, dans le canton de Berne, des Jurassiens francophones du nord, notamment de Porrentruy et Delémont, que la mentalité bernoise, jugée dominante et arrogante, insupporte. Arrogance qui s'accompagne d'une répartition inéquitable du pouvoir, avec un biais alémanique pour ce qui touche à l'administration et, pire que tout, un dialecte bernois imposé aux francophones, qui le rejettent. D'où, dès les années 1940, l'idée d'aménager du mieux possible les relations politiques au sein du canton de Berne. Faute de solution viable, on a ensuite envisagé une issue plus tranchée. Dans une seconde étape, les Jurassiens francophones renonceront en effet à davantage d'autonomie vis-à-vis de

Berne, pour réclamer la création d'un canton à part entière, le vingt-sixième.

Le mouvement démarre à Delémont et prend le bélier pour emblème. Pour les Jurassiens, le péril est double : aux autorités cantonales bernoises, qui leur sont ouvertement hostiles, se superposent des autorités fédérales toujours à l'écoute du Grand Conseil bernois. Au fil des années, la situation s'envenime. La question jurassienne est de résolution complexe, et sur le terrain, la multiplication des actes violents brouille les esprits. Se pourrait-il que, sur leur sol apaisé, les Suisses ait une Irlande du Nord en gestation ? S'estimant humiliés et maltraités, les séparatistes jurassiens, surtout les plus jeunes, multiplient les actions (tentative de sabotage de la ligne ferroviaire Bienne-Berne) et les coups d'éclat symboliques. Au fil des années, les milieux séparatistes se radicalisent. De leur côté, les autorités politiques constatent que, devant des nationaux déterminés, l'invocation du consensus est sans effet. Trop longtemps maltraités, les Jurassiens rejettent désormais tout compromis. Simple foucade dix ans auparavant, l'autonomie est désormais ancrée dans le cerveau d'une majorité de Jurassiens francophones. Elle n'en sortira plus. Quant à la solution trouvée, elle empruntera le canal institutionnel suisse.

À partir de 1974, les plébiscites jurassiens signalent que, face aux séparatistes majoritairement installés dans les trois districts du nord, Delémont, Porrentruy et Franches-Montagnes, accessoirement majoritairement catholiques, quatre districts veulent rester rattachés au canton de Berne. Le 21 juin 1977, les deux Chambres fédérales validaient la nouvelle Constitution du Jura, et le 24 septembre 1978, les cantons à l'unanimité et les électeurs suisses acceptaient la création d'un nouveau canton par 82,3 % de oui. Si les séparatistes jurassiens firent les beaux jours des médias suisses, qui se virent offrir une guerre civile à domicile, donc moins onéreuse à couvrir, les actions furent surtout symboliques, comme le vol de la pierre d'Unspunnen (une « prise d'otage » selon les auteurs) attribué aux Béliers jurassiens, le 3 juin 1984 dans le musée d'Unterseen. Le gros caillou ne pesait pas moins de 83 kilos…

Dans l'hypothèse où une nouvelle affaire jurassienne surviendrait, la Constitution fédérale de 1999 a jugé prudent de s'en tenir à une formulation souple : « Article 53. Toute modification du nombre des cantons ou de leur statut est soumise à l'approbation du corps électoral concerné et des cantons concernés ainsi qu'au vote du peuple et des cantons. » C'est justement ce qui s'est passé le 18 juin 2017, où, par une majorité de 137 voix, les citoyens de la ville de Moutier, jusqu'alors bernoise, ont voté en faveur de leur rattachement au Jura francophone. Hommage au pragmatisme suisse, où la prudence se combine ici avec l'esprit d'anticipation. Sait-on jamais ce qui peut naître dans le cerveau des hommes, y compris chez les Suisses ? Par ailleurs, le canton du Jura se range parmi les principaux bénéficiaires de la péréquation financière intercantonale. La souveraineté politique est d'autant mieux respectée que n'est pas sollicitée la charité des anciens maîtres.

La votation du 9 février 2014
La xénophilie suisse en défaut ?

Hormis l'UDC (Union démocratique du centre), moteur de la votation du 9 février 2014 avec Christoph Blocher aux manettes, qui a pris au sérieux l'enjeu de ce scrutin dont les spécialistes avaient décrété qu'il était perdu d'avance ? Sur les questions d'immigration, voire de xénophobie avérée, les électeurs suisses avaient en effet toujours répondu « non merci » aux sollicitations dont ils avaient été l'objet. Les Suisses ne sont pas xénophobes. En tout cas, ils le sont moins que leurs voisins qui, à l'encontre des étrangers installés sur leur sol, ont pu les exterminer ou, à un degré moindre, pratiquer des ratonnades meurtrières il n'y a pas si longtemps encore. La xénophilie des Suisses puise dans leur culture historique : l'étranger appelle plutôt le secours que la matraque. Approche pragmatique s'expliquant par le fait que beaucoup de Suisses ont des racines dans la plupart des pays européens, voire dans des pays plus lointains encore. Le pays n'a-t-il pas régulièrement accueilli les réfugiés fuyant l'intolérance religieuse, les persécutions politiques, puis les migrants économiques à la recherche d'un emploi décent et bien payé, qui fuyaient la pauvreté à domicile ?

Il est une autre explication à la xénophilie des Suisses : observateurs de leur prospérité, les Suisses ont noté qu'un grand nombre d'étrangers venus chez eux y avaient créé des entreprises et, par conséquent, des emplois. Ce pragmatisme intéressé se vérifie dans ce que l'initiative xénophobe du 9 février 2014 a été rejetée dans les communes et les cantons où les étrangers sont les plus nombreux à être installés, et où circulent le plus grand nombre de frontaliers. En clair, cette initiative, qui s'adressait justement à cet électorat dont on supposait qu'il souffrait de la présence étrangère excessive et donc militerait pour sa réduction, a magistralement manqué sa cible électorale. Contre toute attente, les cantons les moins exposés à la présence étrangère ont plébiscité l'initiative de l'UDC : les partisans de la réduction de la présence étrangère ont en réalité répondu à une question qui ne les concernait pas.

La votation du 9 février 2014 reste un mystère. Les Suisses ont-ils eu la préscience que la porosité des frontières européennes avait franchi un seuil limite et qu'il convenait d'en renforcer l'étanchéité ? L'explication, raisonnable, ne tient pas : répétons-le, hormis le Tessin, les régions les plus saturées d'étrangers n'ont pas voté pour leur mise à l'écart ou leur soustraction.

Il est peut-être d'autres explications. Ainsi, celle que Louis-Napoléon, prince Bonaparte, formule en 1833 : « Je sais malheureusement que le bonheur rend égoïste. Quelques Suisses croient que, séparés du reste de l'Europe par leurs institutions et par leurs montagnes, ils pourraient rester tranquilles au milieu d'un bouleversement général. Qu'ils se détrompent ! Toute l'Europe se tient par des liens insolubles[9]. » Égoïsme ? Cécité ? Nul ne peut déterminer précisément ce qui a prévalu lors de ce vote. Dans la foulée du résultat, les Suisses ont compris que si leurs liens avec l'Europe étaient fragilisés, voire dissous, il leur en coûterait.

Un autre aspect du scrutin devrait susciter l'attention des experts : les premiers, les électeurs suisses ont clairement revendiqué leur attachement à la notion de frontière et rappelé aux autorités européennes qu'il relevait de la souveraineté du peuple de décider qui, en dernier ressort, pouvait ou non s'installer sur le sol national. Faut-il que les fédéralistes européens aient perdu tout contact avec les peuples pour avoir imaginé un continent où la notion de territoire national n'existerait plus ? Au fait, au sein de la Commission européenne, les fédéralistes savent-ils seulement ce qu'est une fédération ?

La *Willensnation* ou « nation par la volonté »
Un bien curieux ciment

Au départ, rien n'est plus improbable que la nation suisse. Le 17 août 1836, Tocqueville note : « Il y a des cantons, il n'y a pas de Suisse[10]. » Bien vu, même si ce qu'écrit Tocqueville sur la Suisse n'a pas, et de loin, la profondeur de ses réflexions sur les États-Unis. Le séquençage du pouvoir et l'absence d'une instance politique centralisée fixant un cap au pays déconcertent le penseur français qui range parmi les bizarreries la souveraineté quasi complète des cantons suisses. Ce dont se méfie Tocqueville, c'est du pouvoir que, lui semble-t-il, le peuple n'a pas lâché. Tocqueville garde en mémoire les bains de sang que la populace parisienne réclamait au passage des charrettes roulant vers l'échafaud. En Suisse, chaque canton, sinon chaque commune, est scotché à ses usages, à ses traditions, à son histoire. On touche là au narcissisme des petites différences de Freud. Rien d'anodin en effet à ce que le document d'identité suisse signale la commune d'origine du porteur, là où, dans la plupart des pays, le passeport précise le lieu de naissance, le plus souvent une agglomération. Dans cette perspective, le lieu de naissance n'est plus qu'un détail, utile pour distinguer le porteur du document d'éventuels homonymes. Tel n'est pas le cas en Suisse. La commune est ici une entité politique complète venue s'agréger dans le canton, une entité plus large. Dans certains cantons, les communes cultivent un irrédentisme impensable dans un autre pays. Interrogé sur sa nationalité, votre interlocuteur revendiquera fièrement une attache communale vieille de plusieurs siècles. Si les Catalans, les Corses, les Gallois ou les Bretons affichent des convictions régionales également vives, nulle part on ne croise comme en Suisse une fixation clochemerlesque sur un bout de terrain parfois exigu, peuplé par moins de cent personnes.

C'est dire combien est vivant le rapport affectif des Suisses avec leurs racines. Cette attache communale leur collera aux basques où qu'ils s'installent, et ils la transmettront à leur descendance. Dans ce contexte, personne ne s'aventurerait à retoucher les frontières communales, même si la tendance est au regroupement de communes, mais toujours après consultation des intéressés. Pour ce qui est des cantons, l'entreprise est simplement inimaginable. Il faut vraiment que pointe la perspective d'une longue guerre civile « à la suisse » pour que, comme pour la création du vingt-sixième canton du Jura, soient charcutées les frontières cantonales.

Voilà pourquoi le chemin fut long et tortueux avant que les 2 352 communes suisses (au 1er janvier 2014) communient dans une opération mentale complexe nommée suissitude. Songez qu'en vertu de cette communion, un Vaudois ou un Neuchâtelois devra se sentir moins proche d'un habitant de Besançon ou d'Évian que d'un Argovien ou d'un Appenzellois, qui baragouine un sabir dont il ne saisit pas un traître mot et qui pratique une religion différente de la sienne. À quoi s'ajoute, cerise sur le gâteau, que lors de beaucoup de votations, notamment celles auxquelles les Romands attachent une importance particulière, ces Suisses alémaniques, en raison de leur supériorité numérique, étouffent les choix romands. C'est ainsi aux Alémaniques que les Romands doivent chacune de leurs grandes défaites politiques dans les années passées. En tant que Genevois, vous êtes par exemple un adepte des déficits publics, vous comprenez les grèves dans les transports en commun et à l'hôpital universitaire cantonal quand, 200 kilomètres plus au nord, les autres Suisses, ceux que vous ne croisez jamais sauf, éventuellement, pendant votre école de recrues, ricanent au spectacle de ces aberrations romandes. Dans un passé récent, des affrontements de nature politique ou religieuse au sein de leur population ont été tranchés par certains États européens non par le dialogue mais, comme en Irlande ou en Yougoslavie, dans le sang et avec une partition géographique. Est-on bien certain que la Belgique résistera longtemps aux forces centrifuges qui poussent Flandre et Wallonie à l'éloignement ? L'observation vaut évidemment pour la Catalogne. C'est dire à quel point la Suisse, si réellement diverse, est une mosaïque sophistiquée dont les morceaux restent emboîtés par la seule grâce d'une volonté commune. D'où l'expression de *Willensnation*.

Vu de l'extérieur, ce liant suisse qui résiste aux secousses est de nature miraculeuse. Au Conseil national, la plupart des élus romands se jettent sur leurs écouteurs lorsqu'un parlementaire alémanique prend le micro. La réciproque n'est pas vraie : les Suisses allemands n'écoutent pas les Romands ou, au mieux, leur prêtent une oreille distraite. Ces derniers s'en plaignent régulièrement. À observer ce manège depuis les coursives, on comprend que parmi les 200 représentants du peuple, peu nombreux sont ceux qui comprennent la langue parlée par celui d'en face, y compris au sein du même parti. À Berne, nombre d'élus ne peuvent communiquer avec leurs collègues faute d'un langage commun. Peut-être est-ce pour cela que la mosaïque résiste, nonobstant les prophéties apocalyptiques entendues lors du dépouillement d'une énième votation qui a fracturé le pays. Les dialectes, et surtout leur résurgence, ne sont-ils pas prémonitoires d'une désagrégation nationale sur fond de babélisation linguistique ? Selon l'adage que me souffle mon ami Ulrich Lehner, les Suisses ne s'entendraient-ils donc qu'en raison du fait qu'ils ne se comprennent pas ? Voilà presque trente ans, un conseiller national interpellait le gouvernement et posait la question suivante : « Selon de nombreux observateurs, le plurilinguisme ne fonctionne plus en Suisse de façon suffisamment satisfaisante pour permettre à la Confédération de continuer à laisser ce problème se régler de lui-même. Il est temps qu'elle prenne des mesures afin de parer à une détérioration de la bonne entente entre les groupes linguistiques. Si cette bonne entente est actuellement quelque peu troublée, cela tient en partie à la montée des dialectes qui fait que les Suisses allemands se servent de ces idiomes même dans des circonstances où ils utilisaient autrefois sans hésitation la langue allemande. On a ainsi érigé une nouvelle barrière, ce qui est préoccupant. Le recours excessif, voire inconsidéré, au dialecte, est dû notamment, de l'avis de nombreux experts, à la gêne que bien des personnes ressentent lorsqu'elles font usage de leur propre langue de culture[11]. » Et l'auteur d'interroger le gouvernement sur sa politique face au problème soulevé. Classiquement, le Conseil fédéral bottait en touche. Il se disait préoccupé et étudierait une solution appropriée tout en ménageant la susceptibilité des cantons. Qui devinera l'identité de ce parlementaire, thuriféraire du *Hochdeutsch* ?

Il est enfin une autre explication à la volonté des Suisses de vivre ensemble, volonté qui, au-delà de différends montés en épingle et aussitôt oubliés, ne devrait cesser de se renforcer. Le moteur de la *Willensnation* est aujourd'hui moins l'histoire propre de chaque canton et de sa base communale que le spectacle offert par les États européens. Si tant est que des Suisses aient pu, à une époque, se laisser séduire par la grandiloquence gaulliste, par les charmes vénéneux de la ploutocratie berlusconienne ou par la rude efficacité de Gerhard Schröder ou d'Angela Merkel, il est clair que ce moment historique est trépassé. Le délabrement des États du Sud, tout comme les décisions impériales d'une chancelière allemande décrétant unilatéralement l'ouverture des frontières européennes pour les centaines de milliers de réfugiés fuyant les guerres du Proche-Orient, ont rompu le charme. En dépit des détestations qu'ils peuvent éprouver vis-à-vis des habitants de la commune voisine, du canton voisin ou du canton lointain, les Suisses se sentent aujourd'hui tous voyageurs de première classe sur le paquebot européen où des fous ont pris le contrôle des ponts inférieurs. Pour les Suisses, il convient d'empêcher que se propage l'épidémie. Tel est le dernier-né des carburants de la *Willensnation*. Il est très efficace, car jamais autant de pays, dans une Europe en paix, n'avaient fait la démonstration de leur incapacité à gérer les crises qui les fragilisaient : l'intégration des étrangers, la participation des citoyens à la vie politique, le contrôle des élus, la surveillance des lois, etc. Provocateur bavard et artiste surévalué, en 1992, Ben Vautier avait fait parler de lui lors de l'Exposition universelle de Séville en scribouillant : « La Suisse n'existe pas. » Les petits-bourgeois s'étaient esbaudis devant le propos insignifiant d'un tenant de l'avant-garde postmoderne (déjà l'appellation aurait dû inciter à la méfiance). La *Willensnation* tient bon et ira se renforçant à mesure que se dessoude l'Europe. Dans cette perspective, probablement douloureuse pour les peuples concernés, la Suisse, de son côté, continuera d'exister. Au fait, pour ceux que ça intéresse, le parlementaire partisan de l'allemand classique évoqué plus haut se nomme Christoph Blocher.

Le 1er août

Une fête nationale qui tombe mal
(pendant les vacances estivales)

Parmi les quelque 200 États que compte aujourd'hui la planète, rares sont probablement ceux où l'hymne national continue d'être ignoré par une large majorité de la population et, pour les plus vieilles nations, celles dont la fête nationale n'a été fixée qu'en 1891. C'est le cas de la Suisse, dont l'acte de naissance remonte pourtant à 1291. Sept cents ans ! C'est l'éternité qu'il a fallu aux Suisses pour qu'ils se décident, à leur tour, à célébrer leur fête nationale, fixée au 1er août. La mesure mériterait une citation à l'ordre de la Lenteur, si un tel ordre existait.

Certains Helvètes, mal intentionnés, ont une autre explication au curieux différé dans la fixation de leur fête nationale. Attachés à la valeur travail, les Suisses redoutaient qu'en raison d'une fête nationale leur soit conjointement imposé un jour de congé, un jour où il leur serait interdit d'aller au travail. On observera que le 1er août n'a conquis son statut de jour pleinement férié qu'à la faveur d'une initiative populaire lancée en 1991, et justement intitulée : « Pour un jour de la fête nationale férié ». Le 26 septembre 1993, avec une participation de 40 % et par 84 % des suffrages exprimés, les électeurs suisses approuvaient l'initiative, les Appenzellois se montrant les plus réservés, les Tessinois les plus enthousiastes. Voilà donc à peine un quart de siècle que la Suisse a, sur tout son territoire, son jour de fête nationale.

À l'étranger, les ambassades suisses célèbrent le 1er août. Mais, compte tenu des vacances estivales, et pour que les convives fassent honneur aux vins et aux fromages des alpages, il est d'usage d'avancer la soirée commémorative et de la fêter un jour ouvré, quelque part en juillet. Pragmatisme oblige, personne ne s'en offusque. Priorité au buffet, au fendant et à la bonne humeur, sur l'orthodoxie calendaire.

Une immigration bienvenue
24 % d'étrangers, un record

L'immigration est devenue l'un des grands sujets politiques contemporains dans nos démocraties. Même si, du point de vue de l'historien, l'immigration est un invariant – les peuples ayant été régulièrement poussés à quitter ou fuir leurs terres natales pour des raisons variées –, cet invariant a été promu depuis plusieurs décennies comme l'un des thèmes majeurs dans la plupart des États. Comme si, à mesure que l'économie se mondialisait et que les frontières s'ouvraient aux marchandises déplacées d'un bout à l'autre du globe, les mouvements humains, eux, soulevaient d'insurmontables problèmes. Il n'est que de regarder vers l'est européen, vers des pays comme la Pologne ou la Hongrie pour noter que l'immigration est malvenue pour une large part de la population. Lorsqu'il est question de célébrer le fonctionnement démocratique de la Suisse, de saluer la stabilité d'un pays où tout fonctionne plutôt mieux qu'ailleurs, il est souvent objecté que la Suisse a un problème avec son immigration.

Pendant des siècles, pour survivre, les Suisses ne se sont pas simplement déplacés vers les villes voisines mais ont fui leur pays, émigrant vers des territoires plus hospitaliers. Ce courant migratoire s'est inversé à partir des années 1940, et en raison des flux massifs de population consécutifs à la fin de Seconde Guerre mondiale et de l'essor économique des Trente Glorieuses, la Suisse est devenue un pays d'immigration. À bien y regarder et comme le signale la statistique, le phénomène est pourtant ancien. Ainsi, en 1913, l'écrivain anglais Francis Gribble lançait un cri d'alarme contre les « colonies d'oisifs dans les villes comme Lausanne et Montreux », et dénonçait l'immigration de peuplement, en particulier les Allemands, fixés à Bâle et Zurich. L'auteur livrait une statistique éloquente : « Le recensement de 1838 montrait qu'il y avait dans le pays 2,45 % d'étrangers ; celui de 1888 accusait 8 %, celui de 1900, 12 %. Il y en a maintenant environ 17 %. » Et l'auteur, grand admirateur de la Suisse, de pronostiquer : « Dans quelques années, les étrangers seront le quart de la population de la Suisse[12]. » Gribble était loin de s'imaginer que le « quelques années » nous amènerait à 2018.

La population étrangère en Suisse, à demeure, avec permis de séjour, famille et logement, pèse aujourd'hui 24 % de la population totale. Un tel pourcentage de population étrangère installée dans un territoire autre que le sien ne se trouve que dans les zones frontières de pays que leur population a fui pour cause de famine ou de barbarie. En Europe, et à l'exception du microscopique Luxembourg, ce pourcentage de 24 % d'étrangers installés sur le sol d'un pays dont ils ne possèdent pas la nationalité est sans équivalent.

D'aucuns objecteront que le pourcentage d'étrangers résidant en Suisse, qui ne se trouve pas en effet dans les autres pays européens, tient aux particularités d'obtention de la nationalité suisse. Dans les États voisins, en France par exemple ou encore en Allemagne, un fort pourcentage de ceux que les Suisses rangent dans la catégorie « étranger », ne se le sont plus, pour avoir obtenu la nationalité de leur pays d'accueil. Il est exact que les processus de naturalisation sont plus rapides dans la plupart des pays européens, ne serait-ce que dans les États pratiquant le droit du sol, qui confère la nationalité à tout nouveau-né sur le territoire national. Compte tenu de l'absence de problèmes soulevés par ces populations étrangères, le mode de naturalisation en Suisse gagnerait éventuellement à être analysé par les pays où l'immigration pose de nombreux problèmes d'intégration. Problèmes qui, réels ou fantasmés, débouchent sur de grosses inconnues politiques.

Les étrangers venus travailler en Suisse se chiffrent par centaines de milliers. Mais, salaires mis à part, les intéressés y trouvent-ils leur compte ? Sont-ils heureux dans leur pays d'accueil ? Selon le professeur Philippe Wanner, 70 % de cette population exilée associent leur immigration en Suisse à « une amélioration de leur situation professionnelle », contre seulement 12 % qui ressentent « un sentiment inverse[13] ». Les Français et les Latins de façon générale se disent les « plus heureux » d'être en Suisse. Il n'est pas sûr qu'un tel sondage fait dans les pays de l'UE donne pareils résultats.

V

IL Y A FOULE DANS LE POSTE DE COMMANDEMENT

N'étaient les si nombreux cas de neutralité bafouée, les Suisses pourraient s'imaginer à l'abri des divagations impérialistes de leurs voisins européens. Validée depuis maintenant plus de deux cents ans, la neutralité suisse offre toutes les garanties de solidité, mais les Suisses n'en demeurent pas moins méfiants. À leur décharge, les carnages à leurs frontières ont fait couler des rivières de sang et, à intervalles réguliers, sont dépistés des accès de fièvre punitive – heureusement verbale – ciblant la Suisse. Les harangues belliqueuses d'un Arnaud Montebourg en France ou d'un Peer Steinbrück en Allemagne n'ont pas eu de prolongements concrets, mais les traces sont là. Alentour, dans les chancelleries voisines, la démagogie reste à l'état gazeux, et rien n'exclut son possible retour explosif. Quoi de plus commode en effet pour les hâbleurs, les grandes gueules et les journalistes paresseux que d'invoquer un bouc émissaire et de décréter qu'il est responsable de toutes les dérives ? Voilà pourquoi l'Europe ne convient toujours pas aux Suisses et pourquoi, à mesure qu'elle s'élargit et que se renforce sa bureaucratie bruxelloise, l'Union européenne les dépite. Sur la longue durée, rien chez les grands voisins n'est rassurant. L'argument suivant lequel, en raison de son élargissement, l'Europe vit une période de paix sans précédent dans son histoire (ex-Yougoslavie exceptée), perd de sa pertinence à force d'être invoqué à tout propos.

Au vrai, tant de choses en Suisse diffèrent des pays environnants que la mésintelligence largement diffusée est pour ainsi dire naturelle.

Mais ces pays sont-ils seulement en mesure de comprendre la Suisse ? N'est-elle pas de conception trop complexe pour les cerveaux domiciliés dans les systèmes simples, gouvernés par un pouvoir vertical ? Pour ceux-là, que peuvent donc bien recouvrir des concepts tels que « formule magique » ou « initiative populaire », « subsidiarité », « *Landsgemeinde* », « paix du travail », pour ne rien dire d'un substantif comme « milice », aux remugles de fascisme ? Cette Confédération helvétique dont le président n'est pas élu, ni même nommé par les Chambres, et qui – comble de désinvolture à l'égard de la fonction – change chaque année, est-elle bien sérieuse, ou n'est-ce qu'une mascarade ? Comment imaginer que, tous sortis du moule monarchique, les États européens puissent trouver un intérêt quelconque à ce jeu de chaises musicales auquel s'adonne ce peuple montagnard lové entre les Alpes et le Jura ? Beaucoup de ces démocraties européennes ne sont-elles pas toujours chaperonnées par de vieilles familles princières ? D'autres ne se sont-elles pas accommodées d'un retour aux mœurs de cour, avec apparat monarchique et train fastueux ? La plasticité avec laquelle les Suisses célèbrent leur fête nationale et leur méconnaissance de leur propre hymne fédérateur achèvent de les singulariser parmi les 197 États répertoriés sur la planète. Voilà pourquoi la politique suisse reste une zone d'ombre dans les médias européens, sauf lorsque les citoyens suisses, sortant des clous, se signalent sur les radars médiatiques.

Nos chers voisins

La neutralité suisse

Par comparaison, elle est en titane

Les Suisses y sont très attachés. Elle leur est garantie depuis mars 1815 et n'a pas été remise en question. Si à plusieurs occasions – en 1870, entre 1914 et 1918, puis entre 1939 et 1945 – la tension aux frontières sent la poudre, jamais le sol suisse n'a été foulé par des armées étrangères en posture impérialiste. La neutralité a épargné aux Suisses et aux étrangers résidents les hécatombes civiles et militaires des guerres mécanisées, tout comme elle a placé la Suisse à l'écart des destructions matérielles massives perpétrées sur le sol européen. En Europe, la Suisse partage avec d'autres pays le statut singulier d'État neutre. De notables différences cependant distinguent la neutralité suisse. Neutre, la Belgique l'était en mai 1940 lorsqu'elle fut envahie et ravagée en dix-huit jours par les armées allemandes, qui s'y maintinrent jusqu'au début 1945. Les Belges pleurèrent 90 000 morts, sans compter les déportations qui martyrisèrent sa population. Neutre, la Suède l'était également, mais elle a collaboré avec Berlin dans des proportions sans commune mesure avec les compromissions auxquelles la Suisse s'est prêtée à la même époque. Par comparaison avec les autres nations neutres, la neutralité suisse est donc coulée dans un métal infiniment plus résistant.

Et pourtant, en temps de guerre, pour les belligérants, un pays neutre est une proie tentante. D'autant plus tentante qu'à la neutralité est généralement associé un désarmement militaire couplé à un solide idéal pacifique. La Suisse dément ce cliché : attachés à leur neutralité, les Suisses sont un peuple en armes, et, comme ils ne cessent de le réaffirmer à chaque votation proposant la suppression de l'armée, le désarmement n'est pas ici une option en vogue. En Suisse, la neutralité n'a rien à voir avec un pacifisme hippie.

La neutralité classique touche cependant aujourd'hui ses limites. La guerre contemporaine n'oppose plus seulement des États, mais des États à des terroristes apatrides. Personne ne peut prévoir où se produiront les futures frappes de groupes qu'anime une pulsion morbide, et quelles seront les cibles. Dans ces conditions, la coopération militaire avec d'autres États et sur une large échelle s'impose. Coopération qui, visant à la prévention d'actes terroristes, remet logiquement en cause la qualité de puissance neutre que revendique la Suisse, et qui lui est acquise. En apportant renseignements et aide logistique, la Suisse abandonne sa neutralité pour rejoindre les belligérants sur le terrain militaire. Autre problème, d'une nature différente celui-là : le statut contestable de passager clandestin. La frontière est mince en effet entre la volonté réaffirmée des Suisses de ne pas s'immiscer dans les guerres en cours, au motif que leur neutralité l'interdit, et leur souci de rester sous le parapluie des pays combattant le terrorisme. Les Suisses prient pour qu'au cas où la terreur frappe, elle ensanglante le voisin en première ligne et que là se limitent les ignominies. La débilité de sa défense aérienne illustre le propos : pour le péril venu du ciel, il est clair que la Suisse ne table pas sur ses propres forces mais sur la vigilance des armées voisines et aujourd'hui coopératrices.

Il n'est pas interdit de penser qu'un jour prochain, la neutralité de la Suisse puisse se projeter sur des théâtres d'opérations extérieurs, ne serait-ce que pour mieux assurer la défense de ses citoyens sur le sol helvétique. L'autruche qui, selon l'adage, plonge sa tête dans le trou de sable pour fuir sa peur finit souvent dans la gueule du chacal.

L'Europe
Voilà bien un mot qui fâche

C'est peut-être le seul mot qui, en Suisse, divise. Si, ailleurs, les mots clivants sont « patrons », « profit », « communisme », « immigrés », « laïcité », en Suisse c'est le mot « Europe » qui fâche. Pourtant, jusqu'à une époque récente, l'idée européenne était restée consensuelle, et ce pour de bonnes raisons. Au lendemain de la Seconde Guerre mondiale, mieux valait pour la Suisse être entourée d'États que soudaient des traités communs se promettant une assistance mutuelle face à la menace soviétique, que flotter au milieu d'un ensemble hétéroclite d'États européens refermés sur eux-mêmes, prêts à en découdre à nouveau. Une fois tournée la page hitlérienne, la construction européenne a été un chantier de paix et de prospérité dont tout le monde a profité. Il n'est que de voir l'écart de prospérité entre les deux Allemagnes quand, en 1989, Est et Ouest ont été réunifiés.

Plantée au centre de l'Europe, la Suisse a applaudi l'entreprise européenne, et l'a soutenue. Sans jamais toutefois se décider à rejoindre cette mosaïque d'États dont le nombre, au fil des ans, n'a cessé de gonfler. Au début des années 1950, avec la CECA, l'Europe s'est constituée en centre de paix et de prospérité, et logiquement, les Suisses se sont plusieurs fois interrogés sur la question de rejoindre ou non ce vaste ensemble en construction, et ainsi y faire valoir leurs valeurs et leurs intérêts. En 1973, l'Europe des Six devenait l'Europe des Neuf, avec l'élargissement de la CEE au Danemark, à l'Irlande et au Royaume-Uni. De dix en 1981, avec l'entrée de la Grèce dans la CEE, l'Europe grimpait à douze en 1986 avec l'arrivée de l'Espagne et du Portugal. C'est donc à un train d'enfer que s'est construite une Europe démographiquement plus forte, politiquement et économiquement plus homogène.

Spectateurs de ce colossal Lego en construction, nombreux sont alors les Suisses convaincus qu'en siégeant comme membre à part entière dans les commissions bruxelloises, leur pays insufflerait un vent nouveau, plus fédéral, dans la machine européenne. À de nombreuses reprises, le peuple suisse a été amené à se prononcer sur les accords bilatéraux conclus avec l'Union européenne.

En 1992, l'idée européenne a pris en Suisse un tout autre tour. Alors que le résultat de la votation favorable à l'adhésion de la Suisse à l'Accord sur l'Espace économique européen (EEE) semblait plié, que les sondages donnaient les partisans de l'adhésion vainqueurs, il est sorti des urnes qu'une (faible) majorité de Suisses (50,3 %) refusait d'entrer dans le club européen. Surtout, les résultats révélaient une coupure franche entre la Suisse lémanique et les cantons alémaniques, à tel point que certains ont pu espérer ou redouter que la Suisse aille vers une partition, à la manière de l'Irlande en 1921, ou de l'Inde en 1947. Rien de tel ne s'est produit, mais cette votation a marqué les esprits.

Ce qui frappe dans la votation de 1992 est son caractère non dégradable dans la mémoire collective suisse. Les perdants, un grand nombre d'entre eux tout au moins, semblent ne pas s'être remis de cet échec, n'avoir jamais admis que la

Suisse ne rejoindrait pas l'Union européenne, et chaque fois que revient le sujet, ils rappellent combien elle fut pour la Suisse une occasion manquée. Un quart de siècle s'est écoulé depuis la votation de 1992. D'une part, au vu de ce qu'est devenue l'Europe, soit un conglomérat d'États hétéroclites que pilote une Commission dont beaucoup de membres n'inspirent guère le respect, il n'est pas certain que ce vote ait beaucoup coûté à la Suisse. D'autre part, considérant le déglingage de l'Union européenne, accéléré avec le Brexit de 2016 – « L'UE évolue dans des directions différentes selon les pays, des directions difficilement compatibles entre elles », soupire ainsi Jean-Claude Juncker, président de la Commission européenne en février 2017 –, il semblerait qu'en 1992, soucieux de leur souveraineté, qu'ils défendent à chaque votation, les citoyens suisses aient pressenti que le projet de Grande Europe tournerait en eau de boudin. Et qu'il valait mieux s'en tenir à des accords économiques, domaines où les Suisses excellent en effet. La montée en flèche des populismes radicaux dans les États anciennement sous le joug soviétique ajoute une couche de répulsif à cette UE, qu'une large majorité de Romands souhaitaient alors rejoindre.

Pour les Suisses, l'Europe se limite aujourd'hui à un vaste marché indispensable à leur prospérité.

La votation du 6 décembre 1992

La Suisse se déchire (façon de parler)

En être ou pas ? Tel est le dilemme qui, depuis près de trente-cinq ans, divise les Suisses. Au départ, lors de la votation du 6 décembre 1992 sur l'adhésion à l'EEE, seule parmi les grands partis, l'UDC y est opposée. Attachée à la défense de la souveraineté nationale – mais quel parti ne l'est pas ? –, l'UDC affiche son hostilité à l'égard d'une structure fédérale installée en dehors de la Suisse et qui, selon elle, tiendra pour négligeables les intérêts suisses. Il est vrai qu'à l'exception de l'Allemagne, elle-même État fédéral, les autres pays européens, notamment les grands et surtout ceux qui se voient comme étant les plus grands, réservent leur considération à leurs seuls alter ego : ainsi, il semblerait qu'à moins de 60 millions d'habitants, les Français ignorent leurs interlocuteurs. Les autres, les petits, sont tolérés dans la cour des grands à la condition suspensive qu'ils s'adaptent à leur règle du jeu. Avec à l'époque 7 millions d'habitants, la Suisse n'a aucune chance d'être entendue ni, a fortiori, écoutée. En outre, l'Union européenne donne alors des signes inquiétants. Ses représentants envisagent une extension toujours plus large du nombre de ses membres et, par conséquent, une dilution plus grande encore des prérogatives des membres du club européen.

La votation de 1992 est un coup de tonnerre. Sûre de son affaire, la classe politique suisse n'a rien vu venir et n'a prévu aucun plan B. Par-dessus tout, les résultats font apparaître une césure franche entre la partie romande, favorable à l'adhésion, et les cantons alémaniques, hostiles. Hostilité qui progresse à mesure que l'on va vers la Suisse centrale. Si les cantons alémaniques ont montré leur hostilité à l'adhésion à l'EEE, les cantons romands afficheront leur colère dans des termes rarement entendus jusque-là. La crise atteint une gravité telle qu'il sera même question, dans certains bistrots du Flon – quartier de Lausanne – et de Carouge, d'une scission entre les deux Suisses, voire, à force de bières, d'une inévitable partition. À la cohabitation harmonieuse allaient désormais succéder deux pays. Les vapeurs d'alcool dissipées, tout devait cependant rentrer dans l'ordre. Au soir du 6 décembre 1992, ce fameux « dimanche noir » selon le conseiller fédéral Jean-Pascal Delamuraz, chef du département de l'Économie, à la ceinture de l'UDC pendait un des plus gros scalps de l'histoire de ce parti.

Un quart de siècle a passé depuis la votation de 1992. À défaut d'avoir rejoint l'Union européenne, la Suisse a entamé une longue série de négociations avec les États membres pour, dans le cadre d'accords particuliers, garantir son accès au grand marché voisin. Ces négociations ont été laborieuses mais, parce qu'elles étaient conduites par des Suisses pour qui leurs interlocuteurs n'eurent que commisération, les accords bilatéraux s'avérèrent un formidable succès. Alors qu'au lendemain du refus de rejoindre l'UE les pronostics tablaient sur une régression du niveau de vie des Suisses, ce fut le contraire qui advint. Jamais dans son histoire la Suisse n'a connu un plus fort dynamisme économique. Et au vu de ce qu'est devenue l'UE, au vu du spectacle qu'offrent son Parlement déserté et ses commissaires que singularise moins leur envergure intellectuelle que leur cupidité, au vu des décisions souvent d'une affligeante indigence, on se sent en droit de dire que l'UDC n'avait pas eu tort de préconiser la prudence vis-à-vis d'une machinerie que les passagers, qui la connaissent pourtant bien, abandonnent aujourd'hui (Brexit), ou bien ridiculisent (Pologne, Hongrie). Pourfendant le « déficit démocratique » de l'organisme supranational bruxellois, le poète allemand Hans Magnus Enzensberger observe qu'« il est considéré comme une maladie de carence, chronique et manifestement difficile à traiter, qu'à la fois on déplore et l'on minimise. Ce déficit n'est donc rien de plus qu'une formulation distinguée pour dire la mise sous tutelle des citoyens ». En rejetant l'eurocratie, les Suisses ont finalement fait un choix malin. N'en déplaise à ceux qui militent pour une adhésion à l'UE, rares sont les arguments brandis en 1992 qui n'ont pas été démonétisés depuis. Quant à ceux qui sont persuadés qu'en adhérant à l'UE la Suisse aurait été en meilleure position pour donner son avis sur les affaires en cours, voire influer sur les chantiers majeurs, ils sont au mieux des naïfs, au pire des simplets, dans tous les cas assez prétentieux. Jamais la Suisse n'a intéressé l'UE. L'oligarchie parlementaire de Bruxelles n'a jamais pris au sérieux l'inconfort des institutions suisses où, avec le droit de référendum et l'initiative populaire, les citoyens ont conservé leur souveraineté et ne mégotent pas sur son usage. Pour ce qui est de l'adhésion à l'UE, observons simplement que lorsque d'autres peuples européens ont été consultés sur la question, ils ont dit et répété ce que les Suisses avaient décidé, démocratiquement, en ce 6 décembre 1992. Et, en Suisse, nulle combine n'a, en coulisses, détourné le refus populaire, bafouant la souveraineté du peuple.

Astérix vient en Suisse
Aucun cliché ne manque

Je n'ai jamais beaucoup aimé les albums d'Astérix. Le personnage et sa tribu sont à mes yeux ce que la France propose de pire : la conviction que le Français est plus malin que les peuples qu'il vient à croiser et qu'il roule dans la farine. Paradoxalement, ce sentiment de supériorité se combine avec un délire de persécution fondé sur la crainte de l'envahissement étranger. Il court encore dans chaque album la croyance en l'existence du père Noël, métaphorisé dans la potion magique qui, comme son nom l'indique, solutionne les problèmes sans grand effort ni intelligence. Avec humour, René Goscinny répète sa conviction que, sans exception, les peuples étrangers sont des idiots gouvernés par des crétins. Avec, au final, une relecture de l'histoire des Gaules inspirée de la Police de la Pensée chez Orwell : *exit* Alésia et Vercingétorix, roi arverne pourrissant dans une geôle romaine parce qu'il a été vaincu par un adversaire meilleur stratège et infiniment plus intelligent. *Exit* l'abolition des sacrifices humains dans la religion gauloise qui, comme le rappelait Benjamin Constant, fut décidée par les Romains[1]. Le problème n'est pas tant le tableau d'ensemble, assez détaché du souci d'authenticité il est vrai, que l'adhésion massive des Français au corpus idéologique des scénarios de René Goscinny. En revanche, l'historien des mentalités trouve dans les albums d'Astérix un matériau d'une exceptionnelle richesse sur le regard que les Français, grands amateurs de ces bandes dessinées, portent sur eux-mêmes et sur leurs voisins. Car ces albums débordent le cadre du divertissement. Chaque ouvrage, au cours de ces cinquante dernières années, est une plongée dans l'âme des Français qui, avec ferveur – comme en témoignent les tirages astronomiques –, s'identifient à cette tribu résistante et, grâce à la malice de son héros, toujours victorieuse. Accessoirement, pourra encore être retenu contre ces albums destinés au public adolescent qu'ils sont un plaidoyer sans fard pour les produits dopants : à voir la puissance que développe la fameuse potion magique, il est clair qu'Astérix ne carbure ni à la caféine ni au Red Bull.

Astérix, immanquablement, en est venu un jour à rencontrer les Suisses. *Astérix chez les Helvètes* est le seizième album de René Goscinny et Albert Uderzo. Astérix et Obélix entrent en Suisse assez tardivement dans l'ouvrage (page 19), comme si les auteurs avaient délayé le plus possible leur récit faute de matériau dramatique à exploiter. On y croise l'inévitable fondue transformée en mélasse où chacun cherche son bout de pain. Il sera ensuite question de la propreté obsessionnelle du petit personnel, s'épuisant à tout astiquer, tout le temps. Ne nous seront pas évités non plus les coffres forts, les comptes à numéros, le secret bancaire, le recel d'objets volés (en l'occurrence, des antiquités égyptiennes), tout comme nous croiserons inévitablement Guillaume Tell, curieusement armé d'un arc et non d'une arbalète. Quitte à piétiner la réalité historique, on se demande pourquoi Goscinny et Uderzo ont opté pour l'arc ; serait-ce pour éviter une séquence d'initiation à l'arbalète, lorsque s'essayant à l'arc, Astérix transperce la pomme que le fils de Tell a posée sur sa tête ? Et puis, il y aura encore la neige en montagne, l'escalade rocheuse et, incontournables, les organisations internationales à Genève avec la conférence internationale des chefs de tribus. Au passage, les lecteurs noteront que, dans cet album daté de 1970, l'assistance sommeille dans les travées, bercée par le flot continu de discours creux et assommants. Une cérémonie sur un plateau ayant de fortes ressemblances avec le Grütli est aussi ponctuée par de très sonores « Yodléiiiii ».

Au final, un ouvrage convenu qui se serait vendu à plus d'un million d'exemplaires ! Bons princes, les Suisses ont en acheté quelques dizaines de milliers.

La France

572 kilomètres de frontières communes
et plein d'autres choses

Avec la France, la Suisse partage 572 kilomètres de frontières et de nombreux fleuves. Si seulement s'arrêtait là cette communauté des biens, la Suisse serait bien différente. Les deux pays partagent également une histoire commune. Envisagée depuis la Suisse, la France est un voisin qui peut parfois se montrer inquiétant, aussi imprévisible que nuisible. Ne se comptent plus les propos peu amènes sur la Suisse et les Suisses qu'ont tenus des Français. En des temps pas si éloignés et sans qu'ils y aient été invités, les Français sont même venus gendarmer les Helvètes. Mais, à tort, les Suisses minimiseraient aussi le considérable apport de la France à leur histoire et à leur prospérité.

Les Suisses ne sauront en effet jamais assez gré aux hommes politiques français (monarque absolu, empereurs, députés enragés, président radical socialiste, président socialiste, président gaulliste, et bien d'autres) d'avoir tant concouru à la prospérité helvétique. Avec une inépuisable énergie, à des époques variées, les politiciens français – de droit divin ou élus par le peuple, dictateur ou nommés par les Chambres – ont saccagé des pans entiers de leur nation, poussant à l'exil des ressortissants français qui vinrent chercher refuge en Suisse, où ils ont apporté leur génie. Ainsi, que serait l'horlogerie suisse si, le 18 octobre 1685, à Fontainebleau, le roi Louis XIV n'avait pas révoqué l'édit de Nantes de 1598, interdisant l'exercice de la « religion prétendument réformée » ? Goûtant peu les dragonnades, 250 000 huguenots français prirent alors le chemin d'Amsterdam, d'autres, la plus grosse cohorte, abandonnèrent leurs biens matériels et s'installèrent en Suisse. L'industrie horlogère suisse, dont les fondations doivent tant aux Français chassés de leur province, a exporté pour 19 milliards de dollars en 2016 et employait 80 000 personnes, généralement très qualifiées. De même, les Bâlois mesurent-ils bien ce qu'ils doivent au long règne de Napoléon III ? Quelle serait la prospérité de la ville si, au XIXe siècle, le second Empire n'avait pas légiféré de manière restrictive sur les brevets touchant à la chimie des colorants ? Sans cet arsenal concocté à Paris et qui entravait les progrès de cette industrie naissante, Bâle aurait vivoté avec sa rubanerie promise à disparaître. Redoutant à juste titre les multiples obstacles que l'État français dressait devant cette industrie chimique, alors en plein développement dans l'Allemagne voisine, les chimistes français relocalisèrent leurs activités à Bâle. Pour mémoire, la chimie, et la pharmacie dans son sillage, sont aujourd'hui les fleurons de l'industrie suisse. Sans l'accumulation de mesures françaises odieuses mais souvent très populaires en France (la révocation de l'édit de Nantes fut l'une des décisions royales les plus applaudies par le peuple, qui haïssait par ailleurs ce roi pour son addiction à la guerre), est-on certain que la Suisse serait aujourd'hui le pays dont on célèbre la prospérité quand, de l'autre côté de la frontière, un Premier ministre français déclarait il n'y a pas si longtemps son pays « en faillite » ?

Même si les temps héroïques de l'essor industriel suisse appartiennent au passé, on observera que, du côté français, la fièvre anti-Suisse ne retombe jamais totalement : ces dernières années, une frénésie fiscale censée réduire les inégalités sociales et remettre d'équerre les comptes du pays « en faillite » a provoqué un nouvel exode. Les fugitifs, soit quelques milliers de riches contribuables français, se sont installés à Bruxelles, Londres et Genève. Poursuivant leurs activités, ils ont créé des emplois, se sont lancés dans l'immobilier, ont accompagné le lancement de jeunes pousses, bref ont continué, en exil et au bénéfice du pays d'accueil, leur métier d'entrepreneur. On ignore si, suite aux mesures fiscales aussi généreuses que confiscatoires, les inégalités sociales se sont réduites en France. Une chose est certaine : les Suisses, eux, ont largement profité de ces tellurismes fiscaux. De ce nouvel épisode de l'histoire franco-suisse, dont les Suisses auraient tort de se lasser, on conclura qu'il ne faut jamais désespérer des Français. Le pire – au nom du bien commun, bien entendu – n'est jamais exclu. Même s'ils semblent capables de lucidité, comme l'a montré le ministère des Finances à propos de l'aéroport de Bâle que l'administration française voulait soumettre au régime fiscal français marqué par la démesure, l'imagination bureaucratique française n'a jamais cessé d'exceller dans la fabrication de puissants défoliants économiques.

La Savoie

Et dire qu'ils ont failli être suisses !

C'est un marronnier : à intervalles réguliers, des Savoyards font savoir qu'ils aimeraient voir leur région rattachée à la Suisse. « Et si on larguait les amarres ? » Ce slogan circule par exemple dans la presse régionale française en 2015. Au vrai, l'affaire remonte loin dans le temps et a pris un ton tranché en 1860. Suite à la guerre de 1859 entre la France et l'Autriche, deux territoires aux frontières de la Suisse changent de nationalité : la Valteline et la Savoie. Par le traité de Zurich de novembre 1859, les autorités suisses, déjà peu douées pour la diplomatie, laissent filer la Valteline à l'Italie. Pour la Savoie, la Savoie du nord plus exactement, le Conseil fédéral s'avéra d'une pareille nullité. Pour obtenir gain de cause, il eût fallu que la Suisse occupât militairement le territoire qu'elle revendiquait. Entreprise compliquée, au moins mentalement, pour un État jeune et sans tradition impérialiste. Évidemment, l'autre morceau de Savoie, que les Suisses négligeaient, s'en alla se plaindre à Napoléon III. À les écouter, jamais les Savoyards ne pourraient se remettre du préjudice que leur causerait un démembrement de la Savoie. Tout fut ensuite bâclé, et les Savoyards, par un vote quasiment plébiscitaire, se prononcèrent à une écrasante majorité (notamment dans la Savoie du nord) pour rester français.

Les années ont passé, et la Savoie s'est magnifiquement fondue dans une France dont elle fut l'une des dernières pièces rapportées. Et puis, au tournant des années 2000, le prurit autonomiste s'est réveillé. Dans l'esprit de certains frontaliers a germé l'idée que devenir suisses serait un atout économique et, de surcroît, leur épargnerait les pesants contacts avec le Service des étrangers suisse. Du côté genevois, l'idée pouvait plaire, ne serait-ce que parce qu'en sortirait un supercanton, aux dimensions géographiques faisant jeu égal avec Vaud ou Berne. En réalité, l'idée ne séduisit guère de Genevois, encore moins de Suisses. Dans leur for intérieur, les Suisses romands apprécient les Français pour ce qu'ils sont – des grandes gueules qui travaillent comme on le leur demande. Et si des dérapages surviennent dans la fonction hospitalière genevoise et dans les transports en commun où les salariés français sont en grand nombre, rien ne justifie de leur concéder en bloc une citoyenneté qui, comme on le sait, est en Suisse un processus long et mesuré. Voilà pourquoi le rattachement de la Savoie à la Suisse est un marronnier. La fréquence et l'intensité avec lesquelles ce rapprochement est invoqué sont fonction des difficultés politiques, budgétaires, sociales des administrations parisiennes. Et puis, très certainement aussi, les Savoyards sont bien trop fiers pour se satisfaire d'un statut de citoyens de seconde zone si, par extraordinaire, le scénario du rattachement devait se réaliser. Même si la Suisse présente un nombre d'atouts importants, comme le dynamisme de son économie, la puissance de sa monnaie et l'attractivité de sa démocratie directe – modalité politique qui enivre aujourd'hui les peuples du monde entier –, il est encore loin le jour où, avec le renfort de 800 000 Savoyards, 1,3 million de Genevois pourront prétendre faire jeu égal avec les 1,3 million de Zurichois.

L'Allemagne

Du pangermanisme à la germanophobie

Quand bien même l'Allemagne a épargné la Suisse lors des multiples entreprises impérialistes qu'ont subies il n'y a pas si longtemps encore Tchèques, Slovaques, Polonais, Biélorusses, Russes, Estoniens, Lituaniens, Lettons, Finlandais, Norvégiens, Suédois, Danois, Hollandais, Belges, Français, Luxembourgeois, Autrichiens, Italiens, Serbes, Grecs, et d'autres, les Suisses ne se sont jamais sentis vraiment rassurés par l'immense voisin du nord. Certes, les Helvètes peuvent savoir gré aux Allemands d'avoir contourné leur pays, quand la tentation aurait pu les saisir de le traverser. En 1914, puis en 1939, leurs armées se sont arrêtées aux postes frontières de la Confédération alors qu'à quelques kilomètres, elles laminaient tout sur leur passage. De ces deux miracles, que les rêveurs attribuent aux seuls mérites de l'armée suisse – explication probablement vraie mais qui paraît un peu courte –, certains ont conclu que, sur ses frontières du nord, la Suisse n'aurait plus rien à redouter des peuples germaniques. De fait, rien de dramatique n'est jamais plus survenu. Mieux encore, depuis septante ans maintenant, Suisses et Allemands ont vécu en parfaite communion, et tout indiquait que la pacification des relations était gravée dans le granit alpin.

C'était sans compter avec les ruses de l'Histoire, avec le fait que la Suisse et sa prospérité susciteraient l'envie du grand voisin et que les Suisses seraient confrontés à une invasion d'un autre type, civile celle-là. Une invasion inoculant un venin plus pernicieux et contre lequel aucune médication douce n'a encore été inventée. C'est peu dire que les Allemands sont désormais partout, spécialement dans la partie alémanique de la Suisse, et particulièrement dans les grandes agglomérations comme Zurich et Bâle. Les Suisses se sont depuis longtemps accommodés d'une présence étrangère sur leur sol à des niveaux introuvables dans les autres pays européens. Tout comme la Suisse romande, qui avait sollicité des flots de Portugais, et le Tessin des Italiens par milliers, la Suisse alémanique a vu s'établir sur son territoire des migrants de nationalité allemande. Ces arrivants auraient été probablement digérés, comme l'ont été les migrants venus du Kosovo ou d'Espagne qui les avaient précédés, si les Allemands ne présentaient pas un trait distinctif qui les a menés à être rapidement ostracisés par les populations autochtones. Jürg Altwegg, correspondant de la *Frankfurter Allgemeine Zeitung*, parle de cette « manie allemande d'annexer consciemment ou non, à titre de petit appendice, tout ce qui parle allemand, y compris, donc, la province helvétique ». Venus en Suisse non pour siphonner l'aide sociale mais pour y travailler, les Allemands visent en effet des postes à forte valeur ajoutée. Ambition d'autant plus naturelle que, depuis bien longtemps, les Suisses alémaniques leur reconnaissent une supériorité dans de nombreux domaines. Lors de l'ouverture de l'école polytechnique fédérale de Zurich, les premières chaires furent toutes attribuées à des professeurs allemands, les Zurichois ne se sentant pas au niveau pour concurrencer leurs collègues étrangers. Attitude qui témoignait d'une belle intelligence de la part des indigènes qui, écartant toute appropriation localiste, cédaient la place aux meilleurs parmi les scientifiques candidatant à des postes dans l'établissement. Politique d'effacement qui signifiait aussi que, d'entrée, les Suisses admettaient leur infériorité scientifique. Dès le départ, quand il s'est agi de promouvoir les meilleurs, les Suisses allemands, dans leur propre intérêt, sont donc souvent allés les chercher en Allemagne. Si une telle politique est vertueuse quant à l'efficacité recherchée (dans la recherche, l'économie, les sciences), elle peut aussi générer des effets pervers. Il est de fait avéré que, sauf épais pare-feu, toute organisation de nature communautariste génère des effets de réseau contraires à la visée méritocratique qui inspirait la démarche originelle : on cesse peu à peu de recruter les meilleurs pour hélitreuiller les amis, les membres du clan, les collègues de promotion, ceux qui viennent de la même région ou de la même école. Or justement, en ce domaine, les Allemands excellent. Chez eux, l'entraide est naturelle et saine du point de vue de l'intérêt général. Se considérant comme les meilleurs, les Allemands piochent parmi leurs congénères. Du coup, ils ont eu tendance à coloniser des pans entiers des organisations où ils ont pris pied. Même s'il est certain que les universitaires allemands sont d'un excellent niveau, il est troublant de noter qu'ils représentent près de la moitié des professeurs ordinaires à l'ETHZ ou à l'université de Zurich. On ne peut s'empêcher de songer aux postulants qui ont été écartés, éventuellement au motif qu'ils n'étaient pas allemands. Cette préférence nationale, en l'occurrence allemande, est observée dans nombre d'entreprises. Et – c'est là que le bât blesse – les postes attribués sur ce critère de nationalité sont souvent directoriaux, à forte visibilité. Les chiffres parlent d'eux-mêmes : 300 000 Allemands résident en Suisse (contre moins de 60 000 Suisses vivant en Allemagne, parmi lesquels la moitié sont des doubles-nationaux), et dans leur immense majorité ce sont non de paisibles retraités – ceux-là champignonnent en Grèce ou en Espagne –, mais des actifs qualifiés, voire très qualifiés. Selon l'OCDE, 65 % des migrants allemands en lien avec la Suisse seraient diplômés de l'enseignement supérieur. Imposante population que viennent renforcer quelque 60 000 frontaliers aimantés par le marché de l'emploi ou, plus précisément, par les salaires et les conditions générales de travail en Suisse. Contrairement aux Français poussés à l'expatriation par un marché du travail atone, les Allemands vivent dans l'euphorie du plein-emploi – notamment en Bade-Wurtemberg, Land qui jouxte la frontière suisse. Les Allemands qui décident de franchir la frontière suisse ne migrent donc pas poussés par le désespoir mais parce qu'ils savent qu'ils trouveront mieux – mieux payés, mieux traités – qu'à domicile. À Zurich, les Allemands sont la première communauté étrangère, avec près de 85 000 résidents. Leur accroissement de 132 % entre 2003 et 2013 est un indicateur indiscutable de l'attractivité de la plus grande agglomération suisse sur les ressortissants de la puissante Allemagne. L'attractivité suisse se lit aussi dans les statistiques de l'emploi des frontaliers dans une ville carrefour comme Bâle. En 2002 y étaient recensés 18 000 Français et 11 000 Allemands. Douze ans plus tard, la physionomie migratoire a changé. En 2014, la population frontalière allemande atteignait 17 000 personnes quand, nonobstant un chômage massif et structurel en France, les frontaliers français avaient fléchi de 300 personnes au cours de la période, preuve du forcing gagnant des Allemands. Au passif des Français on rappellera que l'enseignement de la langue allemande est en chute libre dans les écoles françaises, y compris aux frontières du monde germanique, au bénéfice de l'anglais, pourtant peu utile aux Français de la région, qui réclament de vivre et de travailler au pays. Pour vivre au pays, encore faut-il maîtriser la langue de la région où se trouvent les emplois.

Confrontés à la déferlante allemande, les Suisses alémaniques ont contre-attaqué avec les armes de la langue – arme qu'ils avaient déjà sortie du fourreau à la fin des années 1930, quand l'Allemagne nazie s'était déclarée annexionniste, puis qu'ils avaient remisée en 1945, quand l'Allemagne n'était plus que ruines. L'Allemagne a aujourd'hui une économie dynamique, tournée vers le monde. Fiers à juste titre, les Allemands ont redonné du col, plastronnant aux marches de la Grande Nation. Voilà à quoi tient le retour en force des dialectes alémaniques, armes non létales contre l'envahisseur teuton. Le 18 mai 2014, en Argovie, par 55,5 % des voix, les électeurs validaient une initiative cantonale lancée par les démocrates suisses favorables à la suppression du *Hochdeutsch* dans les écoles enfantines. Place aux dialectes suisses allemands ! Si, depuis une vingtaine d'années, les dialectes connaissent un réel engouement, la raison en est moins une résurrection des identités cantonales martyrisées par un exécutif centralisateur, comme cela semble être le cas en Espagne entre la Catalogne et Madrid, que la volonté des Alémaniques de bloquer l'influence de la langue allemande et, derrière l'argument linguistique, l'invasion des Allemands qui, pour certains, évoquerait une sorte de remplacement. Les nouveaux venus occupent majoritairement des postes à responsabilités, siègent dans les conseils d'administration, sont capables de suffisance avec les subalternes et, comble d'ironie, s'avèrent parfois d'exécrables patrons. Leur langue, qui les distingue dans la masse de population, est jugée arrogante. L'écrivain Charles Lewinsky rapporte un de ces protocoles élémentaires que réprouvent les Alémaniques : « Chez le boulanger, l'Allemand dit : "*Ich kriege zwei Semmel*" ("J'obtiens deux petits pains"), c'est très poli, mais pas en Suisse où nous demandons : "Est-ce que je pourrais avoir deux petits pains, s'il vous plaît[2] ?" »

Inversement et pour les raisons vues plus haut, pour les Suisses alémaniques, le *Hochdeutsch* est une humiliation. Le bel allemand déclasse leurs dialectes au rang de patois pour bouseux. Sur les tournures grammaticales allemandes et la sophistication des formulations, l'essayiste suisse Peter Bichsel confesse : « Le Suisse, en moi, considère que de telles phrases ne peuvent exister que sur le papier. On ne parle pas ainsi. Au mieux, on écrit ainsi, quand on écrit mal. En suisse allemand, nous devons faire plus court, ou nous taire. Nous autres Helvètes, nous n'avons pas l'impression d'avoir un commerce avec la langue lorsque nous parlons [...]. Chez nous, ceux qui parlent sont suspects. En Suisse, parler n'est pas informer, mais déformer. Et les Allemands, à notre goût, parlent trop, ils parlent tout le temps, ils expriment tout[3]. »

Le rejet de l'Allemagne et des Allemands en Suisse alémanique n'est pas un propos de bistrot. Les indices sont nombreux qui soulignent qu'outre-Sarine, les Allemands ne sont plus les bienvenus. Le plus évident est la revendication de l'enseignement du dialecte à l'école primaire. Selon les partisans de cette politique, il conviendrait ainsi de protéger un patrimoine linguistique en voie d'effacement face à l'allemand. L'autre marque du rejet de l'Allemagne et de ses ressortissants installés en Suisse est la votation du 9 février 2014. À cette occasion, les électeurs suisses allemands se sont soulagés de la démangeaison que provoquent chez eux la cohabitation avec les Allemands et leur impact sur le marché du travail. Une concurrence qui ne s'exerce pas dans les restaurants ou les hospices (là, les indigènes ne se précipitent guère), mais dans les étages supérieurs des entreprises, dans les universités ou dans les laboratoires de recherche, où la rivalité entre cadres est rude. « La jalousie fait aussi partie de la recette », observe justement le journaliste Jacques Pilet. On aura noté que sur l'arc lémanique, là où les étrangers sont de loin le plus nombreux, comme résidents permanents et frontaliers, l'initiative « Contre l'immigration de masse » a été massivement rejetée : 61 % de non dans les cantons de Vaud, de Genève et Neuchâtel, 56 % de non dans le Jura, 52 % de non dans le Valais. En revanche, les cantons alémaniques, les plus petits notamment (Schwytz, Appenzell, Obwald, Nidwald, Glaris), ont plébiscité l'initiative, parfois dans des communes qui n'ont probablement jamais vu passer d'étrangers. Ce n'est donc pas contre l'immigration massive que les Suisses alémaniques se sont prononcés, mais contre une immigration particulière : l'immigration allemande.

Le rejet de la présence allemande en Suisse alémanique présente un aspect inédit dans les manifestations récentes de xénophobie. Elle renvoie, par certains aspects, à l'antisémitisme tel qu'il s'est développé en Europe dans les années 1930. À la xénophobie classique, qui stigmatise les migrants pauvres en quête d'emplois mal payés, sous-qualifiés et assimilés aux classes dites dangereuses, s'est greffée une xénophobie d'envie, qui cible une communauté dotée des instruments de domination (qualifications supérieures, réseaux sociaux étendus, expériences professionnelles plus larges, langue dominante) dont se sent dépourvue la population d'accueil. La Suisse, dans sa partie alémanique, a fait la démonstration que la xénophobie d'aigreur sur fond de complexe d'infériorité est tout aussi vive que l'antique xénophobie d'envahissement qui visait les loqueteux. Aux dernières nouvelles, séduits par un dynamisme économique euphorisant, les ressortissants allemands plieraient bagage, s'en retournant au pays, de leur plein gré. Sur le long terme et si le mouvement s'amplifie, les Alémaniques pourraient regretter cet exode, car il sera dommageable pour leur prospérité.

Last but not least, les rapports de voisinage entre Allemands et Alémaniques ne se bornent pas à un herpès finalement anecdotique dont souffriraient des Helvètes atteints d'une extrême irritabilité chauvine. À susciter tant d'allergie, les Allemands devraient aussi s'interroger sur leurs façons de se comporter, sur leur propension à s'agréger, expulsant *de facto* ceux qui ne leur ressemblent pas et qu'ils sous-estiment quand ils ne les méprisent pas ouvertement. Ces manières qui, dans l'inconscient collectif, renvoient aux antiques postures tyranniques importées de Germanie et que les Suisses primitifs ont terrassées, les Alémaniques ont clairement signifié qu'elles n'étaient plus les bienvenues sur leur sol.

Le *Röstigraben*

Romands et Alémaniques se détestent-ils vraiment ?

On a longtemps adhéré sur l'arc lémanique à l'aphorisme de Michelet pour qui « la Suisse allemande est une fausse Allemagne ; la Suisse française une vraie France » avec pour conclusion : « La Suisse allemande est le corps de la Suisse, la tête en est la Suisse française[4]. » Ce qui semble aujourd'hui acquis, c'est que l'aphorisme de Michelet ne vaut plus. Si, en raison de son poids démographique et de sa taille géographique, la Suisse alémanique est bien « le corps de la Suisse », rien n'atteste que sa tête couvre la partie lémanique.

Au soir de certaines votations, le contraste des résultats électoraux entre les deux Suisses a été si saisissant que l'on a craint (et parfois espéré) que se séparent pour de bon Romands et Alémaniques. Si différents sur des sujets cruciaux, comment pourraient-ils en effet s'accorder sur le pilotage du pays, sur les grands choix stratégiques, voire simplement cohabiter ? Considérant les dégâts causés par ces différences de vues, qui recouvrent des écarts inconciliables d'intelligence et de sensibilité, autant faire bande à part. À intervalles réguliers, le scénario de la partition ressort donc de la naphtaline. Les minoritaires, qui sont les Romands le plus souvent, sont les plus favorables à la sécession. Du moins l'étaient. Car depuis quelques années, si les émotions et les indignations sont toujours là, les incantations sécessionnistes ont baissé de volume. La dernière crise, survenue lors de la votation du 9 février 2014 « Contre l'immigration de masse » et qui est la plus problématique au cours des vingt dernières années, est intéressante.

Les Alémaniques ont bien reçu la pluie de missiles attendue, mais la hache de guerre a rapidement été enterrée. Contrairement à la votation de 1992 où les Romands ont poursuivi les Alémaniques de leur courroux pendant des mois, après celle du 9 février 2014, Romands et Alémaniques se sont immédiatement attelés à corriger les effets d'une votation aux impacts possiblement désastreux. Le *Röstigraben* a été d'autant moins invoqué que les Romands ne s'étaient guère mobilisés contre la votation. Y eussent-ils investi l'énergie qu'ils avaient mobilisée en 1992 pour adhérer à l'EEE, sans doute leur frustration se serait-elle exprimée avec plus de véhémence. Cela n'a pas été le cas. C'est en traînant des pieds qu'ils sont montés au front contre l'initiative UDC, et c'est couverts de plumes et de goudron qu'ils s'en sont retournés. Du coup, les Romands en ont été réduits à manger leur chapeau, grommelant contre leurs compatriotes d'outre-Sarine. L'arc lémanique ayant tiré le meilleur profit des « bilatérales », ces accords destinés à corriger les effets catastrophiques attendus de la votation de 1992, l'hostilité des Romands à la Suisse alémanique a perdu en vigueur. Existe-t-elle encore seulement ?

Le *Polentagraben*
Les Tessinois ont raison de râler

Les Suisses romands sont chatouilleux sur la question des équilibres et partages linguistiques. Les Suisses se sont déjà suffisamment déchirés sur les affaires religieuses pour, le problème résolu, éviter une nouvelle confrontation sur la question linguistique. En la matière, la protection dont jouit la langue romanche illustre la vigueur du consensus helvétique. Pour mémoire, le 20 février 1938, une votation fédérale sanctuarisait le romanche comme langue à part entière. Concernant une communauté linguistique lilliputienne, la votation pulvérisait les meilleurs scores des dictatures communistes : 91,6 % des votants approuvaient le statut de langue nationale donné au romanche. Pareil résultat témoigne de l'attachement des Helvètes pour une langue minoritaire. Après tout, les Suisses ont appris à se respecter et valorisent le consensus. Pour mémoire, il était des pays voisins où, à la même époque, les enfants étaient battus quand, dans la cour de récréation, leur maître les surprenait à baragouiner la langue de leurs ancêtres. Rien de tel en Suisse.

Une autre explication à ce score est le climat politique international de l'époque. En confortant le romanche, les Suisses serraient les rangs face à l'Allemagne menaçante. Rétrospectivement, martelant leur patriotisme dans les urnes, les électeurs suisses faisaient preuve d'un réel flair : moins de trois semaines après la votation, Hitler annexait l'Autriche et, six mois plus tard, invoquant la notion d'« espace vital », provoquait la crise des Sudètes. Sans doute beaucoup de Suisses, notamment dans la partie alémanique, réaffirmèrent-ils leur attachement au romanche faute d'oser exprimer leur aversion pour l'expansionnisme nazi. Voilà à quoi tient, aux côtés du français, de l'italien, de l'allemand et de l'anglais, la présence de cette étrange langue dans l'orchestration linguistique suisse. Et si les documents de l'administration fédérale sont publiés en allemand, français et italien mais non en romanche, l'explication tient à ce que, langue nationale, le romanche n'a cependant pas le statut de langue officielle.

C'est dans ce contexte que le Tessin a fait son retour sur scène. De toute évidence, les Tessinois sont les grands perdants dans le jeu politique fédéral. Les conseillers fédéraux sont soit alémaniques, soit romands. Selon un sondage datant de 2016, près de 80 % des Tessinois estiment « nécessaire » d'avoir un ministre tessinois, quand plus de 50 % des Alémaniques jugent que ça ne l'est pas. Habilement, les Suisses romands penchent à 50 % pour une présence jugée, selon eux, « nécessaire ». Même si, aux Chambres fédérales, un élu sert d'abord son pays et non son canton, il est clair que l'ostracisme subi par les Tessinois dans la plus haute instance décisionnaire du pays explique leurs choix politiques parfois en rupture avec ceux des Romands et des Alémaniques. La mauvaise humeur chronique des Tessinois dans le système indique l'existence d'une troisième frontière interne à la Suisse qui, comme par hasard, épouse ici une double fracture : linguistique et géographique. L'élection d'Ignazio Cassis au poste de conseiller fédéral en septembre 2017 atténue certes l'amertume des Tessinois, mais est loin de suffire à régler les questions liées à l'équilibre intercantonal.

La préférence lémanique

On vit mieux chez les Romands, c'est prouvé

Quoi de plus arbitraire que d'affirmer que telle région, commune, tel canton est le plus accueillant, le plus doux, que sais-je encore ? Le narcissisme des petites différences joue à plein, chacun trouvant sa commune forcément la plus belle. Comment départager ces avis contradictoires mais généralement sans appel ? Les guides touristiques livrent un élément de réponse en attribuant des étoiles. Mais ces classements sont marqués au sceau d'une diplomatie longuement mûrie : au maximum, l'endroit le plus idyllique, le plus consensuel, reçoit quatre étoiles, dans quelques rares cas, cinq. Les guides touristiques sont œcuméniques. Il y a un autre indicateur : l'implantation des expatriés. Non pas ceux qui émigrent par nécessité mais ceux qui, disposant de toutes les libertés que leur procure leur fortune, visent le meilleur et peuvent se l'offrir. Eh bien, le meilleur, en Suisse, c'est l'arc lémanique. C'est de très loin l'espace qui leur convient le mieux, celui où, de leur point de vue – qui n'est pas celui du premier venu –, tout est proche de la perfection. Observez encore que lorsque le biotope merveilleux se dégrade, ils le quittent pour un autre qui leur aura été signalé comme offrant ce qui les comblera. Selon une enquête publiée par le magazine *Bilan* en décembre 2016, et consacrée aux « 300 plus riches de Suisse », près de 45 % de ces superriches se répartissent entre Genève (25,8 %) et le canton de Vaud (18 %). Le solde se dispersant dans le reste de la Suisse. Même Zurich est loin derrière, avec « seulement » 6,4 % de ces nantis parmi les nantis. Autre précision utile : les « vraiment plus que riches », comme la famille Kamprad (Ikea, 46 milliards de francs), ou Hansjörg Wyss (13-14 milliards) affichent une préférence pour le canton de Vaud. Préférence confirmée par l'installation des nouveaux venus du classement 2016 : les deux plus grosses fortunes, Alicher Ousmanov (12-13 milliards de francs) et Alexandre Van Damme (6-7 milliards de francs) ayant choisi le canton de Vaud. Et Genève peut se faire du souci : pas moins de six grosses fortunes l'ont quitté dernièrement, dont deux pour Monaco.

La politique en Suisse

La milice

La société civile reste aux commandes

Lisons Jean-François Aubert : « Le fédéralisme vulgarise le pouvoir. Au lieu d'une équipe unique de députés, de magistrats et fonctionnaires nationaux, nous en avons encore vingt-cinq dans les cantons et trois mille dans les communes. Ce qui fait que, pour finir, la république est gérée, non par mille personnes seulement, mais par cinquante mille[5]. » Une telle distribution du pouvoir, que s'approprient les citoyens et qu'ils exercent pleinement en raison des prérogatives qu'ils ont conservées, définit le système milicien.

Si le terme a mauvaise presse dans des pays où le substantif renvoie à des auxiliaires de police chargés des basses besognes, en Suisse le milicien a gardé sa définition originelle, celui d'une « troupe levée, du Moyen Âge jusqu'au XVIIIe siècle, dans les villes ou les paroisses pour renforcer l'armée régulière » (*Larousse*). Ici, lorsqu'on parle de milice il n'est donc pas question d'organisation paramilitaire sur quoi s'appuie un gouvernement tyrannique, mais d'individus anonymes qui, en sus de leur travail et de leurs obligations familiales, servent volontairement la collectivité. C'est au niveau communal que s'investit cette énergie milicienne, c'est là que s'effectue le premier tri dans les problèmes appelant une solution pour améliorer le « mieux vivre ensemble ». La fonction et l'activité miliciennes sont gouvernées par le principe de subsidiarité : ce n'est qu'en dernier ressort, et faute de solution adéquate, que l'instance supérieure sera consultée. S'en remettre à elle pour résoudre un problème signale un échec. La proximité entre le problème et sa solution est économe en moyens et maximise l'efficacité de la solution trouvée.

L'idéal milicien imprègne toutes les composantes de la vie en Suisse : depuis les parlementaires, censés exercer un second métier (ils en sont loin pour une large majorité d'entre eux), jusqu'aux soldats en uniforme qui, jusqu'à 30 ans et à périodes fixes, rejoignent leur casernement pour défendre le pays, au cas où. Le peuple suisse n'est ainsi qu'une vaste milice, en armes. L'idéal milicien, qui concerne l'entier de la population, peut aussi s'avérer contraignant. Ici et là, des lézardes se font jour : « Dans le canton d'Uri, les citoyens votent ce dimanche sur une réforme de l'obligation de servir. Une drôle de pratique, répandue en Suisse alémanique, qui peut donner lieu à des situations cocasses. Le village de Bauen l'a expérimentée [...] [Là], dans le canton d'Uri, un siège reste désespérément vide à la municipalité. Si aucun volontaire ne se présente d'ici la prochaine assemblée communale en automne, quelqu'un sera tiré au sort. Dans ce canton de Suisse centrale, les autorités communales peuvent désigner n'importe quel citoyen éligible pour siéger au sein du législatif ou de l'exécutif. Une loi, inscrite depuis 1890 dans la Constitution cantonale, oblige la personne désignée à accepter cette mission [...] C'est aussi ce que constate le directeur des associations de communes suisses, Reto Lindegger. “Les Suisses s'identifient moins à leur commune. Surtout lorsqu'ils pendulent entre leur domicile et un lieu de travail à l'extérieur, ce qui est souvent le cas dans les villages[6].” »

L'investissement milicien tendrait donc aujourd'hui à mollir. Notre époque, où chacun se revendique citoyen et responsable sur tous les sujets, depuis le ramassage des déjections canines jusqu'à l'usage parcimonieux de l'eau de vaisselle, souffrirait paradoxalement d'un recul de l'engagement bénévole. Les explications à ce phénomène sont nombreuses. La première serait le temps. Il en manquerait à tous pour cette implication de terrain qui en réclame beaucoup. Quand chacun gaspille sans compter des heures dans la surveillance des réseaux sociaux, il n'en reste plus pour la geste milicienne. Dès lors, que faire ? Se pourrait-il que l'avenir de cet idéal milicien soit entre les mains des nouveaux citoyens, ceux qui, fraîchement naturalisés, découvrent les charmes de l'action politique de terrain et ses effets immédiatement mesurables ? Encore leur faudra-t-il renoncer à la vie virtuelle – celle qui, *via* les multiples écrans, encombre nos poches et nos bureaux – pour se plonger dans la vie réelle. Telle est l'action milicienne : pas forcément glamour, sans doute indispensable, assurément très suisse.

L'avenir de l'engagement milicien – politique, social ou caritatif – n'est cependant pas aussi sombre qu'il y paraît. En témoigne le nombre d'associations irriguant le pays. Avec près de 120 000 associations recensées, la Suisse est championne du monde du nombre d'associations par habitant. L'idéal milicien n'est pas mort, il s'est juste déplacé.

La subsidiarité
Véritable combustible helvétique
(mais au fait ça veut dire quoi ?)

Cinq syllabes, une signification pas du tout évidente, une application incompréhensible ! À la seule écoute du mot, la torpeur vous gagne ! Comment est-il seulement parvenu à se glisser dans le vocabulaire politique et à s'y faire une telle place ? Au reste, son usage est loin d'être universel : dans de nombreux États, la subsidiarité est inconnue faute de recouvrir un usage politique. L'inintelligibilité du mot croît à proportion de la centralisation de l'espace politique. La subsidiarité ne vise-t-elle pas à « privilégier le niveau inférieur d'un pouvoir de décision aussi longtemps que le niveau supérieur ne peut pas agir de manière plus efficace » ? Ainsi que le notait Edgar Fasel, dans un excellent ouvrage publié en 1983 et intitulé *Faut-il brûler la Suisse ?*, « le mot "subsidiarité" est ignoré par la plupart des dictionnaires. Quand il apparaît dans certaines grosses encyclopédies, c'est par référence à l'encyclique pontificale *Quadragesimo anno* (1931), qui a intégré cette notion helvétique dans la doctrine sociale de l'Église. Faut-il ajouter que ce précieux concept reste à peu près totalement absent de la pensée et de la pratique politique mondiale[7] ! » En France, le mot n'a pas d'existence reconnue : ici, tout remonte directement vers la tête de l'État, vers l'Élysée. Les requêtes s'adressent au président de la République, depuis une demande d'indemnisation pour cause d'inondation jusqu'à celle d'une régularisation d'une jeune réfugiée originaire des Balkans. La centralisation est revendiquée. Il n'y a apparemment pas d'enchevêtrement de compétences ; elles se résument à une seule, celle que détient le monarque républicain.

La Suisse présente un modèle différent. Prenez la Constitution suisse. Inutile d'avancer très loin dans sa lecture. Dès l'article 5a, il est écrit : « L'attribution et l'accomplissement des tâches étatiques se fondent sur le principe de la subsidiarité. » Et pour la clé de lecture, l'article 6, intitulé « Responsabilité individuelle et sociale », précise : « Toute personne est responsable d'elle-même et contribue selon ses forces à l'accomplissement des tâches de l'État et de la société. » Tout est dit. Ni le Conseil fédéral ni le Parlement n'ont abandonné de compétences aux cantons qui, après tri et pour se défaire de l'accessoire, les ont confiées aux communes. Le processus est inverse. Les communes ont accepté de céder des prérogatives aux cantons – l'entité supérieure –, qui, à leur tour, pour des raisons de commodité et faute de parvenir à bien les exercer, ont consenti à remettre certaines compétences à la Confédération.

Ce système, de type *bottom-up*, présente beaucoup d'avantages. D'une part, il évite le brouillage des compétences. Chaque niveau sait sur quoi il intervient et dispose normalement des moyens pour agir. Il s'emploiera à résoudre la question posée là où, dans un système centralisé, la tentation est grande d'avouer rapidement son incompétence pour se débarrasser du dossier. Dans ce cas, il s'agit moins d'une attitude paresseuse que d'un calcul de bon sens : l'échelon inférieur sait par avance que le niveau supérieur supervisera la décision prise, suspectant d'emblée l'échelon inférieur d'incurie. Inversement, la subsidiarité oblige l'échelon ayant requis cette compétence à l'exercer jusqu'au bout. D'autre part, il encourage le niveau inférieur à faire montre d'efficacité, ne serait-ce que pour tenir à l'écart le niveau supérieur. Intervention qui, si elle devait advenir, solderait un échec et justifierait tendanciellement un renoncement à l'exercice de cette compétence. Le principe de subsidiarité s'applique à dissocier le moins possible la prise de décision politique de son champ d'application : ceux qui endossent la prise de décision sont proches de ceux qu'elle concerne. La subsidiarité vise à maximiser l'efficacité de la décision politique.

La subsidiarité est d'autant plus vivante qu'elle est consubstantielle à l'espace politique où elle s'exerce. En Allemagne avec les Länder, en Suisse avec les cantons, la subsidiarité s'appuie sur des alliés de poids face à l'administration centrale : ce n'est que forcées, souvent, et à contrecœur, toujours, que les autorités régionales ont concédé à une force centralisée des prérogatives et des compétences qu'elles ont traditionnellement exercées. En Suisse, la résistance cantonale est forte. « Les cantons sont souverains », dit l'article 3 de la Constitution fédérale, et l'administration fédérale mesure le poids de ce rappel. Avec cette bride que tient chacun des 26 cantons, l'administration ne peut guère s'autonomiser. Elle exécute la politique décidée par les assemblées élues, sans état d'âme ni traîner les pieds. Il suffit de noter le tollé que suscitent les décisions (le plus souvent) unilatérales de la Banque nationale suisse (BNS) pour sentir à quel point les Suisses sont sourcilleux quand, en tant que citoyens, ils s'estiment disqualifiés. En Suisse, « le peuple connaît ses droits et y tient fortement », notait Stendhal en 1838. Tel n'est pas le cas en France où, par exemple, le ministère des Finances, et plus particulièrement le ministère du Budget, surplombe tous les ministères et agit selon son bon vouloir. En France, la bureaucratie publique a manifestement pris le contrôle du pays. En Suisse, la méfiance vivace à l'égard de l'État contrarie pareille dérive.

La citoyenneté
Filiation et droit du sang

Qui se souvient du film *Die Schweizermacher* (titre français : *Les Faiseurs de Suisse*) ? Sur le mode comique, y était dépeint l'interminable trou de serrure par lequel devaient passer les étrangers candidats au passeport suisse. Le film fit ricaner et, lors de sa sortie, beaucoup en conclurent que les Suisses étaient globalement xénophobes, soucieux d'écarter de leur citoyenneté quiconque y prétendait. *Paix, amour et chocolat*, dans un style voisin, reprenait l'antienne : si les Suisses apprécient la prestation des étrangers venus en Helvétie ramasser les poubelles, point trop n'en faut. Qui voulait un passeport suisse devait s'astreindre à une série de tests auprès desquels ceux montrés dans *Green Card*, film américain, étaient légers.

Qui, pourtant, peut bien contester l'enjeu de la procédure que doivent suivre ceux qui désirent acquérir une autre nationalité ? Ces tests, par lesquels se mesure l'adhésion sincère et vérifiable de l'impétrant aux valeurs du pays dont il ambitionne d'acquérir la citoyenneté, méritent-ils l'opprobre dont les couvrent les partisans d'une distribution inconditionnelle de passeports au bénéfice des étrangers ? Si cette approche laxiste sur fond de générosité bon marché a pu un moment prévaloir, elle paraît aujourd'hui présenter une dangerosité extrême. Galvauder la nationalité *via* un protocole bâclé n'est-il pas le meilleur moyen d'encourager un double repli identitaire ? D'abord, chez le candidat à la nationalité : le signal qui lui est envoyé est que le passeport qui lui est remis ne vaut pas grand-chose – sinon, comme pour tout bien de valeur, il aurait un coût. Chez l'autochtone ensuite, qui redoutera légitimement le bradage d'un marqueur pour lequel des sacrifices lui ont été demandés : il porte notamment l'uniforme et est prêt à donner sa vie pour défendre la souveraineté de son pays. Auteur d'un ouvrage intitulé *Contre la bienveillance*, le sociologue Yves Michaud écrit : « Le fait du fondamentalisme nous force à prendre conscience que l'accès automatique, somnolent et passif à la communauté politique ne peut plus avoir cours et doit faire place à un serment civique[8]. » De son côté, Pierre-Jean Luizard, chercheur au CNRS, fait le constat suivant : « Le degré zéro de l'identité est une grande souffrance, et peut conduire à la violence la plus extrême. C'est là une faille importante des idéaux républicains : entretenir l'illusion que l'éducation, seule, peut résoudre la question de l'identité considérée comme secondaire. Or l'identité se pose de façon d'autant plus pressante qu'on descend dans l'échelle sociale[9]. » L'accès à la communauté politique suisse passe par un contrat d'acceptation de la démocratie, du pluralisme et de la liberté d'expression. C'est justement ce que, sur le mode de la comédie, dénonçait le film *Die Schweizermacher*. Par ailleurs, l'imbécillité citoyenne n'est jamais à exclure non plus, comme celle de cette commission de la commune de Buchs en Argovie qui a refusé la nationalité suisse à une candidate qui avait cité le ski et non la lutte à la culotte comme « sport typiquement suisse ».

L'abstention

Un marronnier médiatique, et une ânerie de plus

Encore un marronnier ! Il bourgeonne en abondance quand la votation est dotée d'un enjeu jugé important. Quand, comme pour la votation sur les épizooties, l'objet du scrutin est globalement inintelligible, et l'abstention, record, rares sont ceux qu'alarme alors la désertion des urnes. Inversement, sitôt le scrutin touchant aux questions fiscales et, surtout, sociales, l'abstention revêtirait dès lors un caractère dramatique. La démocratie serait en danger d'abandon ! Mieux vaut ne pas trop s'affoler.

L'abstention relèverait-elle de ces pathologies récentes dont souffriraient nos démocraties, et tout particulièrement la Suisse ? Pas si sûr. De passage à Genève en 1837, Stendhal observe les élections qui se sont déroulées le 16 août. « Sur la demande des gens raisonnables », le cens électoral avait été abaissé, élargissant le nombre de citoyens. Et à quoi a-t-on assisté ? « Eh bien, fait-il dire à l'un de ses correspondants, on voit beaucoup moins d'électeurs aller donner leur vote. »

L'écrivain voyageur poursuit : « On courait voter quand c'était un privilège ; maintenant que le dernier artisan en a le droit, les gens comme il faut le négligent[10]. » Donc, pour en revenir au présent, inutile de paniquer : l'abstention n'est ni un phénomène récent, ni n'a de conséquences tragiques, au moins en Suisse, sinon ça se saurait et se verrait.

De fait, un peu partout dans nos systèmes politiques vieillissants, les électeurs s'évaporent quand leur est demandé leur avis politique. Urnes et isoloirs se vident, comme si, abreuvés par des médias politiques pléthoriques, les citoyens optaient pour la pêche à la ligne plutôt que d'aller voter.

À être sollicités au moins quatre fois par an sur des questions d'intérêt national (les objets dits fédéraux) et local (les objets cantonaux et communaux), à quoi s'ajoutent des élections dans les différents Conseils, les Suisses seraient épuisés et ne voteraient plus. Qui les en blâmerait ? Cet affaissement démocratique ne frappe-t-il pas tous les pays, aussi bien ceux où les appels aux urnes sont récurrents que ceux où ils sont exceptionnels ? Si telle est votre conviction, sachez que vous avez tout faux ! Les Suisses votent en effet sur les sujets les plus divers, depuis la construction d'éoliennes jusqu'à l'extension d'une ligne de tram, en passant par l'achat d'avions de guerre, la suppression de l'armée, l'adhésion à l'Espace économique européen, le revenu universel de solidarité, la construction d'un terrain de football, et – c'est là l'essentiel – jamais ils ne se lassent d'exprimer leur opinion.

À cela deux raisons : *via* le référendum facultatif et l'initiative populaire, les objets proposés aux votes émanent la plupart du temps de la base citoyenne. Ce sont des citoyens qui, au départ, conceptualisent un problème qui les préoccupe, puis qui s'attaquent, en tongs, à la face nord de l'Eiger – autrement dit, qui cherchent à convaincre les électeurs. Ce sont là des processus longs, lents, préparés, comme doit l'être une ascension en haute montagne. La politique n'a pas déserté les trottoirs suisses, et sur ces trottoirs on ne fait que récolter des signatures. En Suisse, un DRH piégé lors d'une réunion de travail dans son entreprise ne se fait pas lyncher, et les salariés touchés par une restructuration ne menacent pas de faire sauter l'entrepôt – violences imbéciles qui font cependant sens, si l'on considère les inerties de la mécanique politique française. Voilà deux cents ans, Stendhal observait : « En France, le peuple n'a de force que lorsque tout entier il est en colère ; dès qu'il a fait un effort, il ne demande qu'un prétexte pour se rendormir, et sa léthargie dure quinze ans. Comment compter sur une tranquillité durable avec un peuple qui a les passions et la raison d'un enfant[11] ? » Rien de cela en Suisse. Ici, ni grosse colère infantile, ni pneus brûlés par dépit ou pour cause de dialogue bâclé. Pour la raison simple que la négociation est un impératif ; le compromis est non le signe infamant d'une capitulation, mais un marqueur d'intelligence collective ; le stylo et la pétition sont l'antichambre de l'assemblée délibérative. La légitimité de l'action politique se retrouve à tous les étages du bâtiment politique. Et c'est justement parce que nulle part n'est observé un processus de désaffiliation que les Suisses votent. Les regroupements d'intérêts peuvent être fugitifs et le sont souvent, ce qui contrarie chez les citoyens-électeurs le vote pavlovien. La démocratie n'est pas ici affaissée, elle est apaisée et vivante. La meilleure preuve en est la participation aux scrutins, qui tourne autour de 44 %, avec des pointes à plus de 60 % lors de votations que les citoyens considèrent comme critiques pour le pays. À l'autre extrême, elle peut s'effondrer à moins de 30 % pour des objets dont, au final, seuls les initiateurs et les pétitionnaires ont mesuré l'intérêt. Qu'ont bien pu comprendre les électeurs appelés à se prononcer sur la loi sur les épizooties le 25 novembre 2012 ? L'auteur de ces lignes a dû ouvrir son *Littré* pour apprendre ce qui se cachait derrière ce mot savant. Il n'a probablement pas été le seul, puisque seulement 27,6 % des électeurs ont jugé utile de donner leur opinion. La participation est donc fonction de l'intelligibilité du scrutin par les électeurs et de son enjeu social, économique ou politique. Ainsi, sur la question de l'adhésion à l'EEE posée le 6 décembre 1992, 78,7 % des électeurs suisses ont glissé leur bulletin dans l'urne – façon de parler, vu que le vote se fait principalement par voie postale (aujourd'hui par voie numérique).

Si la participation se maintient, elle n'est toutefois pas uniforme dans les différentes classes d'âge. L'abstention prospère à mesure que l'on se rapproche des jeunes électeurs, comme si le scrutin démocratique, avec urne et bulletin de vote, relevait d'une pratique sentant fort la naphtaline. Au risque de se tirer une balle dans le pied, comme lors de la votation du 9 février 2014 : les premiers touchés par les conséquences de la votation « Contre l'immigration de masse » ont justement été les jeunes (à peine 17 % ont voté), plus particulièrement les étudiants suisses, handicapés dans leurs projets de recherche par suite des représailles immédiates des autorités européennes. À propos des jeunes, l'écart est spectaculaire entre les 73 % de votants chez les 18-29 ans ayant voté le 6 février 1992 sur l'Espace économique européen, et les 10 % des jeunes électeurs s'étant déplacés en février 2009 pour la libre circulation des personnes. L'évaporation des jeunes électeurs se confirme lors de nombreux autres scrutins : à peine 10 % d'entre eux à propos de l'initiative Minder (« Contre les rémunérations abusives »), voire moins (9 %) lors de la votation « Protection contre le tabagisme passif ». Bonne nouvelle cependant : les jeunes Suisses s'intéresseraient aujourd'hui de nouveau à la politique. Peut-être la votation du 9 février 2014 les a-t-elle alertés sur les effets délétères de leur incivisme électoral. Les réseaux sociaux, dont les jeunes sont si friands, permettent certes des prises de parole. Mais qui prétend s'intéresser à la politique ne saurait se limiter à donner son avis sur Facebook. L'isoloir lui tend les bras. Mauvaise nouvelle pour la gauche, les jeunes pencheraient désormais à droite, plus à droite que la génération soixante-huitarde, celle des retraités ou en voie de l'être, qui a accaparé les ressources et dont tant l'altruisme que l'esprit de sacrifice restent à démontrer.

Les jeunes mis à part, la participation des électeurs suisses reste cependant forte, eu égard à la régularité des votations, régularité qui confine au harcèlement pour certains, probablement les plus grincheux, ceux qu'exaspère cette frénésie de consultations où l'avis du peuple souverain est sollicité. Comment expliquer cette solidité de la participation dans un environnement saturé de votations ? Selon nous, l'addiction aux urnes reste puissante car, sauf à l'occasion de rares scrutins, rien n'est jamais acquis par avance. Et, régulièrement, les résultats surprennent. Il suffit d'évoquer le cas d'un chef d'entreprise nommé Thomas Minder, initiateur d'une bataille don quichottesque (seul et contre l'avis de son propre parti politique) contre les salaires des grands patrons, et qui terrassa ses adversaires. Le niveau local est pareillement imprévisible. N'est-ce pas Niklaus Scherr – ancien secrétaire général du Poch, feu le parti communiste suisse, et habitant la ville la plus riche du pays – qui, en 2009, remporta une bataille perdue d'avance pour l'abolition des forfaits fiscaux ? Si l'on écarte la sociologie électorale d'inspiration décliniste, celle qui s'émeut sitôt que la participation ne frôle pas les 80 %, force est de convenir que, bien qu'assommés de votations, les Suisses n'ont donc pas déserté les urnes. « En Suisse, seuls quatre citoyens sur dix participent aux élections fédérales », se lamentent ainsi la plupart des médias au lendemain d'une votation, ajoutant : « Ce taux de participation est nettement inférieur à celui des autres pays européens », ce qui n'est pas forcément vrai.

Pour ce qui est de cet étiage à 40 % de votants, il devrait motiver l'alarme des démocrates si d'autres facteurs l'accompagnaient et convergeaient. Comme, par exemple, la dégringolade continue du nombre d'électeurs après chaque élection. Tendanciellement, en prolongeant la courbe, on toucherait le fond, autrement dit des urnes vides, des isoloirs poussiéreux, des électeurs disparus. Ce n'est pas le cas. Voilà plusieurs décennies maintenant qu'un pourcentage supérieur à 40 % est dépassé (en 2016, la participation moyenne aux votations populaires fédérales a été de 49,6 %), et rien ne permet d'envisager que ce plancher sera percé dans un futur proche. Il se trouve simplement que sur dix électeurs potentiels, quatre jugent utile de se déplacer. Si les abstentionnistes se baladaient dans les rues des cités en brandissant des pancartes dénonçant la corruption du vote, ou si les villes étaient la cible d'attentats perpétrés par des communautés s'estimant persécutées par le système politique, le pourcentage de 40 % de participation serait alarmant. Les citoyens suisses n'ont pas l'impression de vivre sous un régime tyrannique ; ce n'est pas faire preuve de mauvaise foi que l'affirmer.

Enfin, pour ce qui est de l'autre motif d'inquiétude, c'est-à-dire le possible découplage de l'abstention suisse par rapport à un soi-disant puissant civisme électoral dans les pays alentour, cette peur est sans fondement. Tout est dicté par la nature du scrutin, par ses enjeux. En Italie, certaines votations, comme les référendums, sont déclarées nulles pour n'avoir pas obtenu le quorum minimal de 50 % de participation. Le quorum est ainsi devenu une arme entre les mains des opposants à la question posée. Une arme politique d'une efficacité certaine, notamment dans un contexte global de négligence du devoir électoral. Sur les 67 référendums abrogatifs italiens, 27 n'ont pas atteint le quorum (un récent concernait les forages en mer), avec égale montée de l'abstention dans les scrutins classiques[12]. En France, où les élections sont rares, des scrutins franchissent péniblement le cap des 50 % quand, en Suisse, à l'occasion de certaines votations comme l'adhésion à l'EEE ou quand il s'agit de supprimer l'armée, la participation crève allègrement le plafond des 70 %. On peut donc dire qu'avec une base stable supérieure à 40 % depuis de nombreuses années maintenant, la démocratie suisse dispose d'un socle citoyen comme n'en est doté aucun peuple européen. Quant à la question des inégalités sociales que recouvre ce niveau de participation (les plus actifs parmi les votants appartenant aux classes moyennes favorisées), on observera que les choix politiques de cette fraction de la population ne sont guère en décalage avec ceux qu'auraient pu faire les classes défavorisées, dont on sait qu'elles sont plutôt enclines à l'abstention. Si tel n'avait pas été le cas, la Suisse serait secouée par le mécontentement de ces populations qui, par choix, camperaient à l'écart des scrutins.

Les droits populaires étendus

Houellebecq et le commandant Massoud

Eux ont tout compris

Dire qu'il se trouve des Suisses pour déplorer la trop grande fréquence des votations ! À les écouter, leur boîte aux lettres serait encombrée de propagande politique qu'ils ne distingueraient plus des publicités promotionnelles glissées sous les portes ou collées sur les pare-brise ; les documents résumant les objets des votations seraient aussi trop volumineux, illisibles, et les parcourir sérieusement serait trop coûteux de ce temps si précieux consacré aujourd'hui à nos comptes Twitter et à actualiser nos profils Facebook.

Finalement, ce sont les étrangers qui rappellent aux Suisses non pas l'avantage d'être si souvent consultés, mais la vertu de ces consultations populaires à répétition. Voilà ce qu'en dit l'écrivain français Michel Houellebecq : « Si j'étais fidèle à mes convictions politiques, j'irais vivre en Suisse, non pour des raisons fiscales, puisque le taux d'imposition dans les cantons francophones y est élevé, mais parce que c'est le pays des votations[13]. » Dommage que le romancier ne soit guère entendu par les hommes politiques de son pays. En période pré-électorale, ils promettent l'instauration de droits de codécision par lesquels, à la façon helvétique, les citoyens français seraient régulièrement consultés sur des sujets les concernant. Une fois élus, ils sont victimes d'amnésie. Mais les promesses, il est vrai, n'engagent que ceux qui les écoutent.

En 2001, l'assassinat du commandant Massoud est passé presque inaperçu. Tué par un commando d'Al-Qaïda, le commandant du Front uni islamique et national pour le salut de l'Afghanistan est mort le 9 septembre 2001, deux jours avant les attentats contre les tours jumelles du World Trade Center à New York. Les nécrologies consacrées au Lion du Pandjchir ont souffert de la proximité des deux événements, ce qui ne retire rien au prestige de ce combattant contre l'invasion soviétique de son pays en 1979, puis contre diverses milices, et enfin contre les talibans. Le commandant Massoud eût-il vécu plus longtemps, l'histoire contemporaine de l'Afghanistan aurait peut-être emprunté un autre cours, moins sectaire, sanglant et régressif, affirment des spécialistes. Le 9 septembre 2001, quelques heures avant d'être assassiné, Massoud aurait déclaré : « Il faut que j'aille visiter la Suisse pour comprendre comment un pays où l'on parle quatre langues et où l'on pratique plusieurs religions a pu garder sa cohésion et son unité[14]. » Nous n'avons pas vérifié l'exactitude du propos prêté à Massoud, mais il est suffisamment beau pour ne pas s'interdire de le reproduire. Et quand bien même il s'agirait d'un faux, rien n'interdit de penser que la pacification rêvée de l'Afghanistan pourrait utilement s'inspirer de quelques institutions politiques inventées par les Suisses et qui leur ont plutôt réussi.

Les droits populaires

La démocratie représentative sous contrôle

Observez ceux qui, sur un ton excédé, dénoncent le populisme et son irrésistible prolifération : selon eux, le peuple (appellation péjorative) se croirait aujourd'hui tout permis, fourrerait son nez partout, se mêlerait de politique, déjouerait les pronostics les plus sûrs – ce qui ne laisserait pas d'être inquiétant, considérant que le peuple est mal renseigné, ignore les subtilités de la machine politique, les contraintes du droit international, etc. Et pourtant, confrontée à la montée des insoumis et des râleurs de tout poil, et soucieuse de pacifier le terrain politique – autrement dit d'en reprendre le contrôle complet –, la caste politique brandit désormais la potion miracle : les citoyens doivent être davantage consultés et doivent pouvoir donner un avis qui méritera attention. Voilà pourquoi il n'est plus un jour sans qu'il soit question d'initiative populaire, de référendum, de « référendum d'initiative populaire » (*sic*), etc. Si seulement les dirigeants européens ôtaient leurs œillères ! Si seulement ils disposaient dans leurs équipes pléthoriques de conseillers curieux ! Ces autoproclamées élites politiques se pencheraient alors sur les droits populaires suisses et tenteraient sur leur propre sol des expérimentations. S'y produirait peut-être une baisse de température dans les rangs populistes, cette frange de citoyens qui grossit sans état d'âme et qui, faute d'exercer un pouvoir quelconque, s'agrège aux programmes les plus écervelés. Car c'est à la condition de participer à la gestion quotidienne du pouvoir que les citoyens reviennent sur terre et s'assagissent.

Le gouvernement suisse, à quelque niveau qu'on l'envisage, est un gouvernement du peuple par le peuple. L'expression est galvaudée, certes, notamment là où le peuple s'est vu confisquer sa souveraineté par des élus beau parleurs. En Suisse, les citoyens ont conservé la légitimité supérieure, la leur. Et tout au long de l'année, ils en font la démonstration. Non seulement ils élisent leurs représentants à la proportionnelle, non seulement ces mêmes citoyens biffent et/ou ajoutent les noms de leur choix, mais en plus, ils ont conçu un arsenal de correctifs pour forcer leurs représentants à respecter les choix politiques de ceux qui les ont élus, arsenal dont devraient rêver tous les peuples se revendiquant républicains et démocrates. Imaginons que les instances élues négligent le contrat qui les lie à leurs électeurs et qu'elles cessent d'en être les représentantes : les armes sont là, entre les mains des citoyens qui, pour s'en servir, ne requièrent guère de ressources. Il n'est que de citer les droits de pétition et de référendum, et l'initiative populaire. En Suisse, la souveraineté du peuple n'est techniquement pas confiscable par une oligarchie scolaire ou de naissance.

À quoi s'ajoute, au niveau national, un respect des identités des cantons, de leur histoire et de leurs intérêts. Sans égard pour sa surface ou son poids démographique, aucun canton ne peut prétendre à plus de deux représentants au Conseil des États, la deuxième Chambre. Ainsi, dans cette enceinte, Zurich pèse quasiment le même poids que Appenzell Rhodes-Intérieures, petit canton rural, d'une superficie dix fois moindre et quatre-vingt-dix fois moins peuplé que la métropole alémanique. De surcroît, les deux Chambres sont d'un poids égal lors du vote des lois. Pas de loi votée si Conseil national et Conseil des États ne s'accordent pas ! Bref, de quelque manière qu'on les envisage, les droits populaires suisses sont à la fois d'une grande simplicité du point de vue des règles de bon fonctionnement et d'une sophistication remarquée. À l'opposé de la France voisine où la souveraineté populaire est niée dès l'instant où la moitié de la population est privée de représentation à l'Assemblée nationale et où, par conséquent, l'autre moitié capte, à son seul profit, la totalité des droits politiques pour une durée de cinq ans, les citoyens suisses ont conçu des outils assurant à tous et à toutes, cantons et personnes physiques, la capacité à exprimer un point de vue qui sera forcément écouté et, surtout, soupesé. La subordination des élus aux électeurs est permanente, jamais transgressée. « Référendum ! » lance ainsi Pascal Broulis après que le Parlement fédéral a voté une mesure que le conseiller d'État vaudois juge contraire aux intérêts de son canton. Ces droits politiques, vivants, exercés depuis plus de cent ans, à peine pondérés pendant les deux guerres mondiales, interdisent aux assemblées élues de rejeter préalablement à toute discussion des objets politiques qu'elles estimeraient, unilatéralement, contraires à leurs intérêts, à leur éthique, à leurs valeurs. Si le peuple souverain l'exige, et même si ce peuple souverain dans une première étape se réduit à 100 000 pétitionnaires, le Parlement fédéral ne pourra botter en touche au motif que lui déplaît l'objet sur lequel une minorité de citoyens exige que le peuple dans son entier se prononce. Et quand bien même l'UDC se lamente du fait que, minoritaire dans les assemblées élues, sa parole – et donc celle de ses électeurs – soit muselée, il reste qu'avec les droits populaires, l'UDC est parvenue à de nombreuses reprises à reprendre la main sur une assemblée élue qui lui était majoritairement hostile. Il n'est que de citer les initiatives populaires qu'a lancées ce parti politique (« Contre la construction des minarets », « Contre l'immigration de masse », etc.), pour se rappeler qu'un parti peut être minoritaire dans l'électorat et, sur des points précis de la vie politique suisse, trouver dans les urnes des majorités de circonstance. Ces victoires signalent que sur ces aspects particuliers de la vie politique suisse, la souveraineté populaire n'avait pas au Parlement des représentants à l'écoute du pays. Parce que les élus ne peuvent techniquement jamais s'autonomiser par rapport à la volonté populaire, les élus suisses ne paradent pas dans des postures de bravade, et n'hibernent jamais très longtemps. L'étendue des droits populaires suisses illustre la force de frappe qu'avec la démocratie directe détiennent les citoyens. Et, au vu du résultat, le peuple suisse a su globalement orienter le travail de ses élus de façon constructive. En témoignent le niveau de prospérité du pays, la pacification des relations de travail, la stabilité politique, sociale, fiscale, etc. Avec la démocratie directe, le peuple est le juge en dernier ressort au cas où se relâcherait la démocratie représentative. La Suisse n'a pas de Cour ou de Conseil constitutionnel. Les électeurs font la loi, puisqu'il leur est loisible de la corriger ou de l'initier. Dans le scénario – qui s'est déjà réalisé – de décisions ineptes et coûteuses, les citoyens concernés savent au moins qui est responsable du chaos engendré.

Dans cette perspective, les émois que suscitent les ruades de l'UDC méritent-ils tant d'alarme ? Faut-il que les Suisses s'ennuient pour hurler au loup sitôt qu'ils croient deviner la silhouette de ce qui n'est qu'un renardeau ! Ici, la dérive populiste et la passion plébéienne n'ont pas vu le jour : ici, ni mouvement 5 Étoiles, ni Podemos, ni faragisme, ni mélenchonisme, ni lepénisme, ni AfD. Et rien ne permet de soupçonner que ces radicalités démagogiques soient en gestation. Dernière vertu de ces droits populaires tels qu'ils fonctionnent en Suisse : la pulsion extrémiste se heurte non au mur des gendarmes mobiles, mais à l'étouffoir de l'isoloir. La contestation du verdict sorti des urnes est inaudible. Si le résultat des élections n'était que le simple décalque des ressources investies dans la consultation, les partis riches enquilleraient les victoires. Or, justement, c'est loin d'être le cas, comme l'illustre la victoire du référendum contre la RIE III (réforme de l'imposition des entreprises) en février 2017. Les perdants auraient dépensé presque trente fois plus (3 millions de francs) que le parti socialiste, à l'origine de la votation et vainqueur du scrutin. L'UDC, grand pourvoyeur d'initiatives populaires et parti politique qui ne chicane pas sur la dépense, comptabilise au moins autant d'échecs devant les électeurs que de victoires sur le plan cantonal et fédéral. Pourtant, ce parti n'a-t-il pas, chaque fois, dépensé des sommes considérables ? On en déduira que, contrairement aux initiatives qui pullulent en Californie et dont le résultat est largement tributaire des publicités télévisuelles qu'achètent les partis en lice, en Suisse l'argent n'offre aucune garantie de résultat. L'autre vertu du scrutin démocratique est que le minoritaire, c'est-à-dire le perdant, sait qu'il a contre lui une majorité de la population adulte en âge de voter. L'alternative est dès lors simple : admettre la faillite de son entreprise et, éventuellement, reprendre des forces en vue d'un autre combat, quelques années plus tard, ou bien émigrer, quitter le pays. Ce que certains ont fait.

La *Landsgemeinde*
La démocratie directe en action, une attraction touristique

Il n'est guère de jours où ne soit stigmatisé l'affairisme des représentants des citoyens, élus dans un Parlement pour y élaborer les lois, les voter, mais qui sont surtout présents lorsque les caméras de télévision filment l'hémicycle. Guère de jours sans que soient dénoncées les limites de la démocratie représentative, où la seule prérogative laissée aux citoyens est de choisir les candidats qui les représenteront en espérant qu'ils ne trahissent pas trop ouvertement le mandat qui leur est confié. Voilà pourquoi il n'est guère de jours non plus sans que soit célébré l'avènement de nouvelles formes d'expression politique où, eu égard à l'indigence réelle ou supposée du travail des parlementaires de métier, les citoyens garderaient la main sur les décisions les concernant. La dégradation de la relation entre élus et citoyens semble avoir aujourd'hui atteint une gravité telle, que des scénarios surréalistes prospèrent. Il est question, par exemple, de représentants nommés par tirage au sort.

Étonnamment, rares sont ceux qui, soucieux de renforcer la vie démocratique et d'oxygéner sa diffusion, se sont penchés sur le modèle suisse de démocratie directe. Le paradoxe est d'autant plus surprenant qu'il n'y a pas si longtemps, le modèle politique suisse faisait l'objet d'études sérieuses signées par de grandes plumes chez des éditeurs prestigieux. La curiosité pour la démocratie suisse a quelque peu diminué, notamment dans les pays dont la démocratie représentative est en crise. Relevons dès lors le défi et tentons de relancer la curiosité pour cette forme de démocratie unique en Europe, même si la démocratie directe, à l'ancienne, se déroulant sur la place du village, est aujourd'hui réduite à la portion congrue. On verra que, faute de pouvoir s'organiser à la manière des cités-États de la Grèce antique, la démocratie suisse permet aux citoyens d'interférer à tout moment dans la conduite politique de la commune, du canton, du pays, sans provoquer de crise de régime. Cet exercice où le peuple a son mot à dire dans les affaires politiques n'est pourtant pas si populaire. Prenez Montesquieu. S'il observait que « le peuple est admirable pour choisir ceux à qui il doit confier quelque partie de son autorité », le penseur classique s'empressait d'ajouter : « Il n'a à se déterminer que par des choses qu'il ne peut ignorer, & des faits qui tombent sous les sens », pour conclure : « Le peuple qui a la souveraine puissance, doit faire par lui-même tout ce qu'il peut bien faire ; & ce qu'il ne peut pas bien faire, il faut qu'il le fasse par ses ministres[15]. » Montesquieu était partisan de la démocratie représentative. En Suisse, un autre penseur a exercé un rôle plus profond. Dans *Du contrat social*, Rousseau martèle que, sauf à ce que le peuple souhaite que soient trahis sa pensée et ses intérêts, il ne saurait aliéner sa souveraineté au profit de quiconque. Comme en témoignent les *Landsgemeinden*, la démocratie directe est en Suisse bien antérieure à la pensée de Rousseau. Les habitants de certains cantons suisses la connaissent bien, ne serait-ce que pour n'avoir jamais cessé de la pratiquer depuis des centaines d'années. L'usage en a été conservé dans deux cantons de la Suisse dite primitive, Glaris et Appenzell Rhodes-Intérieures. Ici, sur la place du canton, la démocratie directe, autrement dit la voix du citoyen disant le droit sans intermédiaire, dicte la vie politique.

Au fil des siècles, la *Landsgemeinde* (littéralement « communauté rurale » ou « assemblée communale ») n'a guère connu de changements majeurs. Les citoyens mâles, l'épée à la ceinture, se réunissent et, à main levée, votent, notamment leurs impôts. La pratique est demeurée inchangée jusqu'à une époque très récente. Dans les années 1920, pour des raisons diverses, certains ont remis en question ces assemblées de masse.

À Uri, la *Landsgemeinde* est supprimée en 1928. Parmi les reproches qui lui sont faits on trouve l'absence de secret du vote en place publique, argument qui prend du poids à mesure qu'augmente le nombre de salariés dépendant d'un employeur. Nul n'est à l'abri de représailles en cas de vote sur un objet clivant, notamment sur le plan fiscal. À cette époque où les citoyens se déplacent à pied, une autre critique adressée à la *Landsgemeinde* tient à la distance qu'il revient à certains de parcourir pour participer à l'assemblée plénière et, par conséquent, les déséquilibres démographiques lors des votes. Les communes proches fournissent les bataillons de votants, et celles qui sont périphériques sont régulièrement en sous-effectif et logiquement maltraitées. En 1928, à Uri, la *Landsgemeinde* est ainsi supprimée, mais, attachés à la démocratie directe et soucieux de contrôler leurs élus, les citoyens obtiennent un droit d'initiative (quorum de 150 citoyens) en remplacement du droit d'initiative individuelle, qui est au fondement de la démocratie directe de *Landsgemeinde*.

Dans les dernières décennies, le vote sur la place publique a également perdu de son attrait. Dans plusieurs cantons primitifs, les *Landsgemeinden* n'ont pas passé le cap du XXe siècle. Le 23 octobre 1994, à Nidwald, la *Landsgemeinde* extraordinaire approuvait une initiative populaire demandant l'introduction d'un scrutin à l'urne pour l'élection des conseillers d'État ainsi que pour celle du député cantonal au Conseil des États à Berne. C'en était terminé de la procédure à main levée, au décompte complexe et jugé trop imprécis par certains. En décembre 1996, la *Landsgemeinde* était définitivement enterrée. Destin identique à Obwald où, en 1998, dans le cadre d'une révision de la Constitution, le peuple validait l'abandon de la *Landsgemeinde* au profit de la démocratie des urnes. Le climat général avait déjà profondément changé, et la mutation se produisit ici presque dans l'indifférence.

Restent aujourd'hui Glaris et Appenzell Rhodes-Intérieures, deux cantons où le spectacle annuel de l'assemblée des citoyens mérite le voyage. Ce que les observateurs curieux d'assister à l'une des manifestations de démocratie directe parmi les mieux organisées et respectueuses de la volonté exprimée par les citoyens ne manquent pas de faire. Pour parfaire le tableau, n'oublions pas un détail d'importance : les *Landsgemeinden* sont aujourd'hui ouvertes aux femmes !

Le référendum

Le peuple peut contester pacifiquement la loi

Par quelle exténuation intellectuelle certaines élites étrangères, celles qui ont mandat pour décider et innover, s'obstinent-elles à ne pas voir la vertu de cette arme politique qu'est le référendum ? Qui s'étonnera que ce scénario, où le peuple souverain use de son pouvoir autrement que tous les quatre ans dans l'isoloir pour rentrer ensuite dans sa coquille, provoque de l'urticaire chez certains ? Ainsi en France, le 5 décembre 2013, Jean-Louis Debré, alors président du Conseil constitutionnel, examine avec ses pairs « la loi organique sur le référendum d'initiative partagée » (*sic*). Le magistrat écrit à ce propos : « Ce référendum d'initiative partagée a été conçu par des apprentis sorciers, qui font comme s'il était possible de l'utiliser. La procédure nécessaire à sa mise en place exige un délai au minimum de dix-sept mois, et cette initiative risque de dresser un peu plus les Français contre leurs représentants, d'alimenter l'agitation démagogique et de favoriser les crises politiques[16]. » Fermez le ban. Il semble assez peu probable que les citoyens français votent un jour sur un objet émanant d'un groupe de citoyens constitués au sein d'un comité référendaire. Dans leur défiance à l'encontre des droits populaires, les Français sont en bonne compagnie. Quand Peter Sloterdijk décrète que l'« on ne peut plus se fier au principe d'une majorité intelligente[17] », on pressent le retour possible des temps mauvais. Le propos du philosophe allemand sent au mieux l'appel à l'aristocratie des talents, au pire le vieux léninisme, pour qui seule l'avant-garde, porteuse du sens de l'Histoire et avocate du bien commun, a légitimité pour décider du sort de tous. Au vu des tragédies historiques récentes, sans doute vaut-il mieux se méfier des minorités, toujours partisanes de museler l'opinion des majorités.

Dans ce climat délétère et compte tenu d'une tendance grandissante en Europe à l'abstentionnisme électoral, des voix s'élèvent qui proposent de se tourner vers les techniques de gouvernance des antiques cités grecques. Selon le sociologue David Van Reybrouck, un bon moyen de désigner ceux qui gouvernent le pays serait de recourir à la loterie – « contrepoison aux infections paradémocratiques qui touchent nos démocraties », comme le note encore Peter Sloterdijk, maladies dont l'un des symptômes les plus visibles serait l'abstention[18]. La loterie devrait réduire le coût des consultations référendaires qui, en effet, donne le vertige : en avril 2016, le référendum en Italie sur les forages en mer n'a pu être validé faute d'atteindre une participation de 50 % mais a néanmoins coûté 300 millions d'euros. La défiance vis-à-vis des droits populaires et la critique de la dévolution de compétences politiques au peuple qui l'accompagne n'épargnent pas les plus libéraux. « La démocratie [directe] est adaptée pour les sujets sans importance, comme le concours de l'Eurovision. Mais elle ne marche pas pour diriger un pays, sans parler d'un continent », lit-on ainsi dans *The Economist*[19]. Plutôt que de s'en tenir à ces objections sur l'incapacité des citoyens, les électeurs européens auraient intérêt à s'intéresser à la procédure de référendum qu'en Suisse les « couches populaires » ont inventée et validée démocratiquement pour intervenir, à tout moment et de manière pacifique, dans le jeu politique.

Ce droit politique, les Suisses l'ont inscrit dans leur Constitution de 1874. Il ne cesse de démontrer combien il neutralise les passions populaires, pacifie la rue et les esprits, bref, sert la démocratie. À l'époque, voilà près de cent cinquante ans, le droit de référendum accordait à 30 000 citoyens ou à huit cantons le droit d'exiger que soient soumises à référendum les lois adoptées par les Chambres fédérales. Ainsi, le peuple se donnait les moyens de contrecarrer une loi votée par des élus coupés des attentes des citoyens, alors qu'ils les avaient mandatés pour défendre leurs intérêts. Surtout, dans le système fédéral suisse, le droit de référendum permettait aux citoyens de bloquer les tendances centralisatrices qui, sait-on jamais, auraient pu séduire des élus. On mesure là l'attachement au principe de subsidiarité, central chez les Helvètes. En 1891, avec l'initiative constitutionnelle, les citoyens enrichissaient la panoplie des armes à leur disposition : 50 000 d'entre eux pouvaient exiger que tout nouvel article constitutionnel soit soumis à l'approbation du peuple. En 1977 étaient introduits les quorums de signatures actuellement en vigueur, soit 50 000 pour les référendums et 100 000 pour les initiatives populaires.

Dès l'origine, au motif que le peuple risquait de s'exprimer sur des sujets qu'il maîtrisait mal, l'initiative populaire fut l'objet de vives critiques. Si, lors de certaines initiatives populaires, les citoyens suisses ont eu parfois à se prononcer sur des objets complexes, dans l'immense majorité des cas, l'initiative a suppléé à une carence dans le travail des parlementaires. En ce sens, elle s'avère une cravache entre les mains du peuple. L'évocation du référendum comme menace est presque aussi efficace que sa toujours possible mise en pratique. La santé économique de la Suisse, comme sa stabilité politique et sociale, témoignent de l'efficacité du droit référendaire détenu par les citoyens.

L'initiative populaire

Le peuple peut rédiger lui-même la Constitution

Depuis quelques années, notamment depuis les tirs à répétition de l'UDC contre l'Union européenne, il est de règle, tant à gauche (parti socialiste) que dans les milieux libéraux (le *think tank* Avenir suisse), de dénoncer l'initiative populaire. Pour ses pourfendeurs, l'initiative populaire serait le faux nez du populisme. Derrière les initiatives se cacheraient (à peine) des forces troubles, excitant les bas instincts d'une population que la mondialisation des échanges, le *big data* et la robotisation déboussoleraient. Affolée, sans repères désormais, cette population perméable aux promesses intenables apporterait un soutien docile aux initiatives promettant une Suisse sans étrangers (mais toujours très prospère, cela va de soi), une Suisse mercantile, accumulant les richesses sans interférer dans un monde marqué par l'émergence d'un islamisme radical, une Suisse qu'épargneraient les mouvements de population et puis, tant qu'on y est, une Suisse qui, bien que saturée de gros 4 × 4 et de SUV, échapperait au réchauffement climatique. Ce catalogue surréaliste de promesses et d'engagements à bon compte séduirait une population peu éduquée, les fameux « *deplorables* », comme les a désignés Hillary Clinton avant qu'ils ne lui donnent un coup de pied dans le derrière. En Suisse, le déversoir de ces promesses de comptoir serait l'initiative populaire. Donc, feu sur l'initiative populaire !

L'initiative populaire est au contraire, selon nous, un formidable instrument politique qui ne saurait être découplé du droit de référendum. Voilà qui tombe bien, les Suisses ayant eu l'intelligence de combiner les deux outils référendaires, puis d'en sophistiquer l'usage.

Pour ses adversaires, l'initiative populaire est un canon de très gros calibre pointé sur les assemblées représentatives, cantonales et fédérales. L'observation est juste. Mais en quoi est-ce un argument pour souhaiter sa mise au hangar ? Les parlements, dans les 26 cantons et sous la coupole, à Berne, discutent et votent chaque année des centaines de lois. Chaque année, les électeurs suisses sont appelés à se prononcer sur une demi-douzaine d'initiatives fédérales. À ce premier niveau, les parlementaires fédéraux qui protestent contre ce qu'ils considèrent comme une remise en cause de leur mandat se montrent surtout bien susceptibles ! Ils devraient plutôt admettre que sur certains points, leur travail mériterait peut-être d'être corrigé – ce que justement l'initiative propose ! Ensuite, la défiance marquée à l'encontre des parlementaires et qui s'exprime dans l'initiative populaire se solde, dans l'immense majorité des cas, par la confirmation du bon travail des élus. Selon une comptabilité établie par Avenir suisse, depuis 1891, 198 initiatives ont été soumises au vote, mais « seulement 22 ont été acceptées[20] ». La statistique prouve ainsi qu'une majorité de citoyens rejette avec une belle régularité les initiatives issues du peuple (les comités référendaires). Et c'est heureux ! Si tel n'avait pas été le cas, il faudrait s'interroger sur la représentativité de ces élus, sourds aux attentes de leurs mandants et que seule l'initiative populaire sortirait de la léthargie parlementaire. Au-delà, il conviendrait de s'interroger sur la qualité d'un tel système, pourvoyeur d'élus coupés de leur socle électoral. Dans la période récente, l'initiative populaire accumule les succès. Depuis 2008, pas moins de sept initiatives sont sorties victorieuses des scrutins. Non seulement ces succès libèrent les esprits qui se prennent à rêver d'autres succès, sur des thèmes voisins ou carrément autres, mais selon Tibère Adler, directeur romand d'Avenir suisse, ils créent un climat délétère autour de la Suisse, de ses institutions et de la stabilité dont elle se réclame et qui la rend attractive. Effet collatéral tout aussi important, note encore l'auteur, « même rejetée en votation, une initiative populaire laisse une trace réglementaire (directe ou indirecte) dans près d'un cas sur deux[21] ».

Contrairement à l'idée répétée, l'initiative populaire n'entretient pas ou que peu le populisme. Si tel était le cas, la Suisse évoluerait entre l'Italie et la Grèce, pays où les électeurs ne sont plus des citoyens mais des clientèles monnayant leurs suffrages. *Main basse sur la ville*, film de Francesco Rosi datant de 1963, montrait déjà comment, à Naples, voilà soixante ans, les élus locaux s'y prenaient pour rester au pouvoir. Là-bas, la situation ne semble guère avoir évolué. À aucun de ces périls la Suisse ne paraît avoir succombé. L'initiative permet au contraire d'exposer des sujets de débats puis d'en discuter publiquement, tant avec des gens de bonne foi, qu'avec ceux qui en sont dépourvus. Qui, sur une planète partagée entre des démocraties représentatives tronquées, des dictatures et des guerres civiles, peut déplorer les vertus de cette confrontation à la manière helvétique, toujours uniquement verbale ?

Reste que, depuis quelques années, les initiatives pleuvent. Le mode de collecte des signatures expliquerait ce déluge. La population suisse a fortement augmenté tout comme le nombre des citoyens, et selon certains, le quorum de signatures requis serait aujourd'hui insuffisant. Compte tenu de l'accroissement de la population, il conviendrait d'augmenter le nombre de signatures nécessaires au lancement d'une initiative populaire. Avenir Suisse propose d'élever le seuil requis de signatures pour une initiative en vue de modifier la Constitution à 4 % des votants, de passer donc de 100 000 à 211 000 signatures ; le référendum législatif en vue de modifier la loi fédérale (et non la Constitution) à 2 % des votants, soit 105 000 signatures. La proposition mérite examen, mais n'est-ce pas contrevenir à l'esprit des droits référendaires qui, justement, visent à permettre à d'infimes minorités, voire à un seul individu, de faire valoir leur point de vue et, sous condition, d'amener l'ensemble des citoyens à se prononcer sur la question soulevée ?

En soi, pourquoi s'inquiéter du fait que les électeurs suisses valident des propositions de loi qui, de toute évidence, ont échappé au travail des élus ? Après tout, ce faisant, l'initiative répond à sa mission originelle, celle qui, en 1891, cherchait à exhumer des intérêts que les élus, intentionnellement ou non, avaient négligés. Aussi longtemps qu'elle emporte l'assentiment des électeurs, l'initiative a prouvé son utilité. Elle répond à son projet initial. Mais il faut aussi tenir compte de la masse des initiatives qui ont échoué, et qui ont moins servi à soulever une problématique écartée par les élus qu'à instrumentaliser un objet politique. Voilà pourquoi des voix réclament une réforme des droits politiques, et de l'initiative populaire tout particulièrement. Il conviendrait d'analyser la validité d'une initiative avant son lancement dans le public, avant que soit démarrée l'action des pétitionnaires. Par validité, comprendre les conditions de mise en œuvre de l'initiative dans le scénario où elle sorte victorieuse des urnes. Il est exact que si les réseaux sociaux sont devenus de formidables agitateurs d'idées, ils affichent leur totale indifférence quant aux effets des motions qu'ils soutiennent. Selon la formule d'Avenir Suisse, l'initiative populaire a tendance à devenir un vulgaire « véhicule de notoriété », ce qui n'était pas le but recherché par ses inspirateurs. Pour ce qui est des difficultés de mise en œuvre, il suffit de songer à celle de février 2014 « Contre l'immigration de masse », ou encore à celle sur le renvoi des criminels étrangers, notamment quand aucun pays, y compris celui dont est originaire la personne concernée, n'accepte de les accueillir. L'extension régulière du droit international interdit l'application de certaines initiatives, relève Avenir Suisse. Impasse juridique qui ne l'est jamais, du point de vue de ses initiants, dont beaucoup considèrent le droit international comme une intolérable intrusion dans le droit suisse.

À la liste des reproches faits à l'initiative populaire, il faut encore ajouter le temps et l'énergie que les élus consacrent à la combattre. Si l'organisation politique à la manœuvre derrière l'initiative joue gros, les autres partis ne sauraient s'en désintéresser. Il leur faut réagir, argumenter, mobiliser leurs moyens pour dénoncer les incidences d'une victoire de l'initiative. L'initiative joue un rôle de trublion, rôle qu'exercent les petits partis dans les systèmes parlementaires classiques, au moins dans ceux où le système majoritaire ne les a pas exclus de la représentation nationale. L'imprévisibilité des résultats force les opposants à se mobiliser. L'implication des partis est rendue d'autant plus nécessaire que les organisations politiques sont confrontées à la fonte de leur base militante, en Suisse comme ailleurs. Alors que 10 % des Britanniques revendiquaient une appartenance à un parti dans les années 1960, ce pourcentage, aujourd'hui, est de 1 %[22]. Intensité des campagnes politiques sur les réseaux sociaux, volatilité des appariements politiques, tout rend aujourd'hui plus complexe la gestion des imprévus – ce qu'est par définition une initiative populaire. Mais qui a prétendu qu'il était facile et simple de faire vivre le système démocratique ?

Le président de la Suisse

Il change chaque année

Dans les démocraties occidentales, une personne incarne la fonction exécutive suprême qui, dans chaque pays, est désignée par une appellation particulière. Ce sera le chancelier (ou la chancelière) en Allemagne, le Premier ministre en Grande-Bretagne et au Canada, le ministre-président aux Pays-Bas, le président de la République en France, le président des États-Unis, aux États-Unis, le président du Conseil des ministres en Italie… Ces responsables politiques peuvent être élus par un collège de pairs ou bien par l'ensemble de la nation, par suffrage direct ou indirect, leur élection se déroulant sur un ou deux tours. Une fois élus, ces présidents ou Premiers ministres demeurent en poste pour des durées variables, généralement pour quatre à cinq ans, renouvelables généralement une fois, ne serait-ce que pour assurer la continuité des politiques conduites. Quant aux prérogatives, elles sont naturellement vastes. Prenez simplement l'Autriche. Le statut du président, qui peut sembler honorifique, ne l'est nullement : il est le chef des armées, nomme le chancelier, dissout le Parlement. Une fois encore, la Suisse fait bande à part.

Certains Suisses gardent en mémoire les ricanements de Nicolas Sarkozy qui, invité à Interlaken par le Swiss Economic Forum en juin 2014, avait ironisé sur la présidence suisse. L'ancien chef de l'État français venait d'apprendre que, chaque année, la Confédération désignait un nouveau président. Biberonné au septennat gaulliste, lui qui avait joui pendant cinq ans des pouvoirs exorbitants que confie la Constitution de la Ve République au chef de l'État français, battu aux présidentielles de mai 2012 mais convaincu de son retour à l'Élysée, Nicolas Sarkozy trouvait inconcevable la notion suisse de présidence tournante. Tout juste dégrisé d'une personnalisation extrême du pouvoir présidentiel, et la notion de collégialité lui étant étrangère, l'ex-président français ne pouvait comprendre l'anonymat de celui qui, en Suisse, endosse pour une année seulement l'habit de président de la Confédération. Ici, la modestie est la règle.

La brièveté du mandat présidentiel suisse est une première étrangeté. Limitée à une année, la durée de la présidence de la Confédération trouverait son origine dans la vieille pratique des *Landsgemeinden*. Dans ce régime de démocratie directe, les représentants n'étaient élus que pour une année, voire une session. Le manque de continuité personnelle visait intentionnellement à affaiblir la personne nommée. C'est l'Assemblée fédérale qui élit le président de la Confédération et qui, dans la foulée, élit un autre conseiller fédéral à la vice-présidence du Conseil fédéral. Ce ne sont donc pas les conseillers fédéraux, mais les députés des deux Chambres, les élus de la nation en séance plénière, qui désignent président et vice-président. Le docteur en droit Jean-Luc Portmann relève la divergence sémantique entre les titres de « président de la Confédération » et de « vice-président du Conseil fédéral[23] ». Considérant les attributions du président de la Confédération, on peut s'interroger sur la pertinence du titre. Au reste, à la place de président « de la Confédération », le juriste Jean-François Aubert trouve plus adéquat le titre de président « du Conseil fédéral ». Pour bien souligner les limites des prérogatives consenties au président et au vice-président, la Constitution de 1999 stipule que les deux mandats ne sont pas renouvelables pour l'année suivante, et que le président sortant « ne peut être élu à la vice-présidence ». Un autre usage veut qu'avant d'accéder à la présidence, un conseiller fédéral ait servi sous la présidence de tous ses collègues plus anciens. Et, lorsque plusieurs membres entrent le même jour au gouvernement, il convient de suivre l'ordre par lequel les parlementaires des deux Chambres ont séquencé l'élection des sept conseillers fédéraux. Aubert souligne la « sorte d'automaticité » de ces usages qui « montrent bien que la présidence ne requiert pas d'autres talents que ceux qui sont nécessaires pour être conseiller fédéral[24] ». S'il fut une époque où, parmi les conseillers fédéraux, seuls les plus capables endossaient la tenue de président, autrement dit d'homme d'État, cette époque n'est plus. Cet abandon souligne combien les Suisses, en l'occurrence les parlementaires de l'Assemblée fédérale, traquent toute possible dérive personnelle du pouvoir et, conséquemment, se soucient de ce que, par rotation annuelle, l'exercice du pouvoir circule parmi les sept ministres. Ainsi, le président de la Confédération ne peut ni se défaire d'un conseiller fédéral qui lui serait hostile, ni favoriser l'élection d'un parlementaire avec qui il envisagerait de faire équipe au sein du Conseil fédéral. En revanche, si l'usage d'une rotation des ministères entre les sept ministres a longtemps eu cours, le jeu des chaises musicales a diminué. Tout souligne que les élus de la nation, délégataires de la souveraineté populaire, ont à cœur d'empêcher la personnalisation du pouvoir chez ceux qu'ils désignent et portent dans l'exécutif.

Dans ces conditions, quel est le périmètre du président de la Confédération ? « Il dirige les séances du Conseil fédéral », ce qui semble en effet le minimum. Lui-même conseiller fédéral, il vote au même titre que ses six autres collègues et, détail d'importance, sa voix est prépondérante « en cas d'égalité des voix ». S'il assure la direction de son propre département, il n'a cependant pas le pouvoir d'instruire ses collègues : cela revient au Conseil fédéral *in corpore*. Le président de la Confédération « représente le Conseil fédéral dans le pays et à l'étranger », ce qui est peut-être sa mission la plus importante, tout comme c'est lui aussi qui est chargé des relations entre la Confédération et les cantons « lorsqu'il s'agit de questions générales d'intérêt commun ».

Alors qu'en raison de la complexité des dossiers (c'est l'argument souvent invoqué) et de la rapidité requise pour l'exécution de mesures présentant un caractère d'urgence, le pouvoir décisionnaire n'a cessé de se concentrer dans les démocraties occidentales, et ce au grand dam des assemblées élues hostiles à ce rabotage de leurs prérogatives, la Suisse offre un spectacle politique quasiment inversé. Ici, le président de la Confédération n'a jamais cessé de perdre de son importance. Placé sur un pied d'égalité avec ses collègues, il lui est clairement signifié qu'il est *primus inter pares*. Les preuves sont multiples. Ainsi, le président de la Confédération est à ce point à l'image du citoyen ordinaire que s'il est exempté (momentanément) de service militaire en raison des responsabilités lui incombant, il n'échappe pourtant pas au versement de la taxe compensatoire quand il remplit les conditions du service.

En Suisse, le pouvoir politique n'est donc pas personnalisé comme il peut l'être dans les démocraties voisines. Le chef de l'État n'est pas un Premier ministre ou un président élu au suffrage universel direct : c'est un collège gouvernemental de sept personnes, chacune exerçant ses attributions dans un département aux contours très larges. Parmi les missions revenant au seul président de la Confédération, mais dont on ignore s'il en tire du prestige chez ses homologues étrangers, il y a l'allocution à l'adresse du peuple suisse pour la nouvelle année. C'est aussi lui qui accueille le corps diplomatique lors de la réception du nouvel an. Pour être tout à fait honnête, ses attributions vont au-delà des discours : le président de la Confédération inaugure les foires, les expositions, assure les visites protocolaires, « il reçoit des bouquets, il embrasse des fillettes, et il adresse, par voie radiophonique, un discours pour le jour de l'an et un autre pour le 1er août », nous dit encore Jean-François Aubert[25]. Bref, de loin comme de près, le personnage, homme ou femme, est une sympathique potiche. Mieux vaut pour lui qu'il en soit convaincu, car il sait par avance que, trois cent soixante-quatre jours après son élection, un autre président ou une autre présidente lui succédera.

Et c'est parce qu'il est une potiche que les parlementaires envoient au sommet de l'État suisse des personnages globalement falots mais qui administrent plutôt convenablement. C'est aussi pourquoi l'exécutif suisse ne possède aucun des attributs du pouvoir qui, dans les autres démocraties, en font l'interlocuteur en dernier ressort de toute affaire politique.

Poids et variété des votations

Le romanche

Tous les Suisses au chevet d'une langue minoritaire

Après deux mois d'une guérilla urbaine commencée à la mi-décembre 1937, le 20 février 1938, à Teruel, les Républicains rompent le combat. C'est le tournant de la guerre d'Espagne. Désormais, rien n'arrêtera plus Franco, le général putschiste. Ce même 20 février, un autre dictateur s'adresse aux Tchécoslovaques et revendique les Sudètes après avoir, une semaine plus tôt, installé son valet, Seyss-Inquart, à la tête du ministère autrichien de l'Intérieur et de la Sécurité. En ce début d'année 1938, l'Europe souffre ainsi d'une sérieuse surchauffe. Enfin, presque toute l'Europe, car, ce même 20 février 1938, les Suisses votaient dans le calme pour la « reconnaissance du romanche comme langue nationale ». Parlé à l'époque en Suisse par moins de 50 000 personnes vivant très majoritairement dans les Grisons, le romanche (*rumantsch*) était désigné comme la quatrième langue nationale suisse. La forte participation (54,33 %) signale l'intérêt que les citoyens suisses ont porté à la question linguistique que soulevait le scrutin. La votation est approuvée par 91,6 % des votants, score exceptionnel dans un État démocratique. Si les Grisons ont dit oui à 92,7 %, le résultat est monumental à Genève, avec 98,9 % de oui ! Un score qui restera unique.

Cette votation est intéressante à plus d'un titre. D'une part, sur le papier, ce scrutin concerne une part infinitésimale de la population suisse. Non seulement le romanche n'est pratiqué que par une fraction de la population du canton concerné, lui-même démographiquement anémique, mais le romanche est lui-même subdivisé en plusieurs dialectes, et certains, comme le puter, le sutsilvan ou le surmiran, ont pour locuteurs une population de moins de 5 000 personnes. Pour communiquer entre eux, ces dialectes nécessitent un dictionnaire. Soit les traductions de la fable *Le Corbeau et le Renard*. En italien, « le renard » se dit *la volpe*, en sursilvan *l'uolp*, en sutsilvan *la vualp*, en surmiran *la golp*, en puter et en vallader *la vuolp*. En 1982, pour donner une base écrite commune aux divers locuteurs, un sixième romanche voyait le jour : le *rumantsch grischun* (RG). Ainsi, dans la version officielle, le loup devient *la vulp*. Le souci consensuel a ainsi abouti à forger un mot qu'aucun des cinq dialectes n'utilisait. Depuis 2001, le *rumantsch grischun*, inventé en 1982 par un professeur de l'université de Zurich, est la langue qu'utilise le gouvernement suisse pour s'adresser aux locuteurs romanches. Le 15 février 1995, le Conseil fédéral reconnaissait le romanche comme discipline de maturité. L'année suivante était fondée l'agence de presse Agentura da Novitads Rumantscha (ANR) qui devait veiller au lancement de *La Quotidiana*, journal visant au rapprochement des idiomes, et depuis 2001, il est la langue des autorités cantonales pour les documents officiels. Cette même année, l'université de Zurich nommait un nouveau titulaire à la chaire de langue et littérature romanches, anciennement rattachée au département des sciences humaines et sociales de l'EPF de Zurich. L'acte de nomination précisait que l'EPF de Zurich participait aux coûts de la chaire.

La question du romanche est une bonne illustration du fonctionnement de la démocratie suisse. Il n'est pas de petits enjeux qui ne méritent un traitement équitable. En l'occurrence, tous les citoyens suisses ont été amenés à voter sur une question périphérique concernant des vallées grisonnes où l'immense majorité des Suisses n'a jamais mis les pieds. Les Suisses ont voté pour que soit protégée une langue sans beaucoup de locuteurs et, surtout, ont décidé de la protéger nonobstant le coût pour l'ensemble de la collectivité qu'implique une telle décision. Jusqu'en 2010, les ouvrages scolaires étaient publiés dans les cinq idiomes romanches. Compte tenu des populations concernées, certains ouvrages s'adressaient à un public captif de moins de 200 personnes ! Au fil des ans, on aurait pu imaginer qu'une langue unifiée découlerait du simple bon sens et aiderait notamment à construire une identité des Romanches, éclatée entre un si grand nombre d'idiomes. Accessoirement, il s'agissait officiellement de donner plus de crédibilité à cette langue minoritaire parmi les minoritaires. Ne parlerait le romanche que 0,5 % de la population suisse. Les résistances de terrain ne l'ont pas permis. Si la langue indonésienne a pu être créé dans les années 1950 et adoptée alors par 60 millions d'Indonésiens, il n'en a pas été de même en Haute-Engadine, chaque autochtone ne craignant rien plus que la disparition de son dialecte.

Pour la bonne bouche, voilà ce qu'un jeune élève dans les Grisons trouve à son menu linguistique : d'abord l'idiome de son village, puis le *rumantsch grischun* puis, pénétrant dans les cantons alémaniques voisins, il se heurte au suisse allemand (lui-même subdivisé en de multiples dialectes), puis il lui faudra apprendre le *Hochdeutsch* à l'école primaire avec, dans la foulée, l'apprentissage du français puis de l'anglais. En 2006, dans une question au Conseil fédéral, la conseillère nationale Kathy Riklin écrivait : « À part quelques vieillards et les tout jeunes enfants, [les Romanches] sont tous plus ou moins bilingues, trilingues voire plus[26]. » On veut bien la croire…

La question du romanche fournit encore l'occasion à certains conseillers nationaux d'exister. Certains souhaitent comprendre pourquoi l'OFS, dans les enquêtes sur la connaissance linguistique des diplômés des hautes écoles, comptabilise ceux qui parlent biélorusse ou ukrainien, et ignore ceux qui maîtrisent le romanche.

Zermatt sans voitures
Vive les femmes et les touristes !

S'il n'en avait tenu qu'aux mâles zermattois, leur ville serait aujourd'hui un énième paradis pour voitures. Seulement voilà, c'était sans compter avec leurs épouses et belles-mères, ainsi qu'avec les touristes. Il faut remonter aux années 1950, marquées non plus par le percement des grands axes routiers suisses, bien antérieur, mais par leur élargissement. À quoi s'ajoutent, à l'époque, la construction et l'embellissement des ultimes tronçons reliant les villes de plaine aux stations de sports d'hiver. Les Trente Glorieuses sont le moment où l'Occident non communiste connaît un enrichissement sans précédent. C'est aussi là que le ski, de sport de luxe pour Anglais argentés devient un sport de masse. Sport de masse, à condition de pouvoir se mouvoir, ce que permet justement l'automobile, en plein essor. La suite du raisonnement tombe sous le sens : pour faciliter la mobilité des masses, il faut bâtir des routes, les damer, les agrandir, arrondir les courbes, supprimer les virages, etc. La planète-auto est alors notre avenir radieux, et le canton du Valais ne fut pas le dernier à célébrer cette liturgie. En novembre 1950, nous dit l'universitaire Géraldine Sauthier, le Conseil d'État valaisan levait l'interdiction des limitations de trafic motorisé entre Stalden et Saint-Nicolas, mesure qui provoquerait une augmentation logique du trafic routier. Dans la même logique, en 1958, les autorités cantonales se penchaient sur un projet routier reliant cette fois Saint-Nicolas à Täsch avec, dans la mire, l'étirement du tronçon de Täsch jusqu'à Zermatt : désormais, le bitume et l'asphalte s'attaquaient à la haute montagne. En 1964, par 265 oui contre 125 non, en votation, les habitants de Zermatt acceptaient la construction d'une route entre Täsch et Zermatt. Bien qu'aucun règlement ne l'interdise alors, il est admis que les automobiles n'entreront pas dans la petite station et se gareront à la périphérie. Selon les études de faisabilité que dressent les entreprises de travaux publics, les travaux envisagés se chiffrent en millions, mais les financements abondent : le chantier sera supporté aux deux tiers par le canton, le solde étant facturé aux communes concernées, dont Täsch et Zermatt. Pour sa part, la Confédération paiera les galeries de protection contre les avalanches. Aspect central du projet : la nouvelle route sera ouverte à tous et, comme annoncé, s'arrêtera à l'entrée de Zermatt où, financé par la seule commune, sera construit un parking d'une capacité de 6 000 véhicules. En mai 1971, les députés votent le financement de la route Täsch-Zermatt. À cette étape, le chantier est donc validé par les électeurs des communes concernées, notamment par les Zermattois, et par les autorités cantonales et fédérales. Mais, en coulisses, deux acteurs, jusqu'alors muets, s'apprêtent à faire leur entrée en scène. Entrée d'autant plus remarquée que leurs rôles n'étaient écrits nulle part, et que personne n'avait seulement imaginé qu'ils puissent ainsi bouleverser le déroulement d'une pièce dont le premier acte remontait à presque une décennie.

Le premier événement déclencheur, selon Géraldine Sauthier, se déroule à la télévision suisse alémanique en avril 1972. Une émission sobrement intitulée « Ce soir à Zermatt » aborde la question du prolongement de cette route Täsch-Zermatt. Le générique de fin terminé, les présentateurs de l'émission s'adressent aux téléspectateurs et, comme il était d'usage à l'époque, sollicitent leur avis : « Avez-vous une opinion et si oui, quelle est-elle ? » L'émission eut une forte audience, et surtout, ceux qui l'avaient regardé disposaient d'un solide réseau d'influence. La SSR (la chaîne de télévision de cette émission) reçut en effet pas moins de 14 000 lettres ! La déferlante postale provenait de Suisse alémanique évidemment, mais aussi, de façon plus intrigante, de France, d'Allemagne et d'Italie, tous pays dont on ne sache pas qu'en 1972 leurs téléspectateurs étaient techniquement en mesure de recevoir, par voie hertzienne, un programme émis depuis le siège de la télévision publique à Zurich. Et tous les courriers de reprendre à peu près la même antienne : pas de tourisme de masse à Zermatt ! L'automobile est un fléau ! Le projet route ne doit pas voir le jour !

Événement médiatique, l'émission remonte aux autorités cantonales : le reportage filmé ne leur a pas échappé, et elles sont rapidement informées de ses retombées. Pragmatiques, elles vont entendre le message. Sur place, à Zermatt, une pétition communale réclamant une nouvelle votation populaire récolte les signatures du tiers du corps électoral. La météo politique tournant à l'orage, les autorités décident de la tenue d'un nouveau scrutin, fixé à décembre 1972. Les opposants au projet n'auraient pu rêver calendrier plus propice. En cette saison, la station est en effet bourrée de touristes aisés et dépensiers, et la veille du scrutin, ils prennent possession de la rue zermattoise. En vison Saint Laurent et parka Hermès, ils défilent, visages non masqués, comme pour signifier aux autochtones qu'il leur reviendra de choisir entre eux ou les combis Volkswagen. En tête du cortège, un Écossais en kilt souffle dans sa cornemuse. Le lendemain, à la question : « Voulez-vous la construction d'une route Täsch-Zermatt accessible à tout le trafic motorisé jusqu'à l'entrée de Zermatt ? », les électeurs répondront non à 70 %, avec une participation record de 77 % ! En l'espace de huit ans, les Zermattois qui avaient voté à 70 % pour la construction de la route y sont devenus hostiles à 70 % ! Géraldine Sauthier s'interroge sur ce retournement complet d'opinion. Versatilité des électeurs ? Phobie soudaine de la route et de la voiture individuelle ? Indéniablement, l'enrôlement des touristes dans la bataille a joué. Sans eux, la ville est morte ! Et les montagnards ont pu mesurer la notoriété et le prestige que le tourisme chic a apportés à la station à une époque où champignonnent les stations de sports d'hiver galvanisées par l'euphorie de nos économies. Le tourisme haut de gamme est d'un meilleur rapport que les stations bon marché, envahies par les radins venus avec leurs sandwichs. Le résultat du scrutin de décembre 1972 a une autre explication, liée au corps électoral lui-même. Entre 1964 et 1972, les électeurs de la station ont doublé. Non pas que la commune ait vu sa population se dilater dans ces proportions. Ce qui a doublé, ce sont les électeurs à qui, depuis 1971, il faut ajouter les électrices qui, quelques mois plus tôt, ont gagné le droit de voter. Elles en ont profité aussitôt, et ce sont elles qui, principalement, ont sauvé Zermatt du tout-auto.

Même si le vote de décembre 1972 n'est que consultatif, il signifie clairement aux autorités de la vallée qu'en haut, le climat a changé. Message bien reçu par le Conseil d'État du Valais qui déclare qu'il en tiendra compte. Au final, les cinq kilomètres de route radieuse entre Täsch et Zermatt ne sont accessibles qu'aux résidents, aux livreurs et aux propriétaires de logements à Zermatt, et c'est en train que les skieurs embarquent, à la gare de Täsch ou plus bas dans la vallée, pour émerger à Zermatt. Grâce à l'électorat féminin et aux touristes en zibeline, Zermatt s'est épargné le cauchemar d'un Monaco alpin équipé de tunnels urbains dans lesquels, la nuit venue, les rejetons de la jet-set auraient fait des rodéos dans leurs 4 × 4. Grâce aussi aux droits populaires suisses, notamment la pétition et la votation, en l'occurrence consultative. Droits politiques qui, en fonction des opinions émises, forcent les autorités élues à sortir de leur autisme et à se mettre à l'écoute de leurs concitoyens. De tout cela, le projet routier avorté entre Täsch et Zermatt est l'illustration parfaite, comme réalisée en laboratoire. Finalement, l'éprouvette zermattoise, soit une commune de moins de 2 000 habitants à l'époque, est un condensé parfait de la finesse du fonctionnement de la démocratie directe helvétique.

Le populisme suisse ?
Quand on agite le chiffon rouge

Tirant parti d'une définition souple, employé à tout propos, « populisme » est le mot à la mode. En Suisse, la démocratie directe serait responsable de la montée du populisme. Explication un peu courte, sachant qu'il prospère dans des pays qui, adeptes de la démocratie représentative, ignorent jusqu'à la définition de la démocratie directe. Le populisme, en tant qu'injure, vise notamment la droite et, pire encore, l'extrême droite suisse, autrement dit l'UDC. Encore qu'en Suisse, la soi-disant extrême droite coagule d'une part les tenants du repli communal et, de l'autre, les patrons inscrits dans la mondialisation des échanges, où leurs affaires fleurissent. Certains, avec des usines en Chine, sont même devenus conseillers fédéraux. Généralement, la gauche s'exonère de tout populisme : à l'en croire, ses actions sont par principe vertueuses car elles s'inscrivent dans le sens du progrès et de l'Histoire. La gauche ne saurait donc être populiste, y compris lorsqu'elle lance des initiatives populaires pour l'accroissement des congés payés ou le revenu de base universel. Inversement, la droite est populiste lorsqu'elle lance des initiatives contre l'adhésion à l'EEE, contre la construction de minarets ou pour le renvoi des criminels étrangers.

Quoi qu'il en soit, les citoyens suisses sont probablement les moins pavloviens pour ce qui est d'embrayer sur les thèses dites populistes. Ils se montrent attentifs aux problématiques d'une grande complexité que développent de nombreuses votations et, sans rechigner, s'expriment par leur vote sur le génie génétique, les épizooties, etc. Ces thématiques, proposées par voie référendaire – autrement dit après avoir mobilisé des milliers de citoyens anonymes lors de la récolte des signatures –, attestent que le populisme ne gouverne pas la vie politique suisse. Si le populisme flottait à l'état gazeux, la démagogie la plus décervelée serait aux commandes du pays. Il n'est que d'observer les programmes des partis politiques français, italiens, belges ou autrichiens, y compris ceux des partis dits de gouvernement, pour apprécier l'écart entre la tambouille que, dans ces pays, les organisations politiques préparent pour leurs électeurs et le raffinement des mets que mitonnent les citoyens Suisses dans leur cuisine.

Pour refroidir les cerveaux que ces propos pourraient surchauffer et pour écarter le reproche de suissophilie béate, on rappellera aux impitoyables traqueurs de populisme qu'en Suisse n'ont toujours pas bourgeonné les Jeremy Corbyn, Marine Le Pen, Beppe Grillo, Arnaud Montebourg, Nigel Farage, Jean-Luc Mélenchon, Geert Wilders, et autres. Sans doute n'est-ce pas là un hasard !

Le consensus recherché

La paix du travail
Quand leurs voisins s'entretuaient

Hormis sur les écrans de cinéma, les années 1930 furent terribles. La pauvreté de masse sévissait, et aucun pays ne fut épargné. La détresse sociale, qui paraissait impossible à enrayer, a enclenché des crises politiques d'une particulière violence. En Allemagne, Autriche, Italie, France, pour ne rien dire du reste de l'Europe continentale, la guerre sociale préfaçait les exterminations politiques qui allaient suivre. Dans ce tableau d'une grande noirceur, une petite lumière clignotait qui, pour peu qu'on ait alors été curieux, signalait qu'il se passait aussi autre chose. Cette lumière brillait en Suisse. Alors qu'ils auraient pu, eux aussi, embrayer sur le scénario bien rodé de la guerre sociale, en 1937, les Helvètes ont pourtant choisi une autre voie, plus tranquille. Plus intelligente aussi, puisqu'elle profite au plus grand nombre et fait l'économie des carnages. Depuis 1937, en effet, les Suisses vivent sous le régime de la paix du travail qu'ont alors signée les associations patronales de l'industrie des machines et la Fédération des ouvriers sur métaux et horlogers. Depuis 1937, en Suisse, la grève comme ultime recours sanctionne l'échec des négociations où, logiquement, chaque partenaire social en a rabattu de ses prétentions et a consenti des compromis. Il n'est plus tant question de mettre à terre la partie adverse que de trouver avec elle un terrain d'entente. Pour mieux apprécier la modernité de la voie où, voilà huitante ans, les Suisses se sont engagés, rappelons qu'en 1937, en Italie, les syndicalistes affluent dans les prisons mussoliniennes depuis déjà quinze ans, qu'en Allemagne, sous la férule du parti nazi et de la Gestapo, les ouvriers vissent les boulons d'une industrie d'armement qui prépare l'apocalypse européenne, et que la France sort exsangue du plus vaste mouvement social que le pays ait connu. La plupart des concessions salariales arrachées par les salariés français lors des grèves de mai et juin 1936 seront rapidement effacées, tout comme les avancées sociales, pulvérisées en 1940 par le régime pétainiste. Pour ne rien dire de ce qui se déroule alors, toujours en cette année 1937, en Hongrie, Espagne, Portugal, etc. Les débordements politiques de l'époque – dont les Suisses ont vu les effets à Genève lors de la tuerie de 1932 (de jeunes recrues de l'armée suisse tirent sur des ouvriers qui manifestaient contre le fascisme, faisant 13 morts et 65 blessés) – semblent les avoir instruits et poussés vers un concept que beaucoup d'Européens, aujourd'hui encore, s'obstinent à diaboliser : le compromis. Telle est donc la paix du travail : la volonté affichée des partenaires sociaux de s'entendre plutôt que de pratiquer le stérile bras de fer.

Avec la paix du travail, la grève tout comme le lock-out sont refusés : il faut discuter et trouver un terrain d'entente. De cette culture du compromis, les parties en présence sortent renforcées. Les sceptiques peuvent consulter les statistiques des grèves en Suisse : un jour par an pour 1 000 habitants contre 125 jours en France (période 2005-2013)[27]. L'absence de grèves peut s'expliquer de deux manières : soit le régime politique est tyrannique et les grévistes croupissent en prison – ainsi n'y a-t-il pas de grèves recensées en Corée du Nord, mais le calme social, là-bas, est la paix des cimetières ; soit les conditions propices aux conflits ne sont pas réunies. Tel est le cas de la Suisse. Il faut en convenir : globalement, les Suisses sont heureux au travail ! Les accords de branche, les conventions collectives (CCT) fixent les salaires, la durée du travail dans le secteur concerné, les dispositions particulières que chacune des parties (patrons et employés) s'est engagée à respecter.

La paix du travail bénéficie à tous : en cas de conflit, les salariés n'ont pas à se tourner vers un État impuissant qui, en quête de temps jusqu'aux prochaines échéances électorales, multiple les promesses, quitte à jouer les pompiers pyromanes. De leur côté, les parlementaires ne se mêlent pas de fixer des conditions particulières pour l'exercice de telle ou telle profession, dont ils ignorent généralement tout. Autant laisser cette responsabilité aux intéressés, employeurs et employés de la branche, les mieux placés pour trouver les solutions idoines. Voilà un terrain où l'efficacité de la subsidiarité est facilement vérifiable.

Au final, avec la paix du travail, les Suisses ont pacifié leurs rues et évité les violences vengeresses de salariés floués. *Exit* la grève, cette pochette-surprise d'où tout peut sortir.

La formule magique

Mieux vaut gouverner tous ensemble

En France, l'année 1958 s'est achevée avec un coup d'État : le général de Gaulle, figure du Commandeur pour alors 46 millions de Français, prenait le pouvoir à la suite du putsch militaire avorté en Algérie. À la même époque, en Italie et en Allemagne, la situation politique poursuivait sa détérioration. Côté soviétique, constatant l'exode que provoquait le communisme, on avait empilé briques et barbelés pour construire un rideau de fer de la Baltique à la mer Noire.

C'est dans ce climat houleux qu'en 1959, les Suisses décidèrent de former un gouvernement fédéral qui regrouperait toutes les forces politiques du pays. Un exécutif de sept ministres où, sur une base proportionnelle, chacun des quatre grands partis rassemblant l'entier de l'électorat suisse enverrait au sein de l'exécutif du pays un représentant pour y défendre ses choix politiques. La formule est d'autant plus facilement cuisinable que la Suisse, en raison de son système proportionnel, a échappé au système bipartisan, dont Elias Canetti, dans son ouvrage majeur, *Masse et Puissance*, rappelait qu'il exploitait dans les parlements modernes « la structure psychologique des armées en lutte[28] ». À cette « guerre civile » latente, le système politique mis en place par les Suisses échappa et permit la mise en œuvre de la fameuse « formule magique ». Magique, la formule l'est à plus d'un titre. D'abord, au regard des modes de gouvernement que pratiquent à l'époque les pays limitrophes. Sans même se référer aux franches tyrannies à parti unique qui pullulent alors en Europe (dictatures communistes en Allemagne de l'Est, Hongrie, Pologne, Roumanie, Yougoslavie, Bulgarie ; dictatures militaires au Portugal, en Espagne), il suffit de regarder la France et sa toute nouvelle monarchie républicaine, oxymore dont les Français ne parviennent à se débarrasser, ni ne le veulent. Du coup, lorsqu'on met en parallèle le choix des Suisses pour une politique consensuelle avec l'ivresse des affrontements politiques des pays voisins, on reste stupéfait de l'audace des Helvètes favorables à une gouvernance de concordance. Audace ô combien payante puisque, à compter de 1959, les Suisses s'épargnent les conflits politiques, les surenchères démagogiques et les volte-face économiques qui, dans les autres pays, accompagnent chaque changement de majorité parlementaire.

Magique, la formule suisse l'est toujours, puisqu'elle perdure soixante ans plus tard. Tous les quatre ans, en fonction des élections au Palais fédéral, l'exécutif suisse s'est docilement adapté, épousant les nouvelles sensibilités politiques du pays. Sur la durée, devenu premier parti suisse depuis les élections au Conseil national de 1999, l'UDC a conquis deux fauteuils ; le PS, l'autre force historique politique majeure, aujourd'hui en phase descendante, a conservé les siens. Au gré des élections, le parti démocrate-chrétien (PDC) et les libéraux radicaux (PLR) se répartissent les trois autres sièges, ces derniers s'en attribuant deux contre un seul pour le PDC. Logiquement, un Vert accédera un jour prochain au Conseil fédéral. La formule magique tient aussi compte de l'autre diversité suisse, linguistique, encore que les Tessinois soient largement sous-représentés au fil du temps. Que le principal parti politique au Tessin soit la Lega, parti d'inspiration peu suisse, n'a guère facilité l'élection d'un représentant du canton italianophone, jusqu'à ce que survienne enfin le libéral radical Ignazio Cassis.

Quant à ceux qui dénoncent la fausseté de la formule magique au motif que l'UDC exerce un rôle disproportionné au sein du Conseil fédéral, ils n'ont pas forcément raison. D'une part, d'un point de vue arithmétique, l'UDC, premier parti suisse, pourrait se prévaloir de son surpoids électoral pour exiger un troisième siège. Le Parlement fédéral, qui élit les conseillers fédéraux, n'accéderait probablement pas à sa demande, et, arguant de ce déni de représentativité, l'UDC pourrait quitter le Conseil fédéral. Le parti se comporterait alors en classique parti d'opposition, comme le font les partis minoritaires dans les régimes parlementaires. Or, à ce jour, l'UDC, parti gouvernemental et se revendiquant d'opposition, n'a pas pratiqué la politique de la chaise vide. D'autre part, en dépit de ses provocations et de ses propos cinglants contre la formule magique, Christoph Blocher, alors conseiller fédéral, a respecté la règle consensuelle. Flexible, s'adaptant à l'évolution de l'électoral suisse, la formule magique résume le pragmatisme suisse : ici, pas d'éclats, pas d'effets de manche, pas de solution partisane qu'un parti politique revendique comme étant sienne et qui, aussitôt, divise l'électorat. Une politique routinière, peu spectaculaire certes, mais efficace, qui diminue l'intensité des luttes politiques. À tort lui reproche-t-on de favoriser l'abstention. Rien n'est plus inexact.

Au départ, en 1959, la formule magique partait du constat selon lequel les partis politiques n'étaient pas des silos hermétiques, incapables de coopérer autrement qu'au terme d'opérations d'inspiration militaire. Si les grands partis pouvaient cohabiter dans une salle plutôt austère du Palais fédéral pendant quatre années, c'est que les points de convergence l'emportaient sur les divergences. À la même époque, en Italie, une cohabitation entre la démocratie chrétienne et le parti communiste italien ou, en Angleterre, entre le parti conservateur et les travaillistes était-elle seulement concevable ? Avec plusieurs décennies d'avance, les Suisses expérimentaient ce qui devait advenir vers 2016, à savoir l'aquarellisation des partis politiques censés s'affronter. Si tous jouent encore les gros bras pour se différencier aux yeux de l'opinion publique, leurs politiques sont superposables lorsqu'ils s'emparent des manettes. Le populisme qui rayonne en 2017 avec le Brexit, la victoire de Donald Trump, le mouvement 5 Étoiles en Italie, les extrémismes français de Le Pen à Mélenchon (captant un électeur sur deux au premier tour de l'élection présidentielle), la popularité d'un Duterte aux Philippines témoignent partout de la perte de repères des citoyens, persuadés d'avoir affaire, pour ce qui est des politiciens traditionnels, à des marionnettes interchangeables, et optant du coup pour les plus farfelus. Comme le notait Lionel Barber dans le *Financial*

Times, ces avanies signalent le déclin du système des partis et l'avènement de régimes politiques carburant à la démagogie[29]. Pour en revenir à la Suisse, le génie de son peuple est d'avoir compris que les fractures politiques devaient se limiter aux discours d'estrade, et d'avoir fait le pari d'une cohabitation harmonieuse, quitte à renoncer aux gesticulations médiatiques. La formule magique, qui n'exclut aucun grand parti de l'administration du pays, apparaît ainsi comme un frein très efficace à la montée des démagogues. Pourquoi les partis iraient-il dire n'importe quoi lors des élections alors qu'ils sont déjà au pouvoir, l'exerçant de manière mesurée et toujours avec la bride sur le cou ?

Un démographe français écrivait récemment : « Un gouvernement ne gagne pas en efficacité à être un mélange des tendances de l'opinion[30]. » Depuis plus d'un demi-siècle, aidée par un système électoral proportionnel à un tour qui évite le front contre front et les combines contre-nature de second tour, la Suisse démontre au contraire que, n'en déplaise à Christoph Blocher, le brassage des opinions est un formidable engin pour bâtir du consensus, neutraliser les ultras et nourrir la prospérité[31].

Le Conseil fédéral

Un exécutif étroitement surveillé

Sur la démocratie représentative souffle depuis quelques années un vent mauvais. Dans les parlements où les citoyens les ont envoyés, les élus du peuple seraient bousculés par un exécutif survitaminé qui, arguant de la complexité des dossiers, les prierait de ratifier en silence les textes qui leur sont soumis. De fait, jamais les assemblées élues n'ont semblé aussi égarées, manipulables. Les exécutifs seraient devenus trop puissants.

Retour en Suisse. Là, les exécutifs se trouvent dans les cantons. Et le superexécutif, en charge de la barque suisse, se trouve à Berne. Sept personnes le composent qui se répartissent sept ministères, dont cinq aux contours connus (Affaires étrangères ; Intérieur, Justice et Police ; Finances ; Économie, Formation et Recherche), et deux autres qui donnent le tournis : département de la Défense, de la Protection de la population et des Sports, et département de l'Environnement, des Transports, de l'Énergie et de la Communication. Les sept ministres s'attribuent les ministères, le doyen – celui avec le plus d'ancienneté au Conseil fédéral – exprimant prioritairement son choix. La répartition des ministères vire rarement au drame, car nous en sommes en Suisse. Pourtant, considérant que ces sept ministres sont chacun membres de partis qui se sont livré la guerre sur les trottoirs (par exemple pendant la collecte des signatures pour les initiatives et référendums) puis dans l'isoloir, une telle dramaturgie pourrait être tout à fait envisageable. Au final, les conseillers fédéraux sont tenus d'accepter le ministère qui leur revient. Les sept conseillers fédéraux sont la photographie en miniature des choix des électeurs suisses tels qu'ils se sont exprimés lors des élections au Conseil national et au Conseil des États.

Dans la période récente, le parti le plus puissant n'a jamais eu plus de deux représentants au sein de l'exécutif fédéral. Voilà qui oblige ses sept membres à des compromis permanents. Leur mode d'élection invite chacun à la sagesse et à la pondération : ils sont élus par les députés des deux Chambres réunis en séance plénière dans la grande salle du Parlement fédéral. Ils sont désignés un par un et, lors de cette élection, l'ensemble des parlementaires entérine les choix des électeurs. Seule peut changer, à la marge, la personnalité de l'homme de parti envoyé au Conseil fédéral. Élu conseiller fédéral par l'Assemblée fédérale en 2003 et alors que son parti est le grand vainqueur des élections au Parlement fédéral en 2007, Christoph Blocher ne sera pas réélu par les parlementaires cette année-là. Ils choisirent au pied levé un autre candidat du même parti. Les « Chambres réunies » récuseront Blocher, un « chef de bande » s'écartant trop, par son comportement, des mœurs et usages de la vie politique suisse. Il lui sera préféré une parlementaire, de même couleur doctrinale et élue au Conseil national par les électeurs suisses. Lors du choix du ministre, les parlementaires ont choisi une députée du même bord que le patricien récusé, ne trahissant donc pas les électeurs qui s'étaient portés sur cette formation politique. Le Parlement fédéral exerce ainsi avec doigté la première de ses fonctions, celle de nommer les sept ministres ayant charge du pouvoir exécutif du pays. Un pouvoir exécutif au demeurant soigneusement anémié, anémie qu'entretiennent les 26 cantons.

Observateur de la Suisse, le sociologue André Siegfried notait que « dans la démocratie helvétique, l'administration se confond avec la politique, ou plutôt que la politique se réduit à une administration bien entendue. Quand la commune gère collectivement ses alpages, est-ce de la politique ou de l'administration ? Et quand, à l'intérieur d'une commune, un groupe de “bourgeois” administre corporativement ses forêts ou ses troupeaux, n'est-ce pas encore une administration communale ? Les conditions restent les mêmes du bas en haut de l'échelle : le conseiller fédéral, à Berne, ne gouverne pas dans un esprit différent, il conçoit ses fonctions comme celles d'une sorte de conseil d'administration. Ces praticiens envisagent objectivement les problèmes politiques comme des problèmes techniques, s'attachant à les résoudre au mieux des intérêts de l'entreprise, car c'est l'équivalent d'une entreprise[32]. » La pratique gouvernementale suisse se confond finalement avec une gestion d'affaires. Les affaires réclamant de la discrétion, voilà sans doute pourquoi les Suisses avouent mal connaître l'action de leurs conseillers fédéraux. Ignorance d'autant plus paradoxale que si la Ve République française a connu des gouvernements de près de quarante ministres et secrétaires d'État, et pire, la Belgique des exécutifs dépassant les cent ministres, l'exécutif suisse se borne à sept personnes. Malgré une équipe aussi réduite à la tête de leur État, les Suisses avouent pourtant ignorer l'affectation exacte d'un si petit nombre de joueurs ! En novembre 2015, un sondage paru dans le magazine *L'Hebdo* révélait qu'un Suisse sur deux (49,2 %) confessait ne pas savoir ce dont s'occupait Doris Leuthard, pourtant conseillère fédérale depuis 2006 et cheffe du département de l'Environnement, des Transports, de l'Énergie et de la Communication. Ignorance encore plus paradoxale avec Simonetta Sommaruga, cheffe du département de Justice et Police, élue en 2010 et dont 57,3 % des Suisses ignoraient la charge. Il se trouvait même 17 % de Suisses qui ignoraient jusqu'au nom du ministre de l'Économie, de la Formation et de la Recherche, lui aussi en poste depuis cinq ans. Ceux-là n'ont peut-être découvert le ministre en question qu'en 2016, lorsqu'il s'est livré sur les ondes de la TSR à un sketch involontairement comique sur le thème : « Rire, c'est bon pour la santé ».

Pour autant qu'on puisse en juger et malgré ses imperfections, la formule suisse est toutefois gagnante. Et l'est sur la longue durée, ce qui, du point de vue des administrés, est l'essentiel. Gagnante, la formule l'est cependant moins lorsque le dossier est délicat, stratégique pour le pays. Tel a été notamment le cas pour le secret bancaire, fossoyé en un temps record, sans négociation ni contrepartie. La manière dont, depuis des années, le Conseil fédéral patauge dans les contrecoups de l'initiative « Contre l'immigration de masse », témoigne de ce que l'équipe gouvernementale est surtout à l'aise pour naviguer, par temps calme, sur le lac des Quatre-Cantons. Les conseillers fédéraux ne sont pas l'équipe qu'Ernesto Bertarelli avait rassemblée pour remporter la Coupe de l'America. L'expérience Blocher, conseiller fédéral à forte personnalité, a laissé des marques profondes. Voilà aussi pourquoi les conseillers fédéraux peuvent paraître fades, capables surtout de sourire lors de déplacements dans leur canton. Une chose est de vouloir pour représenter la Suisse des tempéraments forts, une autre d'en accepter le dividende : généralement, à force d'intrusion dans le travail des Chambres, ces hommes et femmes de caractère en affaiblissent la mission.

Avec des conseillers fédéraux soucieux de ne jamais sortir des clous, les ministres en question sont forcément timorés. D'eux, nul ne redoutera de dérive césarienne ou bonapartiste. Mais faut-il s'en plaindre ? De tels mandataires sont le meilleur argument pour les cantons de conserver un pouvoir que, subsidiarité oblige, ils aspirent à exercer directement. Inversement, dans les pays voisins, les gros bras et les forts en gueule ont souvent coulé les navires dont ils avaient le contrôle total. « Servir et disparaître », telle est l'austère et belle devise des ministres suisses.

Le *Cantique suisse*
L'improbable hymne national suisse

Observer une compétition sportive internationale où se produit une équipe suisse n'est pas sans intérêt, quand bien même on n'éprouve ni passion ni curiosité pour le sport concerné. Au moment où les équipes pénètrent sur le terrain, selon l'usage, les hymnes nationaux retentissent, et les joueurs les reprennent en chœur. Il faut avoir assisté à un match de football dans le stade de Wembley à Londres ou bien à un match de rugby France-Angleterre au Stade de France pour mesurer l'émotion qui saisit le public lors du *God Save the Queen*, ou la puissance infernale de *La Marseillaise*. On tremble alors pour les adversaires qui vont devoir encaisser sans broncher cet assaut patriotique porté par des dizaines de milliers de spectateurs qu'enivrent des paroles qui, au moins pour *La Marseillaise*, sont des odes au massacre. Fort heureusement, pour ce qui est de *La Marseillaise*, les appels au carnage (« qu'un sang impur abreuve nos sillons ») sont linguistiquement incompris par les joueurs de la partie adverse, hormis les Suisses romands et les Belges de Wallonie. Reste la puissance émotionnelle du chant, incontestable.

Et les Suisses ? Pendant ces grands moments d'exaltation, ils font généralement le dos rond. Debout sur la pelouse des stades, les joueurs impavides attendent que l'orchestre attaque un hymne peu ordinaire, adaptation musicale du psaume *Diligam te, domine* (« Je t'aime, toi Éternel, ma force ») et nommé simplement *Cantique suisse*.

On sait que l'histoire de la Suisse remonte à la nuit des temps. On sait moins que le fameux *Cantique suisse* est devenu l'hymne national suisse « avec statut provisoire » en 1961, puis définitif en 1981. Sachant ça, étonnez-vous que rares soient les Suisses capables de le chanter ! Lorsqu'en Angleterre, un sportif ne reprend pas en chœur l'hymne national, la presse tabloïd se fait un devoir, le lendemain, de dénoncer son déficit d'amour pour la nation dont le joueur arbore le maillot. Un tel reproche serait mal venu en Suisse.

D'une part, pêchés dans 26 cantons, les membres des équipes nationales sont hétérogènes ; en outre, à l'étranger, quelle version du *Cantique suisse* doit être chantée ? La version italienne, allemande, française ou romanche ? Question délicate, compte tenu du statut des langues dans un pays qui en revendique quatre nationales. On pourrait laisser chaque membre de l'équipe nationale le soin de chanter le *Cantique suisse* dans sa propre langue et apprécier cet œcuménisme vocal comme une énième preuve du pragmatisme helvétique. L'exercice risque d'être périlleux. D'une part, les paroles en allemand sont vocalisées plus lentement que celles en français et en italien – d'où l'assurance d'une non-synchronisation des versions, dissonance qui gâche le spectacle. D'autre part, pour les puristes, la traduction française est tendanciellement moins religieuse que ne l'est la version originale, allemande, qui diffère elle-même de la version italienne, qui ne correspond pas à la version romanche, dont on apprend que deux traductions existeraient ! Une multitude de conflits sont possibles entre les choristes. Ce qui n'est pas bon signe, notamment avant une compétition sportive où les énergies doivent converger.

Un mot sur l'histoire du chant patriotique. Jusqu'en 1961, le *Rufst du, mein Vaterland* (littéralement *Tu nous appelles, ma Patrie*), composé par Johann Rudolf Wyss en 1811, est l'hymne national suisse. Considérant l'ignorance dans laquelle il est tenu, on se permettra de moins célébrer Johann Rudolf, l'auteur de l'hymne, que son père, Johann David. Né à Berne en 1743, Johann David doit son entrée dans la littérature mondiale à son *Robinson suisse*. Très inspiré du *Robinson Crusoé* de Daniel Defoe, le roman de Johann David Wyss est marqué par la religiosité, absente de l'ouvrage de Defoe. Avoir exercé le métier de pasteur pendant trente-sept ans avant de consacrer sa retraite aux abeilles n'est probablement pas étranger à cette orientation, pesante au fil des pages. L'ouvrage fut édité par son fils, le fameux Johann Rudolf Wyss, professeur de philosophie à Berne et auteur, lui, de l'hymne national suisse.

Au vrai, parler d'hymne national suisse est une erreur de langage. Trente ans après que Wyss a composé *Rufst du, mein Vaterland*, en 1841, naissait un deuxième hymne suisse qui prétendait lui faire concurrence. Sur des paroles de Leonhard Widmer et sur une musique d'Alberich Zwyssig, est alors propulsé un chant nommé *Cantique suisse*. Aurait-il pu être l'hymne national suisse ? Encore eût-il fallu qu'une autorité l'imposât au reste du pays, ce à quoi aucun homme politique jamais ne se risqua. Voilà à quoi tient la cohabitation, pendant plus d'un siècle, du *Cantique suisse* et du *Rufst du, mein Vaterland*. Pour ce dernier chant, un détail sonore heurta les oreilles éduquées et lui fut fatal : le *Rufst du, mein Vaterland* se déroulait sur la même ligne mélodique que le *God Save the Queen*. Situation embarrassante, qui devint même explosive quand, après la Seconde Guerre mondiale, le capital de sympathie de la Suisse outre-Manche s'effondra. Il fallait agir, trancher, rompre avec ce désordre des hymnes nationaux. On trancha donc, et le 21 septembre… 1961, le Conseil fédéral conféra au *Cantique suisse* le statut provisoire d'hymne national, en remplacement du *Rufst du, mein Vaterland*. Statut provisoire signifiait temporaire, un temporaire à la Suisse qui devait durer trois années, jusqu'à ce que se dessine un nouveau consensus. En 1965, le provisoire tombait : le *Cantique suisse* était promu hymne national de la Suisse avec, toujours, la sensation qu'il fallait le ravauder, voire le changer. En 1979, un concours était lancé pour trouver un successeur au *Rufst du, mein Vaterland*. Nullement convaincu par les propositions, le public plébiscita le *statu quo*. On en resta donc au vieux chant de Zwyssig.

« Tout cela est-il bien sérieux ? » se sont probablement dit les contemporains qui, à la faveur de ces concours de beauté, découvraient l'existence d'un hymne national qu'ils n'avaient jamais entendu. Après consultation des cantons, le *Cantique suisse* décrocha son statut définitif le 1er avril 1981. En ce jour ô combien farfelu, bravant l'autonomie cantonale et affirmant une compétence qu'il n'oserait revendiquer sur une foule de dossiers, le Conseil fédéral déclara « qu'il s'agissait là d'un chant purement suisse, digne et solennel ». Le *Cantique suisse* devenait l'hymne national de la Confédération. Cela suffit-il à faire de ce chant l'hymne national suisse, et surtout de tous les Suisses ? Ne sont-ils pas plusieurs millions à en ignorer jusqu'aux premières paroles ! Les militaires suisses n'ont peut-être pas tous à cœur d'aller jusqu'à la page 84 (sur 88) du *Bréviaire*, *L'Armée en bref*, où sont imprimés les quatre couplets de l'hymne national. Il vaut la peine de citer le premier et le dernier :

« Sur nos monts, quand le soleil
Annonce un brillant réveil
Et prédit d'un plus beau jour le retour,
Les beautés de la patrie
Parlent à l'âme attendrie ;
Au ciel montent plus joyeux (*bis*)
Les accents d'un cœur pieux,
Les accents émus d'un cœur pieux. »

« Des grands monts vient le secours ;
Suisse, espère en Dieu toujours !
Garde la foi des aïeux, vis comme eux !
Sur l'autel de la patrie

Mets tes biens, ton cœur, ta vie !
C'est le trésor précieux (*bis*)
Que Dieu bénira des cieux,
Que Dieu bénira du haut des cieux. »

À juger mièvres ces paroles, heurtera-t-on le lecteur ? Force est de convenir que dans ce chant, beaucoup des références sont très datées. Y sont évoqués la montagne, la piété, Dieu, la famille et notamment le patriarcat, la tradition, l'au-delà, rien de bien exaltant dans une société hédoniste où, pour une très grande partie de la population, les enjeux matériels priment les valeurs spirituelles.

En 1999, par une large majorité, le peuple suisse acceptait une nouvelle Constitution. L'occasion se présentait de moderniser le chant national, de passer d'un psaume du XIXe siècle à un hymne rendant hommage aux plaines, aux villes, à la modernité, et qui, selon Jean-Daniel Gerber, président de la Société suisse d'utilité publique (SSUP), « redonne aux citoyens l'envie de le chanter », comme il le déclara le 1er août 2012 dans l'émission « Forum », sur la RTS. Était alors émise l'idée d'un concours ouvert à tous pour réécrire les paroles de l'hymne national, concours programmé pour 2014. Un jury sélectionnerait son hymne préféré et, après consultation des Chambres fédérales, le Conseil national trancherait. Le concours mobilisera les bonnes volontés bien au-delà de ce qu'avaient imaginé les organisateurs. Alors qu'une cinquantaine de contributions musicales étaient attendues, Jean-Daniel Gerber en reçut 208. Parmi les compétiteurs, il faut mentionner Henri Dès. Son hymne commençait sur cette strophe consensuelle : « J'aime tes lacs et tes montagnes, j'aime tes villes et tes campagnes » et se poursuivait notamment avec ce couplet résumant si justement les fondamentaux suisses : « Tu nous prends, tu nous rassembles / Tu nous aides à vivre ensemble / Dans l'amour et dans la paix / Dans la paix / Et malgré nos différences / Tu nous offres notre chance. » À ce stade, le jury devait retenir six versions puis, sur Internet, 70 000 Suisses votèrent pour les trois finalistes. Point d'orgue du concours, le 12 septembre 2015, à l'occasion de la Fête fédérale de la musique populaire à Aarau, trois versions de l'hymne national étaient présentées. La SSR retransmit la finale, à laquelle les auditeurs et téléspectateurs participèrent en téléphonant et par SMS. Pour la petite histoire, aucun pays n'a ainsi changé son hymne national, sauf contrainte extérieure ou bouleversement politique. Le dernier texte en date comprend donc cette exhortation :

« Sur fond rouge la croix blanche,
Symbole de notre alliance,
Signe de paix et d'indépendance.
Ouvrons nos cœurs à équité,
Et respectons nos diversités.
À chacun la liberté
Dans la solidarité.
Notre drapeau suisse déployé,
Symbole de paix et de liberté,
Devra désormais convaincre les citoyens. »

À ce jour, le vieil hymne est celui qui continue de s'imposer, un peu partout, quand l'occasion se présente, en l'occurrence en présence d'une personne connaissant les paroles et d'une autre capable d'entonner le refrain. C'est dire si l'hymne suisse reste sinon peu joué, du moins peu chanté. Caroline Iberg, cosecrétaire générale du Nouveau Mouvement européen suisse (Nomes), ironise sur cet hymne national dont les Suisses ne connaîtraient, au mieux, que les deux premières strophes[33]. Mais les Suisses s'en portent-ils plus mal ? Ailleurs, dans d'autres pays, les hymnes nationaux sont beuglés. À écouter pareilles chorales, qui n'en déduirait une formidable adhésion à un socle de valeurs communes ? Grossière erreur : à peine l'hymne national terminé, les vociférateurs sont souvent portés à s'entretuer.

VI

EXIT ET BOGUET : LES SUISSES ONT BIEN UNE ÂME !

La Suisse, terre de contrastes, comme on dit… Osez suggérer qu'à cause de leurs cloches, les vaches d'alpage risquent la surdité et qu'il convient de les en débarrasser, vous voilà rangé parmi les ennemis de la nation ! Affichez votre indifférence devant le sort des homards ébouillantés vifs, attendez-vous dès lors à de terribles représailles ! Les Suisses aiment les bêtes, qu'on se le dise ! Les mêmes, d'une si grande sensibilité, ont tous une arme de guerre dans leur placard et, contre vents et marées, resteront sourds aux sirènes de la démilitarisation. Amoureux de leurs fusils d'assaut, ils détestent pourtant les décorations, ces falbalas qui bariolent la vareuse des militaires.

La Suisse est bien une terre de contrastes. Les habitants s'épient au point d'être intrusifs dans la vie d'autrui, mais ils partagent les machines à laver. Par milliers, ils sont membres de vieilles associations dont ils assurent la continuité. Pieux, même s'ils sont peu pratiquants, ils s'accordent le droit de mourir dans la dignité quand la mort, partout ailleurs en Europe, reste un tabou, condamnant les candidats au suicide à des agonies avilissantes et douloureuses. Pour le cannabis, les Suisses ont montré que le pragmatisme était probablement une meilleure médication que les séjours en prison. Voilà peut-être pourquoi, parvenant à combiner ces contraires, les

Suisses se disent finalement heureux, et semblent l'être davantage que les habitants des pays alentour. Le miracle suisse tiendrait-il à cette surveillance collective, à cette « dictature de près » qui vous contraint à vous adapter ou bien à plier bagage ? Quand bien même les Suisses ne font pas montre de beaucoup d'humour, que la religiosité est présente dans les recoins les plus imprévisibles, ils sont finalement un peuple serein. Ce qui ne signifie pas qu'il n'y ait pas de sujets qui fâchent. Il y a l'islam, qui a fait couler beaucoup d'encre à propos du niqab et des minarets et, à une moindre échelle, la Lega tessinoise, étrange surgeon ayant poussé en terres suisses. On pourrait encore mentionner la question linguistique, et notamment l'usage des dialectes, le nucléaire, ou l'UDC, inépuisable sujet de polémiques et de fantasmes dans un pays apaisé au point d'en paraître pétrifié – à tort. Après tout, il faut bien trouver de quoi se faire peur.

L'amour des bêtes et de la nature

Les animaux
En particulier les homards

J'ai toujours eu un rapport assez distant avec les homards. J'ai certes le souvenir précis d'un succulent homard servi chez le père d'une étudiante de l'université de Genève qui, à cette époque, était propriétaire d'un restaurant gastronomique à New York. Achetée sur le port de Long Island, la bête, une heure plus tard, était plongée vivante dans une marmite d'eau bouillante puis, après une courte cuisson, sortie du récipient, tranchée dans le sens de la longueur, et dégustée avec du citron et de l'huile d'olive. Un ravissement ! Ça remonte aux années 1970. Ensuite, et en raison de son coût, j'ai n'ai plus guère croisé qu'une ou deux fois un homard dans mon assiette, des bestioles rapidement décongelées en cuisine, sans goût autre que la couche de mayonnaise qui les barbouillait. Bref, le homard m'était totalement étranger, jusqu'à ce vendredi 30 décembre 2016 où, au journal de la TSR, j'ai appris qu'avant de finir ébouillanté vif, il faudrait désormais étourdir la bête devant les plaques de cuisson, pour qui entendrait servir du homard. L'offensive politique a été lancée par la conseillère nationale Maya Graf, une Bâloise verte. À l'en croire, chaque année, 130 000 homards importés en Suisse subiraient le martyre de l'ébouillantage. Selon cette dame, « ces crustacés solitaires disposent d'un système nerveux complexe et sont sensibles à la douleur ». Alors que j'imaginais tous les animaux sensibles à la douleur, j'en ai déduit, à l'écoute de Mme Graf, que certains ne l'étaient pas. Dont acte. Déjà, en cuisine, l'inquiétude monte : en vue d'une mort plus douce et avant de l'estourbir, faudra-t-il désormais parler au crustacé, recueillir ses dernières volontés ? Et l'on redoute de devoir faire la même chose demain avec les endives, les patates et les haricots verts. Me précipitant sur Internet pour en savoir plus, je suis tombé sur une loi suisse, en date du 16 décembre 2005, déjà vieille donc, sur la protection des animaux (LPA), et sur l'ordonnance sur la protection des animaux (OPAn) du 23 avril 2008. Par curiosité, j'ai ouvert le document avec la ferme intention de le lire attentivement. J'ai alors relevé qu'il comportait 180 pages, 226 articles et un vaste lot d'annexes ! Passé le moment de stupeur, je me suis plongé dans cette bible qui décrit par le menu comment, en Suisse, les animaux sont protégés.

D'entrée, on comprend que du vaste spectre animal, rares sont les espèces que le législateur a négligées. Ainsi est-il dit dès l'article 1 que la loi « règle la manière de traiter, de détenir, d'utiliser les animaux vertébrés, les céphalopodes et les décapodes marcheurs [parmi lesquels les homards…] et de pratiquer des interventions sur eux ». Avant d'énoncer comment en faire des steaks, le législateur s'est soucié de l'accueil des bestioles et de leurs conditions d'hébergement. L'article 3 demande que « la faculté d'adaptation [des animaux] ne soit pas sollicitée de manière excessive » et que leurs « logements et enclos » soient notamment munis « d'emplacements de défécation et d'urinement ». Si la loi dit qu'il ne faut pas « envoyer des animaux par la poste dans des colis », elle plonge aussi dans l'inconscient humain. Rappelant les « pratiques interdites sur tous les animaux », le législateur suisse stipule expressément qu'il ne faut pas « commettre des actes à motivation sexuelle sur les animaux », au cas où certains les confondraient avec des poupées gonflables.

À chaque animal est encore associée une liste d'interdictions destinées à sa protection. Cinq pour les poissons et les décapodes marcheurs, six pour la volaille domestique, huit pour les chevaux, etc. Parmi les pratiques interdites, on retiendra la détention des « psittacidés à l'attache sur des perchoirs et des canaris chanteurs dans des cages de type Harzerbauer », et le fait « d'utiliser des couvre-perchoirs sablés ». L'article 28 sur l'élevage de chiens et de chats stipule que « si un chien présente un comportement agressif ou une anxiété supérieurs à la norme, il doit être exclu de l'élevage ». Article 68 : « Conditions posées aux détenteurs de chien. Avant d'acquérir un chien, les futurs détenteurs doivent fournir une attestation de compétences qui prouve qu'ils ont acquis des connaissances sur la manière de détenir et de traiter les chiens. Les personnes qui peuvent démontrer qu'elles ont déjà détenu un chien ne sont pas tenues de remplir cette condition. » Pour les poissons, il faut savoir que lors de leur transport, ils « ne doivent pas être exposés à des vibrations excessives pendant une longue durée », et quand on en vient à les manipuler, cette manipulation « doit être limitée au strict nécessaire et ne pas stresser les animaux inutilement » (article 99). On sent que les préoccupations de Mme Graf ont inspiré cet article 99, et qu'elles l'ont prolongé. Il va de soi que, compte tenu de la lourdeur des responsabilités quand il est question d'adopter un lapin ou un canari, « la prise en charge, les soins, l'élevage et la détention des animaux » sont des activités nécessitant un encadrement. Doit donc être titulaire d'une autorisation cantonale quiconque « remet à des tiers dans l'intervalle d'une année un nombre plus élevé d'animaux que celui indiqué ci-dessous : la descendance de plus de 25 couples d'oiseaux d'une taille inférieure ou égale à celle des perruches callopsittes, la descendance de plus de 10 couples d'oiseaux d'une taille supérieure à celle de la perruche callopsitte ou de plus de 5 couples d'aras ou de cacatoès » (article 101). Un prochain amendement exigera peut-être la détention d'un diplôme *ad hoc* que délivrera, dans un futur proche, une haute école. On y tend.

L'article 119 parle de la « manière de traiter les animaux d'expérience ». « Avant que ne débute l'expérience, les animaux d'expérience doivent être suffisamment accoutumés aux conditions de détention locales et aux contacts avec l'être humain, notamment aux manipulations nécessaires à l'expérience [...] Dans la manière de traiter les animaux d'expérience, il faut éviter de les exposer à des bruits excessifs ou soudains. » À propos des expériences scientifiques sur les animaux, l'article 139 précise la procédure d'autorisation : « La demande d'autorisation de pratiquer des expériences sur animaux doit être déposée au moyen du système informatique. Lorsque la situation le justifie, l'autorité cantonale peut accepter des demandes formulées sur papier si elles sont présentées selon le modèle de formulaire de l'OSAV [...] Pour chaque expérience sur animaux, la demande doit contenir les informations suivantes : 1. le titre et la problématique de l'expérience ; 2. le domaine concerné ; 3. la finalité de l'expérience selon les classifications internationales ; 4. le nombre d'animaux prévu par espèce ; et 5. le degré de contrainte prévisible. » L'article 178 est tout aussi intéressant. Il traite du « principe de l'étourdissement obligatoire ». On y lit que « l'abattage des grenouilles est admis sans étourdissement si les grenouilles sont décapitées à l'état réfrigéré et si la tête est immédiatement détruite ». Il est jusqu'aux enclos pour oiseaux qui soient assortis de recommandations strictes. Pour les « psittacidés de grande taille », tout comme pour les grandes perruches et perroquets, mais aussi pour les canaris et autres passereaux, le texte dit que « les animaux doivent être détenus par groupes d'au moins deux individus » de même que les cages doivent être équipées de « divers perchoirs, souples, de différentes épaisseurs et de différentes orientations » pour « structurer » la cage. Ultime détail sur le perchoir et dont la pertinence repose selon toute apparence sur de multiples observations cliniques : « Un tiers du volume doit rester libre de toute structure. » Répétons-le : il se trouve en tout 180 pages du même tonneau, plus d'un million et demi de signes ; l'équivalent d'un très gros roman, celui d'un Joël Dicker par exemple.

Ce fatras fait sourire le cynique qui, ni pour les perruches ni pour les serpents, n'éprouve d'affection particulière. Au vrai et au risque de choquer, je me contrefiche un peu des grenouilles goliath, des boas constrictor, des tégus, des varans, des serpents venimeux, des hélodermes. Je n'ai pas la moindre idée de la forme de ces animaux et, n'était le sérieux de la loi, la rigueur des prescriptions et la précision des interdits, la lecture de l'interminable texte de loi susciterait chez moi la même hilarité que la *Mise en évidence expérimentale d'une organisation tomatotopique chez la soprano (*Cantatrix sopranica L.*)* de Georges Perec. Ne sont-ils pas fous, ces Suisses capables de phosphorer des centaines d'heures pour s'accorder sur le confort optimal pour un talapoin, un galago géant ou un hamster ? À l'heure où, aux Philippines, le président Duterte revendique 6 000 assassinats commis par lui-même et ses commandos de la mort, où des collégiennes sont vendues à l'encan sur des marchés aux esclaves au nord du Nigeria et dans des villes de Syrie sous le contrôle de l'État islamique, les Suisses s'inquiètent du sort réservé aux homards avant qu'ils n'arrivent dans nos assiettes. Et, à cet instant, d'un seul coup, vous réalisez que, sur une planète ravagée par les gangs, les assassinats, la corruption, le népotisme, où les migrants disparaissent en Méditerranée par milliers après avoir été rackettés, violés, massacrés par les passeurs, où des femmes sont lapidées en Iran et en Afghanistan, il se trouve un peuple d'une sérénité telle qu'il lui est loisible d'ergoter sur la fin de vie des homards après avoir conceptualisé la béatitude des perruches. À ceux qui doutent encore du bonheur d'être suisse en ce XXIe siècle que l'on espérait assagi après les apocalypses à répétition du XXe siècle, on suggérera la lecture de la longue, apaisante et assoupissante ordonnance sur la protection des animaux.

Le tintinnabulement
À quand le silence dans les alpages ?

Tintinnabulement : sons produits par un ensemble de cloches. Monter dans les alpages n'est pas seulement conseillé à ceux qui sont atteints d'une maladie pulmonaire, l'air y étant plus sain qu'à Pékin ou Paris ; ils y découvriront aussi une étonnante expérience acoustique. Rares sont les alpages suisses où vous échapperez à la musique des sonnailles. Même si le tintinnabulement peut rapidement chauffer vos oreilles, c'est un spectacle envoûtant de voir le passage d'un troupeau qui monte à l'alpage ou qui en descend, selon la saison. L'ethnologue Guillaume Lebaudy note avec justesse qu'en « plaine comme en montagne, le berger doit être attentif aux sons produits par les bêtes et à leurs silences : bêlements indicateurs de problèmes, d'une bête qui va agneler, éternuements, flatulences, miction, bruits rassurants de rumination[1] ». Un berger, cité par l'auteur, rapporte : « Un troupeau sans sonnaille, c'est comme si on gardait un troupeau de cochons. » Certains éleveurs – mais c'est surtout vrai, nous dit l'auteur, des éleveurs provençaux abreuvés de tartarinades – se livreraient à des concours sonores lors de la montée à l'estive. Faire le plus de bruit possible !

Justement, ça risque de ne plus en faire longtemps encore ! Guillaume Lebaudy rapporte qu'un doctorant de l'EPFZ aurait découvert que les cloches provoqueraient une surdité chez les vaches. N'allez pas craindre qu'avec des ruminantes sans cloches, l'éleveur perde ses vaches égarées : ayant mesuré la portée de sa découverte et, féru de technologie, le jeune scientifique a proposé d'équiper les bestiaux d'un GPS pour les suivre à la trace.

En Argovie, dans la petite commune de Gipf-Oberfrick, les ruminants ont trouvé leur avocate : une végane néerlandaise qui, depuis plusieurs années, a revêtu la bure de saint François d'Assise. Cette personne milite également contre la chasse et les courses traditionnelles de porcelets. Entre deux séances de photos d'elle dévêtue, et publiées dans le quotidien gratuit *Blick am Abend* (elle milite contre le port de fourrures animales), la jeune femme a déposé plainte pour maltraitance des vaches. Les cloches n'ont qu'à bien se tenir ! À ce que l'on croit deviner, le tintinnabulement n'est toutefois pas près de disparaître des chemins d'alpage. Quant à la citoyenne néerlandaise, à l'occasion de son combat, elle a pu découvrir les beautés de la démocratie communale. Par une écrasante majorité, les habitants de sa commune de résidence ont refusé la naturalisation de la fougueuse militante. Tel est le prix à payer pour qui s'attaque aux traditions helvétiques.

Les armes, l'armée

L'armée suisse

Elle existe, elle est même partout

Dans une gare suisse, le visiteur étranger est d'abord frappé par ces hommes en treillis grimpant dans les trains avec un énorme sac à dos et un fusil d'assaut. La Suisse est donc en guerre ? Serait-ce la mobilisation générale ? Nullement, il s'agit de jeunes appelés faisant leur école de recrues, ou bien des citoyens de toutes conditions et parfois d'un âge certain, effectuant leurs journées militaires, dits cours de répétition. À l'âge de 20 ans, tous les citoyens mâles enfilent l'uniforme et, pendant quatre mois, vivent l'expérience du soldat en formation de base. Les femmes ne sont pas exclues du service armé : l'article 59 de la Constitution fédérale de 1999 précise en effet que « les Suissesses peuvent servir dans l'armée à titre volontaire ». Leur école de recrues terminée, les soldats retourneront chez eux avec l'attirail leur permettant de faire la guerre depuis leur domicile au cas où et, surtout, d'effectuer les tirs obligatoires pour l'entretien de leur habileté. Si guerre il devait y avoir, les Suisses rejoindront leur point de mobilisation l'arme en bandoulière.

L'armée suisse est probablement la seule dont la dernière défaite remonte au XVIIIe siècle, il y a plus de deux siècles, en

1798 très exactement. Les armées françaises écrasèrent alors un rassemblement de miliciens, certes enthousiastes mais surtout chair à canon. L'acte de naissance de l'armée suisse telle qu'on la connaît aujourd'hui date de 1815. Si elle s'est professionnalisée, l'armée suisse n'a cependant jamais rompu avec le système de milice qui fait obligation à tous les citoyens de porter les armes pour protéger les frontières du pays. L'armée suisse est donc une armée de milice. À tout moment, quelque 114 000 actifs et 68 000 réservistes sont en état de faire la guerre, autrement dit peuvent repousser un envahisseur, car l'armée suisse n'a pas vocation à batailler ailleurs que sur le sol national. Si la tension a baissé avec la fin de la guerre froide, les infrastructures restent et rappellent l'actualité du concept de défense nationale totale. Par comparaison, « la France compte une armée de 271 000 actifs et 28 000 réservistes […]. Le ratio effectif/territoire donne "un ratio de couverture" de 4,41 militaires par km^2 en Suisse contre 0,54 dans l'hexagone[2] ». Les obstacles antichars se comptent par milliers, comme les abris pour la troupe.

Dans un monde où le péril nazi a disparu en 1945 et où, à Berlin, en 1989, la grande menace soviétique s'est soudainement décomposée, la nécessité d'une armée a faibli en intensité. En outre, nombreux sont les États européens à avoir opté pour des armées professionnelles. Désormais, pour la défense de ces territoires, des salariés sont prêts à se faire tuer. Rien de cela en Suisse. La formule militaire helvétique est d'autant plus atypique que jusqu'à un âge avancé, soit 34 ans, les soldats miliciens abandonnent leur famille et l'entreprise qui les emploie ou bien dont ils sont le patron et, avec leur barda, s'en vont crapahuter trois semaines. Celui qui n'accomplit pas son service militaire ou son service de remplacement s'acquitte d'une taxe, fixée et levée par les cantons, et perçue par la Confédération.

Si l'armée est partout présente, est-elle pour autant populaire ? Dans ce pays où le citoyen est roi et où toute liberté lui est offerte de réécrire constamment la Constitution (« La Suisse a une armée », dit l'article 58), il est logique que la suppression de l'armée ait figuré dans le répertoire de l'initiative populaire. Régulièrement, 100 000 citoyens ont pétitionné pour liquider ce qu'ils tiennent pour une servitude obsolète. Systématiquement le peuple souverain suisse a balayé ces initiatives émanant de milieux antimilitaristes. Même s'ils en bavent avec leur attirail, les Suisses redisent inlassablement leur volonté que rien ne change. À quatorze reprises, entre 1989 et 2013, les Suisses ont été invités à se prononcer sur « Une Suisse sans armée » (1989, puis 2001), « Une Suisse sans avions de combat » (1993), « Contre le bruit des avions de combat » (2002), « Abrogation de l'obligation de servir » (2013), etc. Chaque fois, une large majorité d'électeurs s'est exclamée : « Touche pas à mon armée ! » Pourtant, et pourquoi s'en cacher, chez les jeunes recrues l'humeur est maussade. Avis d'orage que les autorités semblent avoir entendu et dont elles ont tenu compte. L'armée suisse a donc subi de profonds changements : la taille de l'institution a été réduite, et le service civil – qui jouit d'une attractivité en forte hausse – a été instauré en 1996. Mais dernièrement, la professionnalisation de l'armée a encore été rejetée. *Si vis pacem para bellum*, « Si tu veux la paix, prépare la guerre ». Les Suisses s'en tiennent à l'objurgation de Flavius Végèce. Enfin, l'armée joue un rôle que les femmes apprécient peu. Si certaines applaudissent de pouvoir souffler quand leur mari est au cours de répétition, toutes déplorent qu'une fraternité occulte groupant les officiers fausse aussi le bon fonctionnement des entreprises, où le mérite professionnel devrait être le seul critère actif.

L'attachement à l'armée de milice, qui exige des entraînements réguliers, sur le terrain, dans le froid, emmailloté dans un uniforme enfilé à l'aube quand, la veille, cette même personne vendait des débroussailleuses ou livrait du courrier, rappelle un autre aspect de l'ADN suisse : la passion pour la guerre que ce peuple entretint pendant des siècles et qui conduisit des centaines de milliers de Suisses à fendre des crânes sur les champs de bataille européens. Avec ces crapahutages jusqu'à un âge avancé, l'armée ne serait-elle pas un ersatz de ces guerres que les Suisses ne font plus, mais qu'ils ont pratiquées avec fougue si longtemps ? Il est difficile de croire que les scores avec lesquels l'armée est plébiscitée le soient au motif qu'elle défendrait les frontières nationales. À défaut de faire la guerre, les citoyens suisses aiment « faire l'armée ». De fait, l'armée suisse suscite le même émerveillement que la visite d'une ville Lego. C'est un moment de régression où il est non seulement licite mais obligatoire de singer la guerre. Et on le fait dans un réel confort. Les conditions matérielles du crapahutage sont royales : dans l'armée suisse, le troufion déjeune et dîne chaud. On s'y emploie ! L'armée suisse est l'un des lieux où, entre mâles, le mercenaire tapi en tout Helvète peut s'exprimer sans retenue. Entre mâles, du moins pour l'instant. En 2015, parmi les 21 765 citoyens entrés à l'école de recrues, on comptait 211 femmes, soit moins de 1 %. Au total, elles sont 1 083 dans l'active, face à 170 369 hommes. Tout n'est pas désespéré : observons que si l'on compte 14 424 officiers mâles, 255 femmes le sont également. Moins calamiteux que le précédent, ce ratio illustre la montée en puissance des femmes dans l'armée suisse. On a longtemps servi dans l'armée suisse jusqu'à un âge avancé. Aujourd'hui, généralement à l'âge de 20 ans, les jeunes gens font leur école de recrues, d'une durée de dix-huit semaines (jusqu'à vingt-cinq pour les forces spéciales) selon l'incorporation. Suivront ensuite six ou sept cours de répétition de trois semaines (19 jours), soit environ un par année. Et puis, il y a le service long, d'une durée de trois cents jours pour les hommes de troupe, circonscrit à des fonctions précises. Certains jeunes optent pour ce service militaire accompli d'une seule traite. Environ un jeune sur six choisit cette voie, conditionnée à la détention d'un certificat fédéral de capacité ou à une maturité. Au terme des dix mois de formation militaire et à l'âge de 20 ans, l'intéressé est alors libéré de ses obligations militaires, seulement astreint aux tirs obligatoires annuels. Mieux vaut ne pas trop rapidement conclure à la déroute des partisans du service civil. Bien au contraire. De 4 670 en 2011, les admissions au service civil se chiffraient à 6 169 en 2016. Le nombre de jours d'astreinte sera fixé à 150, assorti d'un délai d'attente de douze mois pour les militaires déposant une demande d'admission après l'école de recrues.

La préférence suisse pour une armée que l'on qualifiera de populaire, par opposition au modèle dominant d'armée professionnelle sur le continent européen depuis les années 1980, freine probablement la montée d'un populisme helvétique. Entre autres vertus, l'armée de milice contrarie en effet le déphasage entre peuple et élites globalisées, deux mondes qui ne cohabitent plus nulle part, hormis sur une aire d'autoroute ou un parking d'aéroport. Le cas suisse devrait rassurer le politologue Stephen Holmes, invité par la Maison de la paix à Genève en mars 2017 et qui se lamentait du lien distendu entre le peuple et les élites, et promis à se rompre selon lui. Tel ne semble pas être encore ici le scénario en cours d'écriture, et l'armée de milice y est pour quelque chose. Si particulière, cette armée de milice en a inspiré d'autres : l'armée israélienne qui, à plusieurs reprises, a démontré l'efficacité du modèle milicien, celui où la nation n'est pas défendue par des professionnels mais par des citoyens en armes, sous le commandement d'officiers, souvent de carrière.

Pour finir, l'armée suisse est la vitrine d'un autre atout helvétique : son système de formation. L'efficacité de la formation dispensée dans cette armée suisse mérite des étoiles. Quand les Norvégiens, eux aussi appuyés sur une armée de milice, mettent une année pour instruire un équipage de char étranger au complet, les Suisses bouclent l'apprentissage en vingt et une semaines. À ce qu'on sache, la formation n'est pas bâclée. Pour l'heure, la seule grosse faille de cette armée se situe dans la formation de ses pilotes des forces aériennes : aux commandes de leurs appareils, leur excellence faiblirait nettement la nuit venue, handicap à prendre en compte dans la perspective d'une obligation de service de police aérienne vingt-quatre heures sur vingt-quatre. La réforme dans les tuyaux prévoit deux chasseurs d'interception, opérationnels en permanence. Pour l'heure, le service de surveillance aérienne éteint les feux à dix-huit heures, pile poil l'heure de l'apéro. Bientôt, les Suisses pourront donc dormir sur leurs deux oreilles. Respirons ! Il se trouve encore des points perfectibles, et les autorités suisses sont les premières à reconnaître ces faiblesses. On échappera donc ici à l'inévitable et parfois excessif : « Il n'y en a point comme nous ! »

L'armée s'appuie sur quatre régiments d'alarme qui assurent la sécurité dans les aéroports de Zurich et Genève et dans la ville fédérale, ainsi qu'en cas d'urgence lors de catastrophes. Deux brigades blindées et un régiment d'artillerie sont constitués comme armée de réserve[3]. La Suisse est prête à résister à toute invasion étrangère, qu'on se le dise ! Reste maintenant à tester l'efficacité de cette armée en cas de guerre non conventionnelle menée par des civils glissés dans la population et qui s'adonneraient à des attentats. Sans doute le caractère milicien de l'armée suisse démontrera-t-il alors sa capacité réactive, mieux qu'une armée professionnelle ronronnant dans ses casernes.

L'arme à domicile

Un peuple en armes depuis 1874

Les Suisses sont surarmés. Ils le sont même davantage que les États-Unis, nation souvent pointée du doigt pour les massacres de civils qui s'y déroulent, conséquences de la privatisation de quelque 300 millions d'armes létales entre des mains souvent dépourvues de cerveau. Des différences cependant distinguent Suisses et Américains. En Suisse, ces armes restent la propriété du département militaire fédéral qui les confie aux recrues une fois accomplie leur formation de base, leur école de recrues. Les armes sont principalement un fusil d'assaut SIG 550 (Fass 90) et/ou un pistolet P220 (Pist 75), tous deux fabriqués par SIG Sauer. À la panoplie du guerrier suisse, il faut ajouter le couteau, le fameux multilame. La conservation à domicile des armes de guerre remonte au 13 novembre 1874, date à laquelle est entrée en vigueur la nouvelle organisation militaire suisse. Elle décentralisait la direction et l'instruction de l'armée, et autorisait les soldats à garder leur arme. Mesure logique dans un pays ayant bâti sa défense sur un système de milice, armée mobilisable à tout instant et capable de se rendre au point de rassemblement avec son équipement. Confier la responsabilité du stockage d'un matériel de guerre à celui appelé à s'en servir n'est qu'une énième application du principe de subsidiarité.

La présence d'une arme de guerre au domicile privé de la troupe a fait l'objet de débats réguliers. Rangée sous le lit ou dans la cave à vin, cette arme automatique ne serait-elle pas un encouragement sinon à la guerre civile, du moins à la justice expéditive que rendraient les cocus par exemple ? À ce jour, il n'est pas démontré que les armes à domicile soient à l'origine des meurtres (57 homicides en 2016, incluant toutes sortes d'instruments), ni des (très) rares tueries de masse survenues en Suisse. On tue moins dans cette Suisse de 8 millions d'habitants saturée d'armes de guerre que dans la seule ville de Marseille où, officiellement et sauf lorsqu'elles sont volées, les armes ne quittent jamais les casernes. Chaque année cependant, un étourdi, plus ou moins aviné, se débrouille pour tuer son copain en jouant le Rambo. Après, dessoûlé, il regrette son imprudence. Les tribunaux se montrent généralement cléments avec les imbéciles.

En revanche, il est prouvé que le libre accès à une arme facilite le passage à l'acte chez les personnes aux tendances suicidaires. Pareille surmortalité n'a cependant jamais amené les Suisses à renoncer, par voie d'initiative, à cette prérogative qui veut que le citoyen défende sa souveraineté, par les armes si besoin est. L'unique concession est la non-conservation des munitions. Si l'intéressé le souhaite, il peut aussi déposer son arme dans un arsenal militaire.

Le fusil d'assaut

Ce n'est pas vraiment un pistolet à bouchons

Quel pays, neutre depuis 1815, n'ayant pas subi d'agression territoriale, sorti indemne de l'apocalypse de la Seconde Guerre mondiale, vierge d'actes de terrorisme sanglant sur son sol, dirigé par des élus respectueux des lois dans le cadre d'une démocratie directe, offre le spectacle de tant d'hommes dans les transports en commun avec une arme de guerre à l'épaule ? Avec une météo plus clémente, du sable et des palmiers, le touriste égaré se croirait presque en Israël.

Cheminant vers sa caserne, le troupier suisse porte à l'épaule son fusil d'assaut, une masse de 4 kilos. Le SIG 550 est une arme automatique généralisée dans l'armée suisse voilà une vingtaine d'années et fabriquée dans les ateliers de Swiss Arms AG, société basée à Neuhausen dans le canton de Schaffhouse. L'arme est capable de tirer entre 600 et 900 coups par minute (munition « 5,6 mm Suisse »). SIG est l'acronyme de Schweizerische Industrie Gesellschaft, entreprise fondée en 1853 par Friedrich Peyer im Hof, Heinrich Moser et Conrad Neher, et spécialisée à ses débuts dans la fabrication de matériels roulants de chemin de fer. Rapidement, en 1860, la société se lance dans la fabrication d'armes à feu. Quelques années plus tard, confrontée à un certain nombre de règles et interdictions contraignantes, et soucieuse d'exploiter un secteur d'activité visiblement prometteur, SIG rachetait l'entreprise allemande Sauer & Sohn, un des plus anciens fabricants d'armes en Allemagne. Ni vu ni connu : pour l'exportation, l'arme suisse était expédiée depuis le territoire allemand.

La portée efficace du SIG 550 se situe jusqu'à 400 mètres en visée ouverte. Avec guidon et hausse tambour pivotant sur quatre positions numérotées pour l'engagement de cibles à des distances variées (100 mètres, 200 mètres, 300 mètres, 400 mètres), sa portée pratique est de 600 mètres, et la portée maximale dépasse 3 kilomètres. Les constructeurs n'ont pas négligé le bipied qui rend confortable la position du tireur couché. Mesuré à l'aune des armes comparables équipant les armées britanniques et américaines, le SIG 550 est une arme lourde. À défaut d'être d'usage optimal dans les combats rapprochés, notamment dans le combat urbain relancé avec les guerres contre Daech en Syrie et en Irak, l'arme suisse est en revanche parfaite pour les tireurs embusqués et autres snipers. L'arme est considérée comme très précise – nous sommes en Suisse –, qualité primant poids et maniabilité. L'objectif recherché est l'engagement de cibles à longue distance : les pertes doivent rester minimes tout en garantissant au bastion national la meilleure protection. Le soldat suisse n'est pas un soldat conquérant : il se bat chez lui. S'il lui revient donc de tuer, il tuera sur son terrain, tapis entre les érables et les sapins, au cul des vaches. L'arme dispose d'un sélecteur de feu : l'officiant peut rafaler sa cible ou bien tirer à l'unité. Autre détail qu'apprécient visiblement les spécialistes : le magasin n'est pas opaque, comme il l'est lorsqu'il est en métal, mais conçu dans un matériau plastique translucide. À tout moment, l'officiant peut évaluer son crédit de balles, et ainsi éviter d'être à court de munitions dans un moment délicat. Au moins deux chargeurs peuvent être fixés ensemble, autorisant ainsi un rechargement rapide. L'ergonomie de l'arme est jugée remarquable par les spécialistes et les revendeurs. Les esthètes trouvent aussi l'arme suisse précise et belle. Lorsqu'elle est disponible, c'est-à-dire sortie des surplus de l'armée suisse, elle se négocie sur Internet pour moins de 2 000 euros. Le bon état mécanique est souvent célébré, la différence majeure avec l'arme de service étant le sélecteur qui restreint le tir en semi-automatique.

Les décorations

Une monnaie de corruption introuvable en Suisse

La Suisse ignore le cliquetis des médailles. Ici, ni rubans, ni insignes, ni décorations, ni médailles au revers d'un veston, qui, dans les pays voisins signalent la bravoure au combat, un acte d'héroïsme dans la vie civile, un apport scientifique à l'humanité, ou le degré d'autocratisme du régime politique. En Suisse, à la boutonnière, seule une fleur peut se glisser. Ici pas de course aux honneurs, aux décorations – qui, selon le député français de la Marne Léon Mirman, « constituent une monnaie de corruption, un procédé d'asservissement civique[4] ». La Suisse ignore donc le trafic de breloques, ces hochets qui flattent l'ego du récipiendaire et qui permettent aussi, dans certaines circonstances, d'acheter des services rendus en sous-main. En Suisse, les revers de veston sont immaculés de ces pin's d'un autre âge. La flatterie et la vanité se manifestent autrement.

Le citoyen helvétique avide de colifichets – il s'en trouve – peut toujours prospecter les associations et ministères des pays étrangers. Pour service rendu, il lui sera souvent remis une de ces rosettes magiques qui colorent le haut d'un veston. À cette petite vanité, les élus et les employés de l'État n'ont pas droit : accepter une décoration étrangère leur est en effet interdit.

La Suisse profonde

La commune

Creuset de la citoyenneté

C'est le lieu où s'acquiert et se forge la citoyenneté, ce lien social qui, au-delà du premier cercle – la famille –, soude une communauté. L'implication directe et régulière des citoyens dans la vie communale est l'apprentissage de la démocratie et en garantit la solidité. La commune est l'assemblée délibérative de base, la plus petite, celle dans laquelle s'échauffe le personnel politique suisse, l'espace où il fait ses premières armes. De fait, y a-t-il école plus formatrice pour apprendre comment résoudre un problème de voisinage ou, à force de discussions, parvenir à dégager un consensus parmi les administrés ? Fasciné par la Suisse, André Siegfried célébrait le sens civique que la pratique de l'administration communale permet d'acquérir. L'académicien français citait un message du gouvernement des Grisons en date de mars 1943 : « La commune est le prototype de l'organisation démocratique. L'espace réduit de la commune est le champ tout indiqué pour l'exercice de la démocratie directe, celui où chaque citoyen participe personnellement à toutes les décisions intéressant la collectivité et où tous les organes sont désignés par le peuple lui-même directement ; là le particulier embrasse encore les éléments de base et la portée de ses décisions, et là il peut constater par expérience personnelle les conséquences de l'attitude qu'il adopte[5]. » Et, admiratif, André Siegfried soulignait le poids de l'autonomie cantonale.

Si la commune pèse encore tant dans la manufacture politique suisse, c'est que le pouvoir de décision, le pouvoir réel, ne l'a pas désertée. Après tout, ne pourrait-on se dire qu'au-dessus de la commune se trouve le canton, prestigieux, et qu'au-dessus du canton se perche le Parlement fédéral avec ses deux Chambres, et que, tout en haut, campent les sept conseillers fédéraux ? Ce serait là mal connaître la Suisse. Ce serait ignorer combien les sept ministres marchent continuellement sur des œufs. Qu'ils se soucient surtout de ne froisser aucun des 26 cantons, aux susceptibilités épidermiques. Et que là aussi, agir en gouverneur serait méconnaître la vie politique du canton, où pèse très lourd l'avis des communes qui le composent.

Les prérogatives de la commune sont étendues. Les décisions prises dans l'enceinte communale entraînent des mesures d'une vaste portée comme, par exemple, l'accession à la citoyenneté des étrangers qui en font la demande. Obtenir la nationalité suisse consiste en tout premier lieu à rejoindre une communauté de proximité qui, après examen, vous admet en son sein et qui attendra de vous le respect de ses us et usages. La délivrance de la nationalité, sur avis de la commune, intervient au terme d'un pesant protocole. Comme dans un club de bridge ou de tennis où le parrainage est requis, les préliminaires sont longs pour prévenir l'entrisme d'un fauteur de troubles. C'est parce que la longueur du processus et les exigences qu'il comporte (et aussi son coût) sont de notoriété publique qu'il comporte si peu d'échecs. Ceux qui auraient probablement échoué à convaincre les représentants de la commune en charge de l'attribution de la citoyenneté ont, d'eux-mêmes, renoncé à l'épreuve car il avaient pressenti leur échec.

La très forte identité communale est également un rempart contre les tentations hégémoniques d'une commune ou d'un canton voisin. L'identité communale s'applique à préserver ce qui la constitue : dans les fusions de communes, l'absorbeur est persuadé qu'il court autant de risques que l'absorbé, et notamment une dilution de son identité propre. Envisagée comme un facteur d'entropie dans la théorie politique, l'identité communale constitue ici un facteur de stabilité. Quant à l'atout numérique que pourrait représenter la fusion de communes sur le papier, il est rarement invoqué à cause justement de la diversité des identités communales. Quasi indiscernable aux yeux de l'observateur étranger, l'identité communale est un sujet d'étonnement pour les non-initiés. Lors de l'été 1971, j'ai passé un entretien d'embauche avec le directeur de l'École supérieure de commerce à Genève. Installé derrière son bureau, le personnage important déroulait sans conviction des questions sur la pédagogie que je comptais mettre en place, les cours que j'avais suivis à l'université, mon plan de carrière. Son regard était éteint, son ton morne et son corps immobile signalaient que mon interlocuteur s'assoupissait. Seule sa main bougeait, qui cochait des cases. Ce monsieur, nullement antipathique, s'ennuyait ferme. À un certain moment, il me posa la question : « Je note que vous êtes genevois, mais de quelle commune êtes-vous originaire ? – Carouge ! » Dans la seconde qui suivait, comme secoué par une décharge électrique, il me tendait son stylo et m'intimait : « Signez là ! » À coup sûr, le directeur de l'École supérieure de commerce de Genève avait un lien particulier avec Carouge, qui, il faut le préciser, était alors la plus grande commune catholique du canton de

Genève, où les protestants seraient bientôt minoritaires. Sans risque de me tromper, je crois que le détail communal avait été le seul critère valable de ma candidature.

Les associations
La plus forte densité mondiale

En Suisse grouillent les associations. Fin 2015, il en était recensé quelque 120 000, agissant dans les domaines du sport, de la politique (parti, association de défense d'intérêts), du sociocaritatif, de la musique, des activités d'utilité publique (pompiers, samaritains, et d'autres). Nombreuses, ces associations sont aussi populeuses. Selon une enquête de l'OFS datant de 2014 et portant sur « les pratiques culturelles et de loisirs en Suisse », 61 % des personnes vivant en Suisse déclaraient avoir eu un engagement bénévole dans une association lors des douze derniers mois.

Que dit cette étude ? Le profil sociologique des participants à une entreprise associative n'est pas sans intérêt : s'y pressent d'abord davantage d'hommes que de femmes (64 % contre 58 %), sans doute parce que les mères et les épouses ont des astreintes qui les privent de la liberté de s'investir dans une activité sans lien direct avec leurs servitudes quotidiennes. Pour ce qui est de l'âge des populations concernées, l'engagement associatif ne faiblit pas avec le nombre des années. Si les 15-29 ans sont les plus assidus (65 %), les personnes âgées ne renoncent pas : une personne sur deux âgée de 75 ans et plus déclare être engagée dans une association. Il est probable que l'âge venant, les intéressés basculent du football au tennis pour, ensuite, s'affilier à un club de jass. L'intensité de la vie associative est également corrélée avec le niveau de formation : 53 % des personnes avec un niveau « secondaire I » (école obligatoire achevée ou non) revendiquent un engagement associatif, contre 67 % des personnes ayant un niveau tertiaire (école professionnelle supérieure, haute école spécialisée, haute école pédagogique, université, école polytechnique). Très logiquement, le lieu de résidence influe sur la pratique associative, plus intense (70 %) dans la campagne (définie comme « espaces hors influences des centres urbains, communes ayant peu de flux pendulaires vers les centres urbains ») que dans les grandes villes (58 %). Si 63 % des citoyens suisses sont dans une association, les résidents étrangers ne restent pas à l'écart de ce type de sociabilité, avec un pourcentage élevé de participants (53 %). Enfin, les Alémaniques sont en tête pour ce qui concerne l'implication dans la vie associative (63 %), contre 56 % pour les Romands et 54 % pour les italophones.

Le nombre d'associations et la variété des terrains sur lesquels elles interviennent, du sport au caritatif, de la politique à la culture, sont autant de témoignages de la vigueur de la vie sociale suisse. Très certainement l'organisation communale du pays favorise-t-elle le mécanisme associatif. Quand, au 1er janvier 2014, l'Angleterre comptait 405 communes, l'Allemagne 11 196 et la Belgique 589, il en était dénombré 2 352 en Suisse. Un granulé communal aussi fin, où les habitants se connaissent, ne serait-ce que pour se croiser tous les jours, est propice à la vie associative. Dès lors que l'on se connaît, pourquoi ne ferait-on pas des choses ensemble, concours de fléchettes ou cours de cuisine ? Ces 120 000 associations constituent un filet de protection et d'assistance dans lequel les habitants se retrouvent, se détendent et rompent aussi avec l'isolement. Elles sont aussi un regard sur les individus impliqués, permettant de repérer en temps réel les problèmes. Quand ils surviennent, la communauté peut les traiter rapidement (si elle le peut). Cœur du réacteur suisse, la subsidiarité se nourrit de cette proximité et l'entretient.

L'intensité de la vie associative des Suisses ne viendrait-elle pas compenser la froideur des rapports humains ? Faute d'ouvrir leur domicile – les étrangers notent combien les Suisses hésitent à recevoir chez eux –, les citoyens cultivent les indispensables rapports humains au sein d'associations. Ainsi entretiennent-ils leur sociabilité tout en préservant leur intimité.

Zofingue

L'amitié, les traditions et pas mal d'alcool aussi

Dans les années 1970, Zofingue sentait le soufre pour ceux qui, comme moi, avaient le cerveau bétonné. Dans l'univers manichéen du gauchisme soixante-huitard, Zofingue se situait dans le camp du mal. Pensez ! La plate-forme de l'association prônait « la sauvegarde des libertés individuelles » – comprendre « bourgeoises », seules les libertés collectives trouvant alors grâce à nos yeux. En outre, Zofingue se revendiquait « politiquement neutre », ce qui était une raison supplémentaire de se méfier de cet outil entre les mains du grand capital et de l'impérialisme bancaire suisse.

Mais qu'est-ce donc que Zofingue ? C'est une société suisse d'étudiants, la plus ancienne apprend-on. Fondée en 1819, elle compte plusieurs centaines de membres, diplômés des hautes écoles universitaires. Depuis une vingtaine d'années, elle a élargi son recrutement aux diplômés des hautes écoles spécialisées. Zofingue est une association à vie, et, leur diplôme passé, les étudiants zofingiens peuvent devenir, si tel est leur souhait, Vieux-Zofingiens.

La société d'étudiants organise des conférences, des débats et des discussions autour de thèmes choisis, avec des invités distingués. À la manière des fraternités universitaires germaniques et anglo-saxonnes, Zofingue ne rechigne pas à arroser ses réunions car, comme le revendique l'article 1 de ses « statuts centraux » (*sic*), Zofingue est « un lieu idéal pour se changer les idées et décompresser de la semaine ». Décompresser, dans les pays où l'alcool n'est pas interdit, signifie lever le coude entre amis.

L'équipe
La recette du succès

Comment gagner ? Même dans les sports individuels, comme le tennis, derrière le joueur se tient habituellement un groupe à la manœuvre. Masseur, coach, nutritionniste, *sparring partner*, amis, tous sont là, assis dans les tribunes, et attestent qu'en coulisses, le joueur n'est pas seul. Dans tous les secteurs, les défis sont aujourd'hui tels que, même si le joueur est doué et doté d'une condition physique hors norme, ses qualités individuelles ne sauraient suffire. Gagner exige d'autres ingrédients. Le constat vaut pour un pays. Pour gagner, il faut pratiquer l'entraide, le collectif, faire équipe. Et d'autant plus encore si le défi oppose David à Goliath. Les victoires d'*Alinghi* dans la Coupe de l'America en 2003 puis en 2007 illustrent cette valeur de l'équipe, que l'on opposera au groupe. Selon Ernesto Bertarelli, si son *team* l'a remportée, cela s'explique par le fait qu'ils avaient décidé de « faire venir des personnes avec un bagage différent, comme Jochen Schümann, Brad Butterworth et plein d'autres ». « Ils ont tous amené quelque chose. Au fur et à mesure, nous avons su nous servir de ces expériences, les distiller et toujours progresser[6]. » Les individus d'exception ainsi rassemblés ont partagé le même projet, des compétences différentes acquises dans le monde entier, et chacun a écouté ce que l'autre savait et apportait. Au sein du groupe, ses membres ont décidé non pas de s'émuler par une compétition interne, mais de coopérer. De fait, si l'on se souvient des barreurs prestigieux des autres navires de la course, pour ce qui est d'*Alinghi*, le néophyte peine à nommer qui tenait le gouvernail du navire victorieux. Étrange paradoxe : autant l'on se souvient en effet des individualités barrant les navires vaincus, autant n'est resté que le nom du navire suisse, le vainqueur de la course. L'équipe a forgé une méthode de voile, a mixé ses énergies, la cohésion de l'équipe venant d'un des membres dont l'autorité n'était pas liée à la maîtrise de la compétition sur plan d'eau, mais à ses succès dans l'industrie pharmaceutique. Sur le bateau, pas de guerre d'ego, mais chacun à son poste, en fonction de sa compétence reconnue. La victoire d'*Alinghi* est clairement celle d'une entreprise commune, une action collective où chacun s'est dépassé car l'enjeu avait cessé d'être individuel. Et sur le navire, la coopération a payé. Les meilleures compétences internationales présentes sur chacun des navires de la course ont dû sortir de leur expertise initiale, cesser de jouer en solo, de vouloir briller aux yeux des autres, pour faire équipe.

C'est sans doute là une des forces des Suisses : ils se savent complémentaires, mais probablement jamais indispensables. L'autorité de la personne vient de sa capacité d'écoute, de sa capacité à convaincre et négocier. Sempiternellement fait retour la notion de consensus. Cette leçon d'humilité qui s'impose à tous, y compris à ceux qui sont convaincus de leur supériorité technique, vaut pour tous les secteurs, depuis la PME jusqu'au politique. Le fait de pouvoir progresser au sein d'une même entreprise, de savoir aussi que le diplôme ne vous immunise jamais face à une situation que vous auriez personnellement mal gérée, renforce le besoin d'appartenir à un groupe plus large, sans lequel il n'y a pas d'excellence, à une équipe.

L'élite

S'en revendiquer, oui, mais gare à l'arrogance !

Voilà un mot galvaudé. Qui s'en réclame ou qui prétend en être, ne pèche généralement ni par modestie ni par lucidité. Mais qu'est-ce donc que l'élite ? Pour certains, le mot cible les dominants, notamment dans les domaines économiques, politiques et médiatiques. Les sciences, curieusement, semblent exclues du grand ensemble. Extensive, cette définition mélange à tort des individus dont le seul atout est la détention du pouvoir, avec d'autres qui, privés d'entregent, incarnent, eux, le bien commun et s'en font les défenseurs. Les premiers sont naturellement portés à l'arrogance – qui, chez certains, peut atteindre des sommets. Lorsque les choses tournent mal, ceux-là sont peu portés à l'autocritique. Dans cette première famille, il n'est que de se souvenir de Marcel Ospel, ce banquier hautain et incompétent qui fit plonger l'UBS. *A contrario*, les seconds font montre d'altruisme, se soucient du bien-être général. Les médias leur trouvent globalement un intérêt moindre. Ils sont de moins bons « clients » du point de vue des audiences qu'ils drainent sur leur nom. Du coup, les voilà snobés.

L'élite suisse présente un profil atypique, lié à son histoire, à ses usages, à ses institutions. Contrairement à la France voisine, où l'élite englobe les seuls habiles rhéteurs porteurs d'un diplôme français ronflant émis par quatre écoles microscopiques, la Suisse dispose d'une élite plus diverse, même si ici le concept dérange. S'y rencontrent ceux qui s'engagent pour la communauté. Et, sur ce plan, la Suisse a d'incontestables atouts. La variété des engagements que recouvre l'activité milicienne favorise l'efflorescence d'une élite variée, aux antipodes de l'élite parfois très monocolore des pays voisins. En fonction de son action dans la société, il est loisible, à tout âge, d'accéder à l'élite suisse.

Un autre obstacle à l'émergence d'une élite suisse qui s'inspirerait du modèle des pays voisins est la démocratie directe : elle rebat en permanence les rentes et positions que, dans les autres pays, se sont attribuées les élites classiques. En Suisse, l'élite se sait intrinsèquement fragile. Le peuple peut lui mener la vie dure et, surtout, il peut arriver à ses fins par le biais d'initiatives locales ou nationales. C'est là une double invitation à l'humilité publique et à la prudence. L'arrogance ne paye pas, et chacun semble avoir fait sienne la fable des *Deux Coqs* : « Tout vainqueur insolent à sa perte travaille. / Défions-nous du Sort, et prenons garde à nous / Après le gain d'une bataille. »

Il est une autre rampe vers l'élite suisse, d'accès plus restrictif, qui, pour principal défaut, rejette d'emblée la moitié des individus qui pourrait y prétendre : l'armée. La possibilité offerte aux jeunes militaires de devenir sous-officiers ou sous-officiers supérieurs en neuf mois, ou officiers en douze mois, est une voie d'accès à l'élite suisse. Une élite qui, selon le DDPS (département fédéral de la Défense, de la Protection de la population et des Sports), sera passée au travers « de situations stressantes et difficiles », aura eu l'occasion de « mieux connaître ses limites personnelles » et, à l'occasion de cette formation, aura développé « un réseau de relations s'étendant à toutes les couches de la société ». À quoi s'ajoutent un perfectionnement des langues nationales et l'apprentissage du leadership, à savoir la capacité à « conduire des hommes dans des situations normales et de crise ».

On a vu combien le peuple s'est appliqué à verrouiller toute velléité chez les parlementaires de s'émanciper du contrôle des citoyens. Ici, souverain, il veille et intervient de son propre chef pour contrecarrer la mesure qu'il juge nocive. Tout doit être négocié. Les caractéristiques de l'élite suisse doivent beaucoup au protestantisme. Les protestants suisses acceptent mal qu'un ordre leur soit donné. C'est dans leurs gènes. Ainsi que l'enseignaient Zwingli ou Calvin, il n'est pas de vérités qui ne puissent être discutées. Voilà à quoi tient le caractère si particulier des élites suisses : avant de pouvoir agir et inscrire leur action dans la durée, elles doivent convaincre et emporter un consensus. Dans l'entreprise ou dans un parlement, il revient à cette élite d'écouter, de se montrer patiente, car lui est constamment rappelé qu'elle n'est que l'émanation de la volonté populaire et que le peuple dispose de moyens d'agir. Voilà aussi pourquoi certains hommes politiques suisses, surdimensionnés dans leur biotope, n'ont jamais foulé les cimes de la machine politique suisse. Comme si leur intelligence, que personne ne nie, pouvait les inciter à transgresser les usages, à adopter des comportements tranchants et autoritaires. Comme si, enivrés par la conviction de leur supériorité intellectuelle, ils pouvaient faire preuve d'arrogance, négliger l'avis des citoyens traités comme des êtres immatures, et glisser vers un comportement rappelant les dogmes, les erreurs, le culte de la personnalité de l'Église catholique romaine.

Le boguet

Ah, ils m'en ont fait baver !

Longtemps, j'ai détesté les boguets. Dans les années 1970, j'ai enseigné l'histoire au cycle d'orientation de la Seymaz, à Genève. À l'époque, la Seymaz n'était pas encore un collège. L'établissement était flambant neuf, l'équipe pédagogique jeune et chaleureuse. Je venais de soutenir ma maîtrise d'histoire avec un ami, José Medeiros Ferreira, qui, quelques années plus tard, ferait une très belle carrière politique de retour au Portugal. C'était ma deuxième année d'enseignement. Ma motivation était sans limites. J'adorais enseigner… jusqu'à ma prise de contact avec une septième P – P pour « Pratique ». Dès la première minute du premier cours, le jour de la rentrée scolaire, je me suis heurté à un mur d'indifférence et de moqueries : « L'histoire, ça sert à quoi ? », « La Grèce, on s'en fiche, m'sieur ! » Moi : « Mais alors, qu'est-ce qui vous intéresse ? » Cri unanime : « Mon boguet ! » Je me souviens d'avoir demandé la traduction française de ce vocable du patois romand : il s'agissait d'une mobylette.

Je dois rendre hommage à la constance de mes élèves : ils ont tenu ferme. Toute l'année, le boguet est resté leur priorité, malheureusement exclusive de tout autre sujet d'ordre scolaire. Adieu Périclès et César, seul le boguet compta ! Pendant une année scolaire, deux heures par semaine, je me suis ainsi coltiné le désintérêt non négociable d'une communauté d'adolescents âgés d'environ 13 ans qui, tous, ne vivaient que pour acheter un boguet, réparer leur boguet, échanger leur boguet contre un autre boguet. Je crois bien que ces trente élèves, qui doivent être aujourd'hui de sympathiques quinquagénaires, n'ont rien appris dans mes cours. Au vrai, suis-je jamais parvenu à faire cours ? Mes tentatives pour les intéresser à l'Antiquité grecque puis romaine sont restées vaines. Pour ma part, j'en ai rabattu de ma conviction d'être un pédagogue passionnant. Mon enseignement, quelque verve que j'y mettais, était incapable de rivaliser avec ce fétiche, objet de toutes leurs envies : un deux-roues à moteur, peu puissant, aussi bruyant qu'inesthétique. J'ai une pensée émue pour les professeurs qui, aujourd'hui, se coltinent des classes comme ma septième Pratique, où le public manifeste sans retenue son mépris pour la discipline enseignée. J'ai cru comprendre que, dans certains établissements, la situation s'est dégradée. Je plains ces collègues, notamment ceux qui s'acharnent à vouloir transmettre un savoir qui ne peut être que bénéfique sur le long terme. Je suis par ailleurs convaincu que ces jeunes gens, qui m'en avaient fait baver, ont traversé la vie du bon côté, sans se prendre la tête, et qu'ils sont tous, aujourd'hui, des adultes enjoués, adeptes du jass après une bonne fondue.

La chambre à lessive
Surtout ne pas passer son tour

Dans les années 1970, dans un immeuble suisse, de préférence dans un immeuble de construction alors récente, deux choses frappaient l'arrivant venu de France. S'y trouvait un local à vélos éventuellement doté d'une rampe – elle évitait de se trimbaler l'engin à bout de bras dans les escaliers. Le local était ordonné, les vélos n'étaient parfois même pas cadenassés, car manifestement rien n'était dérobé. Ils étaient probablement nombreux ceux qui, devant ce festin gratuit, n'hésitaient pas à piocher dans le parc à deux-roues. Pourtant, ils étaient tout aussi nombreux ceux qui renonçaient à un emprunt, temporaire ou définitif, qui aurait pénalisé un membre de la collectivité.

L'autre motif d'étonnement dans l'immeuble était la chambre à lessive, cette pièce en sous-sol équipée d'une ou plusieurs lessiveuses, lourdes et massives, silencieuses, accolées à de gros sèche-linge. La clé du local circulait entre les locataires, et l'usage était réglé comme du papier à musique. L'écrivain Hugo Loetscher a décrit le rituel implacable par lequel les locataires se refilaient la clé de la chambre à lessive, et gare à qui négligeait de faire tourner les équipements le jour qui lui était affecté, voire qui prenait la liberté d'accélérer la rotation de la clé au simple motif qu'il n'avait pas besoin, cette semaine-là, de laver son linge. Toute déviance laissait planer de sérieux doutes sur l'hygiène domestique de l'intéressé et, par extension, sur sa moralité.

L'étonnement de l'étranger découvrant le local à lessive tenait à plusieurs détails qui recoupaient ce qu'il avait vu dans le local à bicyclettes. D'abord, la propreté : ni poils, ni grumeaux de poussière, rien. Une surface cimentée indemne de souillures. Ensuite, l'état des matériels : tout fonctionnait à merveille. Aucun sagouin ne cassait jamais par inadvertance ou négligence les équipements en sous-sol. Et pourtant, avec une seule clé en circulation, personne n'aurait pu surprendre le malveillant. De même que personne de l'extérieur, un ami ou un proche, n'a jamais sollicité la batterie d'appareils pour venir y laver son linge. Comme si la chambre à lessive était un lieu privé, un peu comme un lit ou des toilettes dans un appartement. En outre, lorsqu'un mécanisme se grippait – exceptionnellement –, la réparation ne traînait pas. Prévenue, la régie dépêchait dans la demi-journée le plombier ou le spécialiste. À mesure que s'est popularisé le lave-linge individuel, on aurait pu parier que la chambre à lessive perdrait de son attrait. Addiction suisse à la socialisation des moyens de lavage ? Éventuellement. Optimisation des ressources des ménages qui, en calculateurs avisés, mesurent le coût de la privatisation d'une machine à laver rapporté à son usage épisodique ? C'est probable aussi. Tout aussi probable encore est que l'exiguïté des appartements, au moins à Genève et Lausanne, a freiné l'achat des lessiveuses par les particuliers. Et lorsque la miniaturisation (relative) des équipements, tout comme la chute de leur prix, aurait pu inciter les locataires à enfin s'équiper, l'emplacement dédié aux machines à laver a été colonisé par un objet domestique tout aussi encombrant : les poubelles du tri sélectif, source d'hilarité dans certains foyers et casse-tête pour les occupants de passage.

Le dernier motif d'étonnement autour de la chambre à lessive était le contraste entre la mutualisation parfaite d'un objet domestique, chacun faisant confiance au voisin pour maintenir le lieu propre et en ordre, et l'absence de convivialité dans l'immeuble. Au mieux, le nouvel arrivant recueillait un grognement près des boîtes aux lettres. Pour qui venait d'une région où la fête entre voisins était permanente – y compris les injures et les engueulades –, la froideur des contacts humains en surface contrastait avec l'étuve du sous-sol. Les Suisses avaient rationnellement remplacé l'antique lavoir disparu de l'espace public. Ils l'avaient installé au domicile des urbains et, dans le même mouvement, avaient résolu le problème du gaspillage écologique. Il leur restait maintenant à apprendre à sourire, même hypocritement, à l'inconnu qui, extasié, débarquait dans ce pays parfait.

La dictature de près

Le vrai ciment de la société suisse

Nicolas Tavaglione est un citoyen suisse, « né étranger » de père italien. À 16 ans, il a fait une étrange découverte que des dizaines de milliers de personnes avant lui avaient faite. Mais le premier, Tavaglione lui a donné un nom : la « dictature de près ». L'expression recouvre le contrôle social que chaque citoyen suisse pratique spontanément, convaincu de l'utilité sociale de son action. La dictature de près, au final, mobilise à peu de frais des millions d'adultes sur l'ensemble du territoire, qui sont tous autant d'agents d'ordre et de sécurité. Ces gens sont une force de prévention, en permanence sur le terrain et qui ne coûtent rien aux finances publiques. Au vu des statistiques de la délinquance, cette mobilisation prouve aussi son efficacité. Spectateur d'une *Landsgemeinde* à Unterwald, le comte Léopold de Curti rapporte avoir été très impressionné par « ce rassemblement de souverains [où] chaque membre prend sur lui de faire la police[7] ». Quant à ceux qu'indispose cette dictature de près, qu'ils se tournent donc vers les pays voisins où cette pression du collectif ne se ressent pas. Le sentiment de liberté paraît plus grand. Il est même grisant pour les individus désireux de s'affranchir de toutes les règles sociales. Là, une dose homéopathique de dictature de près ne serait pas superflue. Le civisme sur le pied de guerre permanent n'a pourtant pas toujours existé : en 1836, voyageant en Suisse, Tocqueville notait que « les Suisses ne montrent pas au fond de leur âme ce respect profond du droit, cet amour de la légalité, cette répugnance à l'emploi de la force, sans lesquels il n'y a pas de nation libre[8] ». De ce point de vue, les Suisses ont donc fait d'incontestables progrès. Pour reprendre le problème que soulevait Tocqueville, les Suisses, en exprimant de manière stricte leur attachement au droit et à la légalité, sont aujourd'hui une nation plus libre qu'ils ne l'étaient il y a deux siècles.

Un sondage de l'institut Innofact AG pour Comparis rapporte que plus d'un tiers des Suisses (40 %) ont le sentiment d'être observés par un voisin, quand ils ne le sont pas par les autorités, comme l'a révélé en 1990 la surveillance illégale qu'effectuait la police fédérale. Les 900 000 fiches individuelles rappellent aussi que les indicateurs étaient parmi nous, en civil, dans nos salons. Invité au Festival de Morges en septembre 2015, au terme d'un débat surréaliste où mon contradicteur avait déclenché des tonnerres d'applaudissements après avoir dénoncé les trois maux qui ravageaient la Suisse – « la misère, la corruption et le chômage » (*sic*) –, je remontais avec une amie une artère vers la gare de Morges. Il était environ vingt-trois heures, la ville était vide. Les Morgiens dormaient, regardaient la télévision mais, à coup sûr, n'étaient plus dans les rues. À un carrefour, alors qu'il n'y avait ni piéton ni voiture alentour, nous avons traversé la chaussée vide, poursuivant notre discussion. Au bout d'une dizaine de mètres, une voix féminine nous a interpellés dans la nuit : « Alors, on a traversé au rouge ! » La voix s'adressait forcément à nous. Je me suis retourné : une dame âgée, portant un manteau en cachemire, légèrement voûtée, nous avait rattrapés, nous avait dit ce qu'elle avait à nous dire, puis avait poursuivi sa route. Je me suis alors souvenu que je l'avais vue quelques instants plus tôt. Elle avait attendu avec nous au feu rouge pour les piétons, signalétique que mon amie et moi n'avions pas respectée. J'ai mis un temps pour percuter : contrairement au sens strictement grammatical, le « on » qu'avait utilisé cette dame d'un âge certain, vêtue élégamment, ne l'incluait pas. Le « on » visait les deux adultes qui, à ses côtés lors de l'attente (interminable) du feu vert pour les piétons, avaient contrevenu à la consigne de la circulation urbaine. Cette inconnue avait endossé l'habit du shérif, gendarmant les deux asociaux. Fallait-il que Morges soit une ville sûre pour qu'elle sermonne ainsi, sans précaution oratoire, l'incivisme de deux personnes dont la réaction devant l'admonestation était imprévisible. Seule, la nuit, sur un trottoir désert et interpellant sans ménagement deux inconnus, la citoyenne vaudoise assumait son rôle de milicienne, ange gardien de l'ordre public. Dans un autre pays, en France ou en Italie par exemple, non seulement cette personne ne se serait pas autorisée à rappeler le règlement aux fautifs mais, prudence oblige, ne se serait pas promenée seule, la nuit, ainsi vêtue.

Il n'est guère douteux que le bon fonctionnement des institutions suisses doive beaucoup à la mobilisation de ces citoyens-miliciens, éruptive sur tous les sujets sitôt que l'on fait mine de contester le contrat social. Il n'est que d'écouter les remontrances qui, dans les transports publics, fusillent le resquilleur là où, à Rome ou à Paris, le passager muni de son ticket passerait presque pour un imbécile. Voilà un peu plus de deux siècles, Benjamin Constant notait : « En Angleterre, 20 000 hommes se rassemblent, pas un soldat ne paraît au milieu d'eux : la sûreté de chacun est confiée à la raison et à l'intérêt de chacun, et cette multitude, se sentant dépositaire de la tranquillité publique et particulière, veille avec scrupule sur ce dépôt[9]. » Retournant aujourd'hui en Suisse, Benjamin Constant ferait la même observation.

Une autre chose me paraît aujourd'hui certaine : quand ces contrevenants à l'ordre suisse sont des étrangers, le retour au pays doit leur être pénible. Confrontées à un incivisme massif et à la désorganisation sociale qu'il génère inévitablement (dépôts d'ordures sauvages, fraudes éhontées, incivisme routier, dégradations des transports publics, grivèlerie, transgressions, vandalisme et agressivité en tous genres, etc.), ces victimes en Suisse de la dictature de près se métamorphosent à domicile en miliciens suisses. J'ai personnellement assisté à Tunis à une course-poursuite où un ami tunisien, scandalisé par le jet d'un mégot sur la route, prit en chasse le véhicule fautif pour le bloquer et faire la morale à son conducteur. L'ami avait vécu en Suisse et ressentait douloureusement son retour dans son pays qui, par certains aspects, lui faisait dire qu'il ressemblait à une décharge à ciel ouvert. « Le système démocratique continue à créer des citoyens dont la volonté quotidienne dynamise les institutions. La Suisse fait les Suisses qui font la Suisse », écrivait fort justement Edgar Fasel[10]. Je prétends pour ma part que la Suisse fait effectivement des Suisses, et que ces Suisses marquent ceux qui vivent dans leur pays, et tout aussi indélébilement ceux qui en repartent.

Un peuple adulte

Le cannabis

Soyons pragmatiques, la guerre est perdue

Avant tout, qu'une chose soit claire : la drogue est une calamité, elle asservit, humilie, détruit, tue. Rien de positif ne peut lui être attribué, sinon le soulagement de la douleur en certaines occasions, dans un cadre clinique. La morphine est en effet la bienvenue lors d'opérations douloureuses, et il suffit d'imaginer la sauvagerie des amputations pratiquées anciennement sur les champs de guerre et que montre Alfred Hitchcock sur la chaloupe de son film *Lifeboat*, pour apprécier le progrès que représente l'usage de ces psychotropes. Mais globalement, la drogue est sale, pervertit les plus vertueux, précipite vers l'abîme les plus valeureux, aggrave les fragilités mentales. Par drogue, il faut entendre tout ce qui entrave notre jugement, le fausse, nous détache du réel de manière artificielle et nous asservit. Sur l'étagère « drogue », on rangera côte à côte la cigarette, l'alcool, les opiacés divers, etc.

À personne n'aura échappé que, sous nos latitudes, certaines drogues sont aujourd'hui tombées dans le « domaine public ». Et, sous certaines réserves (ténues), elles sont de consommation licite. Il en est ainsi de l'alcool, pourtant responsable direct de la mort de plusieurs milliers de personnes chaque année et impliqué dans le décès de centaines d'autres, percutées par des conducteurs en état d'ébriété. Il en va de même pour le tabac, dont la nocivité se mesure dans la mortalité par cancer du poumon, de la gorge, de l'intestin, etc. En Suisse, 9 000 décès sont chaque année imputables au tabac (73 000 en France). Alcool et tabac, qui sont des drogues en raison de l'addiction qu'ils engendrent, sont légaux. Leurs consommateurs sont convaincus de ne pas se droguer quand ils en font usage. Ce n'est qu'au tribunal, après un accident ayant causé la mort de passants fauchés par le conducteur ivre, qu'est invoquée la responsabilité du consommateur. Il est une autre drogue qui ne devrait pas tarder à rejoindre la famille des drogues licites dans les prochaines années : le cannabis.

L'exemple vient d'en haut. Le 8 novembre 2016, quatre États américains dont la Californie ont voté pour la légalisation du cannabis. Désormais, 60 % de la population américaine vit dans un État qui ne criminalise plus la consommation du chanvre dit indien. Une foule d'autres États, de l'Uruguay (depuis en 2013) à la Hollande avec ses coffee shops, ne pourchassent plus les fumeurs de cannabis. Et la Suisse ? On se souvient de l'initiative populaire du 30 novembre 2008 « Pour une politique raisonnable en matière de chanvre protégeant efficacement la jeunesse », visant à dépénaliser la consommation, la possession, la culture et l'achat des « substances psychoactives du chanvre ». Elle faisait suite à une série de blocages au Parlement fédéral, les élus rejetant la dépénalisation. Le parti socialiste, le parti radical-démocratique, les démocrates-chrétiens et les Vert'libéraux notamment prônaient le oui à l'initiative. Le 30 novembre 2008, tous les cantons rejetaient le texte, avec Vaud et Neuchâtel menant le front du refus. Inversement, à Zurich et à Bâle-Ville, les électeurs s'étaient montrés le moins hostiles au projet. Quoi qu'il en soit, avec une participation de 47 %, 63 % des électeurs balayaient le cannabis. Double échec donc, franc, massif. Mais qui en doute sérieusement ? La partie est appelée à être rejouée, et au final, le cannabis vaincra. Les exemples abondent d'États où, sous condition d'âge et de quantité, le cannabis est désormais en vente libre. En Uruguay, la vente du cannabis relève d'un monopole d'État. C'est aussi le cas aux États-Unis où, depuis le 1er janvier 2014, l'État du Colorado a inauguré le premier marché libre de cette drogue, mesure rapidement adoptée par les États de l'Alaska, de l'Oregon et de Washington. La tendance mondiale est à l'assouplissement de la législation sur le cannabis. Des pays pratiquant des politiques à rebours de cette tendance, comme la Chine ou les Philippines – où le président Duterte appelle à l'extermination massive des « drogués », mot-valise englobant consommateurs et trafiquants –, ont-ils éradiqué le fléau ? Et est-ce ce type de société auquel aspirent sous nos latitudes les adversaires irréductibles à la légalisation du cannabis ?

Pourquoi la légalisation est-elle souhaitable ? Pour une raison simplement technique : la guerre contre le cannabis est perdue. Les prisons regorgent de petits revendeurs récidivistes qui n'ont rien à y faire, et ceux qui en sont sortis traînent les pancartes stigmatisantes que sont leur casier judiciaire. Avant le passage par la case « prison », ces jeunes auront encombré les tribunaux pour mineurs, monopolisé la mission de la police, qui peut avoir d'autres priorités que les flagrants délits sur les « mules » que sacrifient les gros trafiquants, rarement inquiétés. Selon une enquête de *L'Hebdo*, les polices suisses ont saisi 2,8 tonnes de cannabis et produits dérivés en 2015. « Sur 90 000 infractions qui concernent les stupéfiants en Suisse, plus de 70 % se rapportent au chanvre », explique un responsable de la police, qui chiffre à 500 millions de francs les coûts générés par la répression des drogues[11]. Montant exorbitant, démentiel si l'on songe que ce demi-milliard de francs est gaspillé en pure perte : tous les interpellés, jeunes et moins jeunes, éventuellement traduits devant un tribunal, peut-être invités à un séjour derrière les barreaux ou contraints à un travail d'intérêt général, continueront à rouler des joints.

Ces thromboses attestent que la guerre contre le cannabis est sans fin, et qu'il est temps de tourner la page. Il est douloureux de l'admettre, notamment lorsqu'on exerce une responsabilité politique et que l'on a en charge la santé de ses concitoyens. Mais est-il raisonnable de persévérer dans une guerre contre une hydre dont nulle politique ne viendra à bout ? Le seul argument qui justifierait le maintien de la pénalisation du cannabis est qu'il serait une barrière d'entrée aux drogues dures. La pénalisation dissuaderait les consommateurs de passer à l'étape suivante, où l'on trouve l'héroïne, la morphine et les diverses drogues de synthèse. Même cette thèse est aujourd'hui battue en brèche. Au Colorado, qui a légalisé la production et la vente du cannabis, les statistiques de santé publique montrent que le nombre de personnes dépendantes aux drogues dures a notablement diminué avec la légalisation de la consommation du cannabis. Comme quoi, la dérive terrifiante, qui commencerait avec le cannabis pour se terminer avec les seringues de morphine, ressortit davantage du fantasme phobique que d'une analyse empirique. Et pourtant, en d'autres temps, la Suisse a su innover, prendre des risques dans une Europe fermée à tout compromis avec la drogue – autre que l'alcool et la cigarette. « Avec la prescription de la méthadone et les locaux d'injection, la Suisse devenait pionnière en matière de réduction des risques[12]. » Le temps est aujourd'hui venu d'agir avec la même intelligence, le même pragmatisme, pour une autre drogue, massivement en circulation, très nocive, mais qui s'est installée dans nos sociétés et que rien ne délogera. La limitation des risques doit être l'objectif des élus et des administrations. Qui peut encore croire que les descentes de police parmi les jeunes sont la méthode efficace pour enrayer le fléau ? Autant le surveiller, le contrôler et l'encadrer à la manière d'un marché de masse qui se mesure en dizaines de tonnes par année. En priant pour que ses ravages ne soient pas irréversibles chez ceux qui en usent. Derrière les adversaires de la légalisation du cannabis s'est-on inquiété de savoir si les grands groupes cigarettiers n'agissaient pas en sous-main ?

Répétons-le, le cannabis est une drogue extrêmement nocive, qui accentue les syndromes paranoïaques, au même titre que le tabac et l'alcool. Avec toutefois une différence notable en termes de santé publique : quel que soit le taux de THC (la substance active), le chanvre est responsable d'infiniment moins de décès que les deux autres drogues de masse que sont l'alcool et le tabac.

Le suicide
Un peuple très dépressif ? Non !

Nonobstant une prospérité matérielle sans équivalent sur la planète, et parce que l'argent ne ferait pas le bonheur, les Suisses se suicideraient beaucoup. Beaucoup plus que leurs voisins qui – malgré des conditions de vie plus difficiles, un chômage endémique, une gouvernance politique souvent calamiteuse – seraient finalement plus heureux. Ils seraient pauvres, au chômage, malades en raison d'un système de soin coûteux ou inaccessible, mal formés, dirigés par des élus corrompus et/ou incompétents mais, tout compte fait, leur sort les satisferait. Preuve de cet étonnant paradoxe, le taux de suicide. Selon l'idée reçue, les Suisses se suicideraient davantage car – air connu – ils s'ennuieraient. La vie, ici, serait douce mais morne à en mourir. Ailleurs, la vie serait dure mais ô combien euphorisante. Vous avez immanquablement subi ce déluge de clichés. Ce sont là des balivernes, démentis par la statistique. Après le suicide du chef Benoît Violier, la journaliste Marie-Hélène Miauton relevait : « En 2013, [le taux de suicide en Suisse] diminue encore pour atteindre 11,2 cas pour 100 000 habitants. En comparaison européenne, la mauvaise réputation de la Suisse n'est pas confirmée. Soit, en Italie, on aime la vie puisque le taux 2013 n'est que de 5,7 alors que l'Allemagne et la Norvège sont *ex æquo* avec 9,9. L'Autriche, en revanche, atteint 12,4 et la France 14,7, ces deux scores dépassant nettement celui de la Suisse. Ainsi, l'Helvète n'est pas anormalement suicidaire », concluait fort justement l'article[13].

Exit
Au pays de l'homicide atténué

Certains parmi nos contemporains ne croient pas en l'immortalité, d'autres encore refusent l'acharnement thérapeutique quand les dérèglements du corps et de l'esprit nient la dignité humaine, ravalent la personne au rang d'animal agonisant, voire de légume, placé dans un lit à barreaux pour prévenir les chutes. Sans pour autant adhérer au propos de George Orwell pour qui une « mort "naturelle" [signifiait] presque par définition quelque chose de lent, de nauséabond et d'atroce[14] », il doit être possible d'envisager son propre destin de manière moins passionnée. Sitôt que l'homme use encore de son libre arbitre et sachant que sa course à l'abîme est irrémédiable, qui peut prétendre parler en son nom, s'ériger en geôlier de son corps effondré et le condamner au supplice d'une vie que l'intéressé, en raison de sa déchéance et des souffrances endurées, s'acharne à fuir ? Il est encore une large majorité de pays où l'euthanasie n'a pas même droit d'expression. Ainsi l'Italie. En février 2017, le suicide assisté de DJ Fabo en Suisse a secoué la péninsule. Tétraplégique, aveugle, respirant à l'aide d'une machine, Fabiano Antoniani avait écrit le 19 janvier au président de la République italienne : « Je ne vois plus, et je ne peux plus bouger. Depuis plus de deux ans, je suis bloqué dans mon lit, plongé dans une nuit sans fin. Je voudrais pouvoir choisir de mourir, sans souffrir. » Couard, le président italien avait, lui, fait le mort, redoutant sans doute une colère médiatique et le courroux de la rue. La scène qui suit s'est donc déroulée en Suisse : le 26 février, à Pfäffikon, sur les bords du lac de Zurich, entouré de ses amis, Fabiano Antoniani, qui ne pouvait plus boire par lui-même, a mordu sur une commande pour s'administrer la dose létale de pentobarbital. Scène atroce que Fabiano Antoniani aurait préféré jouer chez lui, en Italie. La situation n'est guère plus souple en France où, selon un accompagnateur de « fin de vie », « on a le droit au revolver, à la corde, au sixième étage, à la noyade. Mais [...] c'est absolument interdit de se tuer proprement[15]. » En août 2014, le journal *Ouest-France* recevait l'avis mortuaire suivant : « Son époux et sa sœur vous font part du décès de Nicole Boucheron, vice-présidente de l'ADMD (Association française pour le droit de mourir dans la dignité) à l'âge de 64 ans, contrainte de s'exiler en Suisse, pays humaniste, pour y mourir selon sa volonté le 7 août 2014. » Cet avis, pour ne pas choquer son lectorat, le plus gros tirage de la presse française s'interdira de le publier. En France, pays revendiquant pourtant haut et fort sa laïcité, la mort assistée est un tabou. Le dramaturge et metteur en scène Adel Hakim écrit en août 2017 : « Une personne désespérée de son mode de vie, de ses souffrances physiques ou mentales, des violences, des injustices et humiliations qu'elle subit au quotidien peut vouloir se donner la mort. Le plus souvent en s'isolant. Se pendre, se tirer une balle dans la tête, avaler des masses de cachets, se faire hara-kiri. Ou devenir kamikaze[16]. » Atteint de maladie dégénérative, Adel Hakim décédera le 29 août à Paris. Juste avant, il avait décidé d'en finir avec sa douleur chez Dignitas, à Zurich.

Avec la mort, la Suisse ou plus exactement les Suisses entretiennent un rapport plus dépassionné. Selon Jeremy Recab, la Suisse compterait 100 000 personnes inscrites dans les associations dédiées au suicide assisté[17]. En 2015 et selon l'OFS, 999 personnes ont sollicité les services de l'un des trois organismes d'aide au suicide. La tendance est en forte hausse, soit une progression de plus d'un tiers par rapport à l'année précédente, et comme l'a révélé la multiplication des morts assistées au Tessin, des officines à la légalité douteuse s'installent sur un marché où une forte demande est signalée. « Assistance au suicide ou business ? » s'interrogent des parlementaires. À destination de ceux pour qui les antalgiques et les opiacés ne sont d'aucun secours et qui, pour abréger leurs douleurs, souhaitent en finir, ces arguties sont des babillages byzantins sur le sexe des anges. Ne pas se tromper d'époque : l'assistance à la mort a cessé d'être un tabou. Au reste, pourquoi le serait-elle quand, comme l'ont démontré les dernières votations sur l'avortement, celui-ci est largement admis par la population suisse ? Autre explication : l'arrivée en bout de course de la génération des baby-boomers, que le scénario d'une fin de vie végétative n'enchante pas. Il faut aussi prendre en compte le mode de vie de la génération précédente, parvenue à un âge très avancé et privée à la fois de conjoint et de relations sociales. La mutation de notre écosystème démographique et familial et la possibilité de prolonger artificiellement un organisme humain où tout est à la fois définitivement détraqué et source de souffrances devraient favoriser un large débat sur l'euthanasie. Et, surtout, faire admettre que cette option relève du libre choix de chacun. Rien ne justifie que la liberté – ce mot invoqué à tout propos – s'arrête au seuil de la mort choisie. De même que l'on se soucie de réussir sa carrière ou son accouchement, ceux qui s'en préoccupent et dont c'est le droit doivent avoir le droit de réussir leur mort. En raison de l'allongement de l'espérance de vie, la fin de vie va concerner un nombre grandissant de personnes. Un allongement qui doit beaucoup à la médecine et à une foule d'interventions, qui vont de la pharmacie à la chirurgie. Comme l'a exemplifié en 2009 le cas de Jade Goody, cette assistante dentaire qui se savait condamnée par son cancer de l'utérus, les réseaux sociaux, toujours eux, martèlent le droit à la mort, une mort le plus souvent préparée par les intéressés avant qu'ils soient à l'agonie. C'est parce que toujours plus de personnes souhaitent partir dignement que la mort assistée doit avoir droit de cité.

Là encore, sans crânerie mais efficacement, les Suisses montrent leur capacité à se mouvoir en terrain miné – à la différence de l'immense majorité des États où, par crainte de brusquer leurs électeurs, présumés aussi bloqués qu'eux-mêmes, les responsables politiques pratiquent la politique de l'autruche.

Le bonheur suisse ?
Il existe, il est mesuré et comparé

Chez Gallimard, dans une collection alors dirigée par le journaliste Pierre Lazareff, Robert Dargeant publiait en 1966 un ouvrage intitulé *Les Suisses*. Suisses et Suisse que l'auteur connaissait bien, d'abord pour en être un, pour y avoir été éduqué et pour y avoir longtemps vécu. Dans un style vinaigré, l'auteur écrivait tout le mal qu'il pensait des Confédérés, des Neuchâtelois notamment – il réglait une vieille créance avec les habitants du canton, âpres au gain, cruels avec sa mère qui fut autrefois domestique chez des puissants. Seuls quelques Vaudois et surtout les Valaisans, « toujours prêts à dresser des barricades », survivaient au caillassage. L'auteur, qui déplorait avoir connu beaucoup de Suisses « mesquins », bouclait son essai par un feu d'artifice. Canonnant « un pays-Crésus, chaque jour plus riche, recroquevillé sur son tas d'or, un pays-Harpagon, un pays-Volpone, qui n'a pas honte de tendre la main pour sauvegarder ses sequins », Robert Dargeant évoquait sa vision du « bonheur suisse », une vision cauchemardesque : « Si au moins, sur leur tas d'or, les Suisses étaient heureux. Soyons cyniques : en un sens, le bonheur, en effet, justifierait leur égoïsme. Hélas, je ne connais pas de peuple qui en ait moins la vocation et qui soit davantage la proie, incessamment, sans répit, de la plus pauvre, la plus étriquée, la plus pusillanime, la plus mesquine des inquiétudes. » L'ouvrage se fermait sur ces mots : « On peut donc, en fin de compte, se poser la question : les Suisses ont-ils mérité d'être Suisses[18] ? »

Au milieu des années 1960, assis « sur leur tas d'or », les Suisses n'étaient donc pas heureux. Rien ne prouve qu'ils le soient aujourd'hui devenus. D'ailleurs, déterminer si quelqu'un est heureux est un exercice délicat, qui se complique quand le sujet concerné est une collectivité de plusieurs millions d'habitants. Par prudence, on se gardera d'entrer dans la définition du bonheur, abandonnant cet exercice philosophique aux collégiens préparant leur maturité, et nous nous en tiendrons à une enquête internationale qui, depuis 2012, mesure la qualité de vie dans plus de 150 pays. Même si la cartographie comparée du bonheur n'est pas chose aisée, certains critères ne souffrent guère de contestation : efficacité du système de soins, gratuité, qualité du système éducatif et adéquation avec le marché du travail, souplesse de celui-ci, faible chômage, y compris chez les populations jeunes, salaires élevés, administration non corrompue, délinquance faible et sous contrôle. L'enquête comparative livrait une conclusion assez convenue : ainsi, en 2015, la Suisse était le pays où les gens étaient le plus heureux sur la planète.

L'enquête de 2016 a livré des conclusions proches mais, dans cette édition, la Suisse a perdu son leadership. Le Danemark est sur la plus haute marche du podium, et la Suisse est reléguée à la troisième place. Les sondés ont-ils été sensibles à la situation géographique du Danemark, ses vaste plages, son littoral, le sympathique cosmopolitisme de Copenhague – Copenhague, une ville où le vélo est roi, et la bière, reine ? À bien y songer, on ne peut s'empêcher de penser que les avis favorables au Danemark ressortissent d'une certaine indulgence : le Danemark matraque sa population avec la plus forte TVA d'Europe, quasiment triple de la TVA suisse, les jeunes Danois sans emploi sont presque trois fois plus nombreux que leurs homologues suisses, le PIB par habitant 20 % inférieur à celui de la Confédération. Quant aux plages, mieux vaut s'y installer avec une parka et des chaufferettes. Au passif de la Suisse, sans doute y a-t-il eu la votation du 9 février 2014 où les Suisses ont majoritairement voté contre l'immigration massive. C'est là un élément que les bons esprits, généralement, réprouvent, trouvant naturelle la circulation des peuples. Notons qu'à Bâle, Genève ou encore Lausanne, les autochtones partagent cette vision accueillante, et l'ont prouvé dans les urnes. Quant à la politique d'accueil du Danemark, elle présente aujourd'hui quelques accrocs. N'est-ce pas la ministre danoise de l'Immigration et de l'Intégration, Inger Støjberg, qui, le 14 mars 2017, se vantait sur sa page Facebook d'avoir obtenu la modification du cinquantième amendement de la Constitution danoise « qui durcit le contrôle de l'immigration » ?

La ministre en rajoutait en écrivant : « Ça se fête ! » N'est-ce pas encore au Danemark que la police peut saisir les biens des demandeurs d'asile excédant une valeur de 1 345 euros ? Et n'est-ce pas la même ministre de l'Immigration et de l'Intégration qui, en février 2017, fustigeait une Syrienne de 9 ans dont la famille aurait demandé le statut de réfugiés pour « pomper le système » ?

L'année 2017 n'a guère été plus propice à la Suisse. Lors de sa cinquième édition, le World Happiness Report, classement des pays les plus heureux du monde établi par l'ONU, a cette fois placé la Norvège en tête du *Billboard*, la Suisse, faute de fjords et de cierges parfum sapin, se contentant à nouveau de la troisième place. La France hérite de la trente et unième position.

Un pays sévère

Serrer les mâchoires

Maîtrisez votre joie et vos peines, SVP !

Zwingli fut un peu moins dogmatique que Calvin, mais, comme chacun sait, ni l'un ni l'autre n'ont été de joyeux drilles. À sa manière et en son temps, à Genève, Calvin fut un taliban. N'en disconviendraient pas ceux qu'il a mis au bûcher (Michel Servet, en 1553) ni ceux qu'il a fait décapiter (Jacques Gruet, en 1547). Sur Genève, l'homme imprima une austérité durable, imperméable à l'usure des ans. L'ambiance sinistre a survécu au prédicateur et serait même une marque de fabrique genevoise. Sur la Rome protestante, Voltaire notait : « On y calcule, et jamais on n'y rit [...] On hait le bal, on hait la comédie ; / Du grand Rameau, l'on ignore les airs. / Pour tout plaisir Genève psalmodie[19]. » De passage à Genève en 1837 et après avoir observé ce qu'il nomme les « hautes classes », Stendhal écrivait : « Je crois qu'un Genevois qui aurait la mine gaie et sans souci serait chassé de son cercle. Tout cela est parfaitement estimable, mais c'est bien triste[20]. » On épargnera encore au lecteur Adrien Deume, figure desséchée de la bonne société genevoise, portrait dressé un siècle après les notes du touriste Stendhal. Et, lorsque Hugo Loetscher publia *Saison*, la critique alémanique en épingla le manque de sérieux, l'humour et les pitreries. À Zurich, on ne rigole pas avec la littérature ! Au vrai, en Suisse, de quoi rit-on de bon cœur, sans encourir le reproche de laisser-aller ?

Certes, le protestantisme n'a pas frappé uniformément les cantons, et dans chacun, les individus, selon leur personnalité et les groupes sociaux qu'ils fréquentent, n'ont pas intériorisé avec la même intensité les interdits protestants et l'austérité requise. Mais c'est à tort que l'on négligerait ces passants anonymes, croisés dans la rue qui, de Zurich à Lucerne, de Bâle à Genève, serrent les mâchoires. Beaucoup s'affligent du tableau qu'offrent ceux qui, dans leur entourage, relâchent leurs maxillaires pour rire ou bayer aux corneilles. « J'aime beaucoup le Genevois jusqu'à l'âge de 40 ans, écrivait Stendhal, mais alors paraît le défaut capital de son éducation : il ne sait pas jouir ; on ne lui a pas appris à vivre dans des circonstances prospères ; il devient sévère et puritain ; il prend de l'humeur contre tous ceux qui s'amusent ou qui en font semblant ; il les appelle des gens immoraux[21]. » Je peux témoigner qu'en tant qu'étudiant à Genève aux débuts des années 1970, les rieurs étaient souvent tessinois, parfois valaisans, toujours étrangers, exceptionnellement genevois. Il ne se trouvait plus parmi eux de « pédants [ou de] cuistres de l'Évangile », mais la plaisanterie n'était pas leur fort, et seuls les éméchés se risquaient aux blagues de Oin-Oin.

La tyrannie de la majorité

Un faux problème, les majorités changent

Esprit fulgurant, Tocqueville s'inquiétait qu'aux États-Unis la majorité des électeurs puisse imposer ses vues aux minorités, dès lors condamnées à se soumettre à un ordre qu'elles jugeaient arbitraire. D'où la formule « tyrannie de la majorité », inspirée du *Contrat social* où Jean-Jacques Rousseau s'interroge : « Où cent qui veulent un maître ont-ils le droit de voter pour dix qui n'en veulent point[22] ? » De fait, les systèmes politiques bipartisans à l'américaine, ou fabriqués pour susciter, comme en France, une majorité parlementaire minoritaire dans la nation, font craindre le pire à ceux qui n'ont pas voix au chapitre ou sont exclus des assemblées élues.

Les Suisses ont résolu le dilemme. D'abord, avec leur système proportionnel à un seul tour, les Chambres fédérales sont le miroir politique du pays. Qui peut se prétendre arbitrairement exclu du Conseil national ou du Conseil des États ? Et à supposer qu'un jour un parti ou une coalition prenne le contrôle de 51 % des voix dans les deux Chambres et dicte ses lois au pays, ce rouleau compresseur devra redouter que se lève une opposition qui, avec l'arme référendaire, contestera systématiquement les lois éventuellement scélérates votées par ce Parlement qui s'essayerait à la tyrannie de la majorité. Si l'on dresse la liste des pare-feu que le peuple suisse a conçus pour éviter le joug d'un pouvoir oppressif, on ne peut qu'être convaincu par l'improbabilité de cette dérive en Suisse.

Il est un autre élément qui écarte la menace : l'absence de fidélité des électeurs suisses vis-à-vis des partis politiques. Le citoyen suisse n'est pas un groupie. Il est versatile, ses choix sont fluctuants, et par conséquent, chaque votation devient un paquet-surprise. Alors que l'UDC surfe sur sa victoire inattendue contre l'immigration massive, les votations suivantes sont l'occasion pour le parti de mesurer la volatilité des électeurs qui lui avaient apporté leur soutien lors du scrutin du 9 février 2014. Tant au niveau cantonal que national, les initiatives de l'UDC sont tantôt acceptées, tantôt rejetées – et rejetées y compris parfois par son propre électorat. À chaque votation, les électeurs suisses doivent être pêchés un par un.

La majorité devient tyrannique lorsqu'elle peut agir sans frein ni mesure parce qu'elle n'a pas besoin des minorités pour gouverner. Là où, comme en Suisse, aucune majorité ne peut se suffire à elle-même, où la règle est le nécessaire compromis entre des forces qui s'équilibrent, la tyrannie de la majorité végète à l'état de concept.

L'humour
« Rire, c'est bon pour la santé »

Le conseiller fédéral Johann Schneider-Ammann est promis à une longue et sympathique postérité. Le 7 mars 2016, le président de la Confédération d'alors a fait son entrée dans les écoles de clowns. Son interminable allocution télévisuelle en plan fixe où, à l'occasion de la Journée des malades, il enfile les lieux communs a fait le tour du monde, et comble de la perfection, pour déclencher l'hilarité il n'a pas été besoin de détourner ses propos avec un sous-titrage surréaliste (qu'on se rappelle la longue scène de *La Chute*, film d'Oliver Hirschbiegel où, interprétant Hitler lors de la chute de Berlin, le comédien Bruno Ganz exigeait qu'on fasse appel à Bernard Madoff pour repousser les Soviétiques ou encore qu'on lessive son bunker à l'ammoniaque pour en exterminer les acariens). Parce qu'elle est d'emblée portée à son niveau de comique maximal, la vidéo de Johann Schneider-Ammann n'a pas offert l'occasion de détournements. Du coup, les apprentis comiques se passeront en boucle ce petit chef-d'œuvre. Ceci posé, les questions restent : pourquoi le conseiller fédéral est-il allé dans un studio hideux ? Qui lui a suggéré cette intervention et pourquoi a-t-il accepté de se planter devant une caméra de surveillance puis d'ânonner un texte d'une insigne indigence qu'un communicant lui avait rédigé ? Justement, qui est l'auteur du texte ? Gardons-nous de l'oublier en effet, car il mérite, lui aussi, une médaille. N'est-ce pas lui qui a gratté les formules fortes telles que : « Quelques touches d'humour apportées avec doigté et respect ne sont pas interdites. » Ou encore l'ineffable : « Rire, c'est bon pour la santé » !

Si rire est certes bon pour la santé, l'humour est cependant une alchimie complexe. C'est un des rares produits qui ne souffrent pas le voyage. Si Hollywood a ainsi produit des milliers de comédies provoquant l'hilarité de centaines de millions d'Américains, rares sont les grosses machines comiques américaines qui ont trouvé des distributeurs hors des États-Unis. Sans les cinémathèques, qui les programment dans le cadre de cycles, il aurait été impossible de voir les *Police Academy* et autres *Cannonball Run*. L'humour est un produit national, quand il n'est pas local. La barrière linguistique lui est infranchissable. Dans un anglais imparfait, un comédien français peut, à Londres, subjuguer son public avec du Beckett ou du Shakespeare. Que le même s'essaye à une pièce comique, la salle sera vide.

Les communicants autour de Johann Schneider-Ammann, dont c'est le métier, auraient dû, au minimum, maîtriser ces fondamentaux. Pour les ignorer ou les avoir négligés, ils ont plombé leur client. Les veilleurs d'antenne du *Petit Journal* de Canal + ne l'ont pas loupé. Ne l'ont pas loupé non plus les journalistes du *Washington Post* qui, eux, ont apprécié la performance de clown triste. Mais que Johann Schneider-Ammann se rassure cependant : le ridicule ne tue plus.

Au vrai, les communicants ne sont pas les seuls en cause. Si seulement cette histoire du rire avait été programmée un 1er avril, le monde entier aurait célébré le talent comique jusqu'ici inconnu de Johann Schneider-Ammann. Le président de la Confédération a-t-il un emploi du temps si peu chargé qu'il lui est loisible de se figer devant une caméra et de lire un prompteur sur lequel défile le résumé d'une dissertation écrite par un garnement de fin de cycle d'orientation et qui répondrait à : « Pourquoi rit-on ? »

Dans cette amusante prestation, tout n'est pourtant pas à jeter. Au deuxième degré, il faut aussi voir le niveau de béatitude auquel la Suisse s'est hissée. Que le président du pays – président tournant et sans autorité particulière il est vrai – puisse payer de sa personne en un moment télévisuel éligible aux meilleures émissions comiques est l'éclatante illustration du nirvana helvétique. Imagine-t-on le président Poutine ou Theresa May venir sentencieusement entretenir leurs concitoyens sur les vertus thérapeutiques du rire ? Lues comme une intolérable provocation – dans le style de la reine Marie-Antoinette d'Autriche qui, selon la légende, aurait préconisé aux affamés de 1789 de manger de la brioche –, leurs interventions seraient suivies d'émeutes. En Suisse, ce paternalisme lourdaud fait partie du paysage. Les réactions outragées que l'on a pu lire dans la presse suisse alémanique renseignent sur le décalage entre cet univers douillet inspiré de Oin-Oin et le reste du monde, englué dans la crise économique, le chômage, la corruption politique, les migrants, la peur des invasions, la guerre et les massacres interreligieux.

Priez, Suisses, pour que longtemps encore vous soient infligés des prêches du style de celui qu'a délivré Johann Schneider-Ammann, avec un vilain héron en plastique planté à ses côtés. Cela signifie que chez vous, tout va bien. Et pour ceux que tente désormais l'expérience du rire, qu'ils se détendent et passent aux actes. Pour faire rire, affirmait le président de la Confédération, « aucune formation n'est nécessaire ».

« Trop bon »
Une formule excessive, mais très suisse

Signifiant « excellent », combinant un adverbe à un adjectif, la formule « trop bon » est d'une grande niaiserie. Issue du parler « jeune », la formule est entrée dans le langage courant. Des personnes âgées n'hésitent plus à s'exclamer : « Trop bon ! » en sirotant un chocolat chaud. L'adverbe se colle à une ribambelle d'adjectifs comme « beau », « fort », « joli »... La réunion de l'adverbe et de l'adjectif est ancienne et, à l'origine, fait encore sens dans un tas de circonstances : trop cher, trop distant, trop éloigné, trop penché, trop étroit, etc. C'est en Suisse probablement que le « trop bon » a surgi. Formule aussi tordue que curieuse – comme si une chose pouvait être « trop bonne », alors qu'on l'espérait sans doute moins bonne qu'elle n'est –, employée tant par les adolescents que par les adultes, elle renvoie ici à une réserve protestante de bon aloi devant le perpétuellement redouté emballement des sens. En Suisse, la maîtrise de soi est bienvenue. Le bonheur recherché se doit d'être mesuré, sous contrôle. Pas d'épanchement excessif, au moins chez les dominants. En revanche, libre aux domestiques, touristes et résidents étrangers de se vautrer dans ces débauches sensorielles, si telle est leur éducation. Par contraste, leurs exubérances valoriseront les mœurs indigènes, leur retenue. Il est difficile de marabouter un Suisse, un vrai de vrai !

Dieu
N'en doutez pas, il est partout

Dans le monde occidental, la Constitution suisse porte dans son préambule une référence univoque à Dieu : « Au nom de Dieu Tout-Puissant ! Le peuple et les cantons suisses, conscients de leur responsabilité envers la Création [...] » Les autres pays se réfèrent au Créateur de façon plus mesurée. Outre-Rhin, le préambule de la Loi fondamentale de la République fédérale d'Allemagne du 23 mai 1949 déclare : « Conscient de sa responsabilité devant Dieu et devant les hommes, le peuple allemand [...] » En Allemagne, le Créateur n'est donc plus seul à être glorifié, et il est relégué sur le même plan que les humains. D'autres pays proscrivent carrément la référence à Dieu. En France, Dieu n'existe pas : « Le peuple français proclame solennellement son attachement aux droits de l'homme [...] » Même aux États-Unis, où il est écrit : « Nous, le peuple des États-Unis [...] », la référence à la foi est mesurée. Et en Italie, la Constitution de 1947 dit : « Article premier : l'Italie est une République démocratique, fondée sur le travail. La souveraineté appartient au peuple, qui l'exerce dans les formes et les limites de la Constitution. » Ne cherchez pas de référence à Dieu dans les articles 2, 3, 4, 5 et 6. Il faut atteindre l'article 7 pour enfin lire une mention non du Créateur mais de l'Église : « L'État et l'Église catholique sont, chacun dans son ordre, indépendants et souverains [...] », et, signe des temps, l'article 8 proclame : « Toutes les confessions religieuses sont également libres devant la loi. Les confessions religieuses autres que la confession catholique ont le droit de s'organiser selon leurs propres statuts, en tant qu'ils ne s'opposent pas à l'ordre juridique italien. »

Les constituants suisses se montrent ainsi parmi les plus respectueux de l'ordre naturel, celui que définit la Bible. La référence à Dieu est d'autant moins anodine que la Constitution fédérale de la Confédération suisse dont il est question ne date pas de 1848, mais du 18 avril 1999. Manifestement, les citoyens suisses n'ont pas souhaité toucher au préambule historique. Les Suisses restent ainsi un assemblage de peuples profondément religieux – même si, comme partout ailleurs, églises et temples se sont massivement vidés entre 1950 et 2000, sans que le renouveau religieux de type évangéliste repéré depuis une quinzaine d'années dans la sphère occidentale comble l'hémorragie. La Constitution ne pouvait pas entrer en matière sans référence à Dieu. Comme s'il s'agissait là d'un tabou.

La religion

Un sujet sensible et toujours d'actualité

Les guerres de religion sont présentes dans l'inconscient de tout Suisse. Plus loin plongent vos racines dans la citoyenneté cantonale, plus vives restent les braises de guerres qui non seulement ont meurtri le pays mais qui, surtout, ont achevé de le structurer. C'est parce que les affrontements religieux ont profondément marqué les mémoires que tout ce qui évoque le fanatisme, religieux ou antireligieux, est tenu à distance.

Nonobstant leurs apparences pacifiées, la susceptibilité religieuse des Suisses reste aiguë, et le moindre faux pas devient une gaffe politique. Ainsi, en mai 2016, la cérémonie de l'inauguration du tunnel du Saint-Gothard est-elle annoncée par ces mots : « Le tunnel de base sera inauguré le 1er juin en grande pompe. À la cérémonie religieuse participeront un abbé, un rabbin et un imam. » De toute évidence, la liste était incomplète, et le protocole avait failli. La réaction a fusé : « La communauté protestante se dit déçue. [...] Le président de l'Entraide protestante suisse (EPER), l'ancien parlementaire fédéral et conseiller d'État Claude Ruey se dit, lui, choqué. "L'absence d'un protestant à cette cérémonie est une faute politique", s'étrangle-t-il », rapporte le journal *Le Temps*[23]. À intervalles réguliers, la question religieuse refait surface, comme pour rappeler qu'il s'agit là d'un fait essentiel, constitutif de l'être suisse. Dernier en date, le dilemme du portail d'entrée de la cathédrale de Lausanne qui, en son milieu, présente un socle dont la particularité est d'être vide. Voilà un siècle que la niche attend sa statue. Que peut-on bien y mettre ? s'interroge-t-on en haut lieu. Les papistes applaudiraient à l'installation d'une Sainte Vierge, mais les Vaudois protestants ont clairement dit qu'il n'en était pas question. En attendant, la niche reste vide.

Être protestant
Aimez les livres !

Mon grand-paternel habitait Genève. Jeune garçon, vivant à Cannes, dans le sud de la France, je débarquais chez lui l'été. Mes parents étaient sans doute soulagés de n'avoir plus à surveiller leur fils aîné pendant les quinze jours que je passais dans le grand appartement genevois. Ernest Garçon louait un vaste six pièces au 12, cours de Rive, et sous-louait deux chambres à des étudiantes étrangères. Il était artisan tailleur, comme l'avait été son père et comme le serait mon oncle. L'atelier *Garçon Tailleur* se trouvait place de Longemalle. Mon grand-père avait la réputation d'être un bon tailleur genevois, avec une belle clientèle. En fait, il avait repris le métier paternel mais ne l'aimait guère. Il aurait souhaité, je l'appris plus tard, être critique musical. Le soir, seul dans le salon, il lisait, ne parlait pas et s'endormait, assis, en écoutant des concerts classiques que retransmettait la Radio suisse romande. Il était protestant, je ne l'étais pas. À Cannes, ma mère, catholique non pratiquante, m'avait inscrit au catéchisme, dont je me ferais renvoyer pour mauvaise conduite : un jeudi matin, une bonne sœur me raccompagna chez moi en me tenant par la main, sonna à la porte et expliqua à ma mère pourquoi les sœurs ne souhaitaient pas me garder. Réaction de ma mère : « Du moment que tu travailles bien à l'école... » Ce que je cessais malheureusement de faire quelques années plus tard.

À Genève, mon grand-père ne priait pas, et je ne l'ai jamais accompagné au temple car il n'y allait jamais. Mon grand-père ne s'occupait pas de moi, me demandait simplement d'être là pour le déjeuner et le dîner. Ce qui me paraît rétrospectivement assez délirant, considérant que j'avais 11 ou 12 ans et qu'il m'avait sous sa responsabilité. En conséquence, je faisais ce qui me plaisait dans une Genève et sa campagne que je découvrais à coups de carnets de billets de tram. Les trams allaient jusqu'à Hermance et jusqu'au pied du Salève. J'ai lu que le réseau de tramways genevois s'étendait sur près de 120 kilomètres et qu'il était, à l'époque, l'un des plus denses de Suisse. Debout sur la plage arrière de la motrice, je m'imaginais dans un train entre Durango et Santa Fe, guettant l'attaque des Indiens. Pour moi, venant de Cannes qui commençait à s'équiper en bus au gasoil, le tram était un émerveillement sans fin.

Parmi les souvenirs qui me reviennent de ce grand-père, l'un m'est resté. J'avais 12 ou 13 ans et, pour une raison que j'ignore, j'avais acheté *Le Procès* de Kafka. Je ne comprends pas mon geste, car à l'époque, ma lecture favorite étaient les aventures de Bob Morane que Henri Vernes livrait avec une régularité métronomique. Plus tard, ce furent les *OSS 117*, plus érotiques. Peut-être que la couverture du roman de Kafka, en édition de poche, évoquait un titre paru de Bob Morane, allez savoir. Découvrant le Kafka, mon grand-père, peu démonstratif, s'était émerveillé. À ses yeux, je lisais et, très jeune, je me coltinais des auteurs réputés difficiles. Pour ce parpaillot, son petit-fils s'inscrivait dans la tradition du livre, en l'occurrence une œuvre majeure de la littérature européenne. Ce jour-là, je me souviens d'avoir noté chez cet homme sec et froid comme un début de tendresse pour son petit-fils qui, après la littérature inconsistante qui s'empilait au pied de son lit, se lançait dans les lectures austères, majeures. Je ne lui ai jamais dit que ma lecture s'était interrompue au bas de la première page, le style compliqué s'éloignant trop de celui de Henri Vernes, lui si limpide. Un demi-siècle a passé. Je n'ai toujours pas lu *Le Procès*, ce qui aurait déplu à Alexandre Vialatte, mais j'ai aimé le film qu'Orson Welles en a tiré.

Les sujets qui fâchent

L'islam

Une religion invitée à s'intégrer et qui l'a fait

Depuis 2001, l'islam pose problème au monde entier. Les tueries perpétrées au nom d'Allah ne sont guère rassurantes sur les intentions de leurs auteurs qui, de Paris à Karachi, de Barcelone à Manchester, massacrent indistinctement mécréants, juifs, croisés, et d'autres. À voir les carnages qui s'accumulent, l'appétit des criminels paraît sans limites. Les musulmans payent le plus gros tribut à cette résurgence moyenâgeuse.

La Suisse héberge une large communauté musulmane, venue en Suisse dans les fourgons de la guerre dans l'ex-Yougoslavie. La Suisse est ainsi la deuxième patrie des Kosovars. Illettrés pour la plupart lors de leur arrivée en Suisse – ou, pour le dire dans le langage diplomatique des associations du parler faux, mal adaptés aux conditions de vie et au marché du travail suisse –, les Kosovars sont parvenus, pour l'immense majorité d'entre eux, à s'intégrer, déjouant les pronostics les plus sombres quant à leur capacité à se fondre dans un biotope où, au départ, tout leur était étranger. Quand bien même certaines familles font la une des journaux avec des comportements néandertaliens (encourageant par exemple leurs enfants à ne pas serrer la main de leur maîtresse, comme à l'école secondaire de Therwil, dans le canton de Bâle-Campagne en avril 2016), ces aberrations sont statistiquement marginales. Et si les membres de la communauté musulmane peuplent les prisons suisses plus que de raison, rien n'interdit d'imaginer qu'à l'horizon de quelques décennies tous s'intégreront aussi bien qu'ont su le faire avant eux les Portugais ou les Italiens.

Il est une autre explication à cette discrétion des communautés fixées sur le sol helvétique : l'exigence d'intégration. Même si à Bienne, au cours de l'été 2017, un imam libyen radicalisé et sirotant l'aide sociale a secoué l'apathie médiatique, il s'agit là d'une anomalie statistique.

Les Suisses ont refusé de fermer les yeux sur les groupes installés sur leur territoire, qui prospèrent en serre close et prêchent un islamisme violent et radical. En l'espèce, la Suisse est le modèle inversé de la Belgique avec, au centre de Bruxelles, sa communauté maghrébine de Molenbeek et ses mosquées financées par la Turquie et l'Arabie Saoudite. Dans ces lieux, il semble clair que les valeurs de la démocratie occidentale – que résument l'égalité des sexes, la liberté religieuse et d'expression – sont rejetées par un pourcentage significatif des musulmans.

Reste que la Suisse a son lot d'islamistes, suisses et non suisses. On se limitera aux seuls Suisses pour dire qu'ils paraissent très rigolos vus de l'extérieur. Peut-on sérieusement invoquer Allah et se référer aux pratiques les plus archaïques quand on s'appelle Nicolas Blancho, président du CCIS (Conseil central islamiste suisse) ? D'une manière générale, les islamistes suisses sont de bons capteurs d'audience partout où ils se produisent. L'intervention de Nora Illi, l'épouse de Qaasim Illi, en burqa lors d'un talk-show sur la télévision allemande à l'automne 2016, a suscité l'émoi attendu et l'audience espérée par les organisateurs du spectacle. Ces jeunes gens ne sont guère pris au sérieux, et c'est une chance pour la Suisse de n'avoir que cette troupe étriquée pour monter sur scène. Pour l'instant, le spectacle est sur le petit écran et y reste cantonné. Pourvu que ça dure.

La votation sur les minarets
Beaucoup de bruit pour rien

C'est peu dire qu'au lendemain du 29 novembre 2009 la Suisse fit la une de la presse internationale. Pensez donc : 22 cantons et 57,5 % des électeurs avaient apporté leur soutien à une initiative de l'UDC hostile à la construction de minarets en Suisse. Initiative au départ ubuesque, si l'on y songe : lors du lancement de la collecte de signatures, la Suisse compte quatre minarets, et c'est en grande discrétion que les musulmans pratiquent leur religion, comme le font les croyants de toutes obédiences. Ainsi la Suisse ne connaît-elle pas les prières de rues, comme le spectacle est alors donné dans certains arrondissements de Paris ou de Marseille. Et pourtant, c'est par une large majorité de cantons et d'électeurs qu'est approuvée en novembre 2009 l'interdiction de toute future construction de minaret sur le territoire de la Confédération.

Si l'on s'en tient à ce qui est dit et écrit au lendemain de la votation, la Suisse court au suicide, et ses habitants vont payer au prix fort leur intolérance religieuse, leur islamophobie, faux nez de leur xénophobie. Sur-le-champ, la presse internationale dépêche ses envoyés spéciaux ; sondages et micro-trottoirs pullulent sur les radios et les chaînes d'information du monde occidental. Les perspectives sont carrément apocalyptiques : sont pronostiqués – voire espérés chez des europhiles convaincus comme Daniel Cohn-Bendit – des retraits massifs de capitaux arabes, un coup d'arrêt des exportations suisses vers les monarchies du Golfe, etc. À l'époque, on ne parle pas encore d'attentats qui pourraient cibler les citoyens suisses.

Presque dix ans ont passé depuis le coup de tonnerre du 29 novembre 2009, et rien de ce qu'annonçaient les Cassandres n'est survenu. Jamais les capitaux arabes ne se sont tant amoncelés dans les banques suisses, jamais les touristes venus du Moyen-Orient n'ont tant parcouru la Suisse, jamais les exportations de produits de luxe, agroalimentaires et pharmaceutiques n'ont atteint de tels volumes, etc. Les Suisses ont pu s'exprimer sur un sujet, l'islam, que les printemps arabes démarrés en Tunisie en 2010 propulseraient à la une des médias mondiaux. Les médias allaient ensuite être occupés par les guerres civiles opposant les populations arabes à leurs tyrans domestiques. Puis ils consacreraient leurs premières pages aux attentats que des musulmans ou des convertis viendraient commettre en Occident au nom de l'islam.

À ces horreurs a échappé le pays qui avait, le premier, bravé l'apaisant consensus religieux qui tient toutes les croyances en pareille estime. Quant à la population de confession musulmane installée en Suisse, citoyens suisses et étrangers, elle ne se déclare manifestement pas persécutée. Si tel était le cas, gageons que le contingent de Suisses musulmans engagés dans les guerres menées en Syrie ou en Irak serait significatif. Or, justement, il ne l'est pas. Installé à Berlin, l'éditorialiste du groupe Ringier, Frank A. Meyer revient sur son propre parcours. En décembre 2016, dans une interview au magazine *L'Hebdo*, il déclarait : « En 2010, les Suisses ont envoyé un signal clair en adoptant l'initiative pour l'interdiction des minarets. Personnellement, j'ai voté contre. Aujourd'hui, je suis content que la population ait dit : “Voici la limite à ne pas franchir.” » Il ajoute : « Je suis aussi pour l'interdiction de la burqa[24]. »

Pour en finir avec les minarets, observons que l'UDC, le parti qui était au départ de l'initiative victorieuse, n'a pas durablement capitalisé sur le succès de son entreprise. C'est là une des vertus du système suisse : les votations se succèdent sans fin, le parti qui en gagne une perd la suivante. Ainsi va le système, au niveau communal, cantonal et fédéral. D'une part, les votations enseignent les vertus du combat : rien, aucune cause n'est jamais perdue par avance. En cas de défaite, les vainqueurs savent aussi que leur victoire est fragile, toujours susceptible, à plus ou moins brève échéance, d'être la cible d'une nouvelle initiative qui reviendra à la charge. Donc, après toute victoire lors d'une votation, il faut raison garder et travailler à un compromis avec celui sorti K.-O. du scrutin.

L'article 72, alinéa 3, de la Constitution fédérale de 1999 dit sobrement : « La construction de minarets est interdite. » L'affaire est close. Ceux qui, après avoir grimpé aux rideaux pour dénoncer l'islamophobie raciste des Suisses, pronostiquaient la foudre sur ses habitants en ont été pour leurs frais.

Le niqab

Pragmatisme, opportunisme, tolérance et commerce

Les Suisses sont d'un naturel prudent. À l'égard des fanatismes, ils affichent une équitable méfiance. Les inquiètent tant le prosélytisme religieux que le militantisme laïcard à la française. Pour mesurer l'incompatibilité de cette idéologie en Suisse, il faut se souvenir de la façon dont, en janvier 2015, après le massacre des caricaturistes français de *Charlie Hebdo*, les Suisses ont réagi. Alors que les manifestations se sont succédé dans pratiquement toutes les villes du monde occidental, avec des rassemblements massifs à Bruxelles ou à Montréal, l'encéphalogramme suisse est demeuré plat. Quelques dizaines de Bernois et Bernoises hantés par les assassinats se sont retrouvées dans la rue, guère plus à Genève, quand, à Annemasse, ville française frontalière, des milliers de personnes exprimaient spontanément leur émotion face à la tuerie perpétrée par deux fanatiques se réclamant de l'islam, éructant, kalachnikovs fumantes, que le Prophète avait été vengé. Le silence des Helvètes en janvier 2015 s'expliquerait-il par leur aversion à ces types de cortège ? Nullement : sans remonter à la grève générale de 1918, et pour se limiter à Genève, dans les années 1970, la ville a vu une succession de manifestations massives et parfois violentes contre la venue en Suisse du shah d'Iran ou contre le garrotage de Puig i Antich, un militant basque exécuté sur ordre du général Franco, à quoi se sont ajoutées des manifestations d'inspiration plus locales mais aux cortèges bien fournis. Berne, tout comme Zurich et Bâle, a également vu des manifestations contre la présence américaine au Viêt-nam, qu'illuminait le feu des cocktails Molotov. Ou, plus près de nous, les 10 000 féministes défilant dans les rues de Zurich en mars 2017. On en déduira que les Suisses ne sont pas génétiquement allergiques aux manifestations de rues mais les réservent pour des causes indemnes de références religieuses. La question religieuse semble bien être l'ultime sujet de société qui continue de diviser les Suisses. Autant donc ne pas en parler. Mutisme qui vaut pour toutes les religions, des plus apaisées aux plus turbulentes.

C'est là qu'entre en scène le Tessin. Les Tessinois ne font rien comme les autres. Ils ont lourdement voté contre l'immigration massive, sur le plan politique ils ont suscité un parti clairement extrémiste inspiré de la Ligue du nord italienne, un parti régionaliste, raciste et sécessionniste. Il fallait s'y attendre : à la question religieuse, telle que la posent certains musulmans, les Tessinois ont réagi à leur manière. Ainsi, sur la burqa. Alors que partout en Suisse la tendance est à l'apaisement, les Tessinois ont décidé de légiférer. En septembre 2013, les électeurs du canton avaient déjà accepté l'initiative populaire lancée par l'activiste Giorgio Ghiringhelli demandant que la Constitution cantonale porte mention d'une loi interdisant la dissimulation du visage dans les lieux publics. En novembre 2015, le Parlement tessinois approuvait le texte, sans toutefois se référer au niqab ou à la burqa. En fonction de la situation, l'amende encourue par le contrevenant se chiffrait entre 100 et 10 000 francs. Pour faire bonne mesure et ne pas donner l'impression de stigmatiser une communauté particulière, la loi s'applique sans discrimination à toutes les personnes qui dissimulent leur visage au moyen d'un foulard, d'une cagoule, d'un casque, etc. Certains articles dans la loi ciblent les hooligans et les manifestants, adeptes de la cagoule pour mieux échapper aux poursuites judiciaires en cas de casse urbaine. Surtout, les touristes sont soumis au même régime que les autochtones.

Le 1er juillet 2016, la loi est entrée en vigueur. En août, à Chiasso, le visage dissimulé derrière un niqab, une Koweitienne écopait d'une amende de 100 francs. Globalement hostiles à la mesure d'ordre public pour des raisons mercantiles, car redoutant un retrait de la clientèle du golfe Persique, les commerçants et hôteliers tessinois semblent aujourd'hui soulagés : fin août 2016, seules quatre amendes avaient été prononcées, dont deux infligées à l'indécrottable Nora Illi, une Suissesse convertie à l'islam et qui exploite à la perfection la rentabilité médiatique de ses transgressions. Pour l'heure, et pour ce qui est du niqab et autres burqas, les cantons s'accommodent de ces accoutrements, comme l'ont encore montré les électeurs glaronais qui, en mai 2017, lors de leur *Landsgemeinde*, ont refusé d'interdire le voile intégral.

Il faut donc se rendre à l'évidence : les pays où le débat religieux a été érigé en passion nationale ont vu se multiplier les tragédies sur leur sol. Inversement, les pays où la provocation religieuse est mal vue, voire quasi sacrilège, et où, par conséquent, personne ne s'y risque sinon quelques hurluberlues, semblent épargnés par la folie islamiste. Pour l'instant.

La Lega
Ces gens sont-ils fréquentables ?

Avoir vu le leader de la Lega éructer à un balcon avec un AK47 en mains, s'adressant à une foule tessinoise extatique, conduit à s'interroger sur les racines de cette organisation : sont-elles bien suisses ? La barrière alpine qui coupe le Tessin du reste de la Suisse, la proximité avec l'Italie où, sur la scène politique, s'agitent de patibulaires histrions, éclairent le bourgeonnement de cette curieuse organisation politique dont les mœurs, à ce qu'en rapporte la presse, ne sont finalement pas si éloignées de ce que l'on observe à Milan et, parfois, à Naples. La Lega, dans l'extrémisme de ses positions politiques, résume aussi le sentiment d'exclusion ressenti par certains Tessinois au sein de l'organisation politique suisse, par ailleurs obsédée par la notion d'équilibre territorial et linguistique. En permettant la germination d'un parti tel que la Lega, les Tessinois ont lancé un signal au reste de la Suisse : aux 25 autres cantons, les Suisses italiens disent leur mal-être, dont la gravité se mesure encore dans les 68 % d'approbation de l'initiative de l'UDC « Contre l'immigration de masse ». Ces incidents soulignent à nouveau que les bienfaits de la péréquation financière intercantonale, dont profitent le Tessin et ses habitants, ne suffisent pas à apaiser le sentiment d'abandon qu'ils éprouvent. Ils disent aussi combien les métastases du mal italien, mélange de frasques, de corruption et de tricheries, se jouent des frontières géopolitiques.

Les dialectes

Le repoussoir linguistique, ou comment apprendre à détester les Alémaniques

Les dialectes concernent la partie alémanique de la Suisse. Leur essor serait récent. En 1983, Hugo Loetscher notait : « Quant à l'allemand, il subit depuis quinze ans l'invasion tranquille du dialecte. Ce dernier a pénétré des domaines jusque-là réservés au "bon allemand" : la radio, la télévision, l'école, l'église. Au point que le Conseil fédéral a cru devoir rappeler que l'allemand aussi était une "langue suisse"[25]. »

La montée des dialectes est un phénomène neuf. Le phénomène réjouit ceux qui les maîtrisent. Ces derniers devraient pourtant mesurer leur enthousiasme : s'il comble celui qui le parle, un dialecte est aussi un outil d'exclusion. Le collégien genevois qui aura pris la peine d'apprendre le *Hochdeutsch* en ânonnant ses déclinaisons, en mémorisant ses listes de vocabulaire, en traduisant le *Werther* de Goethe, est désagréablement surpris lorsque, s'aventurant en terres alémaniques, il se heurte au mur d'incompréhension de ses interlocuteurs, qui miment l'inintelligibilité de ses propos au simple motif qu'il ne baragouine pas le dialecte local. En place de l'espagnol ou du chinois, le collégien a donc travaillé son allemand, le fameux *Hochdeutsch*, pour découvrir, le jour venu, que n'a pas cours ce bagage linguistique qui lui a tant coûté. Il a cru apprendre une langue vernaculaire et il découvre que l'école, ses professeurs, les politiques qui valident les programmes de formation, tous l'ont berné. Personne ne paraît comprendre ce qu'il régurgite avec application ! On peut rêver mieux pour ce qui est de motiver les écoliers. Le dialecte est sans doute un mode d'expression subtil pour les autochtones, qui le maîtrisent pour l'avoir appris dans la cuisine familiale, au petit déjeuner. Mais le dialecte devient un repoussoir lorsqu'il est jeté à la figure de l'autre, de l'étranger qui, en transpirant, fait l'effort de s'exprimer dans la langue qui lui a pourtant été vendue comme intelligible par tout germanophone. La Suisse est une nation « par la volonté », certes. La volonté de maintenir le lien avec celui qui vit en face trouve néanmoins ses limites quand l'autre, clairement, vous signifie qu'il vous rejette. Un rejet pernicieux qui vous fait savoir qu'on ne vous comprend pas et, pire, qu'on n'a pas l'intention de faire un effort pour vous écouter.

En réalité, en Suisse, le *Hochdeutsch* n'a qu'un allié : les Suisses francophones qui, enfin, avec le *Hochdeutsch*, comprennent la langue allemande telle qu'elle leur a été enseignée sur les bancs du cycle d'orientation. Car le dialecte, faut-il le préciser, est une langue lunaire pour ceux qui ont fait l'effort d'apprendre l'allemand dans le *Gute Fahrt !* ou le *Hab Spass* : « Quand je suis arrivé à Zurich, j'ai vite compris que les gens ne parlaient pas l'allemand », se lamente un Français, dépité par le dialecte. À quoi s'ajoute, pour les dialectes, une musicalité que l'on qualifiera de disgracieuse pour les auditeurs perdus, soumis à ces sonorités inintelligibles.

La sortie du nucléaire

Un sacré pari, sera-t-il tenu ?

Le 27 novembre 2016, une nouvelle fois, les électeurs suisses ont été appelés à se prononcer sur la fermeture de leurs centrales nucléaires. Avec ses cuves trouées, ses sparadraps pour calfater les fuites radioactives, la centrale de Beznau n'inspirait plus guère confiance. Les anomalies constatées étaient si nombreuses que, depuis mars 2015, la « plus vieille centrale nucléaire du monde » est à l'arrêt. Avec un taux de

45 %, la participation à la votation du 27 novembre 2016 s'est située à une hauteur respectable, dans la moyenne suisse. Une énième fois, la votation qui plaidait pour le renoncement au nucléaire et la conversion du pays aux énergies renouvelables a été repoussée massivement : 54,2 % de la population et, surtout, 20 cantons sur 26. L'ont notamment repoussée les régions alémaniques, où les centrales suisses sont implantées : en Argovie, canton de Beznau, le non à la fermeture de la centrale a grimpé à plus de 57 % ! Considérant l'absence de chômage dans les régions concernées, en sauvant leurs centrales nucléaires, les électeurs n'ont donc pas cherché à sauver leurs emplois régionaux. Plus simplement, ils n'ont visiblement pas considéré que ces gros chaudrons à ciel ouvert représentaient un péril. Inversement, les régions où la votation l'emportait sont Bâle, Genève, le Jura, Neuchâtel et Vaud. Ces résultats révèlent que pour les Suisses, la vraie menace n'est pas leurs centrales, nonobstant leur exténuement, mais se trouve de l'autre côté de la frontière, en France. Il est vrai que le pays du nucléaire roi, depuis que le général de Gaulle l'a sacré dans les années 1960, offre un piteux spectacle. L'effondrement d'Areva, le discrédit de ses recherches réputées de pointe, son impossible sinon improbable EPR, les affrontements publics avec son concurrent et partenaire EDF, à quoi s'ajoute l'état loqueteux des centrales de Creys-Malville et de Fessenheim, laissent imaginer l'apocalypse pouvant jaillir de ces gigantesques cheminées.

Si les initiatives populaires visant à renoncer au nucléaire civil ont toutes échoué jusqu'en mai 2017, à la loupe une chose apparaît, plus prosaïque : le peuple suisse se range derrière la grande armée des NIMBY (*Not In My Backyard*), ceux qui affirment leur indifférence à la nuisance écologique sous réserve qu'elle se déporte chez leurs voisins. Si les initiatives sur la sortie du nucléaire, comme celles de septembre 1990, du 18 mai 2003 et de 2016, ont été rejetées, de même que l'ont été celle en faveur d'une taxe sur les énergies fossile, nucléaire et hydraulique, en septembre 1984, et celles du 24 septembre 2000 et du 18 mai 2014 pour l'arrêt de la centrale de Mühleberg, en revanche, les initiatives en faveur de projets de dépôts de déchets radioactifs au Wellenberg ou de stockage souterrain ont été régulièrement rejetées par les électeurs de Nidwald et par le canton de Vaud. En d'autres termes, les électeurs suisses approuvent la poursuite de la fabrication de l'énergie nucléaire sur leur sol mais préfèrent fermer les yeux sur l'entreposage des déchets radioactifs. Pour l'heure, la Société nationale pour le stockage des déchets utilise le Weinland (canton de Zurich) et Bözberg (Argovie).

Le nucléaire a fait la fortune des sociétés de travaux publics qui ont construit les centrales. On aurait apprécié que ces sociétés s'enrichissent également dans l'entretien des tours et des cuves qui, comme n'ont cessé de le révéler enquêtes et commissions, souffrent de déficiences. L'empilement des votations favorables au nucléaire – et le rejet des initiatives prônant sa mise au rebut – a de quoi désespérer les nucléairophobes : citons les 51,2 % de non à l'initiative du 18 février 1979 « Pour le contrôle démocratique du nucléaire », ou encore les 52,9 % de non à celui « Pour l'abandon progressif du nucléaire » le 23 septembre 1990 ; depuis longtemps, les écologistes antinucléaires ont cessé de compter les chapeaux qu'ils ont dû manger. En dépit des catastrophes survenues en Ukraine ou au Japon, les Suisses témoignent d'une authentique ferveur nucléaire, non seulement jamais démentie si l'on se fie aux résultats des votations, mais renforcée au fil des années. On en déduira que ce combat perdu n'a pas freiné l'ascension politique de beaucoup parmi ces vaincus, nombre d'entre eux ayant atteint les plus hautes fonctions politiques dans leur canton et au Parlement fédéral. Il est jusqu'au Conseil fédéral qui a su faire une place aux ex-militants antinucléaires, quand, dans les urnes, le peuple souverain répétait son adhésion à une technologie qui, on veut bien le croire, semble avoir du plomb dans l'aile.

C'est finalement ce dont se sont persuadés les électeurs suisses : le 22 mai 2017, ils votaient largement pour la sortie du nucléaire, quand bien même, six mois plus tôt, ils avaient enterré une initiative des Verts favorable à la fermeture des centrales nucléaires suisses à horizon de 2029. Dans le scénario du débranchement des centrales validé par 58 % des votants, la sortie du nucléaire sera douce, apaisée, le climat et la nature seront protégés, et de nouveaux postes de travail seront créés. Croisons les doigts. Reste à savoir combien de temps le camp des vainqueurs présentera un front uni : les fermes d'éoliennes, attendues en masse, sont loin de faire l'unanimité et, généralement, sont bienvenues dans les communes d'à côté, jamais près de chez soi.

L'UDC
Le parti des méchants

L'UDC est, à en croire certains augures, le parti de tous les dangers. Ces Cassandres devraient se pencher sur deux faits.

Sur l'interdiction de construire de nouveaux minarets ou encore sur la limitation de l'immigration étrangère, le parti de Christoph Blocher se félicite à juste titre d'avoir rallié le peuple à sa cause. Au chapitre des revers, on citera le rejet de son initiative contre les naturalisations facilitées (février 2017) ou encore sur la limitation du droit d'asile (juin 2016). Au fil des initiatives, tant cantonales que fédérales, l'UDC comptabilise davantage de déboires que de victoires.

Ensuite, il y a les initiatives de l'UDC dont la mise en œuvre s'avère impossible. Il est certes plaisant de remporter une votation comme celle favorable à l'expulsion des criminels étrangers, encore faudrait-il que son exécution soit possible. Et là, tant pour l'UDC que pour le département concerné, les choses se compliquent. Si, à la tête de la puissante Allemagne, la chancelière Angela Merkel ne parvient pas à obtenir du gouvernement tunisien le rapatriement de 1 500 de ses ressortissants présentement installés en Allemagne, sans-papiers et déboutés du droit d'asile, est-il plausible d'imaginer que la microscopique Suisse décrochera de meilleurs résultats avec les criminels étrangers sur son sol ?

La question féminine
De sacrés progrès à faire

Elles sont majoritaires sur le plan démographique. À en croire les savants, leur cerveau ne diffère pas significativement de celui du mâle dominant qui leur fait face et, hormis pour l'épreuve olympique du lancer du marteau, les femmes sont physiquement aussi bien armées que les hommes. Force est donc de constater que les femmes ne sont pas des sous-hommes qui, pour cette raison, mériteraient un statut particulier, un cantonnement dans des tâches secondaires eu égard à l'atrophie de leurs aptitudes physiques et mentales. Jusqu'à plus ample informé, les Suisses n'adhèrent pas non plus aux valeurs de la religion wahhabite qui confinent la femme, sous-espèce impure, à l'enfer clos de la maison fermée.

Alors, comment expliquer que le nombre de femmes se raréfie à mesure que l'on grimpe dans la hiérarchie sociale ? Comment comprendre qu'elles soient si peu nombreuses en politique ? Comment appréhender encore l'écart salarial séparant les deux sexes : en 2014, selon l'OFS, le salaire mensuel brut moyen des femmes (dans le secteur privé et public) était de 5 907 francs, contre 6 751 francs pour les hommes[26]. Sur la durée, l'écart se resserre petit à petit : de 15,6 % en 2010, il a fléchi à 12,5 % en 2014. Observons que le secteur public, celui qui devrait donner l'exemple, ne le montre guère. L'écart salarial entre hommes et femmes, en 2014, y était tout de même de 12,3 % (15,1 % dans le privé). Comble de l'inacceptable, dans 41 % des cas, nous dit l'OFS, « la différence repose sur des facteurs inexpliqués », lisez : arbitraires. Enfin, il apparaît que si les femmes sont massivement représentées dans les catégories sous-payées ou mal payées, elles disparaissent quasiment dans les hauts niveaux de rémunération, au-delà de 9 000 francs mensuels. À ces sommets, les hommes sont entre eux et, manifestement, s'emploient à le rester.

Rien, sinon le machisme sanglier d'une partie de la société suisse, n'explique la discrimination dont les femmes sont victimes. Il faut regretter, pour la Suisse, que le plafond de verre soit si bas. « Il a fallu attendre les années 1970 pour voter, les années 1980 pour ouvrir un compte en banque sans l'accord de son mari, les années 1990 pour qu'une loi fédérale sur l'égalité hommes-femmes soit entérinée, les années 2000 pour que le droit du divorce soit révisé, l'avortement dépénalisé, les violences dans les couples poursuivies d'office, l'assurance maternité enfin acceptée », dénonçaient voilà peu les Indociles[27].

Les preuves du machisme suisse sont nombreuses. On ne reviendra pas sur l'année 1971 où les Suissesses reçoivent enfin le droit de voter au niveau fédéral. Les premières, en février 1959, les Vaudoises les avaient précédées à l'échelon cantonal, tout comme les Neuchâteloises en septembre de la même année. Suivront les Genevoises en mars 1960, puis les Bâloises six ans plus tard, puis, plus tard encore, les Tessinoises, les Valaisannes, les Lucernoises et enfin les Zurichoises. Si les mâles helvétiques en ont rabattu de leurs préjugés, ils n'ont pas baissé la garde pour autant. Les droits politiques suisses permettent de mesurer la résistance masculine face à la menace féministe. Ainsi les votations. Convaincu que les mentalités masculines avaient fait leur révolution, le 21 mars 1995, le comité « Des femmes au Conseil fédéral » déposait une initiative visant à rééquilibrer les hommes et les femmes dans l'ensemble des institutions politiques du pays, depuis le Conseil national jusqu'au Tribunal fédéral, en passant par le Conseil des États et le Conseil fédéral. Repoussée par le Parlement et le Conseil fédéral, le 12 mars 2000, l'initiative était enterrée par les 26 cantons et par 82 % des électeurs. Les Argoviens se montrant les plus hostiles à l'ascension des femmes (93 % de non), les Genevois les plus « enthousiastes » (31 % de oui). Les femmes devront encore patienter.

L'argument d'inspiration familialiste, selon lequel il vaut mieux que les femmes se tiennent en retrait de la vie politique (et professionnelle) pour se consacrer à leurs enfants, n'a plus guère de sens dans un pays où la natalité a fondu : chaque femme suisse met au monde moins de 1,5 enfant, ce qui revient à dire qu'au moins une femme sur deux n'enfante pas. L'argument énonçant que la mère au foyer est dans son élément naturel et materne mieux sa progéniture que ne le fait une crèche ne tient plus dès l'instant où non seulement les femmes n'ont pas d'enfants à élever (à supposer que ce rôle leur incombe exclusivement), mais qu'elles n'en ont pas avec l'assentiment de leur conjoint. L'argument nataliste tombe, et les femmes sont libérées du dernier corset qui les maintenait hors du cycle marchand ou politique. On est alors forcé d'en déduire que les hommes suisses préfèrent rester entre eux. Ce qui est dommageable pour la société suisse, les Suissesses ne se montrant ni moins efficaces, ni moins consciencieuses et productives que leurs compagnons. Au fait, à ces derniers, pourquoi ne pas accorder enfin un congé paternité ?

Le communisme
Les Suisses n'y ont jamais cru, ni adhéré

Des Suisses ont cru au communisme. Au départ, ils ont même accueilli sur leur sol les penseurs de cette idéologie plaisante sur le papier mais moins avenante à l'étape suivante, celle de l'application du programme. Le bilan, un siècle plus tard, s'avère prohibitif sur le plan humain et un désastre absolu en termes économiques.

Au commencement de l'entreprise communiste, nombreux sont les Suisses ayant eu de bonnes raisons de croire en son succès et de l'espérer. Le pays est balafré de profondes inégalités, et à ceux qui bataillent pour un monde meilleur, Moscou propose une alternative stimulante. À Zurich, la grève de 1918 est quasi insurrectionnelle, mais échoue. Les Suisses n'auront désormais plus tellement d'occasions de fantasmer sur l'appropriation collective des moyens de production. Si la propriété reste donc ici entre les mains de ses propriétaires légitimes, les possédants ont néanmoins senti le vent du boulet. Contrairement aux milieux bourgeois qui, en Allemagne, en France ou en Italie, se sont pétrifiés sur leurs intérêts de classe, ne lâchant rien redoutant de tout perdre, en Suisse les possédants ont fait le pari qu'avec les partageux le compromis pouvait être rentable. La bourgeoisie suisse n'y a pas souscrit du jour au lendemain, mais au moins ses représentants ont-ils saisi la gravité de la situation. Il leur faudra une décennie pour admettre que le partage intelligent est moins onéreux que la guerre civile. Sur l'autre bord, les prolétaires ont adhéré à la même idée.

En Suisse, le coup létal porté au communisme est la paix du travail. Pourquoi s'obstiner à vouloir renverser le capitalisme quand ses partisans sont disposés à des concessions durables et effectives ? Sans doute aussi, à l'image des personnages peints par Albert Anker, les Suisses ont-ils toujours admis qu'il leur fallait travailler et qu'hormis la neige, la grêle ou la pluie, du ciel rien ne tombait jamais. Pour le cerveau suisse, le communisme apparaît comme une idéologie trop complexe, de même qu'elle l'était pour les paysans russes. Au reste, jamais Lénine n'a cru que ces derniers y adhéreraient spontanément. Voilà pourquoi, avant même qu'en Russie les paysans rejettent le projet communiste, Lénine eut recours à une politique de terreur et de massacres, comme l'a montré l'historien Alexandre Jevakhoff. Fondamentalement, le communisme est une lubie d'intellectuels rêveurs portés sur l'exercice de la terreur, programme auquel les Suisses ne souscrivent pas dans leur grande majorité. Les Suisses croient à ce qu'ils voient, à ce qu'ils peuvent toucher. Leur pragmatisme est incompatible avec le discours fumeux claironnant l'avènement d'un monde meilleur, sous réserve d'avoir préalablement tout partagé sous l'œil d'un commissaire politique armé, mieux chaussé, mieux nourri. Difficile dans ces conditions de leur demander d'ânonner les sourates du *Manifeste du parti communiste*, selon le bon mot de Robert Dargeant. Les cosaques amusent les Suisses quand ils accompagnent les chœurs de l'Armée rouge, moins quand ils massacrent les ouvriers dans les rues de Budapest. Parce que anticommunistes viscéraux – hormis à Genève où le parti du Travail put donner l'illusion d'une relative base de masse à cette idéologie –, les Suisses ont souvent été jugés globalement « réactionnaires ». Faudrait-il dès lors en déduire que les auteurs des tueries de masse seraient gens de progrès ? Par prudence, on se bornera à ranger les Suisses parmi les conservateurs, encore que ce substantif n'ait pas beaucoup de sens, vu les droits populaires dont usent ces « conservateurs », et dont ils se servent pour bâtir une prospérité enviée sur la planète. En Suisse, pour n'avoir jamais abandonné le pouvoir à une caste politique ou économique, les citoyens n'ont jamais rejoint l'idéologie communiste. Pas fous, les Suisses !

VII

À TÊTES BIEN FAITES, PRODUITS LUCRATIFS

Personne ne contestera à la Suisse sa discrétion. Sans même parler de ses banques, dont la furtivité a longtemps été légendaire, au moins jusqu'à ce que les radars de l'administration fiscale américaine ne les détectent. D'une manière générale, les institutions politiques suisses donnent l'impression d'être frappées d'invisibilité, largement ignorées par les médias étrangers, dont le manque de curiosité n'est pas le moindre défaut.

Il est néanmoins des domaines où la Suisse a non seulement acquis une visibilité internationale mais où elle fait carrément rêver. Il faut ici citer son système de formation – substantif que l'on préfère à celui d'enseignement –, et tout particulièrement son apprentissage dual. Permettant aux jeunes d'accéder tôt au marché du travail puis d'y rester, il est d'inspiration germanique, lui-même lointain héritier des guildes du Moyen Âge. Comme dans le passé, il s'agit de bâtir la relève, celle qui succédera aux aînés. En Suisse, l'acquisition d'un vaste savoir-faire, d'un métier complet, prime sur l'obtention d'un diplôme. Un autre concept clé de la formation suisse est le mot « passerelle » qui, à la fois, la dynamise et justifie son attractivité chez les jeunes : où qu'ils s'inscrivent dans la palette des formations, en filière gymnasiale ou professionnelle, les jeunes ne doivent pas se sentir prisonniers, mais libres de circuler, de changer d'orientation si l'envie leur en prend. N'est-ce du reste pas ainsi que l'avenir nous est dépeint, marqué par la précarité des positions et les changements de cap ?

En matière de formation, l'enseignement supérieur est une autre vitrine dont la Suisse pourrait s'enorgueillir, si telle était la mentalité des indigènes. S'y pressent des milliers d'étudiants étrangers venus se former en Suisse dans les hautes écoles universitaires et les hautes écoles spécialisées. Il faut évidemment évoquer les deux écoles polytechniques fédérales de Zurich et Lausanne, mais aussi les écoles hôtelières, filières de formation mondialement courues. L'écosystème suisse de formation présente encore quelques pépites rares, où paradoxalement peu de recherches sont conduites, contrairement à Oxford ou Cambridge. Seule ombre à ce panégyrique : les bourses d'études à destination des étudiants en hautes écoles universitaires (HEU) sont en Suisse quasi inexistantes. Les votations certifient, pour ceux qui en douteraient encore, qu'en certains domaines, les contribuables suisses estiment en faire déjà assez.

Le culte rendu au *Swiss made* souligne la qualité de la recherche et le souci d'innovation qui prolonge la formation initiale reçue. Des aventures comme la Coupe de l'America ou Solar Impulse révèlent ce dont est capable l'excellence helvétique. Tout comme en ont témoigné, à une autre époque, l'invention du DDT ou du LSD et, dans une période plus récente, de produits qui vont des montres Rolex au couteau suisse, en passant par les stylos Caran d'Ache, les avions Pilatus ou le mobilier USM.

Les fondamentaux

Le diplôme

Il ne remplace pas l'expérience

Nul ne contestera l'utilité du diplôme. Il entérine une formation classique ou un apprentissage professionnel, valide un effort habituellement long que sanctionne une évaluation délivrée par des maîtres. Cet effort témoigne de la constance et de l'opiniâtreté de l'intéressé en vue de maîtriser un savoir, d'acquérir une compétence. Plus ou moins volontairement – car entrent en compte la pression de la famille et l'inertie du milieu social –, le diplômé a sacrifié des années pour meubler son cerveau et/ou perfectionner les gestes de sa main, années qu'il aurait pu consacrer à la détente. Le diplôme renseigne sur un itinéraire personnel, même s'il ne dit rien de la compétence réelle de la personne, qui se révélera à l'usage.

Il est des pays où le diplôme est un sésame pour la vie entière. Lorsqu'on parle ici de diplôme, il s'agit du diplôme de formation initiale, celui qu'on décroche entre 21 et 24 ans. Au Japon, toutes les entreprises ouvrent leurs portes aux diplômés d'une petite poignée d'établissements prestigieux. Du coup, dès le plus jeune âge, les familles poussent leur progéniture à s'échauffer en vue des concours d'accès qui les attendent, une quinzaine d'années plus tard. Cet écosystème n'est pas sans parenté avec les usines à champions, telles que les pays totalitaires les ont conçues et qui, dans certains pays, ont survécu à l'effondrement de la dictature. La France entretient une hystérie voisine autour du diplôme. Qui sort diplômé d'une des trois ou quatre « grandes écoles » parisiennes, qui chacune, chaque année, débite moins de 500 diplômés, se voit doté d'un fonds de roulement inépuisable. Le lauréat bénéficie d'une rente à vie et en Téflon contre tous les aléas professionnels, la fraternité d'anciens diplômés l'ayant admis en son sein s'appliquant à lui rendre la vie plus facile. On est d'autant plus solidaire du groupe qu'on en a été soi-même débiteur.

Sur la question du diplôme, la Suisse présente un profil atypique, quasiment inverse. Non pas que le diplôme initial soit ici sans valeur, mais, particularité helvétique, sa péremption est rapide sitôt que l'on a accédé au marché du travail. En France, comme au Japon, la mention de la promotion et de l'établissement est courante jusqu'à un âge très avancé (les quotidiens français, comme *Le Monde* ou *Les Échos*, publient des annonces nécrologiques où, du défunt, et même s'il était centenaire, sa famille livre pour unique information l'année d'obtention du diplôme et le nom de la « grande école »). Rien de tel en Suisse. Ici, lorsque le détail est fourni (ce qui est rare), l'université fréquentée est mentionnée, mais sans plus. Racontant la trajectoire qui le conduira à la tête d'un des principaux groupes de l'horlogerie suisse, Jean-Claude Biver explique pourquoi le diplôme initial fait en Suisse l'objet d'un culte modéré : « Je ne peux produire mon diplôme qu'une seule fois ! Une fois que la porte d'Audemars Piguet m'a été ouverte, j'ai dû me débrouiller. » Jean-Claude Biver développe son propos : « Parfois, trop de diplômes et trop de technocratie tuent l'initiative et conduisent à des engagements de personnes brillantes mais qui manquent cruellement de sens pratique. Les études, ce n'est que le châssis, il reste encore à y mettre un bon moteur, une motivation ! Il faut conjuguer les deux[1]. » Plutôt que de s'en tenir à la réussite scolaire, qui ne renseigne sur rien d'autre que sur la conformité du jeune étudiant aux protocoles scolaires, les employeurs s'emploient donc à évaluer la maturité intellectuelle et affective que le postulant a pu acquérir dans ses divers métiers.

Il est de nombreuses vertus attachées à la relativisation de la réussite scolaire : comme le premier diplôme ne vous enchaîne pas à un statut social, c'est un stimulant efficace pour oser une reconversion professionnelle. Si la démarche peut paraître imprudente dans les pays caractérisés par un marché du travail pétrifié, en Suisse elle est vertueuse. Qui a changé de voie n'est pas une personnalité instable, mais quelqu'un à la recherche d'une activité où il investira l'énergie qui l'a poussé à rompre la routine.

L'absence de culte totémique du diplôme initial présente un autre avantage : il rend plus attractif le recours à la formation continue qui facilite les changements de cap professionnel. Ne pouvant se reposer sur un titre scolaire décroché vers l'âge de 20 ans et construit sur des connaissances devenues obsolètes, le travailleur suisse est invité à poursuivre son éducation au long de la vie. Ce faisant, il redoute moins un marché du travail affecté de continuelles mutations. Dès la fin de sa formation initiale, avec un certificat fédéral de capacité (CFC), un diplôme d'une haute école spécialisée (HES) ou d'une haute école universitaire (HEU), l'intéressé sait qu'il lui reviendra de continuer à se former là où, en France, le diplôme initial, notamment s'il est délivré par une école prestigieuse, donne l'illusion que tout est acquis jusqu'au tombeau. L'intégralité du carburant ayant été consommée pour décrocher le premier diplôme tant convoité, le peu qui reste sert à gérer la rente chèrement acquise. Cette approche est nocive et, on s'en doute, terriblement anxiogène. Pour peu qu'il ait un minimum de lucidité, l'intéressé ne peut que constater le fossé entre ses connaissances, qui se dégradent faute d'entretien, et les attentes d'un marché du travail dont il s'éloigne, faute d'adéquation entre son stock de connaissances et ce que réclame l'environnement professionnel. En outre, en raison de la position sociale où l'a propulsé son diplôme initial, il lui est douloureux d'admettre son décrochage par rapport au marché du travail et son incompétence qui le marginalise irrésistiblement. À ces difformités, la Suisse échappe, pour le bonheur de ses travailleurs et de ses entreprises.

Le miracle de l'apprentissage dual
Le monde entier défile à Berne

Les jeunes Suisses sont au travail quand, dans trop de pays, ils sont au chômage. En Europe, en 2017, 20 % des moins de 25 ans en âge de travailler sont sans emploi, avec des pics à plus de 50 % en Espagne, au Portugal et dans de nombreuses banlieues françaises. Tel est le constat, brutal, que livrent les statistiques. Ce que les observateurs sans œillères ont aussi noté, c'est que le miracle helvétique – car c'en est un – ne relève pas du hasard. Il tient au système de formation particulièrement adapté au marché du travail, notamment grâce à l'apprentissage. Apprentissage dit dual, faut-il préciser, avec des particularités propres à l'ensemble du monde germanophone.

Dès l'entrée dans le dernier cycle de la scolarité obligatoire, soit vers 12/13 ans, au moment où ils accèdent au cycle d'orientation, les écoliers sont informés sur les parcours professionnels qu'ils découvriront bientôt. À eux, avec le concours de leurs professeurs, d'identifier les secteurs correspondant à leurs centres d'intérêt. Ceux qui n'envisagent pas de poursuivre une scolarité longue ont ainsi trois ans, de 13 à 16 ans, pour choisir la branche, le secteur par lequel ils entreront sur le marché du travail. Les contacts avec les entreprises formatrices se nouent au long des années du cycle d'orientation, l'équivalent du collège en France, avec des visites d'entreprises et des interventions du monde du travail dans le cadre scolaire. Au travers de ce dispositif, il n'est pas tant question de permettre aux milieux professionnels de faire leur marché parmi une jeunesse sans défense, que de faciliter la bascule en entreprise de jeunes à qui l'éducation scolaire verticale et abstraite ne convient pas. À la fin de la scolarité obligatoire, quelque deux adolescents sur trois optent en Suisse pour un apprentissage dans l'un des 230 métiers offerts, l'immense majorité (90 %) choisissant de le faire en entreprise, le solde le poursuivant dans une école spécialisée. À l'intérieur de la Suisse, le contraste est marqué entre les cantons alémaniques, où l'apprentissage draine la quasi-totalité des jeunes (90 % à Saint-Gall), et les cantons lémaniques, où les adolescents privilégient la poursuite d'une scolarité gymnasiale au collège, débouchant sur la délivrance d'une maturité gymnasiale.

L'apprentissage dual se déroule sur trois, voire quatre années. Les apprentis passent en moyenne 3,5 jours dans l'entreprise et, pour le reste de la semaine ouvrée, se rendent dans un centre de formation où leurs connaissances pratiques sont consolidées de manière plus scolaire. N'était cette échappée hebdomadaire vers une école professionnelle, les apprentis ont le même emploi du temps que les adultes sur leur lieu de travail. Un maître de stage veille à ce que non seulement l'apprenti apprenne un tour de main, mais qu'il s'initie aussi à l'ensemble de la chaîne de valeur sur laquelle il intervient. Le jeune apprenti reçoit un salaire mensuel d'environ 750 francs. Le salaire varie et évolue selon les branches, pour atteindre, en quatrième année, jusqu'à 1 300 francs dans l'hôtellerie et la restauration. La modicité relative du salaire doit être pondérée par le fait qu'il s'agit d'un salaire à temps partiel et que, cornaquant le jeune apprenti, le maître de stage est à la charge de l'entreprise. Outre cela, en raison de son âge, l'apprenti réside dans l'immense majorité des cas au sein de sa famille. L'entreprise accueillant des apprentis ne reçoit ni aides ni subsides, au contraire de ce qui se passe en France par exemple. Au terme de son parcours, le jeune passe un examen pour décrocher un certificat fédéral de capacité (CFC). Le terme « fédéral » a son importance : il permet au jeune de valoriser son diplôme dans toute la Suisse, et non uniquement dans le canton où il a achevé sa formation. Le jeune apprenti peut encore, s'il le désire, passer une maturité professionnelle et, si tel est encore son vœu, poursuivre en haute école spécialisée (HES). En moyenne, un bachelier professionnel sur cinq passe immédiatement dans une haute école spécialisée, un sur cinq effectue le même saut après une césure d'une année et à peu près autant après une césure de deux années et plus. L'interruption du parcours de formation est une autre caractéristique des systèmes germanophones et nordiques, contrairement aux pays latins où il convient de boucler la formation au plus vite, pour ne plus y revenir. Au final, selon les années, entre 55 et 60 % des bacheliers professionnels, c'est-à-dire porteurs d'une maturité professionnelle, se retrouvent en HES. La tendance est à la hausse, compte tenu de la notoriété de ces universités de métiers.

L'apprentissage est un formidable marchepied pour entrer sur le marché du travail. Au sortir de son apprentissage, le jeune a une expérience de plusieurs années dans l'entreprise formatrice. Il prouve qu'il a rempli sa mission et qu'il est intégré dans le milieu professionnel de son choix. Il montre surtout qu'il a su se plier à des contraintes tout sauf naturelles :

« À 16 ans, vous changez de vie ! Le saut est incroyable. Ma fille est en première année d'apprentissage, et tous les matins, je la dépose à 6 h 45 à l'arrêt de bus afin qu'elle soit à 7 h 15 au boulot ! Sans que rien vous y ait préparé, vous basculez du jour au lendemain dans les contraintes du travail, avec une hiérarchie, des consignes qui ne se discutent pas, sans pause toutes les quarante-cinq minutes. De quatorze semaines de congés annuels, on passe à cinq semaines ! Ce saut vertigineux, aucun jeune ne peut le trouver simple », témoigne ainsi un père de famille[2]. Pour l'entreprise, il s'agit là d'une main-d'œuvre qui, par avance, promet beaucoup. Si les salariés qui ont suivi un apprentissage ont à l'âge adulte un salaire inférieur à ceux ayant suivi une formation longue, de type doctoral, les écarts de rémunération entre les deux parcours restent mesurés, sachant que ceux qui ont opté pour la formation longue entrent dans la vie active quelque dix ou douze ans plus tard, sitôt qu'est visé un doctorat. L'écart de rémunération est ainsi la compensation d'un coût d'opportunité pour ceux et celles qui ont poursuivi de longues études non payées. En visite à Lima, au Pérou, Mauro Dell'Ambrogio, alors secrétaire d'État à la Formation, à la Recherche et à l'Innovation, déclarait voilà peu devant plus de mille personnes que cinq de ses sept fils, « ceux qui gagnent aujourd'hui le mieux leur vie », avaient suivi une formation duale.

L'efficacité de l'apprentissage dual tel que les Suisses l'ont adapté à leur marché du travail a suscité la curiosité de nombreux pays confrontés à une jeunesse mal formée (quand elle l'est) et souvent bardée de diplômes – abondance qui souligne, en creux, la médiocrité des formations dispensées par des établissements irresponsables, sous la houlette d'une puissance publique déconnectée du monde du travail. Rien qu'en 2015, pas moins de 33 délégations étrangères ont ainsi débarqué en Suisse pour observer de plus près le fonctionnement de ce fameux apprentissage dual. Comme quoi, on peut être un tout petit pays et provoquer la curiosité sinon l'admiration des Britanniques ou encore de la Chine et des États-Unis. Pour l'heure, les Français ont longtemps hésité à faire le voyage. Voilà pourquoi il faut saluer le déplacement en Suisse qu'a fait en 2017 Muriel Pénicaud, ministre française du Travail.

Le succès de l'apprentissage dual illustre combien la Suisse dément les analyses par ailleurs intéressantes de l'OCDE sur les ressorts de la réussite scolaire. Prenons les sciences : parmi les ingrédients utiles pour que dans ces disciplines les collégiens obtiennent de bons scores, le plus efficace serait de proposer aux intéressés au moins un cours scientifique obligatoire. Le deuxième ingrédient serait d'insérer les jeunes dans un parcours non professionnalisant : épargnez aux jeunes un parcours de type apprentissage, et leurs capacités scientifiques progresseraient alors de plus de 20 %[3]. Voilà bien une erreur de perspective. Pour qu'en fin de scolarité obligatoire, les collégiens obtiennent les meilleurs résultats dans les tests Pisa, tant dans les mathématiques que les sciences et la lecture, il convient avant tout que le socle de connaissances initiales soit le plus rigoureux, le plus ambitieux, le moins dispersé, le plus parfaitement maîtrisé par la population scolaire la plus massive possible. Une fois ces fondamentaux acquis et validés, les enfants ont généralement été vaccinés contre le virus le plus nocif : le manque de confiance en soi. Et c'est sur ce socle commun, à la fois solide et cohérent, composé des quelques matières fondamentales qui structurent le savoir et renforcent la personnalité, que s'élèveront plus tard les savoirs techniques ou généralistes qui, quoi qu'il arrive, nécessiteront un ravaudage permanent au fil du parcours de la personne dans la vie active.

La relève

S'en inquiéter, la préparer, la promouvoir

Pourquoi cet intérêt pour la relève ? La popularité du mot tient-elle à la culture militaire dans un pays où, à la différence des États voisins, l'armée ne s'est jamais professionnalisée, et où, parce qu'elle est demeurée une troupe de milice, tout le monde (ou presque) est soldat ? Ne parle-t-on pas de « relève de la garde » ?

Écrivant voilà quelques années un ouvrage sur le système suisse de formation, et particulièrement sur l'apprentissage dual, j'ai un jour visité une PME spécialisée dans le traitement du verre. Rendez-vous fixé avec son directeur, j'ai pris un tortillard sur un quai périphérique de la gare de Lausanne. Après une vingtaine de minutes de trajet, le train s'est arrêté dans une petite gare, et tout le monde a été invité à descendre : un éboulement sur la voie en interdisait l'usage plus avant. Les passagers ont alors été transférés dans un autocar Pullman. Après un quart d'heure sur une route sinueuse, nous nous sommes retrouvés sur le quai d'une autre gare, tout aussi minuscule et proprette que la précédente, et sommes montés dans une micheline qui devait m'amener à Lucens, ma destination. Plantée en rase campagne, la gare de Lucens n'est guère plus spacieuse qu'un gros kiosque à journaux. D'un côté, surplombant la voie ferrée, un château se devine, qui, à en croire le guide touristique, servit de résidence aux évêques de Lausanne dès la fin du XIIIe siècle et qui, aujourd'hui, abrite le musée Sherlock Holmes ; de l'autre côté de l'axe ferroviaire Lausanne-Lyss, autour de monticules de débris de verre, des bulldozers et des pelleteuses signalaient que j'étais à bon port. Le patron de l'entreprise, un sexagénaire dynamique et chaleureux, et son assistante m'attendaient. Après visite du site, vint l'entretien. Bien située géographiquement, bien gérée, en phase avec le marché, l'entreprise revendiquait une santé enviable. Sur la question de l'apprentissage, le patron était intarissable. Les quatre jeunes apprentis présents dans les murs faisaient l'objet d'un coaching millimétré. Plus tôt qu'ils ne l'imaginaient, leur tour viendrait d'assumer des responsabilités pour la continuité de l'exploitation.

La PME de Lucens portait le nom d'une très grande entreprise française, fondée en 1665 par Jean-Baptiste Colbert sous le nom de Manufacture royale des glaces. Cotée au CAC 40 à Paris, l'entreprise est l'une des nombreuses chasses gardées de la superélite scolaire française, celle issue des trois écoles – microscopiques pour ce qui est des effectifs – que sont l'ENA, Polytechnique et HEC, auxquelles on accède au terme d'un bachotage stérile, comme il se doit, mais dont les Français sont très fiers. Son actuel président (2017) est lui-même un énarque, fils et petit-fils d'énarque. Le précédent président était un polytechnicien : l'entre soi à la française est parfaitement respecté. Lors de ma visite, la filiale de Lucens était en émoi car, quelques mois plus tôt, une consigne venue de Paris lui demandait de se délester de ses apprentis, le siège parisien assimilant ces jeunes à un centre de coût dont il fallait se défaire. Le plus lamentable dans cette décision est que dans la presse française, quelques semaines plus tôt, le P-DG de la multinationale française, informé du chômage massif des jeunes Français et alerté sur l'échec des politiques successives de formation, avait déclaré que la résorption du chômage des jeunes Français passait par la mise en place d'un vrai système d'apprentissage sur le modèle germanique, dit dual. Entre, d'une part, les services comptables de ce mégagroupe, affairé selon son slogan à « construire notre futur » et présent dans plus de 60 pays, et, d'autre part, la consigne du patron parisien, l'information n'avait manifestement pas circulé. À la lecture de l'oukase parisien, le responsable de la filiale suisse avait réagi sans ménagement : « Il n'y aura aucune rupture de contrat d'apprentissage dans mon entreprise. Je préférerais m'alléger de personnels ayant plus d'ancienneté, plutôt que de toucher aux apprentis, qui sont notre relève ! »

La « relève » est un mot qui, en Suisse, revient en boucle. Il évoque à la fois une continuité d'effort et un investissement sur la jeunesse – considérée comme un actif avant même que sa valeur ait pu être démontrée. En invoquant ce terme, présent dans tous les secteurs d'activité, les Suisses montrent leur souci de la transmission. La qualité de leur système de formation, et notamment l'apprentissage, ainsi que les montants qu'ils y investissent, attestent que la relève n'est pas un concept creux pour amuser les médias et rassurer les parents.

Les passerelles

Ne jamais se sentir prisonnier d'un parcours, d'une formation

Fini le travail à vie au sein de la même entreprise ! Nous allons désormais changer de métier, et en changer souvent. Certains spécialistes du monde du travail évoquent la perspective d'un minimum d'une dizaine d'employeurs différents. D'autres, plus prudents, se refusent à formuler un chiffre qu'on devine pourtant plus élevé. Faute en est à la délocalisation, à la mondialisation, à la numérisation, à la robotisation, au *big data*, etc. Apprêtez-vous à faire souvent vos cartons et habituez-vous aux pots de départ ! Loin de réjouir tout le monde, cette perspective expliquerait pourquoi les gens se ruent vers la fonction publique, le métier de fonctionnaire paraissant encore un des rares immunisés contre les ressacs du marché du travail. Mais pour combien de temps encore ?

Et la fonction publique n'est-elle pas, elle aussi, condamnée à la rétraction ?

Il existe cependant une médication pour vaincre cette peur de l'inconnu : se préparer aux inévitables changements sur quoi se briseront les plans de carrière les plus finement élaborés. Le saut dans l'inconnu professionnel sera d'autant moins stressant que l'intéressé aura été entraîné à changer de poste, de branche, de région, et s'y sera préparé. Voilà à quoi servent les passerelles. Pendant la formation initiale, elles déblaient l'horizon de celui qui se tâte encore pour savoir quel métier choisir. La formation initiale est évidemment le moment du tâtonnement. Qui, à 15 ans, sait ce qu'il veut faire plus tard, à l'âge adulte ? En outre, à cet âge, les parents exercent une pression naturellement conservatrice, poussant leur progéniture vers la branche, voire le métier qui, dans leur regard d'adulte, leur paraît prometteur. Ces conseils bienveillants et ces inclinations adolescentes sont en réalité autant d'œillères. Si l'adolescent soupçonne que le dépliant publicitaire lui vantant un avenir radieux cache une voie de garage, il ne l'ouvrira pas. Par prudence, il optera pour un choix conformiste. Il suivra sa tribu, sa classe, clonera le choix des autres, de ceux qui sont les plus nombreux et qui le rassurent. Le risque est pour lui de se retrouver seul, fourvoyé, trompé par une offre alléchante mais trompeuse.

C'est là qu'intervient la notion de passerelle. En cas de mauvaise orientation, ou d'orientation ne correspondant plus parce que le désir de l'adolescent a changé, la passerelle permet de bifurquer, de changer de route sans repartir de zéro, sans retourner à la case départ. Ces passerelles sont probablement l'un des outils les plus intelligents du système suisse de formation. Surtout, avec ces changements de trajectoire qu'autorisent les passerelles, les jeunes en formation se frottent, très tôt, à la notion d'échec. Il est moins pénible de vivre cette expérience à 17 ans, lors d'un apprentissage mal aiguillé, que vingt ans plus tard, où l'on en sort généralement groggy. Apprendre dès l'âge de 17 ans ce qu'est la mobilité au travail est facile, car associé à moins d'enjeux sociaux, familiaux, patrimoniaux, et donc peu traumatisant. Traumatisme d'autant moins brutal que la famille est au chevet de la personne, peut l'aider et trouve naturel de le faire – bienveillance qui s'érode à mesure que la personne avance en âge. Les passerelles offrent le luxe d'oser se lancer dans une branche que, dans un cadre de formation classique, l'on aurait par avance rejetée par peur de l'échec. Le journal *Le Temps* dresse le portrait d'Étienne Jornod : « Parti de presque rien, soit un apprentissage de droguiste dont il est fier, Étienne Jornod a transformé une entreprise aujourd'hui valorisée à 10 milliards de francs. Il adore les secteurs en mutation, comme l'était la distribution des médicaments il y a deux décennies. » « Vous avez fait un apprentissage de droguiste », observe le journaliste, et Jornod de répondre : « Je suis l'aîné d'une famille de six enfants et le seul qui n'avait pas fait d'études universitaires au départ. Lorsque j'ai été engagé chez Galenica, comme responsable de gestion de produits, j'ai constaté que tout respirait l'académie de pharmacie. J'ai alors décidé de faire des études d'économie à HEC Lausanne, avant de revenir chez Galenica comme assistant du directeur général[4]. » Étienne Jornod a donc entrepris des études universitaires après avoir fait un apprentissage, puis intégré l'entreprise.

Les passerelles en formation initiale, et les changements de parcours qu'elles facilitent, exercent une influence très profonde sur ceux et celles les ayant empruntées. Elles sont cependant loin d'avoir résolu les problèmes d'adaptabilité à l'évolution du marché du travail. Quand une étude de Kelly Services, société prestataire de services en ressources humaines, rapporte que 40 % des hommes et 49 % des femmes suisses

« auraient finalement préféré embrasser une autre carrière » et qu'une personne sur cinq estime avoir choisi un métier qui ne lui correspond pas, il est clair que les problèmes subsistent. Sans doute beaucoup, parmi ces personnes non satisfaites au travail, n'ont-elles jamais expérimenté ces passerelles lors de leur scolarité post-obligatoire[5]. Sans doute, aussi, renoncer à sa zone de confort pour tenter une autre expérience, dans un autre milieu, avec de nouveaux collègues, dans une autre structure, ne va-t-il pas de soi.

La formation professionnelle
Garante de la prospérité et du bien-être

De Jean-François Bergier, dont je fus l'élève à l'université de Genève, j'ai souvenir d'un cours où il insistait sur le niveau moyen d'éducation et d'instruction particulièrement élevé en Suisse des travailleurs dans le processus industriel. Dans un ouvrage, l'historien concluait que « ce niveau culturel donnait aux populations laborieuses un sens plus large de la responsabilité de chacun dans son travail, et permettait une plus large sélection d'ouvriers spécialisés[6] ». C'est dire, en Suisse, l'importance de la qualification, de la haute spécialisation qui ne s'est jamais ralentie, comme en témoignent les deux indicateurs que sont la valeur ajoutée des produits et des services estampillés *Swiss made*, et la quasi-absence de chômage dans un environnement international où telle n'est pas la norme.

La formation professionnelle est bien la clé d'un processus vertueux : mieux elle est gérée, moins grand sera le nombre de gens hantant les agences pour l'emploi, et moins l'État sera mis à contribution pour un poste de dépenses qui, dans certains pays, ne cesse de s'alourdir sans effets visibles. Ne chipotons donc pas : la formation professionnelle suisse est un modèle d'efficacité. Aux ricaneurs, on objectera que le pays vit depuis presque deux décennies sous le régime du plein-emploi et que ces statistiques euphorisantes ne sont pas suspectes d'être trafiquées pour le seul bénéfice de gouvernements à la dérive, discrédités pour leurs promesses insensées à un électorat crédule.

Les cantons sont compétents pour la mise en œuvre de la formation professionnelle. Ce sont eux qui assument les trois quarts des dépenses qui totalisent 3,5 milliards de francs. Les associations professionnelles et les organisations des différentes branches économiques contribuent au financement de cette formation professionnelle : elles gèrent leurs organismes de formation, organisant les cours et les procédures de qualification, tout comme la promotion des différents domaines professionnels. L'essentiel des coûts (la moitié) se porte sur les écoles professionnelles et, plus précisément, sur la formation professionnelle initiale.

La formation professionnelle en Suisse a ceci de particulier qu'elle est rentable. Vous avez bien lu. L'État fédéral et les cantons contribuent massivement à cette activité, injectent des sommes considérables mais, au bout du compte, la valeur ajoutée que génèrent les acteurs de cette formation et qui se chiffre à 5,3 milliards de francs excède d'un demi-milliard les sommes investies. Si l'on considère la seule formation initiale, elle devient rentable pour l'employeur dès la fin de la deuxième année de formation. Non seulement la formation professionnelle renforce la résilience psychologique des individus en les aidant à faire face aux bouleversements constants, mais elle présente encore un bénéfice essentiel pour le tissu économique suisse, à savoir les 330 000 entreprises, composées à 95 % de PME. Ce sont ces entreprises, médiatiquement discrètes par comparaison avec les gigantesques multinationales bâloises ou zurichoises, qui récupèrent, grâce à la formation professionnelle, une main-d'œuvre haut de gamme au regard des standards internationaux et qui fait tourner la machine économique suisse, dont on peut mesurer la sophistication des produits.

L'enseignement supérieur

Les hautes écoles spécialisées

Les indispensables universités de métiers

Voilà une vraie pépite suisse. Lisons la mission que leur fixe la loi : les HES « dispensent un enseignement axé sur la pratique et sur la recherche et le développement appliqués, préparant à l'exercice d'activités professionnelles qui requièrent l'application de connaissances et de méthodes scientifiques, ainsi que, selon le domaine d'études, des aptitudes créatrices et artistiques ». Les HES visent à mettre à parité d'estime la formation gymnasiale et la formation professionnelle. Au terme d'un apprentissage réussi et sa maturité professionnelle en poche (diplôme créé en 1994), tout bachelier professionnel peut prétendre intégrer une haute école spécialisée. Au nombre de sept en Suisse et proposant une palette d'environ 300 filières d'études de niveau bachelor et master, ces universités de métiers ont, en un temps record, gagné en prestige. Un prestige mesurable : aujourd'hui, avec sa maturité gymnasiale, un bachelier sur cinq renonce à se diriger vers une université suisse ou vers une des deux écoles polytechniques fédérales pour leur préférer une HES. Les HES touchent aux domaines de l'économie, de la technique, de la santé, du travail social, du design et des arts. Pour ne pas pétrifier les parcours et donc ne pas pénaliser les jeunes pousses optant pour l'apprentissage à la sortie du cycle d'orientation, équivalent du collège en France, de multiples passerelles permettent de circuler d'une filière à l'autre, moyennant des examens complémentaires.

Autre preuve de l'attractivité de cette filière professionnelle : 5 % des étudiants ayant commencé leur parcours en cycle supérieur dans une HEU le terminent dans une HES. Bifurcation d'autant plus surprenante quand on sait le prestige des douze universités et écoles polytechniques fédérales suisses. Reste que le saut d'une maturité professionnelle vers une HES n'a rien de naturel et ne concerne qu'un nombre réduit de bacheliers. Pour ce qui est des porteurs d'une maturité professionnelle, à peine un sur cinq entre dans une HES dans la foulée de son bac, soit deux fois moins que ne le font les gymnasiens qui, à 40 %, enchaînent sans pause maturité et université ou école polytechnique fédérale.

Les HES sont la dernière perle en date à étinceler sur le collier de la formation suisse. Même si la matrice vient d'Allemagne, l'acclimatation suisse est particulièrement réussie au point que, confrontés à de gigantesques cohortes de jeunes et d'adultes mal formés aux métiers qui s'annoncent, les responsables de l'administration américaine lorgnent vers les HES pour voir comment s'en inspirer pour leur marché du travail.

Les écoles hôtelières

Souvent imitées, jamais égalées,
toutes (ou presque) vaudoises

Les très grands palaces sont à Londres, Shanghai, Paris, New York, bref dans les mégapoles, anciennes et nouvelles. C'est vers ces gigantesques villes que convergent les touristes par millions, et les hommes et femmes d'affaires fortunés. Et pourtant, c'est en Suisse que viennent se former les futurs dirigeants de ces palaces multiétoilés. La Suisse compte sur son sol les meilleures écoles hôtelières du monde ! Pour l'Australien, le Russe ou l'Italien qui ambitionne de diriger, un jour, un de ces luxueux paquebots que distinguent un confort hors norme, un personnel aux petits soins nuit et jour, un emplacement féérique et des tarifs attendus, l'étape suisse – vaudoise pour être plus exact – est incontournable.

Pourquoi la Suisse ? L'histoire remonte à la fin du XIXe siècle. Dans un article paru en 1903 dans la *Revue des deux mondes*, Louis Farges, alors jeune diplomate rattaché au Quai d'Orsay et auteur d'un déjà célèbre *Guide Bleu* sur le Cantal, analyse comment les Suisses imaginèrent une formation spécialement tournée vers le tourisme et, plus précisément, vers l'hôtellerie de l'époque. Le tourisme n'est pas encore une industrie de masse, mais les Anglais fortunés, tout comme les Américains, dépensent déjà sans compter. Pour satisfaire cette clientèle, il convient de structurer le marché, de se montrer à la fois accueillant et capable de répondre à ses attentes. En 1882, nous dit Farges, 65 hôteliers se réunirent dans la grande salle du casino à Berne et décidèrent la création d'une Société suisse des hôteliers. Le succès suit : à la fin de l'année, la Société comptait 169 membres, plus de 800 en 1900. En 1891, lors de son assemblée générale, la Société suisse des hôteliers proposait la création d'une école professionnelle qui formerait les personnels, alors dépourvus de compétences normées. Les cours s'ouvrent à l'automne 1893 à l'hôtel d'Angleterre, à Ouchy. Louis Farges éclaire avec une précision de chartiste – qui était sa formation à la base – le syllabus de l'école lausannoise : « Les études y sont remarquables par leur caractère essentiellement pratique. Elles comprennent d'abord un enseignement général : cours de langues (allemand, anglais, français), de calcul, de calligraphie, de géographie, de comptabilité et de tenue des livres. Elles comportent ensuite des leçons d'un ordre infiniment plus technique. Dans le cours de "Science des voyages", on s'attache à mettre les futurs garçons d'hôtel en mesure de renseigner tout étranger sur les curiosités de la ville ou du pays dans lequel il doit résider, à leur faire bien comprendre ce qu'en général veulent voir les touristes et comment ils veulent le voir, quelles sont en pareille matière leurs habitudes et leurs préférences suivant leur rang social et leur nationalité. » L'auteur poursuit : « "Pour mettre au courant les élèves, dit le professeur dans le rapport de 1895, j'ai commencé par leur faire visiter la ville de Lausanne et principalement les curiosités qui s'y trouvent, en leur conseillant de procéder de la même manière à l'endroit où ils seront établis, afin de pouvoir renseigner clairement un étranger. Au moyen de la carte murale, je leur ai fait faire des voyages circulaires, d'abord dans les environs et ensuite sur le lac et autour du lac, en se servant du guide officiel de la compagnie de navigation sur le lac Léman. En procédant de la même manière et à l'aide de guides de chemins de fer, nous avons visité les principaux endroits fréquentés par les étrangers, en donnant des explications sur les villes et stations balnéaires de la Suisse et des pays environnants. Ensuite, toujours au moyen des guides, nous avons fait des voyages circulaires en Italie, en France, en Allemagne et en Angleterre. Tout en cherchant les heures de départ et d'arrivée, nous calculions les prix des différents trajets, en tenant compte des classes de chemins de fer et de bateaux. Ceci a été fait principalement afin que les élèves apprennent à se servir des divers horaires vite et bien." [...] Ces travaux sont faits par écrit et le professeur les complète par quelques notions sur les monnaies et le change et aussi sur les arrangements des hôteliers avec les différentes entreprises de voyages[7]. » Manifestement, la visite des lieux a conquis Louis Farges. Peu de temps après, il s'installera en Suisse, avec le titre de consul général de France. La notoriété de la formation professionnelle dispensée sur l'arc lémanique suscite l'apparition d'autres écoles à même visée. En quelques décennies, l'arc lémanique est devenu l'épicentre mondial de la formation hôtelière, dans sa version haut de gamme. À juste titre : la formation suisse allie discrétion – requise lorsqu'on n'ignore rien des facéties d'une clientèle riche et fantasque –, sérieux, efficacité et la maîtrise de plusieurs langues.

Ces écoles hôtelières fixent leurs conditions d'admission, élaborent leurs programmes d'enseignement, définissent leurs critères pour ce qui est du profil de leurs formateurs et, au travers de leur réseau d'alumni, entretiennent un esprit de fraternité qui raffermit les liens entre jeunes et anciens diplômés.

Naturellement, en raison de leur succès, ces écoles hôtelières sont devenues des proies pour les grands groupes internationaux du secteur de la formation, tous essentiellement nord-américains et bien connus. Le fait marquant est que si ces groupes ont effectivement fait main basse sur beaucoup des établissements suisses de l'arc lémanique, aucun n'a ensuite relocalisé son rachat aux États-Unis. Visant une clientèle internationale et soucieux de conserver le label *Swiss made*, gage de qualité, ces groupes ont au contraire renforcé leurs implantations en Suisse. Choix curieux du point de vue des gestionnaires américains mais qui fait sens pour qui mesure la valeur ajoutée des rivages du lac Léman. Ce faisant, ils rendent hommage non seulement à ceux qui ont fait le voyage romantique au XIXe siècle, mais à une formation dispensée dans un lieu neutre, où le souci de rigueur et la qualité de l'accueil remontent à loin.

Les écoles polytechniques fédérales
Rien de mieux, ni en France, ni en Allemagne

Il est jusque dans l'enseignement supérieur où les Suisses sont en droit de se dire qu'« il n'y en a point comme nous ». Prenez les deux écoles polytechniques fédérales. Dans le classement mondial de Shanghai des meilleurs établissements supérieurs, l'école de Zurich est le seul établissement non anglo-saxon à se glisser dans les vingt premières universités mondiales, devançant ainsi la concurrence japonaise, allemande, française, etc. Quant à l'école polytechnique de Lausanne, elle ne démérite pas, loin s'en faut : dans le classement du Times Higher Education cette fois, elle est en pole position mondiale des « jeunes universités », celles de moins de cinquante ans.

Comment en est-on arrivé là ? Les Allemands connaissent bien l'école polytechnique fédérale de Zurich. Albert Einstein en sortit diplômé. La grande majorité des professeurs qui y enseignent viennent d'Allemagne. Ils y ont trouvé des conditions de travail incomparables avec ce que leur offrent les universités et les centres de recherche allemands. Aujourd'hui, 60 % des professeurs à l'EPFZ sont étrangers, allemands dans leur grande majorité. Autant l'EPFZ est célèbre de longue date pour la qualité des recherches qui y sont menées, autant l'école polytechnique fédérale de Lausanne est un ovni surgi récemment sur les radars de la renommée. Voilà peu, disons une trentaine d'années, l'école polytechnique fédérale de Lausanne était un établissement supérieur usinant des ingénieurs qualifiés. Ils sortaient chimistes ou physiciens et trouvaient à s'employer dans le Bassin lémanique. Les professeurs étaient surtout suisses romands. Le changement de statut de l'établissement lausannois est récent. Sa montée brutale dans le *Billboard* des établissements supérieurs mondiaux date des années 2000 et doit beaucoup à Patrick Aebischer, un médecin de formation, qui s'est emparé à la hussarde, d'une manière donc bien peu suisse, de la direction de l'école. En l'espace d'une vingtaine d'années, l'EPFL est devenue la première école d'ingénieurs de langue française au monde. Les recettes, déjà cuisinées à Zurich, sont simples : recruter les meilleurs professeurs sur une mappemonde, enseigner en anglais, grossir, dégager des ressources nouvelles, attirer les entreprises sur le campus. Aujourd'hui, l'EPFZ compte 18 500 étudiants, 350 professeurs et dispose d'un budget de 1,4 milliard de francs. À Lausanne, son décalque francophone affiche 10 000 étudiants, 338 professeurs, un budget de presque un milliard de francs. À titre de comparaison, le budget de l'École polytechnique française est de 100 millions d'euros (117 millions de francs). Tout comme les professeurs, recrutés majoritairement en dehors des frontières suisses, les étudiants viennent de partout : plus d'une centaine de nationalités à Lausanne, un peu moins d'une centaine à Zurich. Les financements sont multiples. Pour aller vite, les deux tiers du budget de ces deux écoles sont apportés par la Confédération, le solde par des fonds de tiers. C'est parce que ces deux écoles sont bien dotées financièrement que les chercheurs et les étudiants de toutes les nationalités y trouvent un confort propice à leurs travaux. C'est justement là que la situation risque de se compliquer dans les prochaines années. Les performances reconnues de ces deux établissements, auxquels il faut ajouter les dix universités cantonales, risquent en effet de souffrir des contrecoups de la votation du 9 février 2014. L'impact immédiat du scrutin a été la relégation des projets de recherche émanant des établissements suisses dans les fonds de recherche européens. Avec pour conséquence de rendre moins attractifs les établissements supérieurs suisses auprès des meilleurs chercheurs internationaux.

Célébrer les EPF est certes faire l'éloge d'un écosystème politique qui a permis leur éclosion mais, surtout, de leur adaptation à un biotope scientifique en perpétuelle évolution. Que l'EPFZ talonne depuis longtemps les meilleures universités anglaises et américaines, loin devant tous les établissements allemands et français, et que l'EPFL ait rejoint l'établissement zurichois dans cette ligue des champions mondiaux ne s'explique pas par leur seul atout budgétaire. Aussi injuste que paresseuse, cette explication revient souvent dans la bouche des responsables des établissements déclassés en Allemagne, en France et en Italie. C'est pour avoir pris les bonnes options stratégiques en matière de recherche, pour avoir diffusé une culture de la compétition au sein des laboratoires, pour avoir invité les entreprises privées à venir sur leur campus et pour avoir plaidé pour des niveaux de rémunération sans équivalent en Europe pour leurs enseignants – priés de mener des recherches ambitieuses –, que ces deux écoles ont atteint les sommets en matière de renommée scientifique. Mais à parler de système, on néglige le rôle des hommes. À juste titre, leur responsabilité est soulignée lorsqu'ils précipitent leur entreprise dans le mur. Il n'est que de se souvenir de Marcel Ospel euthanasiant l'UBS, ou de Mario Corti signant le *grounding* de Swissair. Dans le scénario inverse où, dans un climat de défiance, des personnalités placent sur orbite l'entreprise dont ils ont la charge, il convient de leur rendre hommage. Hommage donc à Patrick Aebischer. Il est celui qui, nommé président de l'EPFL en mars 2000, a dépoussiéré l'établissement et, avec le concours d'une équipe choisie par lui, l'a métamorphosé. Il se trouve une poignée de grincheux, aveugles au confort dont ils jouissent, pour déplorer « l'américanisation » de l'école qu'ils ont connue. À ces nostalgiques, il sera conseillé d'aller faire une année sabbatique en France, en Allemagne ou en Italie pour mieux apprécier leurs conditions cadres. Lestement de retour au bercail à Lausanne, ils ne geindront plus jamais.

En 2017, Martin Vetterli a pris la succession de Patrick Aebischer. Il lui reviendra de faire passer l'établissement dans le trou d'air provoqué par la votation du 9 février 2014.

Les bourses d'études
Pourquoi il n'y en a pas

L'enseignement supérieur n'est pas un luxe que s'offre un État avide de dépenses inutiles. Il est globalement admis que les établissements supérieurs fabriquent une main-d'œuvre très qualifiée, des cadres dirigeants et des innovateurs qui, par leurs apports à la chaîne de valeur, contribuent à la prospérité de tous. Il est encore admis que, ne serait-ce que pour régénérer le tissu social, les meilleurs d'une génération, et non pas les seuls bien nés, doivent pouvoir accéder à ce niveau de formation. Et pour que les meilleurs y parviennent, il faut raboter du mieux possible les obstacles qui les pénalisent, obstacles généralement de nature pécuniaire. Depuis maintenant une vingtaine d'années, les universités américaines les plus onéreuses et qui se rangent dans le groupe des meilleures appliquent une politique d'ouverture volontariste en direction de ceux que rebutent des tarifs d'inscription devenus délirants.

La première aide est souvent la gratuité ou la quasi-gratuité, à quoi s'ajoutent encore des aides sous la forme de bourses ou de prêts bancaires qui permettent à ceux qui le souhaitent et qui en ont les ressources intellectuelles, de pousser plus avant leur quête du savoir.

En matière de bourses d'études, la Suisse est dans la voiture-balai : deux étudiants sur trois s'affairent à des tâches alimentaires pendant leurs études, comme si étudier était un passe-temps pour snobs désœuvrés, statut maudit qu'il leur revenait d'expier. Les finances publiques s'en portent certes mieux, mais n'est-ce pas une entrave préjudiciable au bon fonctionnement du moteur méritocratique ?

La Villa Pierrefeu
Vous ne péterez ni ne roterez plus à table

Vers 1780, dans un ouvrage anonyme intitulé *La Civilité puérile et honnête pour l'instruction des enfants* que cite Norbert Elias dans sa *Civilisation des mœurs*, on peut lire : « Après, il mettra sa serviette sur lui, son pain à gauche et son couteau à droite, pour couper la viande sans la rompre[8]. » C'est en effet « chose rustique et sale [que] de tirer de sa bouche la viande qu'on a déjà mâchée et la mettre sur son assiette, aussi ne faut-il jamais remettre dans le plat ce qu'on en a [ôté] ». Presque deux cent cinquante ans se sont écoulés depuis ce traité de savoir-vivre à l'usage des jeunes gens bien nés. Depuis – n'en déplaise aux adeptes d'une révolution tant souhaitée qui mettrait enfin les riches au gibet –, nos sociétés occidentales se sont fortement démocratisées. Parce qu'elles l'ont fait parfois à un rythme que personne n'avait supposé, les bonnes manières ont peiné à suivre. Des millions de contemporains se sont extirpés de l'état de pauvreté où les faisaient croupir des régimes autocratiques, et – suprême défi – les voilà maintenant qui veulent singer nos usages, qu'ils jugent plus dignes que ceux qu'ils abandonnent sans regret. Allez en Chine et côtoyez ceux qui n'ont jamais mis le pied hors de leur continent : vous y croiserez des personnes fortunées qui, sans mal y voir, rotent et pètent à table. Genre de libertés que peu de personnes se permettent encore en Occident, sauf sur les plateaux de téléréalité. En d'autres termes, la sophistication des mœurs et la pudeur qui l'escorte n'évoluent pas au même rythme que l'enrichissement individuel. C'est là que, profitant de ce déficit et ayant flairé la bonne affaire, entrent en scène des agents économiques qui professent des leçons de maintien et de bon goût, et proposent un coaching personnalisé aux plus aisés et des cours en comité restreint à ceux qui le sont moins. Vous apprenez à ne plus cracher les pépins de raisin sur la moquette, à ne plus fouiller vos narines avec les doigts mais à utiliser un mouchoir, à ne plus remuer sur votre chaise – car, comme le notait Érasme, « c'est se donner l'attitude de quelqu'un qui lâche un vent, ou qui s'y efforce[9] ». Sans doute n'est-ce pas un hasard si cet apprentissage des bonnes manières, ce contrôle des pulsions et leur refoulement ont trouvé en Suisse leur terrain de jeu préféré, en terres réformées, promptes à condamner les excès en tous genres. Et rien de mieux que la honte et le malaise pour s'assurer que la leçon de maintien aura été bien apprise.

À la fin du Moyen Âge, l'acquisition des bonnes mœurs se prévalait d'arguments hygiénistes. Ce n'est plus le cas dans les formations dispensées aujourd'hui, encore que l'interdiction du crachat à Singapour et les sanctions pécuniaires contre les contrevenants visaient à l'éradication des pathologies microbiennes. Sous nos latitudes, et en Suisse particulièrement, il s'agit de montrer en peu de gestes qu'on a reçu de l'éducation et, dans un monde démocratisé où se mélangent dangereusement les classes sociales, de rassurer son voisin de serviette sur son origine sociale. Bien tenir ses couverts est un marqueur sur le milieu d'où l'on vient, le signal que l'on peut converser sans risque de déchoir au contact d'un nouveau riche, d'un rustre grossier ou d'un arriviste.

En matière d'éducation, l'arc lémanique a depuis longtemps labouré les familles fortunées du monde entier venues y déposer leurs rejetons en pariant que dans ce pays apaisé les excès de la progéniture resteront de bon goût. Et même si l'exercice du mouchage a aujourd'hui perdu de son importance, on n'est jamais trop bien élevé quand on vise à s'élever dans la hiérarchie sociale. Voilà pourquoi, nonobstant la numérisation du monde et l'extension sans limites des technologies les plus disruptives, la maîtrise de l'étiquette a gardé son importance. Les gestes les plus anodins distingueront la perruche vulgaire de la lettrée éduquée.

C'est sur les hauts de Glion que survit l'une des dernières académies du bon goût. À l'institut Villa Pierrefeu et sous réserve d'être sélectionné sur une longue liste d'attente, il vous en coûtera un peu plus de 5 000 francs pour, pendant une semaine, apprendre à survivre dans un milieu où, selon que vous rotez à table ou non, vous serez admis à vie dans une aristocratie un peu surannée marquée par la phobie des parvenus. La Villa Pierrefeu ne peut se concevoir qu'en Suisse. Ailleurs, en France, en Angleterre ou en Italie, les ravages de la démocratisation ont fossoyé ce type d'apprentissage après qu'il eut été ridiculisé – ainsi Nadine de Rothschild livre-t-elle ses conseils de savoir-vivre dans des livres peu onéreux. La Suisse offre le charme d'une coexistence harmonieuse entre un monde de geeks, de piercés et de tatoués, et celui, désuet, où un public féminin apprend à singer, ébats sexuels en moins, la cour de *Sissi impératrice*.

Autant les responsables de la Villa Pierrefeu avaient vu juste sur l'attractivité de leur enseignement, autant ils avaient sous-estimé le rapport très flexible qu'ont les Chinois avec la propriété intellectuelle. Passée par Glion, une ancienne élève chinoise aurait ainsi pillé les polycopiés de l'institut et dirigerait aujourd'hui en Chine une grappe d'établissements au fonctionnement proche de celui de la Villa Pierrefeu. Comme quoi, on peut avoir appris à ne plus roter ni péter à table, mais être resté un ruffian.

La recherche appliquée

La Coupe de l'America

Alinghi, les Suisses dominent la course en mer

En 2003, des millions de téléspectateurs sans curiosité particulière pour la course en mer se sont soudain pris d'intérêt pour un duel marin, un affrontement entre des voiliers géants pilotés par des équipages pléthoriques, vêtus d'uniformes de marques très chics. Jour après jour, ils ont suivi en direct les équipes en présence puis, dans une seconde étape, la bataille entre les deux finalistes. Largement partagée dans le monde, la ferveur populaire s'est corsée d'un zest d'antiaméricanisme : pensez ! un bateau suisse défiait les Américains invaincus et dont le bateau avait pour skipper un certain Dean Barker, un physique et une gueule jaillis d'un western de Sergio Leone. Avec la Coupe de l'America, la compétition de voile, de passe-temps pour nantis en rade de Monaco est devenue un spectacle de masse.

Qui a célébré la double victoire d'*Alinghi* dans la Coupe de l'America en 2003 puis en 2007 devant des convives italiens, français ou anglais garde en mémoire leur réaction. De manière quasi pavlovienne, il vous était rétorqué qu'aucun Helvète ne figurait parmi les membres de l'équipage (ce qui était faux) et que, dans ces conditions, la Suisse usurpait une gloire qui revenait en fait aux marins et au barreur. Accessoirement, il vous était encore objecté que le bateau suisse l'avait remporté car les Suisses sont riches. Vos contradicteurs préféraient exalter les navires italiens, français ou néo-zélandais, qui voguaient, eux, aux mains de leurs équipages nationaux. Que ces candidats à la gloire aient été éliminés lors de la Coupe Louis-Vuitton ne comptait pas. Ils avaient certes été dominés, mais au moins les équipages vaincus étaient des nationaux. Paradant avec de tels arguments, vos interlocuteurs ne se montraient pas simplement grossièrement nationalistes mais, à la victoire intelligente, ils préféraient la défaite chauvine. Perdre entre soi plutôt que de gagner en agrégeant les meilleurs, telle était la recette que revendiquaient ces mauvais perdants.

La double victoire d'*Alinghi* en 2003 et 2007 m'apparaît comme exemplaire. Elle est celle d'un entrepreneur, pas moins riche ni plus pauvre que les autres équipages lancés dans la course, mais qui a adopté la seule méthode valable lorsque le but poursuivi n'est ni social ni caritatif, mais de vaincre : aller piocher les meilleurs partout, sous toutes les latitudes, les souder dans l'épreuve, puis les pousser à gagner, convertissant en énergie victorieuse ces différences de langues, de nationalités, de caractères, d'expériences. De fait, les deux victoires consécutives d'*Alinghi* résument assez fidèlement ce qui constitue la force de la Suisse : assembler les meilleurs venus des cinq continents dans un seul but : être le meilleur. Participer certes, mais, tant qu'à faire, pourquoi ne pas gagner dans les règles imposées ?

Solar Impulse
Les nouveaux Jules Verne

Solar Impulse est une aventure collaborative exceptionnelle. Piloté par Bertrand Piccard, 58 ans, et André Borschberg, 63 ans, le projet, lancé en 2003, fait appel à toutes les bonnes volontés pour permettre à un avion d'un type nouveau de faire un tour du monde sans carburant fossile. Zéro kérosène ! De partout, les entreprises ont joué le jeu, mettant à la libre disposition des équipes de Payerne, dans le canton de Vaud, les équipements pouvant servir le projet. Il suffit de nommer Solvay ou encore SunPower, la filiale californienne de Total, ou ABB, spécialiste mondial de l'éolien. Le staff au sol était populeux, soit près de 80 ingénieurs et techniciens. Au bout de deux ans, leur logiciel mental ayant disjoncté, deux ingénieurs, missionnés auprès de Bertrand Piccard par une grande firme aéronautique française, vinrent faire leurs adieux car, ils en étaient persuadés, « le projet [n'avait] aucune chance de voler ». Belle preuve de cécité ! Le dimanche 24 juillet 2016, Solar Impulse décollait pourtant du Caire pour la dernière étape qui l'emportait vers Abou Dhabi. Ainsi se terminait un tour du monde de 35 000 kilomètres et 17 étapes. Tour du monde lent et épuisant, mais suivi par la planète entière.

Solar Impulse est un avion révolutionnaire. Il ne transporte qu'un seul passager, c'est entendu, et son empennage est celui d'un Boeing 747. Mais personne ne doute que le futur de l'aviation s'inscrive dans la trace du gigantesque engin : aucune d'émission de CO_2, réduction complète du bruit. Quant aux piles qui permettent à l'avion de décoller puis d'atteindre sa destination, elles sont appelées à révolutionner les énergies. Qui, voilà seulement dix ans, aurait parié sur le succès de Tesla et la généralisation des véhicules électriques dans les villes européennes ? Solar Impulse est une vitrine, non pas pour les seuls sponsors dont les noms s'affichent sur les ailes, mais pour l'économie suisse. Si la Suisse peut s'enorgueillir de figurer en tête des pays les plus innovants, cela tient aussi à des expériences futuristes comme Solar Impulse. Et, bénéficiant de cette image de marque, c'est l'ensemble des firmes suisses qui tire profit de la valeur ajoutée associée à l'innovation.

Solar Impulse s'inscrit dans le temps long. Treize années, c'est le temps qu'il a fallu pour que décolle enfin l'avion révolutionnaire. Partout, sur la planète, le passage du gigantesque appareil a fait l'objet de célébrations, car il préfigure, sans doute, une révolution à venir dans le transport aérien.

Au même moment, à Rochefort, en France, au terme de travaux ayant duré dix-sept ans, un autre projet aboutissait. Réplique de la frégate de La Fayette datant de 1780, un trois-mâts nommé *L'Hermione*, d'un coût de 26 millions d'euros, traversait l'Atlantique (5 millions d'euros pour l'expédition). « La grandeur française n'a pas de prix », commentait, désabusée, la journaliste Françoise Fressoz[10]. La traversée terminée, le bateau retrouvait son port d'attache, Rochefort. Il est destiné à être un musée. Impossible de ne pas faire le parallèle entre les deux projets. Le suisse qui, à Payerne, invente l'avenir. Le français qui, à Rochefort, regarde le passé. Au sujet du trois-mâts, un quotidien français grimaçait : « L'avenir de *L'Hermione* demeure incertain. » Ce n'est probablement pas le cas de Solar Impulse.

Quelques fleurons suisses

Le DDT
L'insecticide « miracle »

Massif, avec un fort nez et une mâchoire en presse-purée, le chimiste suisse Paul Hermann Müller reçoit en 1948 le prix Nobel de physiologie (c'est-à-dire de médecine), « pour sa découverte de la grande efficacité du DDT en tant que poison contre divers arthropodes ».

Le public étant peu familier du DDT, on rappellera que les arthropodes sont dans leur grande majorité des parasites piqueurs ou suceurs et, surtout, vecteurs de maladie. Pour être plus précis, si les moustiques sont les mieux connus, il faut encore mentionner les acariens comme les tiques, les insectes comme les puces, les poux et tout ce qui s'attaque aux végétaux comme les punaises, les pucerons, etc. Si les arthropodes jouent un rôle important dans les forêts, ils ont cependant un rapport moins amical avec l'homme, qu'ils parasitent. C'est là qu'interviennent notre chimiste suisse et son DDT.

Le DDT, une fois son efficacité prouvée, connaît une prospérité immédiate et planétaire. En janvier 1944, à Naples, ville ravagée par le typhus depuis trois mois, le DDT fait une percée spectaculaire : 1,3 million de civils sont traités au Néocide, que les Américains ont testé avec succès sur des prisonniers en Afrique du Nord. Adieu, les milliards de poux qui partageaient le quotidien des Napolitains ! Toujours en Italie, le DDT attaque efficacement la malaria, à l'état endémique dans un pays dont Malaparte, dans *La Peau*, dépeint l'extrême détresse. Au vu de son succès, le produit est rapidement utilisé partout où l'homme se confronte à un ennemi minuscule (lorsqu'il est visible) et terriblement nocif. Le DDT est alors le meilleur ami de l'homme. Sa vente est autorisée aux États-Unis le 31 août 1945. Le produit fait des miracles. Permettant l'éradication du paludisme en Europe et en Amérique du Nord, où il sévissait, le DDT est une innovation fabuleuse pour des centaines de millions de Terriens, enfin débarrassés de fléaux millénaires.

Comme il fallait le redouter, la campagne d'éradication massive lancée par l'OMS en 1955 eut des contre-effets. Le premier est le développement de résistances chez certaines familles d'insectes. Le DDT s'avère aussi moins efficace dans les régions tropicales où, en raison de l'humidité, les bestioles se reproduisent continuellement. Des incidents surviennent dans le courant des années 1960. Des oiseaux sont impactés par l'insecticide, et à partir de là, les campagnes d'opinion contre le DDT, d'inspiration écologique, se multiplient. Dans les années 1970, l'insecticide est interdit dans l'agriculture de la plupart des pays occidentaux, le mouvement en Europe ayant commencé en Suède et en Norvège.

Il n'est pas dans nos compétences de juger des effets réels ou non du DDT sur l'homme et sur l'environnement. Une chose paraît cependant peu contestable : lorsque Paul Hermann a démontré que le DDT éradiquait des arthropodes contre lesquels nos aïeux luttaient sans fin, il a permis à une vaste partie de l'humanité de s'affranchir d'une calamité. Pour les contemporains – comme moi – de cette période qui vit la disparition totale des moustiques dans le sud de la France, le

DDT a été un produit béni, un don de la science aux hommes. On a enfin pu sortir le soir sans s'enduire de crème citronnée, et lâcher la tapette à moustiques pour tenir un livre. Les plus pauvres ont aussi eu la démonstration que la science servait à quelque chose, que les chercheurs dans leurs laboratoires n'étaient pas tous de coûteux illuminés, des Nimbus. Et que les découvertes scientifiques en appellent d'autres, tout autant nécessaires et utiles que les précédentes, puis les remplacent.

Le LSD

Une drogue tombée en désuétude

Faut-il vraiment s'étonner qu'une drogue parmi les plus chimiquement pures jamais inventées soit d'origine suisse ? Après tout, avec Roche et Novartis, la Suisse abrite sur son sol la plus grosse concentration de firmes pharmaceutiques en Europe. Le LSD, ou dit plus pompeusement le diéthylamide de l'acide lysergique, est un psychotrope hallucinogène dont le principe actif a de lointaines ressemblances avec l'ergot du seigle, un champignon du groupe des ascomycètes, parasite du seigle. L'éclaté scientifique nous dit que l'ergot du seigle contient des dérivés d'acides aminés, nommés alcaloïdes, « responsables de l'ergotisme, en particulier l'acide lysergique dont est dérivé le LSD ». Passons sur l'explication chimique, inintelligible pour l'auteur de ces lignes qui, en l'occurrence, s'est contenté de plagier les articles savants. C'est donc en 1938 que, pour la première fois, le LSD est synthétisé. Et si le LSD figure dans cet ouvrage, c'est qu'aux manettes se trouvent Arthur Stoll et Albert Hofmann, deux chimistes à la recherche d'applications thérapeutiques, tous deux détenteurs d'un passeport à la croix blanche. L'invention ne survient pas sur une paillasse de l'université de Bâle, mais dans un des laboratoires de la firme Sandoz, entreprise pharmaceutique rebaptisée Novartis en 1996 après sa fusion avec Ciba-Geigy. Les travaux des deux chimistes portent alors sur des dérivés de l'ergot de seigle, et le LSD aurait été le vingt-cinquième de la liste. Voilà pourquoi notre LSD porte le numéro 25. Les résultats étant décevants, les chercheurs mettent un terme à leurs recherches. Ils y reviennent cinq ans plus tard et découvrent par hasard les effets psychotropes de la molécule lors de la phase finale de la synthèse. Le 19 avril 1943, Hofmann s'autoadministre la substance par voie orale. L'histoire retiendra que, sur son vélo, il aurait été pris d'hallucinations et d'angoisses. Nos deux chimistes sont convaincus d'avoir fait une découverte méritant d'être protégée : dix jours plus tard, le 30 avril, ils déposent en Suisse le brevet pour le LSD. Il fera l'objet d'un dépôt aux États-Unis en 1947. Cette même année, Werner A. Stoll, fils du propriétaire des laboratoires Sandoz et lui-même psychiatre, teste sur ses patients la molécule explosive. Les résultats sont convaincants au point que Sandoz se lance dans la fabrication d'un produit pour les cercles psychiatriques. À partir de là – nous sommes au début des années 1950 –, le LSD connaît un succès qui n'est plus de simple curiosité : le voilà promu médicament, à préconiser toutefois avec doigté.

Au début des années 1960, le LSD a largement franchi les barrières de la clinique. Ses effets sont jugés « miraculeux ». Comme on pouvait s'y attendre en cette période de transgressions tous azimuts, l'autoexpérimentation fait fureur – et des dégâts. Aux États-Unis, le produit est d'usage courant dans les milieux de la contre-culture, notamment dans la jeunesse qui secoue une société que les adultes imaginent encore solide et consensuelle. Des personnalités ayant marqué leur époque se font les prosélytes de ce qui est ouvertement une drogue. On citera le poète Allen Ginsberg ou l'écrivain Timothy Leary.

En Suisse, les dégâts provoqués par le LSD sont minorés : la drogue vendue sous ce nom ne sort pas des laboratoires Sandoz, et est fabriquée artisanalement. Du reste, Sandoz perd ses brevets, probablement pour ne pas avoir poursuivi de recherches sur une substance dont seuls les effets psychédéliques intéressent le public. Parce que ses contrecoups dévastateurs sont désormais avérés, le LSD plonge dans la clandestinité. En octobre 1966, le gouverneur de la Californie, Ronald Reagan, en interdit l'usage, rapidement imité par les autres États. Le LSD est sorti du périmètre des initiés pour déborder dans le grand public. La substance chimique est dénoncée comme un dangereux stupéfiant. Tout ce que la planète compte de musiciens et d'artistes en fera un usage immodéré pendant les années 1960. Assez curieusement, dans la décennie suivante, le LSD perdra subitement de son lustre, remplacé par d'autres produits, plus rapidement explosifs. Surtout, le LSD souffrait d'un handicap rédhibitoire pour ceux qui gouvernaient alors le marché de la drogue : ce psychotrope ne conduisait à aucune accoutumance. Vice majeur pour qui s'applique à construire un réseau de fournisseurs, transporteurs, revendeurs ! À tout moment, le lourd investissement de démarrage pouvait en effet sombrer à cause de la trop faible addiction de la clientèle. Hofmann décédera en 2008, à l'âge de 102 ans. Il confessera avoir pris sa dernière dose de LSD alors qu'il avait 97 ans.

Rolex

« Si à 50 ans on n'a pas une Rolex, on a raté sa vie »

Les publicitaires, ça ose tout, c'est même à ça qu'on les reconnaît. En février 2009, sur le plateau de France 2, Jacques Séguéla, avocat impulsif du « bling bling » du président Nicolas Sarkozy, pulvérisait le mur du son en assénant : « Enfin !... Tout le monde a une Rolex. Si à 50 ans on n'a pas une Rolex, on a raté sa vie. » De cet octogénaire, par ailleurs efficace homme d'affaires, c'est surtout cette phrase que l'on retiendra de son passage sur Terre. Faut-il préciser que l'horloger suisse se serait volontiers dispensé d'une publicité aussi affligeante, qui aurait mérité une mise au point du constructeur tant le propos du Français était méprisant et renvoyait à une batterie de grossiers clichés dont Rolex se méfie.

Rolex naît en 1905, à Londres, sous l'impulsion de Hans Wilsdorf. En 1906, la compagnie brevette un bracelet métallique extensible dont seront équipés la plupart des modèles de montres poignet, fossoyeurs de la montre gousset. En 1914, pour des raisons de fiscalité plus conciliante, Rolex s'installe à Genève et n'en bougera plus. Dans l'horlogerie, la R&D se résume alors à la chasse à la poussière sous le cadran. Autant que la fiabilité, l'étanchéité totale est un argument de vente. Dans les années 1920, l'horloger lance la Rolex Oyster, première montre waterproof dotée d'une couronne révolutionnaire. Conscient de l'impact que peuvent avoir certains événements, Rolex confie en 1927 un modèle d'Oyster à la nageuse Mercedes Gleitze avant sa traversée de la Manche à la nage. Rolex s'offrira le lendemain une pleine page du *Daily Mail* pour célébrer l'exploit. C'est, dit-on, la première publicité pour une marque de montres. De la parure, la montre bascule alors vers l'outil iconique, et les photographes la célèbrent au poignet des explorateurs de l'extrême. Les plus grands sportifs se plient volontiers aux promotions que Rolex organise.

Parallèlement, Rolex empile les innovations techniques, comme le cadran double ou encore le Rotor. La marque se montre d'autant plus généreuse en matière d'investissements, et donc plus patiente en terme de rentabilité, que Wilsdorf a légué son entreprise à une fondation qui la gère en totale discrétion et, surtout, hors la pression d'actionnaires pressés et gloutons. Dans les années 1970, les partenariats se sont élargis au monde des arts et des lettres, partenariats aussi élégants que sophistiqués. On y trouve des musiciens, jusqu'à des hommes de lettres dont on n'aurait jamais parié que, tel Hans Magnus Enzensberger, ils se prêteraient à des opérations commerciales.

Rolex est installé à Genève, dans la zone industrielle des Vernets. La firme écoulerait environ 800 000 modèles chaque année pour un chiffre d'affaires de 4,35 milliards d'euros. Suite à la sortie de Séguéla, Nicolas Sarkozy a changé de fournisseur. Désormais, cadeau de son épouse, il porterait une Girard-Perregaux 1966 à équation du temps, le numéro 28 d'une série limitée.

Le couteau suisse

Que de lames, et jusqu'à combien ?

Canton à majorité catholique, Zoug est le plus riche des cantons suisses, et le chômage y est inexistant. Zoug présente deux autres particularités dont il se vante moins : il a régulièrement obtenu la palme d'or suisse de la soustraction fiscale et, en 2015, il était avec Genève le canton formant le moins d'apprentis. Zoug peut cependant s'enorgueillir d'avoir vu naître sur ses terres un des attributs le plus fortement suisses qu'il se puisse trouver : le couteau multilame.

Évoquer la saga du couteau suisse, ce manche bourré de lames, scies, poinçons et cure-dents, c'est rendre hommage à un apprenti de génie, un certain Karl Elsener qui, dans les années 1870, acheva son apprentissage de coutellerie à Zoug, au terme d'une formation l'ayant conduit à Paris, puis à Tuttlingen en Allemagne. Son diplôme en poche et après quelques voyages initiatiques, en 1884, Karl Elsener s'installait à Ibach, dans le canton voisin de Schwytz. Dans son atelier, installé sur le bord du cours d'eau Tobelbach qui lui fournissait l'énergie hydraulique pour ses scies et meules, Karl Elsener fabriquait des couteaux, des rasoirs ainsi que, comme il l'avait vu lors de son apprentissage en Allemagne, des instruments pour la chirurgie, outils moins encombrants mais plus précis que les coupe-légumes pour ménagères et dépeçoirs pour équarisseurs. Avec la chirurgie, la coutellerie gagnait un client exigeant, grand utilisateur d'outils tranchants et miniaturisés. En outre, la spécialité médicale exigeait et exige toujours une vaste gamme de bistouris pour intervenir à l'intérieur du corps humain.

C'est en 1891 que Karl Elsener met au point le futur « couteau de l'armée suisse », originellement destiné à la seule armée suisse, comme son nom l'indique. Les autorités suisses avaient écarté de l'appel d'offres leur fournisseur historique, un coutelier allemand installé à Solingen qui fabriquait un outil multilames assez proche du couteau de Karl Elsener. Au vu de la taille du nouveau marché – les soldats miliciens conservaient leur couteau à leur domicile –, l'atelier était bientôt converti en usine. Karl Elsener rencontra probablement des difficultés de livraison, car en 1893, un autre coutelier suisse, Paul Boéchat & Cie, installé dans le Jura francophone et devenu plus tard Wenger, décrochait à son tour une part du marché militaire. Pour se prémunir d'une éventuelle rupture d'approvisionnement, et aussi pour ne pas être à la merci d'un seul fournisseur, le marché fut donc confié aux deux couteliers. Un siècle plus tard, en 2005, Wenger passera sous le contrôle de son concurrent historique.

Le premier trait de génie de Karl Elsener est son idée d'abandonner le modèle unique de couteau militaire pour tenir compte de la hiérarchie au sein de l'armée. À l'époque, les officiers devaient acheter leur couteau, et, à leur seul usage, Elsener imagina un modèle limité et plus sophistiqué que le couteau de base destiné au troufion. En 1897, un couteau à six lames, l'Offiziersmesser faisait l'objet d'un dépôt de marque. Plus tard, quand ce modèle plus luxueux fut proposé au public, la coque fut choisie de couleur rouge pour retrouver plus facilement le couteau s'il était perdu dans la neige. Pour la troupe, l'enveloppe des lames resta en simple métal.

En 1909, la croix blanche apparaît sur le manche. À l'époque, le couteau de l'armée suisse ne se nomme pas encore Victorinox, appellation qui sera déposée en 1921. Sa racine est double : « Victor » rend hommage à la mère du coutelier, prénommée Victoria. « Inox » signale que le métal dans lequel sont faits les outils repliés dans le manche est un acier inoxydable. Les deux marques concurrentes Wenger et Victorinox prospèrent au long de la première moitié du XXe siècle, notamment grâce aux exportations. À la fin des années 1930, l'entreprise de boucherie américaine Forschner, entreprise familiale comme l'est Victorinox, se lance dans l'importation de couteaux à viande. Pour le couteau de l'armée, fleuron de la marque Victorinox, il faut attendre la Seconde Guerre mondiale et le débarquement de centaines de milliers de soldats américains sur le sol européen pour que ses ventes s'envolent. Le couteau n'a alors rien d'un gadget. Pratique à l'usage, il laisse accroire qu'en toutes circonstances, il peut sauver la vie. Le couteau s'adapte aussi à l'évolution du marché. Ainsi, la disparition progressive des boîtes de conserves puis leur adjonction d'un clip d'ouverture ne provoquent pas la suppression de l'ouvre-boîte dans la panoplie des lames mais sa transformation en petit tournevis. Innovation qui peut paraître mineure mais qu'appréciaient ceux qui, en tentant de visser un écrou, cassaient leurs lames. Au fil des ans, la popularité du couteau de l'armée suisse n'a cessé de grandir. L'armée de l'air américaine a un faible pour lui. Le monde entier l'aura noté lorsqu'en 1962, vidant ses poches devant les télévisions du KGB, l'espion américain Francis Gary Powers, après s'être éjecté de son U2, présenta aux autorités soviétiques un Victorinox. La firme est aussi devenue le fournisseur de l'armée allemande : sur le manche, un aigle a remplacé la croix suisse. Dans les années 1980, la troisième génération des Elsener a fait le pari de la diversification. Le multilame est devenu un support de marketing. Pour leur politique commerciale, toutes sortes de sociétés gravent leur logo sur la crosse et offrent à leurs clients un souvenir qui ne finira pas à la poubelle dès réception.

En ce qui concerne le couteau proprement dit, on peut s'interroger sur l'image que, de l'armée suisse, il donne au profane. Sur les modèles les plus sophistiqués, logés dans la crosse du couteau, ne trouve-t-on pas un cure-dents, un kit de couture, une épingle anglaise, une pince à épiler, etc. ? Doté d'une clé USB, il fait aussi un clin d'œil aux cadres et aux Milleniums (nés entre 1980 et 1999). Ils auront peut-être des difficultés à glisser dans leur ordinateur ladite clé USB rivée à un bloc d'acier pesant son poids. Mais le comique Massimo Rocchi a probablement raison lorsqu'il dit : « Toutes ces lames ne sont pas là pour être utilisées, mais juste "au cas où". Il faut toujours avoir son couteau, pour "le cas où" ! »

Il y a quelques années, Victorinox exportait 90 % de sa production. Les attentats de septembre 2001 et les mesures de sécurité dans les aéroports ont fragilisé les ventes. Sans doute doit-on à ce ralentissement conjoncturel la diversification de la production de Victorinox, qui touche aux valises, à l'habillement, à l'horlogerie.

Pour les garçons de ma génération, le couteau suisse a longtemps été un cadeau qui scellait un passage initiatique, celui à l'âge dit « de raison ». J'ai bien dit « garçons » car, probablement, vers la fin des années 1950, les petites filles se voyaient offrir autre chose qu'une arme de poing. Comme tous les petits garçons, j'ai donc reçu un couteau rouge, un couteau de l'armée suisse qui, dans mon souvenir, comportait quatre ou cinq lames et, sur l'autre face, une sorte de pic – le poinçon, je pense – et le tire-bouchon. Ma main renfermait un bijou de technologie. À mesure que j'ouvrais les lames et autres tournevis, mon imagination se débridait. Avec un tel outil, Robinson Crusoé – je lisais alors l'ouvrage de Daniel Defoe – n'aurait pas eu à s'épuiser à vider l'épave. Le couteau suisse lui aurait permis de vivre comme un pacha sur son île, découper les rondins de son fort, construire sa cabane, repousser les cannibales, etc. Me rêvant Robinson Crusoé, je me suis retrouvé dans une pharmacie de garde, l'extrémité de l'index sectionnée par la grande lame du couteau rouge de l'armée suisse, dotée d'un redoutable ressort de fermeture dont j'avais négligé la fourberie.

Caran d'Ache
Des stylos, des crayons, la Swiss Qualität

Je mesure ma chance d'avoir eu pour guide, lors d'une visite privée, le patron de Caran d'Ache. M'intéressant à l'apprentissage dual, j'avais sollicité M. Jacques Hubscher pour visiter son entreprise. Il avait répondu favorablement à ma demande. L'entreprise se trouve à Thônex, commune du canton de Genève, à quelques minutes du terminus du tram 12. Les murs du bâtiment longent la frontière française, mais on est bien en Suisse. La réception est sobre, le patron est dans le hall qui vous attend, accompagné par une jeune femme, « gestionnaire des ressources humaines ». La visite commence. Chose frappante : le patron connaît tous les salariés de l'entreprise, et elle en compte 300, répartis entre 90 métiers, depuis le spécialiste du filage des mines, jusqu'à celui des becs de plume en passant par celui du découpage des crayons et l'expert des pièces d'exception. Lui les appelle par leur prénom et eux répondent courtoisement par un « Bonjour, monsieur Hubscher ». La visite plonge le visiteur dans un univers industriel aux portes de Genève : s'y trouvent quantité de machines volumineuses, aux mouvements compliqués, bruyantes aux oreilles du visiteur habitué au confort des bureaux. Lors du déjeuner, qui sera pris dans la cafétéria, tout le monde se croise et se salue. Pas de table ou de coin réservé aux cadres supérieurs ou au patron. « Il n'y a pas de salle de déjeuner pour les patrons et il n'y en a jamais eu. Tout le monde déjeune ensemble, à la cantine. » Lorsque les clients étrangers viennent à Genève pour boucler des affaires à Thônex, le déjeuner se déroule dans ce cadre, simple, propre, en ordre. La différence est frappante avec la visite d'une entreprise italienne ou française, où la direction, à l'initiative d'un patron parachuté, a pris soin de construire un espace qui lui sera spécialement dédié, et où toute cohabitation avec les subalternes est proscrite. Heureusement, l'époque est aux start-up et à la décontraction hiérarchique.

Caran d'Ache est une pépite suisse, spécialisée dans la fabrication de crayons et de stylos. Les produits sont destinés au bureau mais se trouvent aussi dans les trousses de tous les scolaires. L'aventure commence en 1915 avec la fondation de la Fabrique genevoise de crayons, rachetée neuf ans plus tard par Arnold Schweitzer, alors âgé de 39 ans et originaire de Lichtensteig, commune du canton de Saint-Gall. Schweitzer rebaptise l'entreprise Caran d'Ache, pseudonyme d'Emmanuel Poiré, dessinateur humoriste français, né à Moscou en 1858 et décédé à Paris en 1909. En russe, « carandach » (*карандаш*) signifie « crayon », mot venu du turc *kara taş*, littéralement « pierre noire ». Installé à Paris, Caran d'Ache publie des caricatures, des dessins humoristiques et, surtout, se lance dans la bande dessinée avec pour inspirateur Rodolphe Töpffer, Genevois considéré comme le créateur du genre. Si la notoriété de Caran d'Ache est grande, est en revanche moins connu son parti pris antidreyfusard au sein de la Ligue de la patrie française. À la décharge du caricaturiste, il est vrai que contre le capitaine Dreyfus se dresse alors la moitié de la France, ce qui fait du monde.

Dans la PME familiale, les innovations jaillissent à jet continu. Signalons les plus marquantes. En 1929 est inventé et breveté le Fixpencil, premier pousse-mine à pince. Fini le taille-crayon ou le couteau, il suffit d'acheter des recharges que l'on glissera dans le canon du crayon. Un dispositif technique pousse la mine, et des griffes situées à l'autre bout du crayon permettent de calibrer la mine souhaitée. Le modèle d'origine était en bakélite, puis entièrement en métal. L'appellation est d'une grande clarté et, observons-le, est déjà en langue anglaise. Consécration suprême : en 2005, la poste suisse éditait un timbre en hommage au Fixpencil. Soit encore le Prismalo, dénomination déposée en 1931, premier crayon aquarellable, crayon de couleur soluble dans l'eau et dont le résultat, comme l'indique son nom, se rapproche de l'aquarelle. On trouvera bientôt des Prismalo dans le cartable de tous les écoliers européens. Il s'agit d'une authentique révolution pour les parents qui redoutaient jusqu'alors de voir leurs enfants renverser les verres où trempent leurs pinceaux, ou encore utiliser ceux-ci comme épées dans des joutes salissantes. Désormais, grâce aux Prismalo, les pigments du crayon suffisent à recréer l'illusion de l'aquarelle. Quant aux puristes – il en reste heureusement –, ils peuvent toujours se tourner vers les solutions classiques, avec les risques afférents. Depuis le premier crayon aquarellable à la craie Néocolor, l'innovation a permis à Caran d'Ache de résister et de prospérer.

Parmi d'autres produits phares de la maison, il faut encore mentionner les stylos-bille et, parmi la vaste gamme des produits, le 849, emblématique de l'*office line* de la maison, qui va du plus simple au Chocolat, en passant par le Goldbar, l'Edelweiss, ou encore le Totally Swiss. Pour tous les produits, les gammes proposées sont étendues. Pas moins de cinq modèles de machines à tailler les crayons, en plastique ou en métal, avec fraise interchangeable. Le catalogue Caran d'Ache compte aujourd'hui quelque 260 références.

Caran d'Ache est un exemple parfait de l'excellence des PME suisses. Excellence qui tardera cependant à être ouvertement revendiquée. Il faut en effet attendre les années 1970 pour que soit supprimée le *Schweizerische Bleistiftfabrik Genf* remplacé, en 1974, par un *Swiss made* indéniablement plus sexy pour l'exportation, même si pour Caran d'Ache la clientèle alémanique reste alors dominante. Le marché de la PME genevoise déborde les milliers d'écoliers suisses, appliqués à tracer leurs lettres bâtons sur les pages de leurs cahiers, et vise une clientèle adulte et internationale, nullement indifférente au label *Swiss Qualität*. Pour ce qui est du prix de revient, Caran d'Ache se situe dans un segment de marché haut de gamme quand son entrée de gamme est attaquée par des produits venus d'Asie ou de l'Est européen. Voilà pourquoi Caran d'Ache, sans rompre avec son marché primaire, a développé une offre qui le rapproche de l'industrie du luxe. Le confirme sa collection Haute Écriture, qui revendique l'usage des plus belles essences de bois, telles que le cèdre pour les crayons, les métaux précieux tels que l'argent, l'or, le platine ou le palladium pour les stylos-plume, rollers, stylos-bille et porte-mine. La maison Caran d'Ache invoque encore l'utilisation du rhodium, métal rare « de la famille du platine, dont la dureté et les difficultés d'usinage le rendent deux fois plus cher que l'or ».

Quant aux propriétaires d'un stylo ou d'une plume Caran d'Ache endommagé ou victime d'une panne, qu'ils se rassurent : Caran d'Ache a pensé à tout. Dans les locaux à Thônex se trouve une « clinique » pour anciens modèles où, selon le P-DG Jean-François de Saussure, « les clients peuvent nous envoyer leurs compagnons d'écriture afin d'effectuer des réparations, selon notre garantie à vie ».

Pilatus
Des avions multi-usages, des clients très patients

Dans les Alpes uranaises se dresse un massif montagneux dont le sommet le plus élevé, le Tomlishorn, culmine à 2 128 mètres. Ce n'est cependant pas lui, mais le Pilatus Kulm (2 106 mètres) qui nous intéresse. Serait-ce parce qu'y est construite la station d'arrivée du téléphérique d'où l'on surplombe l'ensemble du massif alpin, ou bien parce que s'y trouve la voie de chemin de fer à crémaillère la plus raide du monde, avec une déclivité de 48 % par endroits ? Toujours est-il que c'est ce nom que portent les avions fabriqués depuis 1939 à Stans, petite commune de 8 000 habitants du canton de Nidwald située à 600 mètres d'altitude, où s'élèvent les châteaux de Winkelried et de Rosenburg.

À l'origine, le Pilatus est un petit avion monomoteur doté de multiples atouts. Ainsi le modèle PC-6 est-il considéré comme le meilleur avion au monde pour le décollage et atterrissage court, capable d'affronter la glace, la neige, les températures polaires, la mousson… Le dernier-né, le PC-24, est équipé de deux réacteurs. Aucun appareil existant ne peut décoller sur une piste aussi courte (820 mètres), ni ne peut atterrir sur des terrains cabossés (ce qui lui donne accès à 21 000 pistes dans le monde). Pilatus a même construit un appareil dédié à la seule formation des pilotes. Conçu en 1994, le PC-7 Mk II a été vendu à plus de 500 exemplaires auprès de 21 forces aériennes. En 2012, l'armée indienne a acheté 75 appareils. Succès plus éclatant encore avec le PC-21, acheté à haute dose, notamment par les armées de l'air singapourienne et australienne. La firme a fabriqué et vendu plus de 1 500 appareils, et les récompenses obtenues témoignent de leurs qualités exceptionnelles.

Considérant la taille du marché nord-américain, la construction du Pilatus s'est pour partie délocalisée aux États-Unis. À Broomfield, Colorado, où Pilatus est installé depuis 1996, un millier d'appareils ont été livrés à une clientèle privée pour qui l'avion est une variété de cyclomoteur. Les effectifs affectés aux États-Unis à la construction du PC-24 s'élèvent à 140 personnes. Sous l'angle de l'investissement, les avions de la marque sont d'un excellent rapport. À titre indicatif, un modèle PC-12 subit une décote d'à peine 1,6 % après dix années de bons services ! Au bout de dix ans et sans même carburer au diesel, une automobile a une valeur proche de celle de la casse. Pilatus affiche une rentabilité remarquable. En 2014, pour un chiffre d'affaires de 1,17 milliard de francs, son résultat net était de 200 millions de francs. À Stans, Pilatus emploie 800 personnes, dont 100 apprentis qui se rêvent en pilotes.

Pilatus a aussi sa zone d'ombre. Le petit appareil est ainsi surnommé « le bombardier du pauvre ». Quand bien même la vocation du frêle avion est de convoyer des médicaments destinés à des populations éparpillées dans des coins reculés de la planète, la présence du petit monomoteur est aussi signalée dans des zones de guerre, au Laos, en Birmanie, au Guatemala, au Nigeria, etc. Et des photos attestent que l'avion est parfois curieusement customisé, capable de larguer autre chose que des trousses de secours sur la tête des populations. Évidemment, la question interpelle les politiques suisses, la Suisse s'interdisant depuis 1945 toute exportation d'armes à destination de pays en guerre. Mais ce n'est pas de la responsabilité du constructeur, ni du reste des autorités suisses, si ceux qui achètent ces petits engins volants détournent l'usage des rivets sous les ailes pour y fixer ensuite une bombe ou un missile… Après tout, Pilatus fabrique des avions, pas des mines antipersonnel, ni des obusiers.

Avec Ruag, Pilatus est aujourd'hui le principal fabricant suisse de matériel militaire. Même si les ventes d'avions ont fléchi de 3,7 % en 2016, pour se chiffrer à 870 millions de francs, la firme poursuit sa progression dans le classement des exportateurs.

Quant à ceux, fans de Pilatus, pour qui l'acquisition d'un monomoteur de neuf places est une dépense excédant leurs possibilités, ou bien pour ceux qui sont incapables de patienter plusieurs mois pour que leur avion leur soit livré, ils peuvent se rabattre sur le modèle réduit du PC-24, en vente à 120 francs. Sur le site de Pilatus, il leur sera encore proposé un T-shirt en édition limitée à 42 francs, un parapluie à 29 francs, un couteau suisse à 37 francs, un pin's à 9 francs. Pilatus s'ouvre à toutes les bourses.

USM

Le leader mondial du Lego des bureaux,
sobre, coûteux, inégalé

Prenez le temps d'observer une photo officielle suisse. En légende et conformément à l'usage, seront toujours signalés la destination des lieux, l'identité des personnes prenant la pose, leurs fonctions, le prétexte de leur réunion – signature d'un accord laitier ou rachat d'un concurrent. Éventuellement, si un tableau ou une sculpture décore l'endroit, la légende précisera encore l'identité de l'artiste, voire l'intitulé de l'œuvre exposée. La presse suisse fourmille de ces photos où, devant un objectif, des hommes et des femmes se figent, tout sourires. Les visages changent, les costumes et les cravates aussi, tout comme le teint selon les saisons. Si vous mettez ces photos bout à bout, vous obtiendrez une gigantesque fresque, composée de milliers d'individus posant dans autant de lieux différents : un hall de banque, la salle de réunion d'un conseil d'administration, un bureau directorial, une permanence syndicale, une bibliothèque, etc. Les hommes portent généralement un costume gris et les femmes sont rarement en pantalon. Vues de loin, ces photos n'ont aucun point commun sauf, parfois, le même visage sur plusieurs clichés, récurrence qui signale l'importance sociale de l'intéressé. Vus de plus près, les clichés livrent une autre information. Dans ce patchwork, un élément du décor est immuable, « intemporel » dit la publicité : le meuble USM.

Les caissons USM sont d'autant plus fréquents qu'on se trouve dans un *open space* : ils balisent les espaces dédiés à certains postes, ils sont un muret de séparation, chic, de bon goût. À voir tant de ces étagères dans tant d'endroits différents, on devine qu'USM en a vendu des centaines de kilomètres linéaires. On se demande même s'il existe encore un seul bureau en Suisse épargné par la déferlante. À force d'en voir, on pourrait craindre un effet de saturation. Et pourtant non ! À quoi tient donc ce miracle qui veut que personne ne peste jamais contre l'impérialisme de ce fabricant, comme si les entreprises et les administrations suisses, à l'image des pays de l'ancien bloc communiste, n'avaient jamais eu d'autre choix que ce fournisseur de mobilier de bureau, sorte de gigantesque *konzern* déversant en tous lieux ses tubes d'acier chromés ? Si vous n'êtes jamais saisi de nausée devant cet élément de décor éternellement réemployé, cela tient à une raison : certes la forme du caisson n'est pas désagréable à l'œil, encore qu'il se trouve des centaines de sociétés ayant conçu des casiers de rangement assez proches du modèle USM. Là n'est donc pas la raison de la popularité de ces étagères modulables, qu'il faut plutôt chercher dans la variété des combinaisons possibles : aménagé en bureau, le caisson facilite le travail de l'assistant devant son ordinateur, tout en permettant de classer les procès-verbaux des réunions du conseil d'administration. Mais, à nouveau, nombreux sont les concepteurs à avoir gambergé sur un mobilier de bureau se prêtant à de multiples usages. Au vrai, le secret du succès du meuble USM tient aux couleurs vives plaquées sur le métal qui font ressortir la qualité des laques de protection. Si l'on revient à la galerie de photos, on est frappé en effet par la couleur du mobilier USM qui, dans le cadre choisi, est souvent l'unique élément gai de ces décors austères, peuplés de gens austères ou qui s'appliquent à le paraître. Sans USM, la Suisse présenterait de ses élites, privées et publiques, un visage sinistre. Parce qu'ils évoluent dans un mobilier USM, on comprend qu'en réalité, sur la photo, ces gens sont là en représentation. Si tout en eux, hommes et femmes, respire le sérieux et la rigueur, sitôt le photographe sorti de la pièce, on devine que cet aréopage est susceptible aussi de fantaisie. Contrairement à l'image qu'ils donnent d'eux, les Suisses ne sont pas de ternes trolls, mais des humains capables d'audace. C'est ce qu'attestent les couleurs de leur mobilier de travail. Le meuble USM est le signal subliminal de la capacité des Suisses à prendre du bon temps – sans jamais céder à l'appel du désordre.

L'entreprise USM, nous dit l'histoire officielle, remonte à 1885. À Münsingen, dans le canton de Berne, Ulrich Schärer se lance cette année-là dans la quincaillerie et ouvre un atelier de serrurerie. La PME familiale prospère et, bientôt, les Schärer deviennent de classiques représentants de la petite bourgeoise industrieuse bernoise. Au point que, trois générations plus tard, le petit-fils, Paul Schärer, envisage des études longues qui le mèneront à l'école polytechnique fédérale de Zurich. Diplômé en 1961, il rejoint la PME familiale. Avec Paul, qui s'est adjoint les services de l'architecte Fritz Haller, la société USM mute. En 1963 naît le système d'aménagement USM Haller, destiné à l'origine aux nouveaux locaux où s'est installée l'entreprise, 55 Thunstrasse, toujours à Münsingen. Deux ans plus tard, Paul Schärer dépose le brevet sur le « point de connexion » permettant l'assemblage des cubes d'acier chromé joints par une boule de connexion. Il est désormais possible de river les cubes sur des kilomètres de long et de haut. À partir de 1969, la production de série commence. C'est la banque Rothschild à Paris qui passe la première grosse commande. La marque est lancée. Adossée aux achats des administrations cantonales et fédérales suisses qui assurent le fonds de roulement, USM part à la conquête des bureaux du monde entier. L'austère chic suisse fait des ravages. Les showrooms se multiplient à Paris, Tokyo, Düsseldorf, Munich. Alexander Schärer est le représentant de la quatrième génération des fondateurs. Le jeune ingénieur est, lui, sorti diplômé de l'EPFL en 2001. Cédant à l'injonction d'innover et avec le concours de l'atelier Oï, USM a fêté ses 50 ans en mettant sur le marché non plus des casiers mais un système de panneaux de séparation conçus en tissu polyester moulé sur la structure tubulaire en acier. Désormais, à l'abri des regards, les cadres pourront dormir au bureau. Au vu du succès de l'entreprise, rien ne permet d'imaginer que la firme, si souvent copiée – de loin, les étagères modulables Filo, fabriquées en Italie et qui « incarnent la philosophie Habitat », ressemblent à s'y méprendre aux panneaux USM –, connaisse des difficultés dans un avenir proche.

Des difficultés, en affrontera celui qui, au hasard d'une liquidation d'entreprise, se retrouve avec un kit USM sur les bras. D'abord, il lui faudra s'adresser à la filiale nationale pour récupérer la clé de dévissage ; celle ayant servi au montage des cubes étant évidemment égarée. Ensuite, il lui reviendra de comprendre comment ces cubes s'emboîtent. Chose simplissime pour le commercial en charge de la vente ou les personnels venus assembler les cubes après l'achat, le démontage devient un enfer pour les profanes qui s'essaient à l'exercice. À ce stade, les meubles USM, apparemment si fonctionnels dans la vitrine du magasin d'exposition, accèdent au rang de mauvais canular, les morceaux se séparant pour partie quand d'autres, sur les extensions, restent joints. Là, désemparé, on déplore que les inventeurs du système aient fait tant d'études. En eussent-ils fait moins que montage et démontage auraient probablement été accessibles au tout-venant. Oui, mais justement, à ce public-là, les meubles USM ne sont pas destinés !

Les CFF

Le cadencement, un concept qui rassure

Dans une gare suisse, la première chose que note le touriste est la fluidité de la circulation piétonne. Les gens naturellement sont pressés – ils sont là pour « attraper » un train –, souvent avec un vélo pliable ou une trottinette sous le coude, et pourtant cette foule coule sans remous. Guère de bruit, pas de bousculade. Autre particularité des lieux : cette population affairée circule généralement sous terre, l'espace en surface étant réservé aux trains. C'est là, compte tenu de la valeur foncière de l'emplacement, une utilisation optimale de l'espace urbain : à la différence des aéroports, les gares – cela n'aura échappé à personne – sont historiquement installées au cœur des villes. On pourra aussi déduire de ces constructions souterraines que le climat suisse est rude et pluvieux, parfois carrément polaire.

Un fois monté dans une rame, le touriste pourra encore s'extasier sur la ponctualité des trains suisses. En France, confrontés à des retards chroniques, les usagers de la SNCF se voient gratifiés d'un « remerciement pour leur compréhension » (*sic*). En Suisse, « lorsque le train arrive avec un peu plus de dix minutes de retard, nous hurlons au scandale », écrit le jeune essayiste Johan Rochel[11]. Au pays de l'horlogerie, c'est la moindre des choses, répliquera le pendulaire blasé. Ce en quoi il a tort. La ponctualité des trains suisses est une performance en effet, et l'on apprend qu'un curieux concept, le cadencement, la gouverne : à heures et à minutes fixes, sur l'ensemble du territoire, tous les trains arrivent et partent en fonction de leur propre programmation horaire, sans égard pour les retards éventuels d'autres trains. Les correspondances n'attendent pas ! Il a été démontré que les voyageurs mémorisent aisément les horaires cadencés, avec pour impact vertueux une diminution du niveau de stress des usagers. Selon l'opérateur, la productivité du réseau ferré aurait progressé de 20 % lors de l'introduction en 1982 du cadencement.

Les voitures sont bien tenues, propres, exemptes de ces dégradations sauvages nommées tags. L'espace dans les compartiments a aussi été calculé pour que des géants puissent prendre place face à d'autres géants, sans que leurs genoux s'entrechoquent. Longtemps, les CFF ont maintenu une survivance vieillotte avec le passage d'une cantine roulante où l'on pouvait acheter une tasse de café ou de thé, avec une barre chocolatée. L'autre aspect que note l'utilisateur d'un train suisse est la régularité des contrôles des titres de transport. Prenez un train, à n'importe quelle heure du jour, entre Lausanne et Berne ou Berne et Zurich : un contrôleur arpente les compartiments. À première vue, sa tâche se limite à vérifier le ticket qui lui est tendu avec la carte d'abonnement justifiant le tarif choisi. Il est rare de voir un contrevenant être verbalisé, car les fraudeurs semblent avoir disparu. Dans l'ADN de l'usager des CFF, il est désormais inscrit qu'en raison de cette surveillance permanente, la fraude n'est pas rentable et qu'en cas d'infraction, l'amende est encaissée sur-le-champ. Dans ces conditions, soit vous montez dans le train muni d'un ticket, soit, faute de titre de transport, vous tentez l'auto-stop. Parce que l'usager suisse sait qu'il ne pourra pas passer entre les gouttes, il s'équipe en conséquence, c'est-à-dire qu'il achète son billet. Les CFF ont adapté au ferroviaire la *zero broken window policy* : pas d'indulgence vis-à-vis du contrevenant, pas de menaces abstraites mais une amende. Double bénéfice : la fraude, qui plombe les transports publics dans certains États européens et dont le coût se chiffre en centaines de millions d'euros (300 millions d'euros pour la SNCF), est en Suisse résiduelle. Conséquemment, dans les trains, l'ambiance est calme. Il n'a pas été signalé en Suisse d'assauts menés par des bandes déboulant dans un compartiment et dépouillant violemment tous les passagers, comme cela s'est vu dans un pays voisin. Seul désagrément que les contrôleurs semblent avoir renoncé à combattre : les téléphones portables sonnent sans discontinuer et, cosmopolitisme oblige, parce que leurs utilisateurs sont souvent étrangers, ils jacassent sans fin, persuadés que personne ne les comprend, donc ne les entend.

Parmi les usagers, les pendulaires se plaignent souvent de la surcharge des trains suisses, notamment entre Berne et Zurich ou Genève et Lausanne. Leur rouspétance est fondée, mais elle a une explication. En fait, les trains qu'ils empruntent sont l'équivalent des RER français. J'ai bien dit l'équivalent ! Ils ne sont pas similaires : les RER sont sales, bourrés jusqu'à l'étouffement, accusent des retards systématiques sur un réseau vétuste et en bout de course, comme l'a reconnu le président Emmanuel Macron le 2 juillet 2017, au point que lors d'un recrutement, la ligne de RER qu'il vous faudra utiliser pour vous rendre à votre travail est devenue un critère discriminant en région parisienne. Enfin, les passagers des CFF s'épargnent les grèves comme en ont subi les passagers des chemins de fers anglais à l'automne 2016, et les Français tout au long de l'année.

Le réseau des chemins de fer suisses peut encore être qualifié d'extrêmement dense. Une statistique officielle déjà vieille fait état de plus de 800 gares, 307 tunnels d'une longueur totale de 259 kilomètres et 6 000 ponts. Où que vous soyez en Suisse, une gare est à proximité.

Dernier élément : les chemins de fer suisses sont d'un coût prohibitif. C'est du moins le point de vue de l'usager venu de France, d'Allemagne ou d'Italie. Les trains sont là-bas meilleur marché. Mais il est exact, au moins pour les compagnies française et italienne, qu'elles sont en faillite depuis des décennies, traînant des cumuls de dettes se chiffrant en dizaines de milliards de francs. Leur avenir est sombre. Ce qui n'est pas le cas des CFF.

Dans notre monde en disruption (le mot est à la mode), les CFF manifestent depuis peu des signes d'une inquiétante fébrilité : l'arrivée des cars low-cost, qui sont un moyen efficace et peu coûteux de se déplacer, donne visiblement de l'urticaire au rail suisse. Et si, tout simplement, les usagers tranchaient ?

Le Forum de Davos

Se changer les idées, en échanger

Davos est pour moi la station de ski où, le jour de ma naissance dans une clinique du boulevard Carnot à Cannes, mon père tentait au crépuscule et en plein brouillard une énième piste noire gravie en peaux de phoque en compagnie d'une bande de trentenaires, tous fêtards genevois. La suite était écrite : chute avec fracture, plaie ouverte, attente dans la nuit, secours lents, opération délicate, début de gangrène, grattage, etc. Mon père échappa à l'amputation, mais à vie son tibia eut l'épaisseur d'un crayon à papier.

Selon les dires du président chinois Xi Jinping datés du 15 janvier 2017, « la ville de Davos est mondialement connue. Elle attire les regards du monde en accueillant, au début de chaque année, des personnalités venant de différentes régions, pays et milieux pour l'échange et la confrontation d'idées ». À Davos, en janvier, chaque année se pressent des skieurs – mieux équipés que ne l'était feu mon père –, des lugeurs, des sportifs et des mondains, mais également des personnalités du monde entier venues se changer les idées, et en échanger. S'y déroule le World Economic Forum (WEF), sorte d'équivalent du marché du film cannois, manifestation qui se tient parallèlement au Festival de Cannes, en mai chaque année. À la différence que, lors du WEF, il ne se vend rien, hormis les chambres des palaces et les espaces consacrés aux ateliers de discussion. Sans oublier le commerce de détail, les bars et les discothèques, tous commerces qui prospèrent, à ce qu'il paraît.

C'est à Klaus Schwab, ingénieur et économiste allemand né à Ravensbourg (Bade-Wurtemberg) en 1938, que revient l'idée de rassembler, dans un endroit coupé du monde et sur une courte période (quatre jours en 2017), les hommes et les femmes d'influence du monde entier. Au départ, Klaus Schwab cherchait à faire se rencontrer les P-DG et la société civile. On retiendra que les politiques n'ont guère tardé à se greffer sur l'événement. Du coup, protection oblige, les conditions de sécurité se sont renforcées avec, en 2015 et selon le rapport annuel de l'armée suisse, pas moins de 4 488 militaires « en service d'appui », 42 kilomètres de clôtures, des appareils d'observation, une vaste gamme d'éclairages pour les endroits sombres, des sacs de sable, des postes de secours sanitaires. À tel point que grimper à Davos pendant le Forum vous fait revivre le périple de Tintin et du capitaine Haddock qui, dans *Objectif Lune*, subissent un tas de contrôles sur la route vers le centre de recherches atomiques de Sbrodj où, dans le plus grand secret, le professeur Tournesol construit sa fusée lunaire. Grâce aux militaires et à la police suisses, ne se répèteront donc plus les débordements de 2000, où un petit millier de manifestants s'en étaient pris à la vitrine d'un McDonald's, insupportable ambassade à leurs yeux du capitalisme yankee – accessoirement, beaucoup de jeunes plûtot fauchés s'y restaurent à bon marché.

Le premier Davos remonte à l'été 1971. Klaus Schwab invite alors à un colloque quelque 400 patrons de firmes européennes qu'il souhaite familiariser avec les techniques de management américaines. La mayonnaise prend, notamment grâce à l'appui du Français Raymond Barre, alors vice-président de la Commission européenne chargé de l'Économie et des Finances. En 1987, le Symposium européen du management (European Management Forum) était rebaptisé plus pompeusement World Economic Forum. Au menu figuraient les questions de gouvernance économique et de politique mondiale.

De leur venue à Davos, les participants ne tirent pas tous un égal profit. Néanmoins, il semble avéré que les contacts directs, autour d'un verre, ouvrent d'intéressantes perspectives. Ici, le *networking* prospère. À la fois exigus et coquets, les lieux offrent l'avantage de faire se rencontrer des personnalités qui, de retour au bercail, sont généralement protégées par un mur d'assistants et de secrétaires. À Davos, le protocole est détendu. Le cadre s'y prête, la tenue vestimentaire aussi : la plage comme la haute montagne ringardisent le costume trois pièces. Sur les débats, on observe que, l'oxygène se raréfiant en altitude – la station est située à 1 600 mètres –, les envolées lyriques sont rares. Les bavards, phraseurs et autres prêcheurs ont pour concurrents directs le ski, la luge (huit pistes), ou encore les bars, innombrables, et les prostituées, nombreuses. La clientèle internationale à l'affût de contacts et de cartes de visite sait aussi se distraire dans les boutiques de la ville. Preuve en est la votation populaire de la commune de Davos qui, le 29 novembre 2009, ne renâclait pas devant la facture annuelle de 900 000 francs pour prix de la sécurité pendant l'événement, la Confédération épongeant l'essentiel des coûts, estimés à 9 millions de francs pour la seule sécurité.

Bien que la station soit située dans les Grisons, le romanche, la langue officielle locale, est rarement entendue. On en capte des bribes au départ des télésièges, où un technicien de remontées mécaniques ou un moniteur de ski le marmonnent en riant. Durant le WEF, l'anglais, d'Oxford ou globish, est la langue vernaculaire des 2 500 participants (statistique 2017). Qui s'y refuse se condamne à la solitude. Enfin, le pragmatisme est, redisons-le, au menu de pratiquement toutes les conférences. Avec des nuances, l'économie de marché est considérée comme seule réponse aux défis à venir. Chaque année, une poignée d'intervenants tente néanmoins de défendre les vertus de l'économie administrée, celle où, après s'être emparé de tout, l'État fait le bien de tous. L'attention prêtée à ces thuriféraires d'un néocommunisme est, dit-on, assez flottante.

Récapitulons les ingrédients de la fiche cuisine du WEF : absence de rhétorique creuse, éloge du pragmatisme, langue anglaise, défiance raisonnée de l'économie administrée. Ces ingrédients et leur combinaison ne conviennent pas à tous les estomacs. Voilà qui expliquerait l'absence des Français au WEF, hormis Christine Lagarde et Emmanuel Macron, très remarqué lors de son passage en février 2018. À quoi s'ajouterait un protocole léger, carence insupportable à ceux que l'apparat, financé sur fonds publics, enivre. Ceux-là sont prompts à ravaler Davos au rang de pince-fesses mondain. Mondains, Poutine, Merkel, Bill Gates, Gordon Brown, Nelson Mandela, Yasser Arafat, Lula, Obama, Donald Trump, et bien d'autres, tous venus à Davos, le sont-ils ou l'ont-ils été ? Des doutes sont permis. En outre, on s'interroge : pourquoi tant de gens viendraient-ils à Davos pour courir après les mondanités, futilités qu'ils fuient le reste de l'année à domicile ? On en déduira qu'il doit y avoir à Davos autre chose que des frivolités, n'en déplaise à quelques pisse-froid parmi les 500 journalistes présents, outrés du lieu qui leur est réservé : les sous-sols du très laid palais des Congrès.

Pour revenir au fondateur du WEF, ses prises de positions ont évolué. Depuis la crise de 2008, Klaus Schwab ne ménage pas la ploutocratie. Les bonus et autres sucreries additionnelles dont quelques patrons se goinfrent sont malsains, voire carrément destructeurs quand ils récompensent des patrons dont la valeur ajoutée est invisible, sinon négative. Ces subtilités ont apparemment échappé à l'ex-éminence grise de Donald Trump, Steve Bannon, pour qui l'ennemi à abattre est justement ce qui se trame à Davos, qu'il nomme le « parti de Davos ».

Selon le Forum économique mondial, 1 000 entreprises membres en assureraient aujourd'hui le financement. Le profil type sont des multinationales revendiquant un chiffre d'affaires supérieur à 5 milliards de dollars. Les contributions varient et, en fonction des montants, offrent aux donateurs une meilleure visibilité dans les initiatives du Forum. Évidemment, le succès du WEF ne pouvait se cantonner à un forum annuel dans les Grisons. Klaus Schwab et son équipe ont ainsi cloné le WEF en l'acclimatant aux biotopes régionaux. Inspirées du modèle de Davos, des réunions se déroulent désormais sur tous les continents, ciblant les chefs d'entreprise et les gouvernements locaux, sans négliger les ONG, acteurs incontournables dans les levées de fonds à finalité caritative. Chaque année, le WEF publie un précieux *Global Competitiveness Report*, qui fourmille de données sur la compétitivité mesurée sous toutes ses formes dans plus de 200 pays.

Pour la Fondation du WEF, organisation à but non lucratif qui emploie 300 personnes à temps complet, les affaires roulent. Son chiffre d'affaires (exercice 2015) s'élevait à 228 millions de francs, soit celui d'une très grosse PME. Le siège social, situé 91-93, route de la Capite à Cologny, dans le canton de Genève, est un bijou d'architecture posé devant l'un des plus spectaculaires points de vue du canton. Le WEF possède également des antennes à New York, Pékin et Tokyo.

Le journalisme suisse

La SSR

Billag or no Billag ?

Enseignant à l'université de la Sorbonne depuis 2000, j'ai été aux première loges pour observer un étrange phénomène : sur une séquence d'une quinzaine d'années, mes étudiants, peu à peu, ont cessé de regarder la télévision. Le phénomène est d'autant plus troublant qu'ils sont inscrits en cinquième année d'études supérieures, dans une filière sélective, que l'on imagine réservée aux plus motivés, et intitulée « Cinéma, télévision, nouveaux médias ». Pour ce qui est du cinéma, la consommation en salle se poursuit, au moins pour les films qui ne sont pas l'objet d'un piratage. Ces films-là ne sont pas piratés ou ne le sont guère pour la simple raison qu'ils n'intéressent ni les pirates ni guère le grand public.

Ce qui a profondément changé est la consommation de la télévision. Ma génération a connu les rendez-vous rituels, à heure fixe, à ne manquer sous aucun prétexte sous peine de se marginaliser socialement. Qui avait raté un « Temps présent » dans les années 1970 n'avait aucun moyen de coller à la discussion le lendemain. L'époque a changé. Les programmes sont désormais consommés à la carte, à n'importe quel moment. Le visionnage peut se faire en accéléré, être abandonné, on peut lui juxtaposer une avalanche de SMS, de discussions sur les réseaux sociaux sans rapport avec l'émission diffusée et regardée sans passion. L'offre de programmes étant pléthorique, on peut en outre, quand la narration se relâche, se coller à un autre programme quitte à ne plus revenir au programme initial. Cet usage de la télévision n'a rien à voir avec le zapping. Dans le zapping, tous les programmes avancent à la même vitesse. Ce que vous ratez sur le canal 14, car vous êtes sur le 15, est perdu. Avec la délinéarisation, chaque programme est un ouvrage en soi, que l'on ouvre et ferme en fonction de ses urgences, de ses envies. Dans ce contexte, le téléspectateur n'est plus vraiment conscient du programme devant lequel il se tient. L'identité de la chaîne se dissout dans le programme regardé. Les téléspectateurs, au moins les plus jeunes, ceux qui surfent plus de quatre heures par jour sur Internet, ne regardent plus une chaîne mais, dans le meilleur des cas, un programme.

C'est dans ce contexte d'assiduité fuyante que se joue le sort de la SSR.

Le service de radio et de télévision suisse est une institution ancienne, créée sur un modèle datant des années 1950 où, en Europe, l'État, convaincu de sa mission régulatrice dans le domaine de l'information et constatant la carence des initiatives privées pour ce qui touche aux investissements massifs que réclame l'installation technique des réseaux terrestres, choisit d'investir massivement dans le secteur. La couverture technique du territoire est d'autant plus coûteuse que la géographie de la Suisse nécessite un nombre élevé de réémetteurs pour arroser les zones encaissées. L'arrivée des satellites, à la fin des années 1980, a rendu moins vital le maintien du dispositif terrestre.

Une fois le réseau installé se pose la question des programmes, de leur coût et du financement de la vaste machine suisse de radio et de télévision publique. Un ensemble bien fourni avec pas moins de sept chaînes de télévision et 17 programmes de radio ! En 2015, les ressources de la SSR s'élevaient à 1,6 milliard de francs, pour les trois quarts générées par la redevance. Dans un contexte où, sur l'ensemble des médias traditionnels (radio, journaux, magazines, affichage), les investissements publicitaires chutent, se reportent sur les médias numériques, sur les réseaux sociaux et ciblent directement les segments de clientèle voulus, la question de la publicité sur le service public est devenue un sujet à très haute sensibilité. Présents dans la radio et la télévision, les groupes privés vivent des heures difficiles, principalement à cause du déport de la ressource publicitaire vers Internet. Et le *big data*, qui livre aux annonceurs les acheteurs recherchés, n'en est qu'à ses débuts. Voilà pourquoi, acculés et confrontés à une manne publicitaire en voie d'assèchement (alors qu'elle captait 73 % du total des dépenses publicitaires en 2000, la presse n'en retient plus que 38 % en 2014), les groupes privés de communication canonnent le service public de télévision pour qu'il abandonne la publicité, ou bien que lui soit supprimée la redevance qui finance l'essentiel de ses grilles.

Service public de radio-télévision, la SSR ne bénéficie pas d'un même capital de sympathie sur l'ensemble du territoire de la Confédération. Dans le Tessin et sur l'arc lémanique, la TSR et plus particulièrement la TSI jouissent d'une forte estime auprès de leurs publics. Le journal de la TSR fédère chaque jour entre 300 000 et 350 000 téléspectateurs, chiffre considérable représentant une part de marché de 60 %. Sur ces deux chaînes, les programmes sont de bonne tenue ; les émissions d'information et les reportages collectionnent les éloges mérités. Informations locales et internationales sont encore habilement combinées. La TSR et la TSI investissent dans l'information (160 000 francs pour un « Temps présent »), et participent à la sauvegarde des identités suisses, dont Romands et italophones leur savent gré. Par comparaison avec les médias italiens et français, publics ou privés, le traitement de l'information en Suisse témoigne d'une humilité de bon aloi : là où les journalistes étrangers éditorialisent sur tous les sujets, exhibant sans pudeur leur suffisance de journalistes en pantoufles, leurs confrères suisses invitent des spécialistes. Auditeurs et téléspectateurs se voient ainsi offrir le meilleur pour ce qui est de l'approche scientifique du sujet ou du thème abordé.

En Suisse alémanique, la SSR a, semble-t-il, fait un autre choix. Sous le feu de la diversité de l'offre allemande, nationale et régionale, devenue pléthorique avec la multiplication des canaux numériques, contrairement à ses consœurs latines, elle n'a pas fait le choix de l'information massive. Ses chaînes ressemblent à des robinets à jeux et divertissements, qui les font apparaître moins indispensables au regard de ce que l'Allemagne voisine propose aux mêmes tranches horaires. Alors qu'ils s'imaginaient avoir fait le juste choix en matière de programmation quand ils ne faisaient que dupliquer des produits mieux faits de l'autre côté de leurs frontières, les Alémaniques se sont tiré une balle dans le pied. Dès lors, pourquoi verser une redevance annuelle de 400 francs pour financer un programme fourni en abondance et gratuitement sur les chaînes privées ? Voilà le ressort de l'initiative « No Billag » pour la suppression de la redevance – Billag est le nom de la société qui la perçoit.

Par ailleurs, la SSR fournit une bonne illustration du système de solidarité budgétaire helvétique. Les ressources de l'organisme sont ventilées non en fonction de la démographie des régions concernées, mais de leurs besoins. Ainsi, avec seulement 4,3 % de la population de la Suisse, le service public de radiotélévision suisse italien perçoit 22 % du total des ressources de l'organisme, les Romands 32,6 % alors qu'ils ne sont « que » 24,2 % de la population totale. Les Alémaniques (près de 72 % de la population suisse) se contentent de 45,4 % des financements affectés.

La SSR est aujourd'hui à un tournant. Les mastodontes publics et privés peinent à suivre la course du monde digital. Habituées aux bricolages des réseaux sociaux, les nouvelles générations se moquent de la qualité technique de diffusion, argument souvent invoqué pour justifier les budgets du service public. Conscientes de la difficulté, les chaînes publiques s'agitent comme des poulets sans tête, convaincues d'être indispensables. Faut-il les supprimer ? Ou bien les laisser survivre dans un Jurassic Park, protégées par une manne publique que, Suisse oblige, les électeurs, téléspectateurs, citoyens peuvent décider à tout moment de couper ? Pour la radio, les coups portés sont moins violents. Il est vrai qu'elle fabrique l'essentiel de sa grille, que ses frais de fonctionnement sont sans commune mesure avec ceux de la télévision et que, surtout, elle ne souffre d'aucune concurrence étrangère. On peut zapper sur une télévision française, mais qui, à Neuchâtel, écoute RMC ou Europe 1 ? La radio de service public court néanmoins le risque d'être emportée par la vague qui frappera la télévision.

L'initiative favorable à la suppression de la redevance audiovisuelle est un poison à diffusion lente et sans antidote connu. Rapidement, faute de financements, il faudra tailler dans les budgets de fonctionnement et l'on sait par avance où les coupes surviendront : adieu les correspondants à l'étranger, adieu les enquêtes longues et fouillées. Considérant la cherté de ces postes budgétaires et l'assèchement de la ressource publicitaire, que captent les grands acteurs d'Internet, tous américains, l'alternative privée ni ne tiendra, ni ne viendra. Apprêtez-vous à voir les bavardages de plateau avec provocations à deux balles se multiplier. Les premiers lassés, Tessinois et Romands se rabattront sur les offres françaises et italiennes, mieux dotées mais dont une des particularités est le manque complet de curiosité pour la Suisse et ses habitants. La mue annoncée n'est sans doute pas une bonne nouvelle pour les tenants de la *Willensnation*. Les droits populaires livrent parfois des dividendes toxiques. Il faut pourtant faire avec. L'initiative « No Billag » a finalement été rejetée le 4 mars 2018 par 71,6 % des votants – un sursis.

La RTS

Écoutés depuis la France,
ses journalistes semblent humbles

Une maladie frappe les radios francophones : l'invasion des journalistes bavards. Bref retour sur le passé. Il fut un temps où les journalistes, notamment sur les ondes radiophoniques épargnées par le culte de la personnalité – les locuteurs étant sans visage –, visaient à éclairer l'actualité politique, scientifique, sociale à destination d'un public curieux de faits et d'explications. Dans les studios, devant les micros, se succédaient des spécialistes priés de rendre accessible aux auditeurs l'état de leurs recherches ou bien, avec leur savoir, de décortiquer un point d'actualité faisant soudainement problème. À partir des questions auxquelles étaient soumis ces invités et en fonction des réponses apportées, les auditeurs pouvaient légitimement se croire plus instruits : leur avaient été mâchées des connaissances qui les tiraient de l'ignorance ; ensuite, certains poussaient la porte d'une librairie, d'autres ouvraient un dictionnaire. C'était le bon temps.

Depuis une vingtaine d'années, avec la multiplication des chaînes de télévision et des stations de radio, le métier de journaliste a subi une profonde métamorphose. Le prestige social attaché à la profession a fait l'objet d'une redistribution : les journalistes de la presse écrite, le gratin du métier jusque-là, ont basculé au rang de soutiers. Le grand public s'est pris de passion pour les journalistes ayant une voix et, surtout, un visage. Alors qu'ils n'étaient et ne sont toujours que des porte-voix, ces hommes et ces femmes-troncs, grands lecteurs de prompteurs, sont devenus les vedettes. Quand nul n'ignore le nom des journalistes présentant un journal télévisé, y compris sur des chaînes périphériques, rares sont ceux qui connaissent ceux qui ont signé des papiers d'enquête dans les quotidiens du matin et dont la lecture inspire leurs confrères de radio et de télévision. Pour ne rien dire des tâcherons œuvrant dans les agences de presse et jamais seulement évoqués. Comme on s'en doute, la reprise de l'enquête papier et sa mise en images ou en sons sont néanmoins peu gratifiantes au regard de ce que le métier de journaliste prétend être. Un métier où l'on se réfère volontiers à Albert Londres ou à Pulitzer, qui n'étaient pas des santons de plateau TV. Plus malins que d'autres, certains journalistes ont néanmoins trouvé le moyen de camoufler leur inertie investigatrice : ils se sont métamorphosés en éditorialistes. Prenez une radio française ou italienne de grande écoute. Sur les plages d'information passent, quotidiennement, les mêmes journalistes dissertant à l'infini sur les sujets les plus variés. Oubliée, l'enquête lointaine ou fouillée. Le locuteur assène ses réflexions, qu'il juge certainement fines, complexes et intelligentes. Voilà pourquoi, sans enquête, après lecture des articles de leurs confrères de la presse écrite, cette engeance squatte les ondes.

Et c'est là qu'il convient de saluer la RTS ; car à cette ivresse du bavardage creux et prétentieux le service public suisse n'a pas succombé. Là où, en France, s'écharpent les éditorialistes de médias concurrents censés apporter des points de vue différents qui se résument en fait à des jacasseries, en Suisse, le journaliste tend le micro à un savant. La différence entre le savant et le journaliste éditorialiste est que le premier sait généralement de quoi il parle. Il est payé pour chercher, pour fabriquer du savoir scientifique, utile parfois pour l'éclairage d'un point d'actualité. Le journaliste bavard et passe-partout, lui, pour masquer son ignorance, brandira un vade-mecum, généralement la quatrième de couverture du livre rapidement parcouru pour donner l'illusion de maîtriser le sujet délayé au micro.

Tous les jours, la RTS réalise donc des prodiges pour dénicher la personne idoine, le spécialiste de la question que l'actualité propulse. En présence du spécialiste, le journaliste suisse fait profil bas, ce qu'apprécie l'auditeur ou le téléspectateur, plus intéressé par les réponses du savant que par les paraphrases du bavard incontinent. S'interdire d'intervenir dans l'analyse de l'actualité présuppose deux qualités : une humilité doublée d'une curiosité pour les sujets abordés là où, dans les guerres picrocholines entre éditorialistes, seul l'art oratoire est pris en compte. Autrement dit la rhétorique, autrement dit le vent.

Le Bondy Blog

Une leçon de journalisme suisse donnée aux Français

Retour en 2005. La France compte alors 36 000 journalistes, 309 supports de presse, un peu plus de 800 radios. Pour ce qui est des services de télévision titulaires d'une autorisation d'émettre ou bénéficiant du régime déclaratif, l'estimation tournait autour de 200, les trois quarts relevant des services de télévision conventionnés. Tout ça pour dire combien le maillage médiatique français est alors dense – densité touchant à la saturation à mesure que l'on se rapproche de Paris.

Pour Dominique de Villepin, alors Premier ministre, l'année 2005 se termine par un K.-O. debout. Le 27 octobre, à Clichy-sous-Bois, deux adolescents, Zyed Benna et Bouna Traoré, meurent électrocutés dans l'enceinte d'un poste électrique. Personne ne retient que les deux jeunes cherchaient à échapper à un contrôle de police. Pour une opinion publique chauffée à blanc, les policiers à leurs trousses les ont laissés griller. De non-assistance à personne en danger, le fait divers glisse vers le crime d'État. Sur les lieux de l'accident, l'annonce des deux décès provoque un survoltage immédiat entre les jeunes et les forces de l'ordre. Trois jours plus tard, après un tir de grenade lacrymogène sur le porche d'une mosquée à Clichy-sous-Bois, les événements dégénèrent. Les chapitres du drame sont déjà écrits : il démarre avec les feux de poubelles, suivent l'incendie des voitures et le pillage des petits commerces. La suite est sans surprise : les désordres débordent, contaminant les villes les unes à la suite des autres. Le 8 novembre, pour éteindre les émeutes touchant désormais une cinquantaine de villes et faute de mieux, le Premier ministre décrétait l'état d'urgence, mesure ignominieuse qui ramenait la France au temps de la guerre d'Algérie, années terribles où la mesure fut instaurée à trois reprises. En cet automne 2005, sur les écrans du monde entier tournent en boucle les images d'une guerre civile inédite, sorte d'intifada des banlieues, ces lieux improbables où les responsables politiques français ne mettent jamais les pieds, et où vivent les populations issues de l'immigration abandonnées à leur sort, biberonnées aux aides sociales et autres prébendes. Pour mesurer l'ampleur des désordres, on rappellera que 9 000 véhicules furent incendiés et 3 000 personnes interpellées par la police et la gendarmerie. Les dégâts collatéraux seront considérables avec des écoles brûlées, des commissariats dévastés, etc. Les dernières images évoquant la guerre civile en France remontaient à mai 1968, mais à l'époque, seul le Ve arrondissement de la capitale, et particulièrement la rue Gay-Lussac, avait donné l'illusion d'une guerre insurrectionnelle.

C'est là qu'intervient le Bondy Blog. Si tous les médias dissertent sur une France en feu, certains observateurs ont noté que seules les banlieues sont touchées ; il leur semble aussi que si les pompiers ont circonscrit les incendies, le feu couve encore. Lauréat en 2001 du prix Albert-Londres pour son travail en Iran, Serge Michel a alors 36 ans. C'est à ce journaliste suisse que revient l'idée, portée par le magazine *L'Hebdo*, de s'installer physiquement au cœur des événements français pour mieux les comprendre. En novembre 2005, dans un local de la cité Blanqui à Bondy, en Seine-Saint-Denis, était lancé un média en ligne : le Bondy Blog.

Trois mois plus tard, la pacification menée par l'État français ayant fait son œuvre, *L'Hebdo* se retirait de l'opération. Parmi les journalistes et photographes du magazine suisse, quinze avaient fait le déplacement à Bondy.

Le Bondy Blog survivra au départ des Suisses. Fin 2006, ses nouveaux responsables signaient une convention avec l'IEP (Sciences Po Paris). Un animateur du blog sillonnera des dizaines de lycées de zone d'éducation prioritaire (ZEP) pour y faire connaître l'école de journalisme de la rue Saint-Guillaume et inviter les lycéens à contribuer au Bondy Blog. Ces jeunes que tenterait l'école de journalisme de Sciences Po pouvaient ensuite glisser leurs papiers dans leur dossier de candidature. Sur le Bondy Blog, le rythme de publication était de l'ordre de deux articles par jour, et succès aidant, en 2007 était lancée une « école du blog », ouverte à tous.

L'expérience éphémère du Bondy Blog est intéressante. D'abord, elle a pour initiateurs non pas des journalistes parisiens, installés aux portes des scènes d'émeutes, mais des journalistes suisses, résidant à 500 kilomètres des feux de poubelles. En cela, le Bondy Blog est symptomatique de la cécité du journalisme français, de ses inerties, de ses habitudes de cour, de son addiction à l'éditorialisation de la vie politique, autrement dit à sa préférence pour la formulation de commentaires généralistes et aériens plutôt qu'à l'enquête de terrain. Le tropisme journalistique vaut évidemment pour la classe politique française. Les émeutes de 2005 témoignent ainsi de l'aveuglement et de la surdité de la nomenklatura politique et journalistique française face à ce qui se mijote dans leur arrière-cour, sinon sous leurs yeux. Le Bondy Blog est comme un révélateur de la médiocrité de la presse française, surtout de la presse nationale, qui excelle pour commenter l'actualité américaine et les guerres claniques au sein des partis politiques, mais qui déprime à l'idée de devoir grimper dans un RER roulant vers la banlieue parisienne.

Le deuxième enseignement est la réactivité des journalistes suisses qui, sitôt les premiers désordres survenus, ont fait le pari de venir en France et de s'installer physiquement là où ça se passe. Les Suisses ont deviné les enjeux politiques, économiques, sociaux et culturels encore camouflés par la fumée des voitures en feu. Il est encore intéressant de noter que, dès que les foyers ont été éteints, les journalistes suisses ont plié bagage, confiant les clés de la maison aux locaux, qui ont poursuivi l'expérience. Inutile de s'enkyster, l'actualité future se déroulerait ailleurs.

Aujourd'hui, le Bondy Blog vivote avec le concours du journal *Libération*, lui-même sous perfusion. Le blog est clairement communautariste, se revendique d'extrême gauche, les deux profils se recoupant souvent. D'aucuns, comme Gilles Kepel, ont même suspecté le Bondy Blog d'islamophilie. Les avatars de Mehdi Meklat, un ancien du Bondy Blog, dont les tweets orduriers, homophobes, racistes et antisémites ont resurgi en mars 2017, donnent clairement raison aux soupçons que l'universitaire avait formulés et qui lui avaient valu le courroux des bienveillants de la gauche morale, pour qui tout balbutiement critique contre les jeunes d'origine maghrébine est le signe d'une inacceptable cabale d'inspiration raciste et xénophobe.

Pour le reste, le Bondy Blog est un miroir assez fidèle de Bondy qui, en 2005, était la ville où s'était ouverte la première grande mosquée de Seine-Saint-Denis, financée intégralement par des dons de fidèles. Quant aux journalistes de *L'Hebdo*, à Lausanne, le 23 janvier 2017, ils apprenaient de la bouche de leur actionnaire que, pour cause de rentabilité insuffisante, leur journal était liquidé.

VIII

MYTHES, STARS ET *BAD GUYS*

Ni le chocolat ni l'emmental ne suffisent à l'appétit des Suisses. Après ces lipides onctueux – mais gare à l'embonpoint ! –, ils réclament des nourritures mythiques, qu'ont ripolinées les techniques du marketing. Allez donc vérifier si Guillaume Tell a véritablement vécu ou si, au collier, le chien Barry portait bien un tonnelet d'alcool ! Ce qui est en revanche certain, c'est que Heidi et Betty Bossi n'ont jamais existé ailleurs que sous la plume de romanciers et de publicitaires habiles à vendre du rêve et du papier. D'autres Suisses, bien réels, ont permis à un large public de découvrir les charmes de la consommation de masse. Certainement pas Jean Calvin, qui la traqua avant l'heure. Il n'est que d'évoquer Gottlieb Duttweiler, inventeur de la Migros, ou encore Nicolas Hayek, dont 400 millions de Swatch ont été vendues. Plus près de nous, des noms sont devenus des références mondiales. La Suisse n'a-t-elle pas vu naître la plus belle femme du monde (Ursula Andress), le plus grand tennisman depuis l'invention de ce sport (Roger Federer), sans oublier aussi, avec Jean-Luc Godard, « le plus con des Suisses pro-Chinois » ? Voilà pour le côté pile, où tout n'est finalement que sourire.

Côté face, la Suisse a sa part d'ombre. Comment se peut-il que ce pays exemplaire sur le plan des institutions politiques et du civisme de sa population ait si peu marqué Kim Jong-un, l'un des chefs d'État parmi les plus vils de la planète ? De sa formation reçue sur les bancs de son école en Suisse, le bonhomme n'a-t-il rien retenu ? Quelle peut bien être l'utilité de l'éducation si, au final, l'élève, une fois adulte, singe les docteurs Folamour ? Sont encore méchants ceux qu'on désigne comme tels : ainsi Sepp Blatter. Est-il bien la fripouille valaisanne dépeinte par les médias ? Quant à Christoph Blocher, n'est-il que le dinosaure populiste dont le portrait en prédateur nous est asséné à longueur d'année ? Et que dire aussi de ces anciens militants révolutionnaires, comme ils prétendaient l'être alors, aujourd'hui nantis et retraités ? De qui se sont-ils moqués ? Les effets collatéraux de leurs actions ne sont peut-être pas ceux qu'ils avaient imaginés !

Les mythes et les stars

Guillaume Tell

Le papa tyrannicide, un héros pour Luc Besson

La vigueur des polémiques qu'enclenche l'évocation en Suisse de Guillaume Tell ne laisse pas de surprendre l'observateur étranger. Dotés d'une inépuisable énergie, historiens et politiques se déchirent toujours pour savoir si Guillaume Tell a existé, s'il a tenté de tuer Gessler, s'il l'a bien tué, s'il avait ou non une arbalète, deux flèches, si son fils avait une pomme sur la tête, et pourquoi pas une citrouille, si Tell a arpenté le Grütli, s'il n'était pas qu'un vulgaire mercenaire, bas du front qui plus est, etc.

Ces données factuelles n'ont aujourd'hui plus grand sens. Que ces faits puissent ou non être un jour démontrés scientifiquement, que soient exhumés les pépins du trognon de la pomme prise pour cible par l'arbalétrier, tout cela, la légende l'a éclipsé. Pour l'historien des mentalités, la légende seule et ses impacts au fil du temps méritent surtout l'attention. La légende, telle qu'elle est nous est parvenue et que nous nous appliquons à retransmettre, est le moteur de l'Histoire. C'est autour de la légende que s'est cristallisé quelque chose d'infiniment plus puissant que les faits avérés ou fictionnels. A-t-on jamais eu la preuve que Jeanne d'Arc ait entendu les voix de saint Michel et de sainte Marguerite d'Antioche descendus des nuages et lui intimant de libérer la France de l'occupation anglaise ? Qui était donc ce Dieu francophile, anglophobe et batailleur qui, à Domrémy, s'adressa à cette pucelle qui gardait ses moutons ? En d'autres lieux, en d'autres temps, est-on certain que Moïse a traversé la mer Rouge qui s'ouvrait devant lui et qui, une fois le peuple juif au sec, engloutit les armées du pharaon à sa poursuite ? Les peuples se racontent de belles histoires et s'en nourrissent. Elles leur sont nécessaires, autant que le riz, le maïs ou le blé. La plupart des histoires n'impriment pas la mémoire des contemporains, et disparaissent. Quelques-unes, pour être dotées d'une charge émotionnelle inoxydable, résistent au temps et à l'oubli : rien, aucune preuve matérielle, ne démontrera jamais leur inanité. Elles sont là, parmi nous, devenues des faits historiques. Quelques histoires, plus rares encore, ont non seulement résisté à l'usure des ans, mais sont d'authentiques moteurs historiques, agissant avec la même force qu'un tremblement de terre ou une guerre. L'historien français Georges Lefebvre a étudié la Grande Peur de 1789 et l'impact de cette rumeur qui, entre le 20 juillet et le 6 août, se répandit dans toute la France. Celle-ci faisait état du pillage systématique des biens seigneuriaux, et racontait la mise à sac des châteaux, suite au bouleversement politique de l'été 1789. L'immense majorité de ce qui se colportait là était fictif – des *fake news* avant l'heure. Comme le prouve la Grande Peur, les faits n'ont pas même besoin d'exister : il suffit que les hommes y croient, adhèrent ou rejettent les valeurs qui les sous-tendent, et voilà les rumeurs devenues des faits historiques. L'histoire de Guillaume Tell est probablement fausse. Le seul fait vérifiable est son apparition dans la littérature du XIVe siècle. Inspiré par cette histoire, Schiller, en 1804, aurait brodé une pièce sur ce père protecteur, fier et insolent, sorte de Robin des Bois, qui tua finalement le tyran qui martyrisait sa région.

Admettons que Guillaume Tell n'ait pas existé, puisque tel est l'état des connaissances en 2018, qui inclineraient pour la thèse du scénario héroïque et inventé. Un scénario forgé tardivement et opportunément diffusé pour souder une nation composite, avec ses cantons si différents sur tant de plans : religion, histoire, type de gouvernance, dialectes parlés, structures économiques, etc. Même si Tell n'a jamais existé ailleurs que dans l'imaginaire du poète, le fait essentiel est que les Suisses aient adopté cette figure emblématique pour incarner les valeurs qu'eux, Suisses, jugent fondamentales. Ne faisons donc pas la fine bouche et admettons que dans la personnalité de ce héros imaginaire, rien n'est à jeter : Guillaume est bon père, protecteur et attentif à l'éducation de son fils. Lorsqu'il est humilié par un puissant qui n'est qu'un oppresseur vil et lâche, un Autrichien qui plus est, Tell garde son calme. Sûr de sa science du tir, il se plie à l'ordre qui met la vie de son fils en péril. Excellent tireur, Tell touche sa cible mais, dans le scénario où il aurait blessé son fils, il prépare sa vengeance immédiate au prix de sa vie. Interrogé par le bailli Gessler sur l'usage du deuxième carreau qu'il a mal dissimulé, Tell répond au tyranneau qu'il aurait été le projectile qui l'aurait vengé. Tell ni ne se dérobe, ni ne ment. Il parle franc, protège sa descendance, et cette mission prime tout : le respect de la hiérarchie sociale et du rang, sa propre vie. Qui le force à rompre avec ces valeurs patriarcales périra. Finalement, Tell sauve son fils et tue Gessler. Dans cet enchaînement d'actions, rien chez Tell n'apparaît désuet. La mer Rouge ne s'ouvre pas devant lui, il n'entend pas de voix descendues des nuages qui lui parlent à l'oreille. Tell est un montagnard, un père de famille, avec une arbalète et une flèche pour tuer le despote si celui-ci l'agresse dans sa chair ou abuse de son pouvoir.

Par comparaison avec Robin de Loxley, dit encore Robin des Bois, qui bataille pour son roi Richard, Tell n'est pas un petit noble. Est-il seulement un mercenaire suisse ? C'est très probable, ce qui le rapproche de la plèbe et fait aussi de lui un tueur sans état d'âme.

Hommage donc aux Suisses : ils ont choisi, voilà huit siècles, un héros simple, un montagnard que ne tourmente aucun problème métaphysique. Il n'affronte pas le tyran au nom d'un idéal patriotique comme Jeanne d'Arc, ni pour protéger son peuple comme Moïse. Tell agit pour protéger son cercle intime, son fils en l'occurrence. Son idéal politique est faible. La servitude qu'impose le bailli Gessler à ses administrés, à savoir saluer le chapeau que Gessler a placé sur un poteau, ne dérange Tell que lorsque le tyran s'attaque à son fils. En ce sens, sa statue dans le Club des Jacobins, à Paris pendant la révolution de 1789, est incongrue. Taiseux, Tell ne harangue pas les foules pour les soulever contre les tyrans. Dans un environnement dur, sadique et impitoyable, l'arbalétrier reste humain, libre. Il réagit vite, sans mesurer les dégâts collatéraux de son action, sans épargner ses efforts et son courage. Adepte de l'autodéfense et de l'action immédiate, Guillaume Tell pourrait être un héros des productions de Luc Besson, style *Taken*, avec le comédien Liam Neeson dans le rôle du Schwytzois.

Calvin

À Genève, ça ne rigolait pas

Parmi les nombreux exilés français venus s'installer en Suisse, Calvin est probablement celui dont l'influence est la plus grande et la plus décisive. Né à Noyon en Picardie en 1509, le jeune homme entame des études de droit à l'université d'Orléans. Depuis quelques années, l'époque est agitée par des idées venues d'Allemagne où, en 1517, un moine nommé Luther s'en est ouvertement pris à l'Église. Révulsé par la corruption romaine, dont il a découvert la gravité à l'occasion d'un voyage en 1510, Luther réhabilite la foi en Dieu. À l'en croire, seul Dieu sauve ! Voilà ce qu'il assène à une époque où, en Europe, Rome fait la pluie et le beau temps. Le salut, poursuit-il, ne doit rien au pape, ni à l'Église, ni aux œuvres, ni à la messe, ni aux saints.

Les protestants ont germé et poussé en Allemagne, et l'espèce s'avère invasive : partout, la voilà qui champignonne. Jehan Cauvin, Calvinus de son nom latinisé, a 24 ans lorsqu'en 1533 il adopte les idées de la Réforme protestante. L'hiver 1534 ne leur est pourtant guère favorable. Sentant monter le danger, notamment après l'affaire des Placards survenue en octobre – ces affiches placardées s'attaquaient ouvertement aux « horribles, grands et importables [*sic*] abus de la messe papale, inventée directement contre la Saine Cène de notre Seigneur, seul médiateur et seul Sauveur Jésus-Christ » –, Calvin quitte Paris et ne remettra plus les pieds dans la capitale française. L'époque, il est vrai, est impitoyable aux hérétiques.

Dans un premier temps, Calvin se réfugie à Bâle. Après hésitations et expulsions, il s'installe à Genève pour en être bientôt chassé avec Guillaume Farel, son mentor d'alors. Calvin se fixe un temps à Strasbourg puis, à l'invitation de la bourgeoisie genevoise, revient sur les bords du Léman en 1541. Installation qui vaudra à Genève le titre ambigu de Rome du protestantisme. Fuyant la France et les persécutions qu'il y redoutait, à Genève, Calvin ne se fit pas faute d'en exercer. L'activisme du prédicateur devenu genevois et son pouvoir de conviction lui permettent d'occire contradicteurs et contestataires, comme Michel Servet (brûlé vif) ou Jacques Gruet (décapité), et d'attirer ceux qui, le cerveau ripoliné, exporteront la bonne parole dans le monde entier. Il n'est que de citer William Whittingham ou John Knox.

La doctrine calviniste survivra au-delà de ce qu'avait pu rêver le prédicateur. La prédestination à la félicité ou à la damnation a un caractère insondable et inconnaissable. Les croyants en sortent bouleversés. Peut-on imaginer pire inconfort pour les intéressés ! Pour ceux qui vivent dans un climat de croyance totale, la « certitude du salut » vire à l'obsession. Fini les achats d'indulgence et autres combines. À chacun désormais de trouver les preuves de son appartenance à l'étroite tribu des prédestinés. D'une grande complexité mentale, l'entreprise calviniste s'avère psychologiquement douloureuse pour chaque individu, beaucoup plus douloureuse qu'avec le luthéranisme : chez Calvin, la richesse récompense le prédestiné. Chez Luther, la richesse n'est qu'accidentelle.

Avec le protestantisme, ni la confession ni l'absolution n'allègent du poids du péché. Il faut vivre avec, et donc éviter d'en trop commettre. Tout comme il est tout aussi vain de chercher un état de grâce au travers de l'ascèse, comme les moines la pratiquent. La conformation à un système de valeurs, si mutilant et pénible soit-il, ne prouve pas que Dieu a élu l'intéressé. Le voilà seul face au monde et à l'éternité. Qu'il suive donc sa vocation, à savoir « les gains honnêtes issus des entreprises capitalistes », selon le sociologue allemand Max Weber. Rompant avec le faste féodal, la consommation, l'oisiveté, le gaspillage d'argent et de temps, activités triviales et sans valeur qui détournent de l'objectif unique, le croyant s'emploiera donc à la gloire de Dieu. Tout doit tendre vers ce but unique, depuis le travail jusqu'à la pratique de la charité, signalant un agrément divin. Le profit, le style de vie, la réussite professionnelle sont autant de signes « permettant de discerner si une entreprise économique [a] reçu la bénédiction divine ».

Malheureusement pour Genève, le calvinisme influença fortement sa cathédrale. La visite du lieu où Calvin lut et commenta vingt-trois années durant les Saintes Écritures offre peu de plaisir aux yeux, tant son austérité est implacable. Elle remonte au 8 août 1535 quand, lors des vêpres, les iconoclastes, une vingtaine de « petits enfants » selon Antoine Froment, réformateur genevois et lui aussi élève de Guillaume Farel, dévastèrent le bâtiment, saccageant avec méthode les statues et lacérant les peintures « qui n'étaient pas en conformité avec le nouveau culte réformé ». Certes, gravissant le parvis, le visiteur ne s'attend pas à une débauche néogothique d'angelots et de Vierges Marie, mais pas non plus à pareille aridité. En quelque saison que ce soit, il fait toujours une impression de grand froid dans la cathédrale Saint-Pierre de Genève. Reste donc un spectacle sec, une chaire dépouillée, des stalles sans guère d'intérêt. L'attraction principale de la cathédrale Saint-Pierre sont ses 157 marches qui, selon le guide, conduisent au sommet de la tour nord du bâtiment et qui débouchent sur un panorama à 360 degrés sur la ville et le lac Léman.

Heidi

La nature réparatrice et la ville mauvaise

C'est en 1880 que Johanna Spyri présenta au public le personnage de Heidi. Dans les Grisons, Heidi, une petite orpheline suisse, vit chez son grand-père sur un alpage de la commune de Maienfeld. À tort s'apitoierait-on sur sa qualité d'orpheline, la mortalité étant alors particulièrement élevée, avec une espérance de vie de 44 ans pour les femmes, 41 ans pour les hommes. Pour Heidi, tout n'est donc que normal : elle devrait déjà s'estimer heureuse d'avoir survécu à une mortalité infantile terriblement élevée (167 pour 1 000 naissances en 1880) et de vivre au grand air. Jusqu'au jour où sa tante la récupère et l'emmène à Francfort-sur-le-Main. Changement d'air. L'enfant tombe malade. Rassurons-nous, l'épilogue est heureux et, au final, Heidi retourne chez son grand-papa.

Si Heidi peut être vue comme un mixte suisse d'Oliver Twist féminin et de Tom Sawyer alpestre, elle est surtout une figure emblématique de la Suisse, instrumentalisée lors de la sortie du livre en raison de l'engouement populaire. Célébrant la tradition, la famille, l'ordonnancement naturel du monde et dénonçant les tourments qu'engendre l'industrialisation alentour, comment Heidi pouvait-elle échapper à une récupération opportuniste ? Tel a donc été son destin. Mais, ceci observé, est-on bien certain que les publics plébiscitant les aventures de la petite orpheline se rangeaient sous la banderole des partis patriotiques ? Comment défendre une thèse aussi mécaniste ? Dans les familles les plus sectaires du parti communiste suisse, la lecture de *Heidi* était-elle précédée d'une mise en garde du *pater familias* pour signifier à sa marmaille qu'il s'agissait là d'une œuvre agrofascisante ? Osons dire que *Heidi* pourrait même être un mythe contemporain, l'œuvre célébrant le paradis perdu, celui où l'homme, parce qu'il est au contact de la nature, échappe à la perversion du marché et à l'emprise de la consommation. Heidi agit spontanément, sans arrière-pensée. Elle et son grand-père ont pour souci de préserver l'ordre naturel que Dieu leur a légué et que leurs contemporains s'acharnent à gâcher.

Heidi a connu des déclinaisons cinématographiques et audiovisuelles. Dernier long-métrage en date, celui d'Alain Gsponer a drainé de vastes foules, tant en Suisse alémanique qu'en Allemagne, où le film a atteint le million de spectateurs. Jusqu'aux collectionneurs de timbres qui, en 1951, ont vu arriver la petite orpheline sur un carré denté précollé puis, un demi-siècle plus tard, ce fut le tour des numismates avec une pièce commémorative de 50 francs émise en 2001 à l'effigie de Johanna Spyri pour le centième anniversaire de sa mort. À Maienfeld, à destination des touristes, une courte promenade retrace les aventures de la petite orpheline.

Le chien Barry
Que contient le tonnelet ?

Au Grand-Saint-Bernard, où passa César pour envahir la Gaule, les morts se comptèrent par centaines. Selon Christian Beck, cette mortalité locale a plusieurs causes. Lisons ce qu'écrit ce poète en 1913, époque où les voyages dans la région sont encore périlleux. Beck signale d'abord la dénutrition, le voyageur en se refroidissant ne ressentant pas le besoin de se nourrir. Il y a encore les avalanches, la congestion et la « congélation ». L'auteur en décrit les symptômes : « L'individu dont les extrémités commencent à geler ne s'en aperçoit pas. Il subit un état moral singulier, fait d'abord de tristesse puis, même s'il se trouve en nombreuse compagnie, d'un sentiment d'intense solitude[1]. » Et là, deux « dangers graves » le guettent : le sommeil et la gangrène. Si à cet inventaire, on ajoute les risques d'égarement et la tourmente neigeuse, on saisit mieux à quoi s'expose le voyageur et pourquoi mieux vaut prévoir des secours. C'est là qu'entre en scène le chien du Grand-Saint-Bernard, race dont, dès 1856, l'extinction est annoncée. L'hospice du Grand-Saint-Bernard a élevé des dizaines de ces chiens, toujours mobilisés sur un large front montagneux. Avec leur flair, ils étaient capables d'aller au-devant des personnes en danger, invisibles à l'œil humain.

Quant au tonneau qui pend au cou de l'animal, c'est une autre histoire. Il s'agirait d'un bobard. L'anthropologue Jean-

Loup Fontana a observé, sur une toile du peintre anglais Edwin Henry Landseer intitulée *Dogues alpins au secours d'un voyageur en détresse*, qu'un des deux chiens porte à son cou un petit tonnelet. N'était la grosse langue du canidé qui lèche la main de l'homme enseveli sous la neige, ces molosses aux mâchoires dégoulinantes de sang donnent l'impression d'avoir Ramsay Bolton pour maître, l'ignoble bâtard de *Game of Thrones*, et qu'ils s'apprêtent à déchiqueter le gisant. On en revient au tonnelet. Que contient-il ? Le peintre étant anglais, on en déduisit à l'époque qu'il s'agissait probablement de whisky et non de saké. Tout bien pesé, il semble que cette histoire de tonnelet soit en réalité une invention du peintre, et selon les spécialistes du froid, mieux vaut que la contribution des chiens se soit limitée à renifler les voyageurs : l'apport d'un alcool fort dans un organisme en voie de congélation provoquerait la mort de celui qui a survécu au froid, à la neige et à la glace. Les symptômes sont bien connus, comme les décrit Horace-Bénédict de Saussure en 1786 : « L'usage des liqueurs fortes est extrêmement dangereux dans ces moments-là et cause souvent la perte des voyageurs ; ils croient se réchauffer en buvant de l'eau-de-vie, et cette boisson leur donne en effet pour quelques moments de la chaleur et de l'activité ; mais cette tension forcée est bientôt suivie d'une atonie et d'un épuisement qui devient absolument sans remède[2]. »

Avec près de 40 interventions décisives auprès de voyageurs balayés par une avalanche ou saisis par le froid, le chien Barry est entré dans la légende. Décédé en 1814, à l'âge de 14 ans, il est alors naturalisé, et ses admirateurs peuvent aller le voir au musée d'Histoire naturelle de Berne. La généralisation du téléphone portable – grâce au GPS qui signale les victimes d'avalanche – a réduit le chien au chômage. Peut-être ne s'en plaint-il pas.

Betty Bossi
Le triomphe de la margarine

Voilà dix ans maintenant que la téléréalité culinaire a colonisé nos *prime times* : « Cake Boss », « Top Chef », « Come Dine With Me », « Jamie's Kitchen », « Dans la peau d'un chef », etc. Sans jamais souffler, les cuisiniers toqués s'affrontent ou bien, devant un public complice, sélectionnent les candidats au statut de chef étoilé. Incidemment, cet intérêt pour la cuisine, qui dégénère parfois en hystérie, signale le niveau de prospérité matérielle auquel sont parvenues nos sociétés. C'est aussi un indice de ce que nos contemporains disposent de beaucoup de temps pour regarder la télévision et, pour les moins velléitaires, d'autant de loisirs pour se planter, ensuite, devant leur cuisinière. La prolifération des robots domestiques – mixeur, broyeur, extracteur, etc. – participe de ce ballet en cuisine. Dans le même ordre d'idées, il n'aura échappé à personne que jamais la planète n'a connu une telle vague d'obésité, ses habitants se nourrissant mal et trop.

La fièvre gastronomique qui n'épargne aucun pays remonte aux années 1960 : ma génération garde en mémoire les roucoulades de Catherine Langeais assistant le chef Raymond Oliver. À la télévision, c'est encore le temps des Julia Child aux États-Unis et des Fanny Cradock en Angleterre. L'accélération culinaire survient à la fin des années 1990, avec la multiplication des chaînes. C'est l'époque où débarquent des garçons comme Jamie Oliver, en jeans, au look de rocker, sans toque ni tablier. Au vrai, l'ivresse pour la cuisine est beaucoup plus ancienne.

Annonçant la massification de la curiosité gastronomique, les livres de recettes se sont d'abord multipliés. Les fiches cuisine du magazine *Elle*, parues pour la première fois en 1969, sont un immense succès. À cette date, les Trente Glorieuses et l'économie de marché ont produit leurs effets : la plupart des Européens disposent d'eau courante, évidemment, mais aussi d'un réfrigérateur, d'une cuisinière, etc. Chez les commerçants, l'exotisme des fruits et légumes trahit une curiosité inédite pour les gastronomies lointaines. D'autres facteurs précipitent la mutation en cours : le temps de travail s'allège et, déjà, la courbe des naissances décline. La génération d'après-guerre sera moins féconde que celle de ses parents. Avec moins d'enfants à charge et un plus fort pouvoir d'achat, le temps ne lui manquera pas pour s'attarder devant les plaques de cuisson. Tel est le contexte sociologique, économique, démographique où mûrit le goût massif de la population européenne pour une gastronomie enfin émancipée du steak-salade.

La Suisse suit ce mouvement général. Elle y participe à sa manière, et d'une façon très originale. Car la Suisse a eu, elle aussi, ses fiches cuisine. Les plus célèbres, de loin, sont celles de la sympathique Betty Bossi. Ses premières apparitions sont signalées en 1956 où, dans un journal de consommateurs distribué gratuitement dans les magasins d'alimentation, la cuisinière signe un « Courrier Betty Bossi » : s'y lisent des recettes que les ménagères suisses sont invitées à essayer, recettes qui ne laissent toutefois pas d'intriguer. Qui lit attentivement les ingrédients requis est surpris en effet par la quasi-absence de mention aux huiles de cuisson. Prenez par exemple la « soupe de poisson ». Quitte à ajouter un ingrédient lors de la cuisson des restes de poisson mélangés à l'oignon et à l'ail pressé, on s'attendrait à ce que Betty Bossi suggère une ou deux cuillères d'huile d'olive. N'est-ce pas ainsi qu'en Grèce ou en Italie, ladite soupe mijote ? Option différente pour Betty Bossi qui, elle, préconisait « une cuillère à soupe de margarine ou de beurre ». Pour les « nouilles vertes », un plat italien, Betty Bossi recommandait à nouveau « deux cuillères à soupe de margarine ou de beurre » ; pour le « sarrasin à l'italienne », Betty se contentait là « d'une cuillère à soupe de margarine ou de beurre », et ainsi de suite. La cuisine de Betty Bossi se fait à la margarine et au beurre. Le lecteur attentif aura remarqué que dans la préconisation des ingrédients, et contrairement à la règle grammaticale qui veut que dans la phrase le substantif le plus petit précède le plus long, Betty commet une faute, qu'elle répète dans toutes ses recettes : il est toujours question de margarine et, faute de mieux, de beurre. Bref, dans la cuisine de Betty, on trouve de tout, et toujours et surtout de la margarine.

Le sacre de cette pâte dans les recettes de Betty est contemporain de son référencement massif dans les magasins suisses. Certes, la margarine est moins goûteuse que le beurre, mais elle est aussi moins chère et, parce que molle, plus facile à tartiner. Pourtant, même si les consommateurs sont diététiquement moins regardants qu'ils ne le sont devenus, il n'a pu leur échapper que, sitôt refroidie, la margarine se rigidifie, un peu comme les eaux de l'océan Arctique autour d'un navire en perdition. Dans ces conditions, s'interroge alors Unilever, fabricant de graisses alimentaires et propriétaire de la margarine Astra, comment promouvoir l'usage de cette matière grasse ? C'est là qu'intervient Emmi Creola-Maag. Elle est rédactrice publicitaire et travaille sur les produits Astra dans une agence zurichoise. Son coup de génie sera d'inventer Betty Bossi, un personnage fictif doté d'un nom et d'une signature. De sa belle écriture légèrement inclinée, Betty signe les éditoriaux, d'abord dans les feuilles gratuites que les consommateurs glanent aux caisses des magasins, puis des recommandations dans les multiples ouvrages publiés sous son nom qui, on l'a vu, préconisent méthodiquement la margarine dans les plats dont la cuisinière détaille la recette. Le succès dépasse les espérances les plus folles. En 1972, est lancé le *Journal Betty Bossi pour la cuisine moderne et le ménage* ; l'année suivante, c'est au tour du premier livre de recettes, et en 1977 sont créées les éditions Betty Bossi SA. Avec le développement de l'intérêt pour la cuisine, viennent bientôt les ustensiles de cuisine, puis l'ouverture d'une école de cuisine. Devenue propriété des éditions Ringier en 1995, Betty Bossi dès 1998 était dotée d'un site Internet : bettybossi.ch. Allait tout aussi logiquement suivre, en 2001, la première émission de télévision sur les ondes de la Suisse alémanique. Bientôt la Coop, l'autre poids lourd de la grande distribution suisse, se joindrait au baroud en lançant une gamme de produits frais sous l'étiquette Betty Bossi. En France, marché saturé de recettes insérées dans pratiquement tous les journaux, c'est France Loisirs qui adaptera le concept Betty Bossi. Ce faisant, France Loisirs, qui fonctionne sur le principe de l'abonnement, reprenait le filon initial des publications Betty Bossi distribuées sur abonnement uniquement. Pour apprécier la taille du marché de la fictive Betty Bossi, son journal (dix numéros par an), sobrement intitulé *Journal de Betty Bossi*, revendique un tirage d'un million d'exemplaires que complètent, chaque année, trois ou quatre livres de cuisine tirés, chacun, à un million d'exemplaires. Parmi les titres toujours disponibles, on peut citer *Betty Bossi à la recherche de Grand-Maman*, *Betty Bossi reçoit ses amis simplement et tout à son aise*, *Cuisson à basse température* ou encore *Cuisine suisse*, en 130 recettes sur 300 pages.

Avec Betty Bossi, la Suisse s'enorgueillit d'un personnage publicitaire digne des immortels que sont, par exemple, Bibendum ou Ronald McDonald.

Gottlieb Duttweiler
L'émergence d'un incontournable suisse et ses déclinaisons

Hors de Suisse, ceux qui ont entendu parler de Gottlieb Duttweiler se comptent sur les doigts d'une seule main. Il est pourtant le créateur d'une des marques suisses les plus populaires, la seule marque connue en Suisse par sa seule initiale : M pour Migros. La société remonte à 1925. Il existe déjà à cette époque des magasins gigantesques, où tout ou presque est proposé à une classe moyenne disposant d'un certain pouvoir d'achat. Dans *Au Bonheur des Dames*, Émile Zola a décrit le modèle économique de ces magasins où, à coups de promotions, les clients et surtout les clientes repartent avec la conviction d'avoir fait une excellente affaire. Duttweiler a étudié le fonctionnement de ces magasins. Il a noté que les biens périssables n'y étaient pas référencés. Si les produits de mercerie étaient en abondance, on n'y trouvait ni laitages ni pommes de terre. Duttweiler remédiera à ce manque. Va donc pour un large magasin dédié au secteur de l'alimentation, et bon marché. Sur ce dernier point, en 1925, la recette est déjà connue : pour offrir des prix bas, il faut pressurer les intermédiaires, acheter massivement, alléger les stocks, tirer sur les marges, et du volume vendu jailliront les bénéfices.

Mais Duttweiler voit plus loin. Ses clients travaillent et, faute d'argent, ne se déplacent guère dans l'agglomération où ils résident, constat qui vaut davantage encore dans les banlieues des villes. Il convient donc d'aller au chevet de ces ménagères sédentaires et, pour ce faire, Duttweiler conçoit une flotte de camions-magasins qui, à heure fixe, iront là où logent ses clients. Les références proposées ne sont pas si nombreuses, mais renseignent sur ce qui compose alors le panier de la ménagère suisse. Les camions Migros proposeront du café, du riz, de la graisse de coco, du sucre et des pâtes, ainsi qu'un produit dont la consommation progresse fortement : le savon. Tirant sur les prix, Migros sabre le superflu. Fini les emballages ! Non en raison du coût du sac, minime en effet, mais de celui de la personne qui, dans les magasins, emballait alors la marchandise, protocole que les bouchers, les fromagers et les fleuristes restent quasiment les seuls à pratiquer.

Le premier magasin Migros est inauguré à Zurich en 1926. Projeté dans le passé, un contemporain se ferait taper sur les doigts : on ne choisit pas soi-même, et après les avoir tripotés, fruits et légumes. Le *self-service* n'est pas dans l'horizon mental de l'époque et il faudra patienter vingt-deux ans pour qu'il advienne. Duttweiler jubile à bousculer les habitudes. Quand il ne s'intéresse pas à la réalisation d'un « plan hôtelier » pour promouvoir le tourisme de masse avant la lettre, il s'attaque au monde des taxis, qu'il juge corporatiste et donc préjudiciable aux utilisateurs ; il se lance encore dans la distribution d'essence, couvrant le pays d'un réseau de stations-service. 1941 est une année charnière : les Migros SA régionales de droit privé subissent une refonte de leur statut juridique pour devenir des coopératives régionales autonomes. Elles sont regroupées en Fédération des coopératives Migros (FCM).

Autre point capital dans l'histoire de la société et qui intéresse un public qu'indiffèrent pommes et poires : il est décidé qu'un pourcentage du chiffre d'affaires de la Migros sera affecté à des activités sans but lucratif. Nous sommes alors en pleine guerre mondiale ; la Suisse connaît une situation tendue pour son autosuffisance alimentaire, et de chacun, des sacrifices sont attendus. Tel est le contexte où éclot le « capitalisme social ». Il aura pour chaperon la Fondation Gottlieb et Adèle Duttweiler. Située dans le sillage direct de l'Alliance des indépendants, parti politique dont Duttweiler fut l'un des artisans fondateurs, la Migros joua un rôle politique. Là encore, Duttweiler connut le succès : avec son programme combinant libéralisme responsable et État-providence, l'Alliance des indépendants assécha progressivement les voix de gauche, en particulier celles d'extrême gauche.

Autre particularité de la Migros : on ne trouve ni alcool ni tabac dans ses magasins. Il convient en effet d'éduquer et d'élever les Suisses loin des tentations contraires à la construction d'un monde meilleur. Pour mémoire, l'alcoolisme est l'un des fléaux majeurs du pays, et à l'époque, les antibiotiques dont l'industrialisation démarre surtout après 1945 n'avaient pas encore enrayé les maladies pulmonaires.

La Migros ne fut pas toujours à la manœuvre : elle eut également à subir le boycott de grandes marques, habituées à dicter leurs conditions de vente. Pour se prémunir de ces représailles, la Migros a élaboré ses propres lignes de fabrication, produisant sous sa bannière des produits conçus de A à Z, composants de base mis à part.

Duttweiler est décédé en 1962. La légende, qu'il entretenait non sans coquetterie, veut que, jusqu'au bout, il conduisît une Topolino : « Pourquoi m'achèterais-je une Cadillac, alors que je suis moi-même une Cadillac ! » En vitesse de pointe, la Topolino flirtait avec les 90 kilomètres/heure, davantage dans les descentes.

Plus récemment, la Migros a fait l'acquisition de Globus, ainsi que de la marque Denner. La première lui permet de viser une clientèle acquise au haut de gamme qui, avant d'atteindre les rayons alimentaires en sous-sol, traverse un labyrinthe d'exposants luxueux. La seconde attire une clientèle plus modeste, venue pour le choix d'alcools empilés sur les étagères et dont les promotions sont claironnées à intervalles réguliers. L'achat de Denner en 2007 avait dû être préalablement soumis à l'approbation des autorités de la concurrence, Migros et Coop captant 70 % du marché alimentaire suisse. Migros est encore bien connu du public suisse au travers de ses diversifications dans la formation, la librairie, les stations-service, la banque, les assurances.

Autant Migros rayonne en Suisse, son marché primaire, autant il n'a guère essaimé à l'étranger : passé la frontière suisse, les tentatives de diversification se sont soldées par des échecs. Tant en Turquie qu'antérieurement à Berlin, la formule Migros ne séduit pas. Il faut dire que l'austérité des produits présentés le dispute à la monotonie des rayons. Il en faut sans doute davantage pour s'imposer auprès de publics qui méconnaissent les investissements caritatifs de Migros. Ne surtout pas imaginer que les implantations de distributeurs hors de leurs frontières naturelles soient mission impossible : Lidl en Angleterre ou encore son concurrent Aldi en France témoignent que des marques alimentaires venues d'Allemagne, un pays où la gastronomie se résume à une saucisse moutardée, peuvent s'installer, croître et prospérer ailleurs. Pour Migros, la croissance internationale, hormis un ou deux appendices situés à quelques kilomètres des postes frontières, n'a pas eu lieu.

Nicolas Hayek

Sans lui, où en serait l'horlogerie suisse ?

Existe-t-il plus belle illustration de l'apport des étrangers à la prospérité helvétique que Nicolas Hayek ? Au début des années 1980, un des fleurons de l'économie suisse, l'industrie horlogère, est souffrante. À son chevet va débarquer non pas un Jurassien, haut lieu de l'horlogerie suisse, mais un juif libanais, né à Beyrouth en 1928, parti ensuite faire des études de mathématiques et de physique à l'université de Lyon, puis stagiaire dans la réassurance à Zurich. Nicolas Hayek a 21 ans quand il rencontre Marianne Mezger, sa future épouse. Marianne est la fille d'un petit fondeur bernois, Eduard Mezger, spécialisé dans la fourniture de sabots de freins pour les wagons des CFF. Son beau-père ayant été victime d'un AVC, Nicolas Hayek prend momentanément la direction de la PME familiale. De l'avis général, il s'y montre à la fois bon négociateur et, ce qui ne gâche rien, visionnaire.

En 1963, Nicolas crée sa société de conseil en entreprise, Hayek Engineering. L'homme sait se montrer convaincant, et pendant une dizaine d'années, on le voit au chevet de fonderies allemandes et même, lit-on dans les biographies qui lui sont consacrées, du gouvernement chinois dont l'économie subit les transes du maoïsme. L'accueil reçu en Suisse n'a pas dû être de tout repos. Ainsi, ce n'est que vingt-sept ans après son installation, treize ans après avoir créé son entreprise de conseil, douze ans après qu'il a été naturalisé (il l'est en 1964), que Nicolas Hayek est enfin sollicité par les entreprises suisses, comme les CFF, la SSR, les EPF. En 1982, l'UBS et la Société de banque suisse le mandatent pour restructurer deux *majors* de l'industrie horlogère suisse, les groupes SSIH (ombrelle des marques Omega, Tissot et Lemania) et ASUAG (Ébauches SA, les Fabriques d'assortiments réunies SA, la Société des fabriques de spiraux réunies SA, ainsi que la General Watch Co., composée des sociétés Certina, Hamilton, Longines ou encore Rado). Les deux groupes sont alors à la ramasse. Nicolas Hayek fusionnera les deux firmes sous une entité unique, la SMH (Société de microélectronique et d'horlogerie), et en devenait le P-DG en 1986.

L'intelligence visionnaire de Nicolas Hayek qui, après avoir pris la mesure de la crise de l'horlogerie suisse, l'a conduit à préconiser des fusions dans un milieu scotché à la notoriété de la marque, promeut l'intéressé au rang de conseiller dans l'univers non plus horloger mais industriel. En 1998, la SMH est rebaptisée Swatch Group, que la plaquette officielle fait démarrer en 1983.

Au Swatch Group est attribuée la paternité de la Swatch, une petite montre à quartz en matière plastique, conçue avec peu de composants (51 pièces d'horlogerie dans la version de base) et dotée d'une grosse pile. En moins de deux ans, la Swatch sera écoulée à plus de 10 millions d'exemplaires. On ne mentionnera pas ceux qui l'ont conçue techniquement, qui ont imaginé sa coque plastique, son mouvement d'horlogerie, son design, la stratégie marketing pour la lancer sur un marché logiquement rétif au concept de « montre suisse bon marché ». Ces esprits innovants sont nombreux et leurs noms sont connus. Le génie de Nicolas Hayek est d'avoir cru aux propositions de ses équipes et de les avoir encouragées. Hayek a été un général visionnaire, déléguant de lourdes responsabilités à des créatifs, persuadé qu'il fallait casser les codes pour relancer un marché horloger suisse atone. On sait aujourd'hui que c'était la stratégie juste : une montre à un prix très abordable, clonée dans une gamme infinie de couleurs et de matériaux. Grâce à la Swatch, le secteur horloger suisse a repris confiance pour repartir à la conquête de la planète. Le *Swiss made* a percé de manière décisive sur des marchés comme la Chine où, en 2015, Swatch réalisait la moitié de son chiffre d'affaires. En dehors de l'horlogerie, le « *small & cheap is beautiful* » ne connaîtra pas de déclinaisons heureuses. Nicolas Hayek ira dans le mur avec la Smart, une microvoiture développée en 1998 avec Mercedes.

Nicolas Hayek est décédé en 2010 ; ses deux enfants sont aujourd'hui aux manettes. En juin 2016, les effectifs du groupe se montaient à 36 000 personnes, réparties dans plus de 50 pays, pour un chiffre d'affaires de 8,4 milliards de francs. Pour information, le groupe Swatch forme actuellement 460 apprentis dans 30 métiers, la plupart rattachés directement au secteur de l'horlogerie. En dépit du ralentissement mondial de la consommation horlogère, Swatch s'est appliqué à conserver tous ses personnels.

L'histoire d'un juif libanais éduqué à Beyrouth chez les Jésuites, venu faire des études scientifiques à Lyon puis installé en Suisse, un biotope fertile où, en dépit des réactions de rejet qu'il a parfois ressenties, il est parvenu à bâtir un empire : tel est le pitch de la saga de Nicolas Hayek. Une fois ses compétences démontrées, les portes se sont ouvertes les unes après les autres. Nicolas Hayek a su tirer profit du pragmatisme suisse : le dossier maîtrisé, il savait trancher et s'en tenir aux décisions prises. Pour n'avoir cependant pas toujours été entendu, notamment par les établissements de crédit quand il les sollicita, Nicolas Hayek nous laisse encore quelques aphorismes d'une rare cruauté sur le monde bancaire suisse.

Ursula Andress
La plus belle femme du monde

Dans l'arrondissement administratif de Berne-Mittelland, à Ostermundigen, se trouvent les sièges sociaux d'Intersport International Corporation, l'un des leaders mondiaux de la distribution d'articles de sport, et de Emmi, gros fabricant des yoghourts. Le 19 mars 1936, dans cette petite commune bernoise, un poupon prénommé Ursula venait au monde qui, vingt-cinq ans plus tard, serait l'icône planétaire de la beauté féminine. Personne n'a oublié Ursula sortant de l'eau, en bikini jaune pâle, couteau au fourreau noué à la taille, deux gros coquillages en mains qu'elle assurait vendre 50 dollars pièce à Miami. Osons dire que le premier *James Bond* est entré dans la légende moins pour le rôle qu'y tient Sean Connery que pour la plastique de l'actrice suisse, une parfaite inconnue (sa filmographie se limitait alors à une apparition dans deux navets italiens). Si le monde a oublié le nom du comédien qui interprétait le Dr. No, la persistance rétinienne nous fait instantanément nous souvenir de la beauté sculpturale chantonnant « Underneath the Mango Tree », et qui tirait James Bond de sa sieste. Le rôle devait valoir en 1964 à Ursula Andress le Golden Globe de la révélation de l'année, titre décerné par la Hollywood Foreign Press Association et que l'actrice suisse partageait cette année-là avec Tippi Hedren, pour son rôle de Melanie Daniels dans *Les Oiseaux* d'Alfred Hitchcock. Distinguée par la critique et adulée par le grand public, Ursula est alors hautement « *bankable* ». Hollywood lui tend les bras. En 1963, elle tourne sous la direction de Richard Thorpe, puis de Robert Aldrich. Devant et derrière la caméra, d'autres bras l'accueillent : Elvis Presley, Frank Sinatra, Dean Martin… Mais si à ses pieds les projets s'empilent, la beauté suisse tourne finalement peu. L'année 1965 peut être considérée comme sa meilleure. Elle est au générique de *Quoi de neuf, Pussycat ?* sous la direction de Clive Donner, *La Dixième Victime* d'Elio Petri, puis *Les Tribulations d'un Chinois en Chine* de Philippe de Broca. À l'occasion du tournage, elle rencontre Jean-Paul Belmondo, lui aussi icône depuis son interprétation de Michel Poiccard dans *À bout de souffle* (1960). Les deux comédiens auront une aventure qui saturera la presse people, épuisera les paparazzi et conduira l'épouse de Belmondo à demander le divorce.

À partir des années 1970, la carrière d'Ursula ne ralentit pas mais, obliquant vers l'Italie, tourne au navet. Fernando Di Leo la dirige dans *Colpo in canna* (*Ursula l'antigang*). Elle tourne encore avec Nello Rossati dans *L'infermiera* (*Défense de toucher*), Duccio Tessari dans *Safari Express*, Michele Lupo dans *Africa Express*. Sa présence est signalée aux côtés d'Aldo Maccione dans *Le Avventure e gli amori di Scaramouche* (*La Grande Débandade*) : il est Napoléon, elle, Joséphine de Beauharnais. Du point de vue du cinéphile sectaire, ces films méritent le broyeur, à coup sûr. Mais au moins Ursula doit-elle bien rire avec des réalisateurs pour qui la cantine du tournage est sacrée et qui, pour retourner sur le plateau, exigent les meilleurs cognacs. Il est jusqu'à Jean Yanne qui l'habillera en Marie-Antoinette dans *Liberté, égalité, choucroute*. Tout est dit.

Dans une deuxième vie, Ursula tâtera de la télévision. Du même âge que Diana Rigg (née en 1938), Ursula n'a cependant pas eu la chance de tourner dans des séries du niveau de *Game of Thrones*. Elle avait pourtant débuté très tôt sa carrière télévisuelle avec une participation dans *Falcon Crest* (1988) ou encore *La Caverne de la rose d'or* (1993-1994). Se pourrait-il qu'un jour, à Ostermundigen, un collège soit baptisé du nom de celle qui fut célébrée en son temps comme « la plus belle femme du monde » ?

Jean-Luc Godard

L'effondrement d'un cinéaste trop bavard

Auteur de films, né en 1930 à Paris, réalisateur d'*À bout de souffle* – chef-d'œuvre d'après une idée originale de François Truffaut –, pour s'être emberlificoté dans des considérations politico-esthétiques et avoir accumulé les films bavards pour tunneliers, Godard est cinématographiquement mort après *Pierrot le fou* (1965). À la fin des années 1960, les situationnistes l'ont rangé sous l'étiquette du « plus con des Suisses pro-Chinois », assertion certes difficilement vérifiable, mais s'être ouvertement réclamé de Mao Zedong quand le Grand Timonier supervisait le massacre de centaines de milliers de Chinois n'est assurément pas la marque d'une grande lucidité. D'où, probablement, l'étiquetage de « con ». Un demi-siècle plus tard, les dévots continuent de vouer au cinéaste un culte d'autant plus abrupt qu'il a perdu tout public. Mais aimer Godard continue de faire chic dans les salons et, immanquablement, vous pose en connaisseur. Auteur par ailleurs d'aphorismes rigolos, Godard est promis à l'éternité dans les universités américaines et chez les journalistes snobs ainsi que chez les sélectionneurs de festivals cinématographiques.

Roger Federer
L'indestructible roi des circuits

Ils se comptent sur les doigts d'une main ceux qui, comme Patrick Rafter, ont réussi une amortie gagnante de revers sur la première balle de service de Roger Federer. C'était en quart de finale à Key Biscayne en 2001. Roger avait alors 20 ans et démarrait son ahurissante ascension. À Roger Federer, question tennistique, rien ne manque, comme en attestent ses 20 titres en Grand Chelem. La dernière fois que les aficionados du tennis avaient vu un joueur capable de tous les coups du tennis, c'était dans les années 1970, avec les Ken Rosewall, Roy Emerson et autres Rod Laver. Sans dévaluer le talent de ces joueurs d'exception, rappelons qu'à cette époque, le jeu n'avait pas grand-chose à voir avec le tennis actuel, ne serait-ce qu'en raison de l'évolution des équipements, notamment des raquettes. YouTube permet de mesurer la puissance du tennis actuel, qui rompt avec les échanges aussi stylés que lents de l'époque, quand les Australiens dominaient le tennis mondial.

Federer possède tous les coups, les joue à la perfection. Au centimètre près, il plante sa balle de service là où il a visé, et la variété de ses volées illustre son toucher de balle. Ses performances sont d'autant plus appréciées que son apogée est contemporain du débarquement sur le circuit tennistique de joueurs géants, des doubles-mètres qui s'imposent grâce à leur service, leurs biceps et leur taille. Lors des changements de côté, Federer leur concède une bonne tête, ce qui est un handicap, notamment pour l'engagement. Sur le terrain, Roger reste toujours maître de lui, épargne aux spectateurs les interminables interruptions pour cause de crampes, ou les crises de vomissements, comme en fut victime Pete Sampras. Il est vrai qu'il se montre d'autant plus fair-play pendant ses matchs qu'il les gagne. Les journalistes sportifs le considèrent comme un « bon client », Roger pouvant répondre en allemand, en anglais, en français, et tout sourires. Au contraire d'un Agassi qui, arborant une longue tignasse et des tenues aux couleurs beuglantes, a longtemps joué les *bad boys*, Roger s'adresse plutôt aux belles-mères et aux CSP+. Il suffit de regarder ses sponsors : Moët & Chandon, Crédit suisse ou Rolex. N'est-il pas en effet le gendre idéal ? Mirka, son épouse, qui l'escorte sur les tournois du Grand Chelem, tranche avec les bimbos que les autres joueurs trimbalent sur le circuit le temps d'une saison. Comme dans un conte de fées, Mirka lui a donné deux paires de jumeaux. Gendre idéal, père comblé, citoyen du monde rompu à toutes les civilités, Roger est l'icône de l'homme lisse bien éduqué. Si le public à Wimbledon apprécie tant Roger, où il a levé l'énorme trophée à huit reprises, c'est qu'il a toujours su se tenir. Contrairement à d'autres, il n'a jamais été invité à retourner aux vestiaires pour changer de polo, ni ne s'est senti humilié de devoir s'incliner devant la loge de la famille royale.

Roger est déjà une légende vivante. D'abord par le nombre de titres du Grand Chelem remportés. Même si on lui souhaite d'en engranger d'autres, la probabilité que le héros y parvienne semble aujourd'hui mince. Qui peut douter que des matchs de quatre heures sur des surfaces en ciment accélèrent le vieillissement de l'organisme ? 2008 marque l'amorce d'un déclin remarqué, dû à une mononucléose contractée en décembre 2007. Après deux cent trente-sept semaines consécutives à la première place mondiale, Roger remet son sceptre à Rafael Nadal, vainqueur notamment cette année-là d'une finale d'anthologie à Wimbledon. Mais ceux qui pariaient sur le déclin de Roger en ont été pour leurs frais. Notre joueur a tout simplement marqué l'année 2017, victorieux dans pratiquement tous les tournois auxquels il a participé, depuis l'Open d'Australie jusqu'à Wimbledon. Roger Federer est un sportif mutant, et un mutant sain à ce que l'on croit savoir. Federer joue intelligemment, parle avec intelligence, mène sa carrière avec intelligence. Estimée à 400 millions de francs, sa fortune avoisinerait celle de l'ancien P-DG de Novartis Daniel Vasella.

Les *bad guys*

Kim Jong-un

Mais quelle éducation a-t-il donc reçue en Suisse ?

Sur le podium des dictateurs ineptes et sanguinaires, le président du parti du Travail de Corée trône encore au 1er juillet 2018 sur la plus haute marche. À Kim Jong-un, dernier rejeton d'une dynastie de tyrans communistes, la planète sera peut-être un jour redevable d'un nouveau conflit nucléaire. Dans cette attente redoutée, martyrisé, le peuple nord-coréen subit le sadisme d'un satrape dégénéré. Déplorons que ce petit bonhomme au physique de goret n'ait rien appris de son long séjour en Suisse, où il a pourtant passé plusieurs années. Sa biographie rapporte qu'il a étudié à l'International School of Berne, à Gümlingen, école fondée en 1961 pour scolariser, au départ, les enfants de la communauté diplomatique. Kim Jong-un étudiera trois années à Gümlingen, celles qui, de la septième à la neuvième, couvrent la durée d'un cycle d'orientation. Sans doute, lors de ce séjour helvétique, le despote était-il trop immature pour apprécier les qualités du système politique suisse (il semble avoir su préserver intacte cette incomplétude comportementale). Il est aussi exact qu'au vu des bénéfices qu'il retire de son statut de despote absolu, on ne voit pas pourquoi il modifierait l'orientation de son régime abject, responsable, en 2012 et 2013, du retour du cannibalisme en Corée du Nord.

Autre regret : l'itinéraire de Kim Jong-un contredit l'observation selon laquelle quiconque ayant vécu en Suisse, témoin de l'engagement civique de sa population et des vertus de la subsidiarité, ne saurait retourner inchangé au pays d'où il vient – et là, au spectacle des dysfonctionnements d'une organisation sociale et politique moins efficace et plus coûteuse, celui-ci milite pour que son écosystème défectueux s'inspire de la perfection helvétique. Avec Kim Jong-un, le scénario s'est déroulé autrement : le personnage est reparti en Corée du Nord sans avoir rien vu ni appris de son long séjour en Suisse. Il faut parfois désespérer du genre humain. En attendant, plaignons le peuple coréen.

Sepp Blatter
Faut-il simuler la surprise ?

La Suisse a son *bad guy*. Il a 80 ans, est valaisan, vit à Zurich avec son épouse de vingt-huit ans sa cadette. Bardé d'adjoints et d'assistants, doté, dit-on, d'une moralité douteuse, Sepp serait impliqué dans un scandale de corruption de plusieurs millions de francs. « Serait », en effet car, pour l'heure, minces sont les preuves des forfaits qui lui sont attribués. Ancien RP chez Longines, on ne lui trouverait pas d'adversaire à sa mesure dans l'art de l'esquive, la rouerie, le bobard, les dépenses somptuaires. Peut-être cet accoutrement était-il nécessaire à Sepp Blatter pour se hisser à la présidence de la Fédération internationale de football (FIFA). Accusé de corruption dans un milieu sportif souvent vérolé par les matchs truqués et les débordements infantiles de joueurs à la moralité glissante, le Valaisan a propulsé le football au rang de sport planétaire, avec les milliards de dollars dans les vestiaires et autant de spectateurs beuglant dans les tribunes ou devant leur téléviseur. La vérité sur les agissements de l'intéressé sera-t-elle un jour dévoilée ? Qui peut le dire, sinon Blatter lui-même ? Pour l'heure, à Zurich, Sepp l'autodidacte continue de jouir d'une popularité dont lui-même ne sait s'il la doit à son âge avancé ou à sa capacité de résistance dans un milieu amnésique et peu scrupuleux. On retiendra encore l'indéfectible attachement du souverain déchu à son pays : « Je ne crains pas du tout de finir mes jours en prison, déclarait-il en décembre 2016. J'ai 100 % confiance en la justice suisse[3]. »

Reste une organisation sportive internationale contaminée de la tête aux pieds, entre les mains de dirigeants dont on aimerait qu'ils soient vertueux, mais qui ont trop longtemps navigué dans le sillage du navire pourri pour se prétendre indemnes de souillures. La concussion et la corruption ont été les deux mamelles où sont venues téter les fripouilles de tous bords et de toutes nationalités. La crise à la FIFA a révélé une chose : à quel point la caverne d'Ali Baba est richement dotée et combien elle rend fous ceux qui en ont la clé. Elle a aussi démontré une nouvelle fois que ce sont les autorités américaines qui font tanguer la barque, en Suisse particulièrement. En de nombreuses circonstances, elles donnent même l'impression de tenir le gouvernail.

Christoph Blocher

Un Suisse hors norme et sans descendance politique

Ex-patron de l'UDC, Christoph Blocher a changé le visage de la politique suisse. Il y a un avant et un après Blocher, comme le révélera sans doute un jour la sismographie politique. Fort en gueule et assumant des convictions dans l'air du temps (primauté de la nation, importance de la frontière, défiance à l'égard des instances étrangères, de l'UE, des juges étrangers, de l'idéologie des droits de l'homme, etc.), Blocher n'a jamais perdu le contact avec le terrain, la base, le peuple. À tort on le considérerait comme un vulgaire démagogue, ce qui, par contraste, signalerait la vertu de ses contradicteurs et opposants. Lui ne mérite pas tant d'opprobre, ni eux tant d'honneurs. Ils n'ont souvent rien vu venir, ce qui est fâcheux quand on est censé défendre ses mandants, ceux qui vous ont envoyé dans un Parlement pour y faire entendre leur voix. Et à défaut d'admettre leur cécité, leur surdité et – plus grave – leur soumission à l'égard d'un corpus d'idées dévoyées, vermoulues ou imposées par des groupuscules en cour dans les médias, ils ont préféré dénoncer le « populisme » du bretteur alémanique. S'ils sont sourds, aveugles et mauvais perdants, il est légitime d'estimer qu'ils n'ont pas leur place là où ils ont été élus. Le vrai problème les concernant est qu'ils auraient dû, en raison du poste de vigie qu'ils occupaient, sentir monter la colère du peuple suisse, en tout cas d'une majorité des citoyens suisses, et éviter que le navire se fracasse sur les récifs. Si, sur la question des minarets, les dégâts ont été nuls, cela n'a pas été le cas pour l'initiative du 9 février 2014. Pour la Suisse et les Suisses, les conséquences risquent d'être gravissimes – même si le pire n'est jamais certain compte tenu d'une autre qualité du peuple suisse et de ses élus : le pragmatisme, autrement dit le pilotage à vue, sans œillères.

Grisé par le succès de ses initiatives « Contre la construction des minarets » puis « Contre l'immigration de masse », Blocher a aussi dû admettre que le bonapartisme était étranger aux mœurs suisses. Son éviction du Conseil fédéral en décembre 2007, à la majorité des parlementaires des deux Chambres et avec le concours de quelques élus de son propre parti, témoigne du fait que les grandes gueules, sitôt qu'elles se risquent hors du bistrot, répugnent à la majorité des Suisses. À vrai dire, s'il est lucide, Blocher est probablement le dernier à avoir été surpris de son évincement. La première alerte sur la détestation qu'il a pu susciter est pourtant survenue dès le lendemain de son élection au rang de Conseil fédéral, en 2003. Il aurait alors exigé le ministère des Finances, exigence qu'au moins quatre conseillers fédéraux lui refusèrent, l'obligeant à se rabattre sur le département de Justice et Police. On imagine, quatre années durant, l'ambiance délétère dans la salle où se rassemblaient les sept membres du gouvernement de la Suisse.

Parvenu au faîte de la politique nationale, conseiller fédéral auréolé de victoires politiques que naïfs et complotistes attribuent à ses seuls moyens financiers (en négligeant le charisme et la combativité du bonhomme, jeté comme une chaussette trouée en 2007), Blocher est un formidable raccourci de la politique suisse. Notamment pour qui l'observe à la lumière de ce qui surviendra ensuite, en Grande-Bretagne avec le Brexit, ou aux États-Unis avec la victoire de Donald Trump. Alors que Blocher préfigurait avec quelques années d'avance le mouvement souverainiste et protectionniste (au moins pour le rétablissement des frontières et des contrôles d'identité qui y sont effectués), le système politique suisse semble avoir mesuré le danger d'un personnage qui refuse de se couler dans le moule du politicien tenu de s'exécuter devant la représentation nationale. À bien des égards, comme en témoigne le film que lui a consacré Jean-Stéphane Bron, Blocher est une personnalité qui détonne dans le paysage politique helvétique : imbu de lui-même, tranchant, manipulateur, facétieux, cassant, fort en gueule et narcissique, Blocher offre un visage plus bavarois que schaffhousois. Sans doute aurait-il eu un autre destin de l'autre côté de la frontière, à la mesure de son ego qui a fait peur aux Suisses, y compris dans son propre camp. La saga Blocher, rapidement avortée au niveau politique – et de quelle manière ! –, illustre autant la puissance des partis politiques dans le jeu gouvernemental – ce sont eux qui élisent les ministres, à défaut de pouvoir les révoquer – que la méfiance qu'inspirent aux Suisses les personnages hors norme. À moindre échelle, les mésaventures d'une autre grande gueule, talentueuse et provocatrice, lors des élections au Conseil d'État valaisan en mars 2017 – j'ai nommé Oskar Freysinger –, illustrent la problématique : les Suisses apprécient les personnalités qui agacent et prétendent abattre le système mais s'en lassent. Car ce système, que décrient ces personnages décadrés, les Suisses l'ont bâti de leurs mains, y adhérent en masse et le respectent.

Finalement, Blocher aura été une excellente médication. Il revient aux élus de rester à l'écoute de la société civile, plutôt que de laisser monter la température en négligeant le thermomètre. Quant aux meneurs, il leur faut savoir qu'une fois leur objectif atteint, leur aura ne survit pas à leur victoire. Blocher a probablement su se montrer odieux au quotidien avec les six autres ministres du Conseil fédéral, les couvrant de son mépris. Mal lui en a pris. Il avait oublié qu'il faisait de la politique en Suisse et avec des Suisses, et que s'ils encaissaient ses écarts réguliers et ses provocations, ils les lui feraient payer. Après qu'il a été chassé du Conseil fédéral, Blocher a maintenu cette détestable ambiance sous la coupole. Le fait qu'à l'élection du conseiller fédéral UDC de décembre 2015 Guy Parmelin ait été préféré à Thomas Aeschi, protégé du clan Blocher achève de souligner l'effacement de la ligne Blocher. L'UDC survivra à la disparition de Blocher et – nonobstant les ambitions politiques de sa fille, Magdalena Martullo-Blocher, élue au Conseil national – redeviendra un parti ordinaire. Tel est mon pari. Déjà, les échecs s'accumulent : échec du référendum contre la loi sur l'asile en juin 2016 ; double échec en février 2017 des batailles contre la troisième réforme de la fiscalité des entreprises et sur la naturalisation facilitée de la troisième génération des étrangers ; échec encore, au Parlement, sur la réforme « Prévoyance vieillesse 2020 », série de revers que parachève l'élimination d'Oskar Freysinger, l'une des vedettes de l'UDC romande. Parfois cuisants, ces revers laissent présager une banalisation de ce parti que son mentor aura su transformer en un grand parti national. Il est ainsi prouvé qu'en Suisse est plus facile de transmettre une entreprise familiale qu'une masse d'électeurs, par définition hétéroclite, mouvante et infidèle.

Daniel Vasella
Le gauchisme mène à tout,
ou comment devenir millionnaire

Alors jeune, Daniel Vasella militait dans les rangs d'une organisation trotskyste, du nom d'un révolutionnaire russe dont la carrière pris fin en 1940 à Mexico. Léon Davidovitch Bronstein, dit Trotski, puis ses épigones militent inlassablement depuis un siècle pour la destruction du capitalisme, pour l'appropriation collective des moyens de production et pour un monde débarrassé des patrons, ces chacals sanguinaires. Ce combat anticapitaliste a survécu à l'assassinat de son mentor, et certains le mènent encore, scotchés à leurs convictions de jeunesse, comme Daniel Vasella en ce début des années 1970. Devenu par la suite CEO puis président du conseil d'administration de Novartis, l'ancien militant trotskyste encaissait en 2013 une prime de départ de 72 millions de francs. Au même moment, les électeurs suisses approuvaient par une large majorité l'initiative de Thomas Minder, un patron de PME et membre du parti UDC. Celui-ci avait été scandalisé par la goinfrerie des patrons hélitreuillés à la tête d'entreprise et qui, parfois après l'avoir coulée, s'en dégageaient les poches bourrées de billets. Ce que n'a pas fait Daniel Vasella qui, à la tête du groupe pharmaceutique, s'est révélé un patron très efficace sous l'angle capitaliste. Reste sa prime de départ. Avec son chèque d'un montant d'une rare indécence dans un pays qui n'est pas les États-Unis, Daniel Vasella a davantage œuvré contre le patronat, le capitalisme et l'économie de marché que ne l'ont fait les gueux qui, depuis un siècle, distribuent sur les marchés leurs tracts à l'enseigne de la Quatrième Internationale. Voilà pourquoi, pour la cohérence idéologique de son parcours, Daniel Vasella mérite un hommage particulier. Révolutionnaire anticapitaliste il était à 20 ans. Révolutionnaire anticapitaliste il est resté à 65 ans. En ces temps où tant de gens retournent leur veste, une trajectoire aussi tenue mérite un coup de chapeau !

Si Daniel Vasella a finalement rendu les 72 millions – à la différence de beaucoup de grands patrons trop heureux que ce soit lui qui focalise le haut-le-cœur populaire –, l'intéressé achève sa carrière avec une fortune chiffrée à 400 millions de francs. Y a bon le capitalisme ! Un qui ne doit plus rien comprendre à ce qu'est devenu le capitalisme, c'est l'économiste en chef de la Quatrième Internationale, le Belge Ernest Mandel. Voilà un demi-siècle, alors probablement maître à penser du jeune Daniel Vasella, l'ineffable gourou marxiste, dans une œuvre en quatre volumes, pronostiquait les obsèques imminentes du capitalisme ! J'ai souvenir de fous rires sans fin à la lecture de ces augures démontrant par *a* + *b* la banqueroute imminente de l'économie de marché. En attendant le fameux Grand Soir, certains de ses thuriféraires ont pris soin de remplir leurs poches.

Jean Ziegler
Le néandertalo-marxiste, la révolution en charentaises

Bardé de mandats prestigieux, cumulant de très confortables revenus comme parlementaire et professeur d'université, Jean Ziegler est un parfait concentré de la mauvaise conscience suisse. Répétant devant tous les micros le propos invérifiable de Guevara qui, à l'hôtel *Intercontinental* à Genève, l'aurait exhorté : « Tu vois cette ville ? Toi, ici, tu es dans le cerveau du monstre ! Que veux-tu de plus ?… Ton champ de bataille est ici », Jean Ziegler s'est donc épargné les maquis colombiens, la malaria et les cors aux pieds. La révolution, Ziegler la fera sur canapé, sur les bords du Léman. Ne lui jetons pas la pierre : l'écosystème genevois est beaucoup plus confortable. Ziegler a, pour reprendre l'expression de Charles Bukowski, « regardé les matchs de boxe depuis son fauteuil[4] ». À Genève, l'ennemi mortel se nomme non pas la CIA mais le cholestérol. Il est des trépas plus douloureux.

Jean Ziegler a été le marxiste suisse le plus médiatisé en Suisse et, surtout, hors de Suisse, en France notamment. Surfant sur la détestation des banquiers, forcément repus et rapaces, Ziegler a dénoncé le capitalisme cannibale, les trusts sauvages et l'impérialisme occidental. Ses combats menés au cœur du monde capitaliste et dans la ouate universitaire genevoise ont malheureusement provoqué chez l'intéressé de sérieux troubles oculaires. Ainsi n'a-t-il pas vu les dérives dynastiques, autocratiques, dictatoriales des régimes politiques qu'il érigeait en modèles et qui, apparemment, ont échappé à sa sagacité. Voilà qui est tout de même fâcheux pour qui prétend au statut d'intellectuel vigilant, bataillant contre les « ennemis de classe ». Lui a aussi échappé que vers la fin des années 1980, le diabolique capitalisme et sa monstrueuse économie de marché sortaient de la misère communiste un demi-milliard de Chinois et quelques centaines de millions de Vietnamiens, Russes, Polonais, Hongrois, Allemands de l'Est et d'autres, qui ont pu enfin remplir leur assiette avec autre chose que du pain rassis ou du riz pourri, voyager et envisager pour leurs enfants un sort meilleur.

Parmi les ultimes bouffonneries rythmant l'épopée zieglerienne, on retiendra qu'aveugle à tous les totalitarismes – les vrais, les sanguinaires, responsables de massacres de masse –, le guévariste suisse à la retraite s'est fait bombarder membre du comité consultatif du Conseil des droits de l'homme des Nations unies, gadget loufoque dès lors qu'on aura rappelé qu'en septembre 2015, l'Arabie Saoudite accédait à la direction du panel dudit Conseil. Décidément, notre révolutionnaire suisse, qui finit ses jours dans la pompe, prouve qu'il sait choisir ses compagnons de babillage, en l'occurrence les wahhabites. Les dernières élucubrations du salonard révolutionnaire tourneraient autour de l'Évangile, Dieu, la résurrection. Une procédure de béatification serait-elle en cours ?

Pour qui souhaiterait connaître un authentique révolutionnaire suisse, et non un apparatchik habile, on conseillera de se reporter à Jules Humbert-Droz.

* *
*

La pieuvre
Si la Suisse était un animal

Que vient donc faire cet étrange animal dans un ouvrage non sur Naples et sa mafia, mais sur la Suisse ? Dormez tranquilles, lecteurs de Jules Verne et baigneurs du lac Léman : nulle part, dans aucune eau suisse, n'ont été signalés de krakens, ces céphalopodes monstrueux qui attaquèrent le *Nautilus* du capitaine Nemo. Ici, après une trempette, le pire est d'être couvert de cercaires, ces larves « nageuses » qui, chez les personnes infestées, provoqueront une affection cutanée, une dermatite bénigne mais à réaction parfois violente.

Revenons à la pieuvre. Dans la grande famille des céphalopodes, l'animal se caractérise par ses huit bras et, surtout, par sa grande intelligence. Son organisme comporte en effet 500 millions de cellules nerveuses, soit à peu près autant qu'un chien, beaucoup plus qu'un rat, pourtant réputé intelligent mais doté d'à peine 200 millions de neurones. La pieuvre est un animal fascinant. Elle est ainsi capable d'exprimer son mécontentement quand la nourriture qui lui est donnée ne lui convient pas. Elle peut aussi ouvrir le couvercle d'un bocal pour prendre les aliments qui s'y trouvent. Mais – et c'est là que cet animal subtil nous intéresse – la majeure partie de ses neurones n'est pas logée dans son cerveau central mais dans ses tentacules. Chez la pieuvre, les tentacules ont leur vie propre. L'analyse du génome de l'animal révèle qu'à la différence des vertébrés à moelle épinière, le système nerveux de la pieuvre n'est pas centralisé et que son cerveau contient à peine un tiers de ses cellules nerveuses. Le solde se trouve dans les tentacules qui, du coup, agissent de manière autonome, sans commande venue du cerveau, pour trouver de la nourriture ou en cas de menace. Impact direct de cette distribution neuronale si particulière, l'animal prend des décisions très rapides. L'explication est simple : entre le centre de décision, logé dans la tentacule, et celle-ci, l'information parcourt une distance plus courte. Est-il besoin de préciser que je ne fais là que puiser dans une étude parue dans la revue *Nature* en août 2015[5] ainsi que dans les conclusions d'un savant travail du chercheur Peter Godfrey-Smith[6] ? Le poulpe sent plus vite, voit plus vite ce qui l'entoure, réagit plus vite et, par conséquent, agit plus efficacement.

À ce stade, on aura compris à quoi tient la référence au poulpe dans un ouvrage consacré au génie des Suisses. Le poulpe me paraît être en effet une bonne métaphore de la Suisse. Sa manière d'interagir avec son environnement s'inspire du principe de subsidiarité. Les échelons nerveux supérieurs (l'administration centrale) sont négligés et ainsi atrophiés, car la base (la commune ou le canton) est censée trouver la solution au problème posé. La structure neuronale du poulpe lui permet d'optimiser son mode de survie en milieu marin. Pareillement au poulpe, la Suisse est décentralisée. Avec leur écheveau de compétences, cantons et communes sont ses tentacules.

Bien que merveilleusement doté, le poulpe n'a pu progresser sur l'échelle des animaux intelligents. À cela, une raison : son espérance de vie est cruellement courte. Sous cet angle, la Suisse se distingue notablement de notre gastéropode magique.

Pour optimiser leurs politiques, c'est-à-dire accroître leur efficacité et réduire leurs coûts, les États auraient tout à gagner de s'inspirer du mode opératoire du poulpe : le terrain sait mieux ce qui lui convient que l'échelon hiérarchique qui le surplombe, qui sait lui-même mieux que les échelons hiérarchiques supérieurs suivants, etc. Telle est la recette que les États devraient s'appliquer à cuisiner : injecter un maximum de subsidiarité partout. C'est du reste une tendance qui semble aujourd'hui s'imposer avec le *big data* et l'écrasement des hiérarchies qu'annonce le monde numérique. La subsidiarité serait-elle la solution idéale en toutes circonstances ? Le spectacle français laisse dubitatif : la multiplication des ronds-points routiers inutiles, fruits de décisions de proximité, atteste que l'action engagée par les neurones de périphérie puisse aussi enclencher des dérives ineptes. On ignore s'il se trouve des poulpes agissant contre leur intérêt vital. Pour ce qui est des hommes, l'expérience montre que le pire n'est jamais à exclure.

Notes

AVANT-PROPOS

1. Statistique OFS. Personnel des hautes écoles universitaires, Neuchâtel, 27 juillet 2017.
2. *Le Temps*, 26 août 2017.

I. LA TÊTE, LES JAMBES ET AUSSI, NE L'OUBLIONS PAS, L'ESTOMAC

1. OFS, communiqué de presse, 18 avril 2017.
2. *Le Monde*, 21 octobre 2017.
3. *L'Hebdo*, 18 août 2016, p. 57.
4. *Bilan*, 6 juillet 2016, p. 34-35.
5. Ella Maillart, *Croisières et caravanes*, Paris, Payot, 1951, rééd. 1995.
6. Nicolas Meienberg, *Reportages en Suisse*, Genève, Zoé, 1976, p. 223.
7. *Le Monde*, 24 novembre 2017.
8. Dominic Willimann, *Revue suisse*, mars 2017, p. 22.
9. État-major de l'armée suisse, *Bréviaire. L'Armée en bref*, 2009, p. 23.
10. Claude Reichler, Roland Ruffieux, *Le Voyage en Suisse*, Paris, Robert Laffont, coll. « Bouquins », 1998, p. 233.

11. Index, « Le Tir fédéral en campagne », http://www.lebendigetraditionen.ch/traditionen/00234/index.html?lang=fr.
12. *Ibid.*
13. *Le Temps*, supplément sportif du 21 et 22 avril 2017.
14. Site Internet Cenovis.

II. QUELQUES BRIQUES DU BONHEUR SUISSE

1. *Le Figaro*, 24 août 2017.
2. Daniel L'Ermite, « Lettre à Ferdinand de Gonzague, fils du duc de Mantoue, sur la situation, le gouvernement et les mœurs des Suisses, des Grisons et des Valaisans », *Le Conservateur suisse*, t. VII, 1815 ; *in* C. Reichler, R. Ruffieux, *Le Voyage en Suisse*, *op. cit.*, p. 135.
3. Edgar Fasel, *Faut-il brûler la Suisse ?*, Paris, Julliard/L'Âge d'homme, 1983, p. 80-81.
4. *Les Échos*, 22 septembre 2016.
5. *L'Hebdo*, 21 juillet 2016.
6. *L'Hebdo*, 12 mai 2016.
7. Henri Calet, *Rêver à la Suisse*, Paris, Éditions de Flore, 1948.
8. *Le Temps*, 2 janvier 2017.
9. Pierre Chappaz, Executive Chairman, Teads, *Le Temps*, mai 2016.
10. OFS, Indicateurs du marché du travail 2016, p. 20.
11. *Le Temps*, 8 avril 2016.
12. Taux de change au 11 janvier 2017, *The Economist*, 14 janvier 2017.
13. *Le Temps*, 9 janvier 2017.
14. Audrey Delaporte, *Libération*, 26 avril 2017.
15. *Revue suisse*, septembre 2017, p. 13.
16. OFS, Communiqué du 10 avril 2018.

III. CLICHÉS, PONCIFS ET CARTES POSTALES

1. François Robert, *Dictionnaire géographique*, 1818 ; *in* C. Reichler, R. Ruffieux, *Le Voyage en Suisse*, *op. cit.*, p. 306.

2. « Le lac Léman, petite mer des Alpes », dossier, *L'Alpe*, n° 72, printemps 2016.

3. Lord Byron, *Le Prisonnier de Chillon*, 1816.

4. Victor Hugo, *Le Rhin. Lettres à un ami*, 1845.

5. Albert Cohen, *Belle du Seigneur*, Paris, Gallimard, 1968, p. 104.

IV. UN MÉMORIAL SUISSE DÉLIBÉRÉMENT HÉTÉROCLITE ET FANTAISISTE

1. Didier Le Fur, *Une autre histoire de la Renaissance*, Paris, Perrin, 2018.

2. Voltaire, *Minorité de Louis XIV*, *Œuvres complètes*, t. XX, 1785.

3. D. Le Fur, *Une autre histoire de la Renaissance*, *op. cit.*

4. Daniel L'Ermite, « Lettre à Ferdinand de Gonzague, fils du duc de Mantoue, sur la situation, le gouvernement et les mœurs des Suisses, des Grisons et des Valaisans », *op. cit.*, p. 136.

5. Amable Sablon du Corail, « Sur les libertés médiévales », *Commentaire*, n°156, hiver 2016.

6. Jean-François Aubert, *Traité de droit constitutionnel suisse*, Neuchâtel, Ides et Calendes, 1967, t. I, p. 11.

7. Ruth Fivaz-Silbermann, *La Fuite en Suisse. Migrations, stratégies, fuite, accueil, refoulement et destin des réfugiés juifs venus de France durant la Seconde Guerre mondiale*, thèse en histoire contemporaine, UNIGE, 2017.

8. Daniele Mariani, « À chacun son bunker », www.swissinfo.ch, 23 octobre 2009.

9. Louis-Napoléon Bonaparte, *Considérations politiques et militaires sur la Suisse*, 1833 ; *in* C. Reichler, R. Ruffieux, *Le Voyage en Suisse*, *op. cit.*, p. 1176.

10. Alexis de Tocqueville, *Voyage en Suisse (1836)*, *Œuvres complètes*, 1866, t. VIII ; *ibid.*, p. 1198.

11. https://www.parlament.ch/afs/data/f/gesch/1988/f_gesch_19880397_002.htm.

12. Francis Gribble, *The Destiny of Switzerland*, 1913 ; *in* C. Reichler, R. Ruffieux, *Le Voyage en Suisse*, *op. cit.*, p. 1428.

13. « La Suisse, pays de la migration heureuse », *Campus*, n° 130, octobre 2017.

V. IL Y A FOULE DANS LE POSTE DE COMMANDEMENT

1. Benjamin Constant, *De l'esprit de conquête et de l'usurpation dans leurs rapports avec la civilisation européenne*, chap. XII, *Œuvres*, Gallimard, coll. « La Pléiade », 1957, p. 978.

2. *L'Hebdo*, 20 février 2014.

3. Peter Bichsel, « En quoi les Allemands sont-ils allemands ? », *in* Jürg Altwegg, Roger de Weck, *L'Allemagne vue par les Suisses allemands*, Lausanne, Presses polytechniques et universitaires romandes, 2006, p. 42.

4. Jules Michelet, *Journal*, 1838.

5. J.-F. Aubert, *Traité de droit constitutionnel suisse*, *op. cit.*, t. I.

6. *Le Temps*, 3 juin 2016.

7. E. Fasel, *Faut-il brûler la Suisse ?*, *op. cit.*, p. 46.

8. Yves Michaud, *Contre la bienveillance*, Paris, Stock, 2016.

9. Pierre-Jean Luizard, « Dans la stratégie européenne de Daech, la France est une cible de choix », *L'Obs*, 31 mars 2016, p. 49.

10. Stendhal, *Mémoires d'un touriste*, Paris, Calman-Lévy, 1838, p. 192-233.

11. *Ibid.*

12. Philippe Ridet, « Référendum en Italie sur les forages offshore », *Le Monde*, 22 avril 2016 ; également en ligne.

13. Entretien avec Michel Houellebecq, *Le Figaro Magazine*, 9 janvier 2015, p. 50.

14. C'est du moins ce qu'a écrit l'industriel Olivier Beaumont dans un article publié dans le n° 36 d'*Études et enquête*, revue du Centre patronal, numéro supervisé par Bernard Jeandet et intitulé « La "paix du travail" est-elle menacée ? », en 2007.

15. Montesquieu, *L'Esprit des lois*, 1777, livre II, chap. II.

16. Jean-Louis Debré, *Ce que je ne pouvais pas dire*, Paris, Robert Laffont, 2015, p. 213.

17. *Le Point*, 19 novembre 2016.

18. *Ibid.*

19. « Referendumania », *The Economist*, 19 mai 2016.

20. Tibère Adler, « Initiative populaire : une réforme nécessaire », *La Tribune de Genève*, 22 avril 2015.

21. *Ibid.*

22. « Europeans are Splitting their Votes among ever more Parties », *The Economist*, 14 janvier 2017, p. 24.

23. Jean-Luc Portmann, *Histoire du gouvernement fédéral de la Suisse. Le Conseil fédéral des prémices de l'Ancien Régime à 2009*, Lausanne, Arttesia, 2009.

24. J.-F. Aubert, *Traité de droit constitutionnel suisse*, *op. cit.*, t. I.

25. *Ibid.*, t. II, p. 537.

26. https://www.parlament.ch/fr/ratsbetrieb/suche-curia-vista/geschaeft?AffairId=20061167.

27. Statistique OFS.

28. Elias Canetti, *Masse et Puissance*, Paris, Gallimard, 1960, p. 199.

29. Lionel Barber, « The Year of the Demagogue », *Financial Times*, 18 décembre 2016.

30. Hervé Le Bras, *Le Nouvel Ordre électoral*, Paris, Seuil, 2016, p. 124.

31. « Europeans are Splitting their Votes among ever more Parties », *art. cit.*

32. André Siegfried, *La Suisse démocratie témoin*, Neuchâtel, La Baconnière, 1969, p. 141.

33. Caroline Iberg, « Être suisse », *L'Hebdo*, 28 juillet 2016.

VI. EXIT ET BOGUET : LES SUISSES ONT BIEN UNE ÂME !

1. Guillaume Lebaudy, « Alpages et arpèges. Réflexions sur les paysages sonores du pastoralisme ovin transhumant du sud de la France », communication au 135e congrès de la Commission des travaux historiques et scientifiques (CTHS), Neuchâtel, 2010.

2. André Sallé, « Le modèle du citoyen-soldat en Suisse », *in* François Garçon, Sonny Perseil, Yvon Pesqueux, *La Suisse est-elle un modèle ?*, Paris, L'Harmattan, 2018, p. 57.

3. http://www.hls-dhs-dss.ch/textes/f/F8683.php.

4. Léon Mirman, *La Route nationale*, Paris, Fayard, 1934, p. 104.

5. A. Siegfried, *La Suisse, démocratie témoin*, *op. cit.*, p. 150.

6. *Le Temps*, 13 décembre 2016.

7. Léopold de Curti, *Lettres sur la Suisse*, 1797, t. II, lettre XXIV ; *in* C. Reichler, R. Ruffieux, *Le Voyage en Suisse*, *op. cit.*, p. 1134. « Il m'a paru que dans ce rassemblement de souverains, chaque membre prend sur lui de faire la police, et qu'aussitôt que quelqu'un se lève, les personnes placées derrière le prient de se rasseoir par quelques légers coups de bâton sur le chapeau, qui, en cas de récidive, ne manquent pas de devenir plus forts. Un bon vieillard, placé près de moi, ayant remarqué que je prenais note avec un crayon de tout ce que je voyais, m'interpelle et me dit assez sèchement : “Si dans votre pays on faisait la grâce à un étranger de l'admettre à l'assemblée générale de la nation, croyez-vous qu'on le vît avec plaisir tenir registre de tout ce qui s'y passe ?” Je lui répondis franchement que non. “Mais, ajoutai-je, une nation aussi libre que celle parmi laquelle j'ai l'honneur de me trouver aujourd'hui, et qui se fait gloire de donner la plus grande publicité aux actes de son gouvernement, ne peut voir avec peine qu'un étranger s'empresse de connaître et de se mettre à même de ne pas oublier les formes nobles et simples d'après lesquelles elle se dirige, et qui font en même temps la preuve et l'éloge de son inestimable liberté.” Le bon vieillard fut désarmé ; il me posa, en signe de contentement, la main sur la tête, et nous

achevâmes de devenir les meilleurs amis du monde quand je lui eus vidé ma tabatière dans la sienne. »

8. Alexis de Tocqueville, *Voyage en Suisse (1836)*, *Œuvres*, t. I, *op. cit.*, p. 619.

9. B. Constant, *Principes de politique*, *Œuvres*, *op. cit.*, p. 1100.

10. E. Fasel, *Faut-il brûler la Suisse ?*, *op. cit.*, p. 57.

11. Céline Zünd, « Cannabis : légaliser, réguler, punir… Quelles sont les solutions ? », *L'Hebdo*, 2 juin 2016.

12. *Ibid.*

13. Marie-Hélène Miauton, « L'inexplicable suicide », *Le Temps*, 4 février 2016. Voir aussi, *Dire la Suisse avec (im) pertinence*, *op. cit.*

14. George Orwell, « How the Poor Die », *Now*, 1946. Cité par Michel André, « George Orwell, à contre-France », *Books*, n° 81, 2017, p. 72.

15. Damien Mestre, Juliette Fèvre, Marie Dewilde, Clément Lanot, Capucine Truong, « Yves, l'homme qui accompagne la mort », *Le Monde*, 2 septembre 2016.

16. Adel Hakim, *Libre adieu*, 15 août 2017.

17. Jeremy Recab, *Quelle dignité pour la fin de vie ?*, Paris, Albin Michel, 2016, p. 48.

18. Robert Dargeant, *Les Suisses*, Paris, Gallimard, coll. « L'air du temps », 1966.

19. Voltaire, *La Guerre civile de Genève*, 1768.

20. Stendhal, *Mémoires d'un touriste*, *op. cit.*

21. *Ibid.*

22. Jean-Jacques Rousseau, *Du contrat social*, chap. V, « Qu'il faut toujours remonter à une première convention ».

23. *Le Temps*, 11 mai 2016.

24. « Frank A. Meyer : "Pour les populistes, la Suisse incarne un modèle idéal empreint de nostalgie" », *L'Hebdo*, 22 décembre 2016, p. 38.

25. Hugo Loetscher, *Si Dieu était suisse…*, Paris, Fayard, 1991 (version allemande : 1983).

26. Indicateurs du marché du travail, OFS, 2016, p. 12.

27. *Le Temps*, 6 mars 2017.

VII. À TÊTES BIEN FAITES, PRODUITS LUCRATIFS

1. Jean-Claude Biver, « Media Planet », *L'Hebdo*, 24 mars 2016.

2. Entretien de l'auteur avec Christophe Reymond, CEPRO, à Pully, 20 juin 2013.

3. « How to Excel », *The Economist*, 10 décembre 2016, p. 54.

4. « Étienne Jornod : "La NZZ ressemble à Galenica il y a vingt ans" », *Le Temps*, 30 avril 2016.

5. « Pourquoi il faut oser la reconversion professionnelle », *Le Temps*, 24 février 2017, p. 18.

6. Jean-François Bergier, *Naissance et croissance de la Suisse industrielle*, Berne, Francke Éditions, 1974, p. 57.

7. Cité par C. Reichler, R. Ruffieux, *Le Voyage en Suisse*, *op. cit.*, p. 1420.

8. Norbert Elias, *La Civilisation des mœurs*, 1939, trad. française 1973, Paris, rééd. Calmann-Lévy, coll. « Liberté de l'esprit », 1991.

9. Érasme, *La Civilité puérile*, 1530, trad. Alcide Bonneau (1877), chap. IV, « Des repas ».

10. Françoise Fressoz, *Le stage est fini*, Paris, Albin Michel, 2015, p. 78.

11. Johan Rochel, *La Suisse et l'Autre. Plaidoyer pour une Suisse libérale*, Genève, Slatkine, 2015, p. 107.

VIII. MYTHES, STARS ET *BAD GUYS*

1. Christian Beck, « Le Grand-Saint-Bernard », *La Suisse vue par les grands écrivains et les voyageurs célèbres*, Paris, Mercure de France, 1914, p. 133.

2. Horace-Bénédict de Saussure, *Voyages dans les Alpes, précédés d'un essai sur l'histoire naturelle des environs de Genève*, 1786 ; *in* C. Reichler, R. Ruffieux, *Le Voyage en Suisse*, *op. cit.*, p. 293.

3. *Le Monde*, 17 décembre 2016, cahier sports, p. 3.

4. Charles Bukowski, *Sur l'écriture*, Vauvert, Au diable Vauvert, 2017.

5. « Tentacles that Think », *The Economist*, 15 août 2015.

6. Peter Godfrey-Smith, *Other Minds. The Octopus, the Sea and the Deep Origins of Consciousness*, New York, Farrar, Straus and Giroux, 2016.

Table

III. CLICHÉS, PONCIFS ET CARTES POSTALES

IV. UN MÉMORIAL SUISSE HÉTÉROCLITE ET FANTAISISTE

VI. EXIT ET BOGUET : LES SUISSES ONT BIEN UNE ÂME !

VII. À TÊTES BIEN FAITES, PRODUITS LUCRATIFS

VIII. MYTHES, STARS ET *BAD GUYS*

Réalisation : Nord Compo à Villeneuve-d'Ascq
Dépôt légal : août 2018
ISBN : 979-10-210-2694-0
N° d'édition : 4150
Impression en Italie